De Nuttige Planten Van Nederlandsch-Indie

K Heyne

BIBLIOLIFE

DE NUTTIGE PLANTEN VAN NEDERLANDSCH-INDIË.

TEVENS SYNTHETISCHE CATALOGUS DER VERZAMELINGEN VAN HET MUSEUM VOOR ECONOMISCHE BOTANIE TE BUITENZORG

DOOR

K. HEYNE

CHEF VAN HET MUSEUM

DEEL IV

GEDRUKT BIJ
RUYGROK & Co. BATAVIA
1917

ERICACEAE.

3/6206 **Gaultheria fragrantissima**, *Wall* var. *punctata*, *J J Sm*
Volksnamen Soend. *Tjantigi wangi* — Jav.: *Gandapoera,
Poerwa djamboe*

Heester van Sumatra en Java, in de bergstreken boven ca 1900
M. zeehoogte groeiend op open, steenachtig terrein, soms in het
bereik der vulkanische gassen, vooral in de Preanger Regentschappen is hij algemeen (K & V — XIII, bl. 121).

Uit de bladeren van deze soort en die van G leucocarpa, Bl. Aeth. olie.
wordt op Java een aetherische olie gedistilleerd, welke volgens
Greshoff's Schetsen, bl. 33, volkomen overeenkomt met de sinds
lang bekende amerikaansche *wintergreen oil* uit de bladeren van
Gaultheria procumbens, L Het hoofdbestanddeel is methylsalicylaat, 't welk zou kunnen dienen voor de bereiding voor medicinaal
gebruik van salicylzuur van groote zuiverheid Wintergreen oil is
in Amerika een geliefd huismiddel, dat in- en uitwendig wordt
toegepast. In Europa heeft alleen het uitwendig gebruik ingang
gevonden, bepaaldelijk als middel tegen het uitvallen van het haar.
De in de bergstreken van Java gedistilleerde olie dient volgens
Vorderman in de Vorstenlanden voor het parfumeeren der sarongs
van inlandsche grooten en in Teysmannia 1912, bl. 322, leest
men, dat in Djokja en Solo op de pasars de olie wordt gebezigd
om den geur van de verkochte *rampé* (Pandanus) te verhoogen.
Medicinaal zou zij niet meer worden aangewend, doch Horsfield
(Medicinal plants, bl. 120) deelt mede, dat zij in zijn tijd een groote
reputatie had als wrijfmiddel tegen rheumatiek, wat — gelijk Greshoff opmerkt — wel het oudste voorbeeld is eener salicyl-therapie
Vorderman beval opnieuw dat gebruik aan (Tijdschr. v. Inl. Geneeskundigen 1898, bl. 82), gepaard met toediening inwendig van een
als thee gezet aftreksel van de versche bladeren. Volgens Scheffer
(Tijdschr. v. Ind. T. L. & V. kunde dl 25, bl. 321) wordt de
olie verder in de Preanger, o. a in het Garoetsche, gebruikt bij
de bereiding van haarolie, wederom een toepassing, die door de
wetenschap als doelmatig is erkend, al is het wellicht slechts
toeval, dat op deze wijze ook partij wordt getrokken van de
krachtige antiseptische eigenschappen der olie Voorts deelt Greshoff op autoriteit van Teysmann nog mede, dat op den Diëng
een geneeskrachtige thee wordt gemaakt van verschillende kruiden, waaronder ook deelen van de beide hier behandelde Gaul-
theriasoorten Vorderman (Geneesmiddelen II) vermeldt insgelijks,
dat in Noord-Bagelen de bladeren van poerwa djamboe als inlandsch geneesmiddel dienen. Teysmann (Natuurk. Tijdschr. dl
VIII, bl. 211) bericht nog, dat de bladeren van G. fragrantissima
bij de sirih worden gebruikt.

De Vrij verkreeg uit de bladeren van G fragrantissima 1 2 %
olie, De Jong (Jaarboek 1910 Dept v. L. N & H, bl. 47) uit 1

Kg. bladeren en stelen 7.6 ccM. olie van een s.g. van 1.175, dus 0.89 %, voor bijna 98 % bestaand uit methylsalicylaat. De olie moet worden gedistilleerd uit de versche bladeren.

Vruchten   De bessen zijn volgens Greshoff eetbaar.

In het Museum. Aeth. olie.

233/6206   **Gaultheria leucocarpa,** *Bl.*

Volksnamen. Soend.: *Kĕring, Tjantigi bodas, T. wangi*—Jav.: *Gandapoera, Kapirosok, Poerwa roko, Poerwa sada, Sanglir, Tandjang, Tĕmigi, T. kasar.*

Aeth. olie   Heestertje van Sumatra en Java van dezelfde groeiplaatsen als de vorige en in gebruik daarmede overeenkomend (K. & V. — XIII, bl. 117). Vorderman vermeldt de bladeren in Geneesmiddelen II als insgelijks in gebruik te Wonosobo en bericht in het Tijdschr. v. Inl. Geneeskundigen 1898, bl. 82, dat op den Soembing en den Sindoro de bladeren van deze soort worden ingezameld om op zeer primitieve wijze door de bevolking te worden gedistilleerd. Vroeger werden in het Ledoksche die van Gaultheria fragrantissima var. punctata voor dat doel geprefereerd, omdat zij rijker zijn aan olie, met het gevolg, dat laatstgenoemde soort daar bijna geheel is uitgeroeid en men zich met de andere moet behelpen. De Jong vond in 880 gram bladeren en stelen van G. leucocarpa 3 ccM. olie, dus 0.4% (Jaarboek 1910 Dept v. L. N. & H., bl. 47), terwijl De Vrij er niet meer dan 0.1 % in aantrof. Greshoff (Schetsen) vermoedt, dat het oliegehalte wisselt met het jaargetij.

233/6216   **Vaccinium malaccense,** *Wight.*

Volksnamen. Mal. Banka: *Ais, Rangkas, Rĕmpadang* — Billiton: *Pĕrai, Perangkas.*

Vruchten   Heester, vaak in overvloed groeiend aan het zeestrand op vochtige plaatsen. De bezien zijn zeer goed eetbaar; zij gelijken in uiterlijk en smaak op braambessen, doch zijn harder en minder sappig (Ridley, Straits Bulletin 1902, bl. 531).

233/6216   ?**Vaccinium myrtoides,** *Miq.,* var **celebicum,** *J. J. Sm.*

Volksnamen. Alf. Minah.: *Tĕnté in taloen.*

Vruchten   Heester, op den top van het Sapoetangebergte gezellig groeiend en daar op de dorre puin- en rotswanden bijna de eenige vegetatie. De bessen, zegt Koorders in zijn Minahassa, waar deze plant ten onrechte V. microphyllum, Reinw. wordt genoemd, zijn lang niet zoo lekker als de europeesche boschbessen [1]), maar stillen den honger, waarvan ik mij kon overtuigen, toen ik op den Sapoetan gebrek aan levensmiddelen had.

233/6216   **Vaccinium varingifolium,** *Miq.* (Thibaudia varingifolia, *Bl.*).

Volksnamen. Soend.: *Bale katje, Soewagi, Tjantigi woengoe* — Jav.: *Manis rĕdja, Mĕntigi, Patjar goenoeng, Tĕmigi.*

Heester of kleine boom ter hoogte van 0.20 tot 15 M. en tot 0.50 M. dik, verbreid over Java en waarschijnlijk Sumatra, alleen

---

[1]) Die al niet bijzonder lekker zijn.

voorkomend in de bergstreken boven 1600 M , in den regel op open plaatsen, vooral in de nabijheid van kraters en solfataren en dikwijls gezellig groeiend De meestal kromme stam is kort en wordt slechts benut voor het maken van houtskool de jonge bladeren worden gegeten— volgens Teysmann (Natuurk Tijdschr. dl VIII, bl. 211) hebben zij een aangenamen, zuurachtigen smaak—en de zwarte vruchten zouden nogal lekker zijn (K & V — XIII, bl 152)   Vruchten

Hout.

Bladeren

MYRSINACEAE.

236/6284 **Aegiceras corniculatum,** *Blanco* (Ae. majus, *Gaertn*). Volksnamen. Mal. Mol.: *Gigi gadjah, Pĕrĕpat toedoeng, P kĕtjil, Toedoeng laoet*— Jav ; *Doedoek agoeng* (?), *Troentoeng*— Mak. *Oenti-oenti*— Timor: *Kajoe sila.*

Rijk vertakte boomheester of zeer krom, laag vertakt boompje, tot 5 M. hoog, soms verstrooid, doch meestal gezellig groeiend in de Rhizophorenbosschen van Zuid-Oost Azie (K. & V. — V, bl 276). Rumphius beschrijft hem onder verschillende namen Van zijn Mangium fruticans corniculatum (III, bl. 117) zegt hij, dat het weeke, witte hout voor brandhout in de huishouding niet geschikt is, omdat het te langzaam brandt, maar dat het voor bakkersovens bruikbaar is Ook van de Umbraculum maris ceramense en amboinense (III, bl. 124) heet het hout wit en week, doch in den ouderdom zou het soms zeer hard en zwaar worden, bruinrood van kleur, naar het hart toe zwartachtig· men meent, dat die verandering intreedt, als het boompje oud wordt en in het zeewater blijft liggen Men kan er dan hechten voor kapmessen en ander gereedschap van maken en de javanen zoeken zulk hout, als het mooi geaderd is, voor krisscheeden (Rumph.)

Hout

De schors, gestampt en op het water gestrooid, doet volgens R de visschen sterven: er is een saponine in gevonden.

Bast

Van Mangium fruticans corniculatum vermeldt Rumphius verder, dat de bladeren rauw of gekookt door de armen worden gegeten en dat de geurige bloemen worden gebruikt als tandjoengbloemen, waaraan zij in reuk zeer sterk herinneren

Bladeren

Bloemen.

236/6285 **Ardisia colorata,** *Roxb* (A complanata, *Wall*) Volksnamen Mal.: *Soempoe loempoeh* (volgens Ridley)— Soend *Lampani gĕdè.*

Min of meer klimmende heester uit het gebergte (Koorders, Exkursionsflora). Volgens Ridley (Mal. Geneesmiddelen. bl. 18) wordt een aftreksel van de bladeren gedronken tegen koliek

Bladeren.

236/6285. **Ardisia crispa,** *A. DC* (A crenata, *Roxb*, A crenulata, *Lodd*, A. densa, *Miq*). Volksnamen Mal.. *Mata ajam* (Banka), *M. pĕlandoek* (De Clercq) — Lamp.· *Popinoh*

Heester van Zuid-Oost Azië, in West-Java gevonden op ca 200 M. zeehoogte (K & V — VI, bl 190) Volgens Ridley (Straits Bulletin 1902, bl 531) is hij op open terrein op het Maleische Schiereiland zeer algemeen en worden de scharlakenroode vruchten door de inlanders gegeten.

Vruchten

236/6285.

Ardisia fuliginosa, *Bl.* (A. semidentata, *Miq.*, Pimelandra fuliginosa, *Hook. f.*, P. myristicifolia, *K. & V.*).
Volksnamen. Soend.: *Ki adjag.*

Getah.

Slanke, eenstammige boomheester, tot 5 M. hoog en hoogstens 8 à 10 cM. dik, op Java verstrooid groeiend beneden 1700 M. zeehoogte (K. & V. — V, bl. 239). Het bruin opgedroogde sap uit den stam is op West-Java in den inlandschen medicijnhandel bekend als *gĕtah adjag:* het wordt bijna nooit anders verkocht dan als propje op dunne, nagenoeg geheel opgevulde stukjes bamboe. Verwarmd met klapperolie en *tĕmoe lawak* wordt het tegen schurft aangewend. Een onderzoek naar de bestanddeelen is gepubliceerd in het Pharmaceutisch Weekblad 1903, bl. 127.

In het Museum: Getah.

236/6285.

Ardisia humilis, *Vahl* (A. elliptica, *Thunb.*, Climacandra obovata, *Miq.*, C. salicifolia, *Miq.*).
Volksnamen. Mal.: *Rampanai* (Minangk.), *Djamboelan panté* (Menad.) — volgens De Clercq: *Daoen kikiran* (Ambon) —Soend.: *Lampani*—Jav.: *Lĕmpĕni*—Alf. Amb. (De Clercq): *Nanheit*—Aroe: *Fanasa.*

Bladeren.

Boomheester of lage boom, tot 10 M. hoog en 25 cM. dik, van de kuststreken van Zuid-Oost Azië. In Zuid-West Bantam worden de bladeren uitwendig tegen schurft aangewend (K. & V.—V, bl. 273).

Smith zegt in Teysmannia 1901, bl. 91, dat de aan de onderzijde wit gekleurde *daoen kalikir* of *daoen kikir*, afkomstig van een boom, dien het hem niet gelukte te determineeren, op Ambon worden gebruikt als wikkelblad voor strootjes en daar steeds op de pasars en in de warongs verkrijgbaar zijn, doch deelde mij mondeling mede, dat dit geen Ardisia kan geweest zijn.

Vruchten.

Volgens De Clercq (No. 296) worden de vruchten als geneesmiddel tegen wormen aangewend.

In het Museum: Hout.

236/6285.

Ardisia laevigata, *Bl.*
Volksnamen. Soend.: *Ki mangoe* — Jav.: *Lĕmpĕni.*

Bladeren.

Boomheester, 3 à 5 M. hoog, op Java verstrooid groeiend omstreeks 1500 M. boven de zee. De jonge bladeren worden rauw gegeten (K. & V. — V, bl. 248).

236/6235.

Ardisia odontophylla, *Wall.*
Volksnamen. Mal.: *Pasal.*

Struikje: volgens Ridley's Maleische Geneesmiddelen wordt een warm afkooksel van de wortels bij rheumatiek gebruikt om te betten of te wrijven (bl. 29) en een aftreksel van de bladeren gedronken tegen koliek (bl. 18).

De Clercq (No. 305) noemt *pasal* een boom, waarvan de vruchten worden gegeten.

236/6291.

Labisia pumila, *Benth. & Hook. f.* (Ardisia pumila, *Bl.*, Labisia pothoina, *Lindl.*).
Volksnamen. Mal.: *Kĕlimparan toeli* (Billiton) — volgens Ridley: *Akar fatima, Mata pĕlandoek rimba.*

Heestertje, tot 30 cM. hoog (Koorders, Exkursionsflora). Volgens

Ridley's Mal. Geneesmiddelen, bl 45, houdt men in Kelanten het voorkomen van deze plant voor een aanwijzing van de aanwezigheid van tin in den bodem

Een afkooksel van de wortels heeft zekere vermaardheid als middel tegen gonorrhee (bl 43) en dat van de stengels en bladeren wordt door de vrouwen ingenomen tegen te overvloedige menstruatie (bl 45).

236/6310   Embelia Ribes, *Burm.* (E. garciniifolia, *Wall*)

Volksnamen. Mal : *Akar kĕlimpar* (Banka) — Soend. *Areuj katjĕmbang.*

Klimmende heester volgens Hasskarl's Nut No 52 worden de geschilde wortels bij het zoete palmsap gevoegd om lichtgekleurde goela arèn te verkrijgen, terwijl het sap uit den stengel een middel zou zijn tegen hoest en ook tegen buikloop; de jonge bladeren worden gekookt met die van katjang gegeten en dat zou ook het geval zijn met de rijpe, zoetachtige vruchten.

PLUMBAGINACEAE.

238/6343   **Plumbago rosea,** *L*

Volksnamen Mal · *Akar binasa* (Mol.), *Tjĕraka mérah* — Alf. Amb *Mehoelatoe, Mehoetana hane, Nehoelatoe* — Banda: *Auwarian* — Ternate *Bama*

Overblijvend kruid, met lange opstijgende, of zich door het struikgewas omhoog werkende stengels, 0.60 tot 1 50 M. lang, inheemsch op het vaste land van Azie, op Java niet zelden als sierplant gekweekt en hier en daar in de laagvlakte verwilderd (Backer, Schoolflora) Het is de Radix vesicatoria van Rumphius (V, bl. 453), volgens dien ook in de Molukken veel in de tuinen geplant om de fraaie, roode bloemen en verwilderd op steenachtige gronden nabij het strand Wildgroeiend doet het denken aan een slingerend gewas, zegt R, doch als het alleen staat, wordt het een struik van 3 à 4 voet hoogte Men plant het voort door stukken van den wortel, waar eenige scheutjes aan zijn, doch dit mislukt zeer dikwijls.

De stevige, houtige wortel gaat twee voet, en somtijds meer, Wortel in de aarde, zoodat hij moeilijk is uit te trekken, hij is sterk of kruidachtig van geur, scherp en onaangenaam van smaak, doch niet heet Het meest gebruikt men hem om blaren te trekken; de kracht ervan komt ten naastenbij overeen met die van spaansche vliegen. Hiertoe snijdt men den verschen wortel in zeer dunne schijfjes en bindt die op de zuchtige beenen van beri-berilijders, na 6 of 8 uur is de huid rood en trekt er een blaar op, die men dan opent. Diezelfde schijfjes worden op het voorhoofd gebonden tegen hoofdpijn (Rumph.)

Vorderman deelt mede (Geneesmiddelen I), dat hij deze wortels als *poelé pandak* of *poelé pandak lalaki* te Batavia aantrof in den medicijnhandel als surrogaat voor de echte poelé pandak (Rauwolfia serpentina, Benth) Van der Burg (Geneesheer III, bl. 104) zegt, dat de wortel, en vooral de wortelbast, als huidprikkelend en blaartrekkend middel wordt gebezigd, met water afgewreven

en met wat meel vermengd, verwekt hij binnen 5 minuten pijn,
die na een kwartier ongeveer zoo hevig is als bij een spaansche-
vlieg-pleister Na een half uur aangewend te zijn, vormt zich
binnen 12 tot 18 uur een goede, met serum gevulde blaas Hij heeft
het nadeel van zeer pijnlijk te zijn, maar kan ook naar zijn oordeel zeer goed spaansche vliegen vervangen. Voorts wordt hij wel bij
tandpijn ingewreven en uitwendig als abortivum gebruikt Volgens Filet (No 114) geeft men een aftreksel der wortels aan zieke
paarden om ze vet en glanzend te maken. Dit is vermoedelijk
juist, daar Dr Boorsma mij mededeelde, dat de wortel van *hampĕroe lĕmah* — een Plumbago-soort, waarschijnlijk P. rosea, L. —
in de Preanger met succes aan paarden wordt toegediend tegen
wormen in den endeldarm Ridley (Mal Geneesmiddelen, bl 36)
bericht, dat het scherpe sap van de wortels en bladeren, puur of
vermengd met olie, wordt aangewend tegen paralyse, bubones en
andere kliergezwellen, alsmede tegen lepra.

Greshoff (Schetsen, bl 210) acht Plumbago „een verwerpelijk
goedje" om de hevige scherpte; het geeft, zegt hij, op de huid zeer
pijnlijke, diepgaande brandwonden. Het werkzame bestanddeel is
een stikstofvrije, juglonachtige, kristallijne stof, *plumbagon* geheeten.

238/6343   **Plumbago zeylanica,** *L*
Volksnamen. Mal : *Daoen èntjok* (Batav.) — Jav. *Bama, Daoen
poksor, Godong èntjok* — Mad : *Karèka* — Bali: *Bamĕ.*

Heester met lange, zich vaak door het struikgewas omhoog werkende takken, 1 tot 2 50 M hoog, wildgroeiend in Midden- en Oost-
Java en op Madoera in streken met krachtigen oostmoesson van
af de laagvlakte tot op 800 M zeehoogte; aangeplant wordt hij
over het geheele eiland in of als levende heiningen (Backer, Schoolflora). In toepassingen komt hij overeen met de vorige soort, doch
hij staat volgens Ridley (Mal Geneesmiddelen, bl 36) bekend als
minder krachtig werkend

Wortel   Vorderman (Geneesmiddelen I) trof ook den wortel van deze
soort te Batavia als surrogaat voor *poelé pandak* in den medicijnhandel aan. Dr Boorsma deelde mij mede, dat op Bali de wortel
van P. zeylanica, L. (en denkelijk ook die van P rosea, L.) wordt
gebruikt in een zalf tegen ringworm

Bladeren   De bladeren zijn een gebruikelijk inlandsch geneesmiddel Vorderman bericht in het Tijdschr. v Inl. Geneeskundigen 1898, bl
1, dat zij, fijngewreven, met succes door hem werden toegepast
tegen rheumatische aandoening van de spieren en spierscheeden
der lendenen De pijnlijke plek werd belegd met een laag moes
van 5 mM dikte· na een etmaal inwerken, binnen welken tijd de
pap één keer werd ververscht, bleek een groote blaar te zijn ontstaan, die bij inprikken een onwelriekend serum ontlastte. Inmiddels
was de rheumatische pijn verdwenen en de beweeglijkheid van de
lendenen teruggekeerd De pijn, door dit middel veroorzaakt, moet
heviger zijn dan de overeenkomstige door een spaansche vlieg-
pleister teweeggebracht, doch de aanwending van Plumbago-bladeren
heeft het voordeel geen irritatie van het uro-genitaal apparaat te
verwekken. Deze pap kan ook gedroogd worden (in de zon op een
aarden bord)· na twee maanden in een stopflesch te zijn bewaard

had zij van haar blaartrekkend vermogen niets ingeboet Mevr
Kloppenburg raadt aan bij rheumatiek een zalfje van de bladeren
met klapperolie aan te wenden en zegt verder, dat die bladeren,
gekneusd, met klapperolie bestreken en boven het vuur verflenst,
achter de ooren worden geplakt tegen hoofdpijn. Langer dan 2 à
3 minuten mag men ze echter niet laten zitten, omdat anders
blaren ontstaan. Volgens Jasper (Geneeskrachtige planten) smeert
men poksorbladeren, met adas poelasari gewreven, op den buik
van kinderen bij gestoorde urineloozing.

Ridley (Mal. Geneesmiddelen, bl. 36) zegt, dat behalve uitwendig,
Plumbago zeylanica ook inwendig wordt gebruikt, als abortivum.

SAPOTACEAE.

239/···.   **Getah pertja. Algemeen.**

Terwijl de planten welke rubber of caoutchouc leveren, behooren
tot verschillende familiën en verspreid zijn over de tropen van de
Oude en de Nieuwe Wereld, wordt bruikbare gĕtah pĕrtja, een stof
van gelijke chemische samenstelling doch met geheel andere physi-
sche eigenschappen, [1]) alleen voortgebracht door boomen behoorende tot de familie der Sapotaceae, wier verspreidingsgebied is
beperkt tot den Maleischen Archipel met inbegrip van Malakka,
Nieuw-Guinea en de Philippijnen. Alleen de balata, die een afzonderlijke plaats inneemt, is een boschproduct van tropisch Amerika

De kennis omtrent de planten welke de gĕtah pĕrtja voortbrengen, is van vrij recenten datum. Voor het ned.-indisch gebied
zijn vooral belangrijk de onderzoekingen van Burck (Rapport
omtrent een onderzoek naar de gĕtah-pĕrtja produceerende boomsoorten in de Padangsche Bovenlanden, Mededeeling No. 1 uit 's
Lands Plantentuin, 1884) en die van Van Romburgh (Les Plantes
à caoutchouc et à gutta-percha, cultivées aux Indes Neerlandai-
ses, avec une relation de ses voyages dans la Malaisie à la re-
cherche des guttifères, 1903), terwijl Tromp de Haas in het Rubber-
recueil (1914) een overzicht geeft van den huidigen stand van
zaken, de cultuur en de exploitatie.

De groote massa van het product is een inferieure gĕtahsoort,
gĕtah hangkang geheeten, afkomstig van een boom, die nog alleen is aangetroffen op Borneo (Palaquium leiocarpum, Boerl zie
aldaar). De uitvoer van alle overige gĕtah-pĕrtja soorten uit Ned-
Indië heeft bedragen, volgens de douane-statistiek (in tons):

van/in	Batavia	Bandjer-masin.	Samarinda	Pontianak.	Boelongan	Beraoe	Padang.	Djambi.	Palembang	Telok Pe-tong	Pakan-baroe.	Tapatoean.	Meulaboh.	Elders.
1912	13	259	155	34	n.-v.	n v	158	128	40	18	33	n v.	n v	131
1913	58	138	120	89	44	54	80	84	40	42	27	21	13	112
1914	85	6	24	36	60	15	15	42	6	50	n v.	8	7	43

[1]) Getah pertja is bij gewone temperatuur een harde, niet rekbare massa,
wordt echter bij 50° C en daarboven plastisch, doch herneemt haar vorige
hardheid met behoud van den inmiddels verkregen vorm bij terugkeer tot
de lagere temperatuur.

239/   Deze gĕtah 's zijn afkomstig van een groot aantal Sapotaceae,
waaronder Palaquium Gutta, Burck met zijn verscheidenheden (door
Burck beschreven als Pal. borneense en Pal oblongifolium) uitmunt
door de hoedanigheid van zijn product. In kwaliteit daarop volgt dat
van Payena Leerii, Kurz en wellicht een of meer naverwante Payena-
soorten, terwijl dat van Palaquium Treubii veel bescheidener prijzen
bedingt, doch nog altijd een waardevolle gĕtah is De beste soorten zijn gekenmerkt door een gunstige verhouding tusschen zuivere *guita* en de daarmede steeds samengaande harsachtige lichamen.

Exploitatie   Het product wordt door de inlanders gewonnen door de in de
bosschen verspreid voorkomende boomen te vellen, nadat men
zich door het maken van een insnijding in den stam ervan heeft
overtuigd, dat het melksap van zoodanige kwaliteit is, dat het
de moeite van het kappen loonen zal. Op Borneo legt men blokken
hout op den bodem om te voorkomen, dat de te vellen stam op
den grond zal komen te rusten, in welk geval het onderste deel
onbereikbaar zou zijn. Soms wordt het voor noodzakelijk gehouden den gevelden boom van zijn kruin te ontdoen, omdat men
meent, dat als de stam zoodanig helt, dat de kruin lager ligt, het
melksap uit den stam wegtrekt. Na het kappen wordt de stam tot
aan de plaats waar de eerste takken ontspringen op afstanden van
1 à $1^1/_2$ voet tot op het hout toe geringd met een scherpe guts
van ca 20 mM. breedte. Indien het melksap dikvloeibaar is, zooals
bij Palaquium Gutta, Burck, verwerkt men den bast in den uitge-
hakten ring tot haksel om het afdruipen zooveel mogelijk tegen
te gaan; indien de latex daarentegen dunvloeibaar is, zooals bij
Payena Leerii, Kurz, dan vangt men haar op in gespleten bam-
boegeledingen, klapperdoppen, gevouwen palmbladeren e. d Het in
de ringen gestolde melksap wordt met behulp van een ijzeren schra-
Bereiding   pertje ingezameld. Tehuis, of in een tijdelijke verblijfplaats in het
bosch, wordt de latex of de met wat water aangelengde vlokkige
massa (bijaldien de coagulatie al is begonnen) boven een zwak
vuur tot stollen gebracht Nog warm zijnde, wordt het coagulaat
op een plank of mat uitgetreden tot een breed vel, dat dan wordt
opgerold, of wel gekneed tot den vorm van een leverworst of
van een peer. Het melksap van soorten welke dikvloeibare latex
leveren, die reeds in de insnijdingen coaguleert, is natuurlijk
sterk verontreinigd met hout- en schorsdeeltjes. Om de daarvan bereide gĕtah te zuiveren brengt men haar, in stukjes gekapt, in warm water, waardoor zij plastisch wordt. Bij kleine
hoeveelheden tegelijk wordt dan de weeke gĕtah uitgetreden, uitgeslagen of met de handen uitgetrokken tot een dunne plaat,
waarvan de overmaat van verontreinigingen wordt verwijderd door
afspoelen in koud water of door afwrijven met de hand. Deze
bewerking wordt, zoo noodig, eenige malen herhaald.

Geeft men zich eenerzijds moeite om de niet in de gĕtah thuis-
hoorende stoffen te verwijderen, het spreekt vanzelf, dat men, als
het nuttig voorkomt, aan de getah bastschraapsel toevoegt om de
waar te vervalschen.

Opbrengst   De opbrengsten per boom, doch meer nog de opgaven daaromtrent van de inlanders, loopen sterk uiteen. Volgens Tromp de
Haas leveren in het bosch boomen van 15 à 25-jarigen leeftijd

239; . al naar de grootte 0.5 tot 1 Kg. product Schlechter (Tropenpflanzer 1902, bl. 26) velde in Oost-Borneo een buitengewoon zwaar exemplaar van Palaquium Gutta, waarvan de stam 2 M. boven den grond een omvang had van 253 cM. en een lengte tot aan de onderste takken van 110 voet· die boom leverde $4^1/_2$ Kg gĕtah, wat Schlechter beschouwt als een record-opbrengst

De betere soorten van de als boschproduct ingezamelde gĕtah *Herkomst der handelssoorten.* zijn gewoonlijk reeds bij den inzamelaar niet meer onvermengd, in de eerste plaats, doordat boomen van een en dezelfde soort in den regel niet meer in zoo groot aantal voorkomen, dat de gĕtah afzonderlijk kan worden gehouden, in de tweede plaats, omdat vermengen, en vervalschen daaraan annex, den inzamelaar mogelijk voordeel kan opleveren. Te Singapore, het punt waar de meeste gĕtah pĕrtja samenkomt en de waar wordt „geschikt gemaakt" voor de westersche afnemers, wordt de kunst van „mengen" zoo goed beoefend, dat men gĕtah pĕrtja kan bekomen in alle prijzen tusschen 18 en 350 dollar per picol. Het spreekt dan ook vanzelf, dat in den handel gĕtah pĕrtjasoorten voorkomen, waarvan de botanische afkomst niet kan worden aangegeven, om de eenvoudige reden, dat geen vast hoofdbestanddeel valt aan te wijzen.

Gĕtah pĕrtja ontleent haar groote waarde aan de eigenschap een *Cultuur* de electriciteit niet geleidende stof te zijn, die zich onder water onbepaalden tijd lang goedhoudt zonder vocht op te nemen. Hierdoor is zij geschikt voor het isoleeren van onderzeesche kabels en tot dusverre is het niet gelukt haar voor dit doel te vervangen, tenzij tendeele door balata. Daar de boomen, die dit onontbeerlijke artikel voortbrengen, langzame groeiers zijn en er naar matige schatting een 50 millioen geveld zijn moeten worden om de gĕtah pĕrtja te leveren, verbruikt voor het bestaande onderzeesche kabelnet, terwijl het schaarscher worden van de boomen onmiskenbaar bleek, werd eenige jaren vóór het uitvinden van de draadlooze telegraphie ernstig gevreesd, dat de voorraad gĕtah pĕrtja in afzienbaren tijd uitgeput zou geraken Onder dien drang van omstandigheden besloot het Ned.-Indische Gouvernement tot het oprichten van een onderneming, waar de gĕtah pĕrtja-boomen op groote schaal zouden worden aangeplant en geexploiteerd. Die onderneming kwam tot stand te Tjipetir in de Preanger Regentschappen, waar reeds in 1885 vanwege 's Lands Plantentuin door Burck proefaanplantingen op vrij uitgebreide schaal waren aangelegd Aanvankelijk had men zich voorgesteld het product te winnen door de boomen te tappen, doch de daarmede verkregen resultaten bewezen, dat alsdan de cultuur niet zou kunnen loonen. [1]) Hoewel het invoeren van deze cultuur is geschied met terzijde-

[1]) Men zie ook Tropenpflanzer 1905, bl. 519, waar men tot dezelfde conclusie komt. Op het Maleische Schiereiland heeft men zich in de laatste jaren óók met dit vraagstuk beziggehouden· aan de bestaande aanplantingen wordt daar geen uitbreiding gegeven, doch men beschermt de tabans op hun natuurlijke groeiplaatsen Men zegt, dat de resultaten zeer bevredigend zijn en dat het zelfs mogelijk zou wezen om bosschen, waar de Palaquium vrij veelvuldig voorkomt, om te zetten in zuivere bestanden. Proeven met het tappen van het boveneind van den stam zijn er loonend gebleken, doch de technische zijde van het vraagstuk wordt nog nader bestudeerd (Straits Bulletin Nov 1916, bl 25)

Bladeren

stelling van overwegingen van finantieelen aard, lag het toch voor de hand, dat een wijze van exploiteeren, die de kosten dekt of winst oplevert, uitermate welkom zou zijn Men ging daarom over, eerst proefsgewijs, tot het reeds elders technisch mogelijk gebleken winnen van de gĕtah uit de bladeren. Het afscheiden van het product langs chemischen weg is practisch onuitvoerbaar, omdat de op die wijze verkregen gĕtah zich op den duur niet goedhoudt Een mechanisch procédé, bestaande uit stampen van de bladeren en afzonderen van de gĕtah pĕrtja met warm water, levert echter een zeer goed product Voor de bereiding van gĕtah pĕrtja langs dezen weg leenen zich volgens Tromp de Haas alleen de bladeren van Pal Gutta (in ruimeren zin).

In afwachting van het totstandkomen van een eigen fabriek van voldoende capaciteit werd tot dusver een groote hoeveelheid snoeisel verscheept naar Singapore, waar een hollandsche fabriek is gevestigd, die haar grondstof overigens betrekt van Sumatra, den Riouw-archipel en Borneo, zooals blijkt uit volgend extract uit de douane-statistiek, aangevende de hoeveelheid (in tons) der uitgevoerde gĕtahbladeren.

van/in	Batavia	Koealoe	Rengat	Pakanbaroe	Riouw	Moeara Saba	Djambi	Penoeba	Pontianak	Samoeda	Sampit	Bandjer-masin	Tandjong Redeb (Berao)	Elders
1911	444	—	—	—	148	—	—	—	65	—	164	1.055	—	—
1912	480	?	17	?	?	?	?	82	?	50	?	96	92	13
1913	461	35	46	?	?		84	?	744	?	?	128	?	22
1914	629	?	40	87	?	42	106	?	?	?	?	183	?	6

De uitvoeren van Java zijn afkomstig van Tjipetir Indien de overige bladeren afkomstig waren van boomen, die geveld worden om de gĕtah uit den bast te winnen, zou men er zich slechts over kunnen verheugen, dat op deze wijze ook de bladeren productief worden gemaakt Het is echter niet twijfelachtig, dat de hoofd-massa geleverd wordt door zeer jonge, nog niet exploitabele exemplaren, zoodat telkens nieuwe streken bewerkt moeten worden tengevolge van uitputting van de oude. Volgens Van Zon (Tectona 1916, bl. 367) worden de boompjes meestal bij den grond afge-kapt en de bladeren afgestroopt, de stronkjes loopen wel is waar weer uit, doch naar het oordeel van dezen houtvester zal de boom het bij zulk een roofexploitatie toch niet lang kunnen uithouden. Aangezien, zooals gezegd is, alleen de beste Palaquiumsoort bladeren levert van waarde voor de bereiding van gĕtah pĕrtja, is het in-zamelen van blad, gepaard gaande met vernieling van de planten die in de toekomst de gĕtah zouden kunnen opleveren, een ruine voor de bosschen.

239/6353   **Payena bankensis**, *Burck* (S i d e r o x y l o n g l a b r e s c e n s, *Miq*).

Volksnamen Mal · *Kĕtijau* (Banka)

Boom, waaromtrent Burck in Mededeeling No. 3 uit 's Lands Plantentuin het volgende mededeelt. De gĕtah, onder den naam van *kĕtijau* bekend, is van inferieure kwaliteit. Het vet, dat zoowel op Banka als in West-Borneo uit de zaden wordt gewonnen, draagt in Sambas den naam van *tĕngkawang sangai*, op Banka dien van *kĕtijauolie* Het is mij niet bekend, of dit vet uit Borneo wordt uitgevoerd en ik veronderstel, dat het alleen voor eigen gebruik wordt bereid Het Museum van 's Lands Plantentuin bezit eenige monsters van dit vet, hetwelk hier vloeibaar is. Volgens Dr De Loos komt het in kleur en fijnheid overeen met amandelolie gewoonlijk is het zacht en lichtgroen van kleur, soms hard en wit. Het groote verschil in hardheid hangt volgens De Loos waarschijnlijk af van de wijze van afscheiden

Hierbij moet worden opgemerkt, dat het zeer onwaarschijnlijk moet worden geacht, dat een olie op Borneo, en nog wel te Sambas, als een soort van tĕngkawang zou worden beschouwd en dat klaarblijkelijk de door Burck bedoelde olie een sterken familietrek vertoont met die van Illipe Motleyana; het Museum ontving als kĕtijau meestal materiaal van Payena (Illipe) latifolia, Burck.

239,6353   **Payena Havilandi,** *King & Gamble*
Volksnamen. Mal . *Sĕmaram*

Groote boom als Payena Leerii, Kurz. Volgens Ridley (Mal. Timmerhoutsoorten, bl. 78) is het hout geschikt voor planken en   Hout levert de boom een gĕtahsoort (Straits Bulletin 1906, bl. 62), die,   Getah. naar het schijnt, even goed is als die van Payena Leerii.

In het herbarium te Buitenzorg is materiaal aanwezig van een *sĕmaram*, afkomstig van Bengkalis (S O. K), door Burck gedetermineerd als Palaquium linggense, Burck; dit komt niet overeen met de beschrijving van Payena Havilandi, King & Gamble van Malakka

239/6353   **Payena (Illipe) lancifolia,** *Burck*
Volksnamen W. Born.: *Kĕlaki.*

Vrij zware boom, groeiend op moerassig terrein, vooral langs de oevers der kleinere rivieren in Sintang Het hout wordt gerekend   Hout. tot de goede soorten en o a. gebruikt voor roeiriemen. De vruchten, welke de grootte hebben van een muskaatnoot en 1 tot 3 zaden   Zaden bevatten, vallen, als zij rijp zijn, in het water en worden door de inlanders opgeschept De uit die zaden geperste olie (in dit klimaat steeds vloeibaar) is, indien met zorg bereid, helder en goed van smaak, zoo zelfs, dat men haar voor keukengebruik prefereert boven tĕngkawangvet. De zaden mogen dan echter nog niet gekiemd zijn en de zaadhuid moet door koken zijn verwijderd, want anders is de olie onzuiver en bitter (Bakker in Indische Gids Febr 1884, bl 279 en Burck).

Onder den naam van kĕlaki ontving ik uit Sintang één maal een vast vet en eens een olie (die echter bij staan tenslotte vast werd) met eenige zaden, welke bleken te behooren aan een Illipesoort.

In het Museum Zaden, vet

239/6353   **Payena (Illipe) latifolia,** *Burck* (C e r a t o p h o r u s l o n g i-
p e t i o l a t u s, *T & B*)
Volksnamen Mal *Bĕngkoe* (Riouw), *Kĕtijau* (Zuid-Sumatra),
Sangei (W Borneo).

Boom, 15 à 20 M hoog, in het westelijk deel van den archipel

groeiend aan de oevers van rivieren en beken (Korte Berichten
v. L.N. & H. Oct 1912, bl 152).

Hout

De rechte, rolronde stam, met kleine wortellijsten en hoog aangezette kroon, levert een fraai, tamelijk hard hout, dat voor planken
wordt gebruikt.

Getah

Volgens Van Romburgh (Pl. à c. et à g p., bl 152) wordt in Paloh
(W. Afd. v. Borneo) van den *sangei* een gĕtah pĕrtjasoort gewonnen,
zeer veel gelijkend op die van Payena Leerii, Kurz, vooral bij
zorgvuldige zuivering, doch zij wordt veel vervalscht Sangei is
echter geen karakteristieke naam, zoodat de mogelijkheid van omwisseling geenszins is uitgesloten. Uit de residentie Riouw ontving
ik een gĕtahmonster met herbarium onder den betrouwbaren naam
bĕngkoe, dat blijkens een door Dr De Jong ingesteld onderzoek
practisch geheel bestond uit hars. Bericht werd, dat die gĕtah
alleen dient voor het vervalschen van het product van Payena Leerii.

Zaden

Deze boom draagt overvloedig vrucht, waarvan de zaden volgens
Wijs' vetcatalogus 40 % van een niet-drogende, aangenaam smakende olie bevatten, die naar bittere amandelen riekt. Het Museum
ontving uit de Westerafdeeling van Borneo sangeizaad, dat 38 5%
van een dergelijke olie bevatte (zie de analyse in Korte Berichten
Febr 1912, bl. 106) Zaad en olie vertoonen dus wederom groote
gelijkenis met die van Illipe Motleyana, Engl De olie wordt als
spijsolie gebruikt

In het Museum Zaden, olie

239/6353

Payena Leerii, *Kurz* (Keratophorus Leerii, *Hassk*)
Volksnamen. Mal. *Soendik, Soentik* — Sum O Kust *Majang
sondèk* — S W K · *Balam boenga tandjoeng, Balam pipis,
Njatoh balam bĕringin, Nj b. soendai (soentai)* — Palem-
bang *Balam kĕdjal, B tandjoeng, B. tandoek, B tjabé* —
Lampongs *Balam kalimangoeng* — Banka *Koelan* — W.
Afd. v Borneo *Koelan, Poeting* — Z & O. Afd v Born
Bĕringin

Boom. 20 à 25 M hoog en ca 0 45 M dik, verbreid over het
westelijk deel van den Maleischen Archipel, misschien ook voorkomend in de Molukken

Hout

Het hout is volgens Ridley (Mal. Timmerhoutsoorten, bl 78)
lichtbruin van kleur, zwaar en hard; dat het een goed timmerhout
is, werd mij door zendingen uit Sumatra bevestigd

Getah.

De gĕtah is zeer vast, laat zich, in warm water gedompeld, even
gemakkelijk kneden als die van Palaquium oblongifolium, Burck
en herneemt bij afkoelen haar vroegere vastheid Het melksap is
dunvloeibaar en loopt gemakkelijk en vlug uit, zoodat het mogelijk
is de grootste hoeveelheid in zuiveren toestand, niet verontreinigd
met hout- en bastdeeltjes, optevangen Dientengevolge is zij van
nature blank, doch schijnt aan de lucht spoedig een kleursverandering
te ondergaan, tengevolge waarvan de handelsgĕtah steeds min of
meer geel is (Burck, Mededeelingen No 1 uit 's Lands Plantentuin)

De gĕtah pĕrtja van dezen boom is vrij goed, hoewel zij een
hoog harsgehalte bezit opmerkelijk is, dat sommige boomen,
botanisch niet te onderscheiden van de „echte" Payena Leerii,
daarvan verschillen door hun kleverig product. Deze variatie is

niet toe te schrijven aan klimatologische of standplaatsverschillen, daar die boomen worden gevonden in de onmiddellijke nabijheid van de andere Payena's (Van Romburgh, Pl. à c et à g. p., bl. 149).

Handleiding Warenkennis beschrijft de *gětah soentik* (van Palembang) of *gětah běringin* (van Bandjermasin) als een soort, in waarde onmiddellijk volgend op de *balam měrah* (Palaquium Gutta, Burck). Evenals deze komt zij zelden geheel zuiver ter markt. Mengsels van gětah soentik en gětah měrah treft men dikwijls aan: die van soentik met minderwaardige gětah zonder toevoeging van balam měrah komen niet in zulke groote hoeveelheden voor In zuiveren staat heeft soentik of běringin een grijswitte kleur: zij is sterk samenhangend en vertoont op de doorsnede een compacte massa zonder de zichtbare lagen van de balam měrah. Zij heeft met deze gemeen de eigenschappen van *terugspringen* en *kraken bij wrijven* (zie onder Palaquium oblongifolium, Burck); de intensiteit daarvan vermindert of verdwijnt bij vermenging met minderwaardige soorten, terwijl ook de kleur en samenhang veranderen in verband met de soort der toegevoegde gětah. Vaak wordt zij vervalscht met *doejan* of *poean* (Pal. Treubii, Burck), *hangkang* (Pal. leiocarpum, Boerl.), of *djěloetoeng* (Dyera). Vooral doejan, die wegens haar bijna gelijke kleur en vrij grooten samenhang bij oppervlakkige beschouwing moeilijk is te onderkennen, wordt voor de vermenging gebezigd en kan alleen worden ontdekt door een kleine nuance in voorkomen en kleur, eenige broosheid en vermindering van de veerkracht. Vervalsching met hangkang of djěloetoeng heeft altijd in meerdere of mindere mate, behalve verandering van kleur en voorkomen, vermindering van de veerkracht en een eigenaardige lucht tengevolge. Palembang en Bandjermasin zijn de voornaamste uitvoerhavens. in September 1911 bedroeg de waarde f 225 per picol, gemengde soorten naar verhouding.

De vruchten worden gezegd eetbaar te zijn [Vruchten.]

De zaden zijn arm aan olie: op droge stof berekend bevatten [Zaden] zij er niet meer van dan $3^1/_2$ à $4^1/_2 \%$ (Verslagen 's Lands Plantentuin 1899, bl. 54 en 1904, bl 59).

In het Museum. Hout, gětah.

239/6353   **Payena macrophylla,** *Burck* (Kakosmanthus macrophyllus, *Hassk.*).
Volksnamen. Soend: *Pasra*

Zeer zeldzame, 30 à 35 M. hooge en 1 tot 1.50 M. dikke boom, verstrooid groeiend gevonden in West-Java beneden 200 M. zeehoogte. Het hout zou nogal duurzaam zijn en bruikbaar voor huis- [Hout] bouw (K. & V. — I, bl. 151) Burck bericht (Mededeelingen No 3 uit 's Lands Plantentuin), dat de zaden een olie bevatten, die voor [Zaden.] verschillende doeleinden geschikt is.

In het Museum Zaden.

239/6353   **Payena Maingayi,** *Clarke.*
Volksnamen (volgens Ridley). Mal.: *Malaim pata*

Boom, tot 70 voet hoog, op het eerste gezicht gelijkend op Palaquium Gutta, Burck, doch met langer bladeren op het Maleische Schiereiland is hij algemeen. Het hout wordt gezegd goed en duur- [Hout.]

Getah

Zaden

zaam te zijn; het is zwaar en donkerbruin en in gebruik bij den huisbouw De gĕtah verhardt niet en is waardeloos. De zaden zouden te Singapore worden aangevoerd van Sumatra ter bereiding van de olie! (Ridley, Straits Bulletin 1906, bl. 62).

239/6353

Payena(?) multilineata, *Burck.*
Volksnamen. W. Borneo Bĕlaban, Mĕlaban.

Hout.

Vrij zware boom, groeiend op moerassig terrein langs de waterloopen in Sintang Het hout wordt gerekend tot de goede soorten; in het Kapoeasgebied kent men geen beter voor het vervaardigen van korte riemen.

Zaden

De vruchten zijn zoo groot als koffiebessen (koffieboonen staat herhaaldelijk, zeker ten onrechte, in de verhandeling) en bevatten eenige vethoudende zaden Rijp zijnde vallen zij in het water en worden door de inlanders opgeschept: die op den grond vallen acht men de moeite van het verzamelen niet waard. Uit de zaden wordt een week vet van inferieure kwaliteit geperst, dat alleen geschikt is voor de verlichting (Bakker, Indische Gids Febr. 1884, bl. 279 en Burck, Mededeeling No 3 uit 's Lands Plantentuin).

Deze plant is beschreven op blad alleen, zoodat de geslachtsnaam onzeker is: behalve een Payena kan het ook een Illipe zijn, of iets anders Onder den naam van bĕlaban ontving ik tot twee maal toe uit Melawi (Sintang) fraai materiaal van een waarschijnlijk nog onbeschreven Tristania-soort, waarvan het echter al zeer onwaarschijnlijk is, dat zij onder de vetleverende gewassen zou moeten worden gerangschikt.

239/6353

? Payena (Illipe) obscura, *Burck*
Volksnamen. Mal. Siminei (S.O.K.).

Siminei is de naam van een boom, die volgens een bericht uit Bengkalis daar algemeen voorkomt, het meest in Kamper Kiri, Pelawan en de Tapoengs (Siak). Uit de zaden wordt door de bevolking olie geperst, vooral voor culinaire doeleinden. In afmetingen overtreffen zij alle andere in het Museum aanwezige zaden van Sapotaceae: ik mat er van 40 mM. lengte, 25 mM. breedte en meer dan 10 mM. dikte. De bruine schil is vrij hard en, als bij de aanverwante soorten, voor de helft dof en voor de andere helft glanzend. In 1909 werden zij nog niet uitgevoerd, hoewel in ruime hoeveelheid en zonder veel moeite verkrijgbaar.

Burck vermeldt in Annales V du J b de Buitenzorg op bl. 60 siminei als volksnaam ter Oostkust van Sumatra voor Payena obscura, Burck Het door mij van Bengkalis ontvangen steriele herbarium kwam echter niet overeen met B 's beschrijving.

In het Museum: Zaden, olie.

239/6353

Payena rubro-pedicellata, *Burck.*
Volksnamen W. Borneo. Melali, Sangei.

Getah

Boom; levert volgens Van Romburgh (Pl. à. c et à g p , bl 19) een soort van gĕtah pĕrtja, gelijk aan die van Payena Leerii, Kurz. Dezelfde schreef in Verslag 1899 omtrent 's Lands Plantentuin, bl. 53, dat een uit Paloh medegebracht monster 1 deel hars bevatte tegen 1.21 deelen gutta.

239/6353 **Payena sericea,** *Benth. & Hook.* (Bassia sericea, *Bl.*, Payena Balam, *Pierre,* P Suringariana, *Burck*) Volksnamen. Soend.: *Djĕngkot, Kakadoehan, Njatoe —* Jav.: *Djĕngkot.*

Boom, tot 22 M hoog en 90 cM dik, verstrooid groeiend op geheel Java tusschen 300 en 1300 M. zeehoogte. Het hout is in Hout voldoende afmetingen te verkrijgen en staat bekend als nogal duur- zaam en sterk, zoodat het nu en dan door de inlanders wordt gebezigd voor huisbouw (K. & V — I, bl. 149)

239/6353. **Payena sumatrana,** *Miq.* (Isonandra sumatrana, *Burck,* Payena stipularis, *Burck*). Volksnamen. Mal.: *Dantoeng* (S.W.K.).

Boom, volgens Van Romburgh (Pl à c et à g. p., bl. 8 en 119) tot 15 M hoog en 40 cM. dik, voorheen in de Pa- dangsche Bovenlanden belangrijk als leverancier van de *gĕtah* Getah *dantoeng,* een eigenaardige stof, door Van R. gekarakteriseerd als een soort van rubber van dragelijke kwaliteit, die bij gewo- ne temperatuur elastisch is, doch de voor gĕtah pĕrtja kenmer- kende eigenschap bezit van plastisch te worden bij verhoogde temperatuur. De boom werd geexploiteerd op dezelfde wijze als de gĕtah pĕrtjaboomen, door vellen en ringen. De dantoeng van den handel verschilde eenigszins van het product dat V. R. zelf oogstte, vermoedelijk doordat de inzamelaars het voor den han- del vermengden met lianenrubber Het werd alleen uitgevoerd van Padang in groote, platte koeken van bruine kleur, met vele holten, doch was, naar mij in December 1911 door de Padang- sche Handel Mij. werd medegedeeld, toen reeds meer dan 10 jaar finaal uit den handel verdwenen.

Payena stipularis, Burck is beschreven naar materiaal uit de Minahassa, zoodat het verbreidingsgebied van deze soort zeer uitgestrekt is (tenzij omwisseling heeft plaats gehad tenopzichte van inzameletiketten) en de mogelijkheid niet is uitgesloten, dat Payena sumatrana, Miq thans nog elders in exploiteerbare hoe- veelheid voorkomt.

In het Museum Gĕtah.

239/6354 **Illipe Motleyana,** *Engl.* (Bassia Motleyana, *Clarke,* Ga- nua Motleyana, *Pierre,* Isonandra Motleyana, *De Vr.*). Volksnamen. Z. & O. Borneo: *Kĕtijau.*

Rechte, hooge boom, over geheel Borneo (en Malakka) verspreid, groeiend op terreinen welke een deel van het jaar onderloopen Hij levert overvloedig melksap, doch van slechte hoedanigheid, zijnde Getah. meer wasachtig (harsrijk) en broos dan eenige andere soort van gĕtah pĕrtja. De zaden leveren een amberkleurige, slijmerige olie, die in smaak en geur veel heeft van de olie uit bittere amandelen: zij wordt gebezigd voor gebak en staat te Bandjarmasin zeer goed aangeschreven (Motley, Natuurk. Tijdschr. v. N I. dl 21, bl. 308). Deze olie heeft ook in Britsch Noord-Borneo, waar de boom den- Olie. zelfden naam draagt, de aandacht getrokken en is geanalyseerd bij het Imp Institute (Bulletin Dec. 1912, bl. 549) De zaden wogen gemiddeld 0.34 gram en bestonden voor 68% uit kernen, bevattend

51.3 % olie, in het koelere engelsche klimaat een geel, boterachtig vet, met een sterken geur naar amandelolie: blauwzuur werd er echter niet in gevonden. In samenstelling toonde het groote over-eenkomst met mowraboter (Illipe latifolia, Engl, Bassia latifolia, Roxb), waarvan de zaden insgelijks ongeveer 35 % olie bevatten en de zaden van beide soorten zullen derhalve in waarde voor de praktijk niet ver uiteenloopen.

Uit de buurt van Bandjermasin, dus de streek waar Motley heeft vertoefd, ontving ik *getah kětijau* en kětijauzaden, afkomstig van een Illipe, die niet kon worden geïdentificeerd met het zeer onvoldoende, in het buitenzorgsch herbarium als Illipe Motleyana aanwezige materiaal Die gětah bestond uit 16.27 % gutta, 75.43 % hars en 8.3 % water en verontreinigingen, was derhalve van inferieure kwa-liteit: in de laatste jaren is zij in den handel gekomen In het Verslag 1915 omtrent Handel, Nijverheid en Landbouw leest men op bl. 21, dat de aanvoeren te Bandjermasin normaal, doch de prijzen aan sterke schommelingen onderhevig waren geweest In het begin van het jaar werd 16 a 17 gulden betaald, terugloopende tot *f* 7 per picol, maar tegen het eind van het jaar steeg de waar-de weer tot 14 à 17 gulden

In het Museum Gětah, zaad

239/6357   **Isonandra ?pulchra,** *Burck*
Volksnamen. Mal : *Balam kalimangoeng* (Palemb).

Boom, 28 à 30 M. hoog en tot 0.60 M dik, verstrooid groeiend gevonden in Palembang op pl m 150 M zeehoogte. De stam is gewoonlijk slank en recht, rolrond, met hoog aangezette kroon, hij bestaat uit een zeer dun, witachtig spint en helderrood, vrij

Hout   zacht kernhout, dat bij den huisbouw wordt gebruikt voor planken onder dak, hoewel het door insecten wordt aangetast en sterk scheurt Aangezien het nogal licht is, wordt het vaak gebruikt voor prauwen, die echter niet bijzonder duurzaam zijn

De bast is rijk aan gětah, die niet stolt; de vruchten heeten eetbaar.

In het Museum Hout

239/6358   **Palaquium acuminatum,** *Burck*
Volksnamen Mal. *Balam soesoe* (S.W K), *Majang kapoer* (S O K)

Boom. gelijkt in zijn bladeren bedrieglijk op Palaquium oblongi-folium, Burck, doch levert een inferieure, pekachtige gětah pěrtja-soort (Van Romburgh Pl à c et à g p., bl 9 en 151)

Van een met twijfel tot deze soort gebrachten *balam těmbaga* van Redjang (res Benkoelen) werd mij bericht, dat het hout roodachtig is van kleur, hard, niet onderhevig aan scheuren, in het algemeen een goed timmerhout, geschikt voor bruggedekken.

239/6358   **Palaquium argentatum,** *Pierre*
Volksnamen. Alf Minah : *Poeloetan*

Boom van Celebes: het lichtbruine hout is grof van draad doch vrij dicht, in drogen toestand tamelijk goed bestand tegen weer en wind; het wordt alleen gebruikt voor planken.

In het Museum Hout.

239/6358   **Palaquium bancanum,** *Burck*
Volksnamen Mal : *Njatoh darat* (Banka)
Reusachtige boom met rechten stam, eerst 80 voet boven den
grond vertakt Het hout is glimmend roodachtig bruin en licht   Hout
het schijnt een goed timmerhout te zijn (Ridley, Mal Timmerhoutsoorten, bl 77) Melksap geeft deze soort volgens mededeeling   Getah.
van denzelfden auteur in Straits Bulletin 1906, bl. 63, slechts weinig

239/6358   **Palaquium borneense,** *Burck.*
Volksnamen Z O Borneo *Njatoe doerijan No. 1*— W. Born..
Sangei lemong dadak.
Boom, botanisch zeer na verwant aan, waarschijnlijk zelfs iden-
tiek met, Palaquium Gutta, Burck en als leverancier van gĕtah pĕrtja   Getah
in elk geval van gelijke waarde. In het stroomgebied van den Barito
wordt deze volgens Berichte ueber Handel und Industrie Bd XI,
bl 563 insgelijks aangeduid met den naam gĕtah mĕrah.
Aan de gedroogde zaadkernen onttrok Boorsma (Plantenstoffen   Zaden
IV, bl 102) ca 58% zeer vast vet en scheidde uit het residu
een saponine af met belangrijk haemolytisch vermogen
In het Museum Hout, zaden, vet

239/6358   **Palaquium celebicum,** *Burck.*
Volksnamen Mak.: *Koemi* — Ternate: *Tofui daoen kĕtjil,*
T. sedang.
Boom van Celebes en verder oostwaarts. De gĕtah daarvan,   Getah
bij wijze van proef ingezameld, bleek ongeveer 30% gutta en 65%
hars te bevatten; zij werd eind October 1912 te Singapore ge-
taxeerd op 30 à 40 dollar per picol.
In het Museum Gĕtah

239/6358   **Palaquium Clarkeanum,** *King & Gamble*
Volksnamen Mal Malakka *Gĕtah kĕtapang*
Boom van het Maleische Schiereiland, na verwant aan, mis-
schien slechts een variëteit van, Pal Maingayi, King & Gamble
De latex zou worden gebruikt om andere gĕtah pĕrtja te verval-   Getah
schen (Ridley in Straits Bulletin 1906, bl. 63).

239/6358   **Palaquium Gutta,** *Burck* (Isonandra Gutta, *Hook.*).
Volksnamen Daj Z. O Born · *Njatoe tĕmijang No 1.*
Boom, meestal geacht niet soortelijk te verschillen van Pal borneense, Burck en Pal oblongifolium, Burck Oorspronkelijk was
hij alleen bekend van het eiland Singapore, doch daar is hij uitgeroeid: de var sessiliflora, Boerl werd door Van Romburgh (Pl.
à c. et à g. p., bl. 146) aangetroffen in de Zuider- en Oosterafdeeling van Borneo De soort, naar Burck's opvatting, was in
den botanischen tuin te Buitenzorg vertegenwoordigd door twee
exemplaren, waarvan alle thans op Java gekweekte Pal Gutta-
planten afkomstig zijn Een groot aantal dier nakomelingen verschilt echter volgens Van Romburgh in habitus en bladvorm van
de moederboomen. De kwaliteit der gĕtah pĕrtja stemt overeen met   Getah
die van Pal borneense en Pal oblongifolium
Uit de zaadkernen bereidde Greshoff (Teysmannia 1890, bl.   Zaden

191) 55.7 % fraai gekristalliseerd, vast, wit vet met een smelt-punt van 37.5° C.

In het Museum: Hout, zaad, vet

239,6358   **Palaquium javense,** *Burck*

Volksnamen Oost-Java: *Kawang, Njatoe* — Mad : *Njatoh.*
Boom, tot 50 M. hoog en 3 M. dik, veelal 30 à 40 M. hoog en 100 tot 150 cM. dik, in Oost-Java — vooral in Noord-Banjoewangi tus-schen 20 en 300 M. zeehoogte — algemeen, elders op Java zeldzaam

De stam is zuilvormig, met buitengewoon sterk uitspringende wortellijsten en soms eerst 35 M. boven den grond aangezette
Hout   kroon. Het hout is in Oost-Java weinig geacht in Midden-Java is dat van de variëteit (?)die daar *grawang* wordt geheeten, ge-zocht voor gamelans en fijne meubelen, terwijl de variëteit *djĕm-pina* er weinig in tel is

Zaden   Deze boom draagt rijkelijk vruchten en uit de zaden wordt in Besoeki algemeen olie gekookt (K. & V. — I, bl. 143). Reeds Teys-mann berichtte in het Natuurkundig Tijdschr. v N I dl XI, bl. 196, dat hij in Besoeki in een gehucht enkele groote njatohboo-men aantrof, die men bij het opruimen van het bosch had laten staan. Naar de reden daarvan vragende, werd hem medegedeeld, dat de inlanders hoogen prijs stelden op de zaden, waaruit ze een soort van boter bereidden, die zoowel voor spijs- als voor lampolie werd gebruikt.

De zaden van Pal. javense leveren bij persen nòch olie, nòch een soort van boter, doch een hard vet en maken dus geen uit-zondering op den regel, dat de Palaquiums een vast vet geven.

In het Museum Hout, zaden, vet.

239,6358   **Palaquium leiocarpum,** *Boerl*

Volksnamen op Borneo W. Afdeeling: *Djongkang* — Z. & O Afd.: *Hangkang.*
Hooge boom van Borneo, in het bosch vrij gemakkelijk te her-kennen aan de donker koperroode kleur van de onderzijde der bladeren, waardoor hij sterk gelijkt op de stamplant van de gĕtah mĕrah (zie onder Palaquium oblongifolium, Burck). Zonder moeite is hij daarvan echter te onderscheiden door een blad voorzichtig in te scheuren: bij de gĕtah mĕrah ziet men dan tal van fijne draden, welke de beide stukken vereenigen, terwijl die gemist worden bij den hangkang Voor zoover Van Romburgh kon waar-nemen, komt hij alleen voor in lagere streken en schijnt het hem geen kwaad te doen indien de grond nu en dan overstroomd wordt.
Getah.   Volgens dezen schrijver (Teysmannia 1899, bl. 577 en Pl. à c et à g. p, bl. 149) wordt de gĕtah, in den handel te Singapore bekend als *ang so,* gewonnen op dezelfde wijze als andere gĕtahpĕrtjasoorten. De boom wordt geveld, de bast ingesneden en het opgevangen melksap in een ondiepe ijzeren pan boven een zacht vuur onder aanhoudend roeren met een houten spatel verhit, tot de massa gestold en het grootste deel van het water eruit verdampt is, waarop de nog weeke inhoud wordt gevormd tot dikke, ronde schijven met een gat in het midden Een 25 M. hoog exemplaar met een omtrek van 94 cM, onder Van Romburgh's toezicht getapt, leverde 330

gram bereid product op. Te Wechel (Teysmannia 1911, bl. 596) zegt, dat de gětah na ongeveer een uur in de wonden verhard is en daaruit wordt gekrabd, tehuis wordt zij gedurende $1/2$ uur verwarmd in een vlakke pan, waaronder een flink vuur brandt De hangkang wordt dan zoo week, dat men de stof tot een blok kan kneden. Volgens dezen schrijver levert een behoorlijke hangkangboom ongeveer 2 kati gětah.

Handleiding Warenkennis beschrijft het product als zware, cylindervormige of vierkante blokken, grauwwit van kleur, dikwijls roodachtig door bastaftreksel, donkerbruin van oppervlak Deze blokken zijn hard, doch broos en bezitten weinig samenhang. Evenals djěloetoeng (Dyera) heeft hangkang een eigenaardige lucht, minder doordringend echter dan van eerstgenoemde Dikwijls is deze gětah sterk verontreinigd: stukken hout of bast worden er vaak in aangetroffen. In het Jaarboek 1908 Dept v. Landb, bl 44 vindt men een analyse van een monster hangkang, 't welk bevatte 38 9% vocht, 0 3% verontreinigingen, 13 4% gutta en 47 4% hars; de verhouding tusschen gětah en hars was derhalve 22 : 78 Van Romburgh (Verslag 1899 's Lands Plantentuin, bl. 53) vond een verhouding van ongeveer 30 : 70

Onder de gětah pěrtja-soorten neemt hangkang ongeveer dezelfde plaats in als de djěloetoeng onder de rubbers de waarde van het handelsproduct is hooger, omdat hangkang niet die overmatige hoeveelheid vocht bevat waarmede de djěloetoeng bezwaard is, die de inzamelaar levert aan den opkooper. Te Wechel becijfert, dat bij prijzen van f 8 per picol voor djěloetoeng en f 18 voor hangkang, het inzamelen van djěloetoeng meer aantrekkelijk is. De prijzen van beide artikelen gaan natuurlijk hun eigen weg. In September 1911 bedroeg de waarde van hangkang volgens Handleiding Warenkennis ca f 19 per picol in 1915 varieerde die te Bandjermasin blijkens het Verslag omtrent Handel, Nijverheid en Landbouw, bl. 21, met normale aanvoeren tusschen 20 en 29 gulden p.p.

Hangkang is de eenige gětah pěrtjasoort, waarvan de uitvoer gespecificeerd in de douane-statistiek wordt opgegeven: hij heeft bedragen (in tons):

van/in	Bandjermasin	Pontianak	Sambas	Elders
1912	1 408	500	11	4
1913	1 306	1 266	120	9
1914	1 052	761	86	6

Hangkang wordt volgens Handleiding Warenkennis zeer veel aangewend om betere gětah pěrtjasoorten te vervalschen.

In het Museum: Gětah

239/6358 **Palaquium Maingayi,** *King & Gamble*
Volksnamen. Mal Malakka: *Djěloetoeng batoe, Taban simpoer.*
Boom van het Mal. Schiereiland, 60 tot 80 voet hoog en 3 à 4 voet dik (Ridley, Straits Bulletin 1906, bl. 63)
Volgens Kew Bulletin 1907, bl. 116 levert hij een soort van Getah. *gětah poetih* Straits Bulletin 1904, bl. 122 bevat bijzonderheden

omtrent een monster *gĕtah simpoer*, onderzocht bij het Imp. Institute Het werd bij indompelen in warm water week en niet kleverig, maar was, weer hard geworden, broos het bevatte gutta en hars in ongeveer gelijke hoeveelheid en werd getaxeerd op 25 % van de waarde van gĕtah mérah.

239/6358   **Palaquium membranaceum,** *Burck.*
Volksnamen. Mal. *Balam boenga tandjoeng.*
Boom Cordes (Tijdschr d Ind Mij v N & L dl XIV, bl 142) deelt van den mogelijk hier bedoelden balam boenga tandjoeng (ook Payena Leerii, Kurz draagt op Sum. W Kust dien naam) mede, dat het hout licht rozerood is van kleur, tamelijk zwaar en hard, fijn van vezel; op Sumatra's Westkust wordt het gebruikt voor stijlen en planken en is zeer gezocht voor prauwen

Hout

239/6358   **Palaquium oblongifolium,** *Burck* (Isonandra Gutta, *Hook.* var. oblongifolia, *De Vr*, Isonandra Gutta, var. Sumatrana, *Miq*)
Volksnamen. S W K.: *Njatoh balam mérah, Nj b pirang, Nj b soesoen, Nj b tĕmbaga* — Benkoelen: *Balam doerijan* — Palembang *Njatoh balam abang* — Riouw *Taban merah* — Westerafd v. Borneo: *Njatoh doerijan, Nj tĕmijang* — Z. & O. Afd. v. Born.. *Samboen, S. weja.*
Boom, door vele botanisten beschouwd als een vorm of variëteit (oblongifolium) van Palaquium Gutta, Burck, tegen welke opvatting Burck zich echter steeds met hand en tand heeft verzet uit de practische overweging, dat deze soort (of variëteit) de allerbeste gĕtah pĕrtja zou leveren Hij is 60 à 70 voet hoog. bezit leerachtige bladeren, van boven groen, aan de onderzijde goudglanzend, en wordt (werd, aangezien deze en de andere gĕtah pĕrtja leverende boomen steeds zeldzamer worden) vrij veelvuldig, doch verstrooid groeiend, aangetroffen op zeer verschillende hoogten boven de zee, steeds echter in oorspronkelijke, altijd vochtige bosschen op hellend terrein (Burck, Mededeeling No. 1 uit 's Lands Plantentuin).

Hout   Het hout is lichtbruin, aardig geteekend en goed van kleur, doch tamelijk inferieur (Ridley, Mal Timmerhoutsoorten, bl 76)

Getah   De gĕtah munt uit door homogeniteit en vastheid: in warm water gedompeld laat zij zich tot allerlei vormen kneden zonder kleverig te worden en herneemt bij afkoelen haar oorspronkelijke vastheid. De handelsgĕtah is lichtrood tot roodbruin, welke kleur afkomstig is van de schorsdeeltjes, die bij het koken en zuiveren van de gĕtah hun kleurstof aan het uit zichzelf witte gestolde melksap mededeelen (Burck l c).
Volgens Handleiding Warenkennis komt als *balam mérah* (van Palembang) of *gĕtah samboen* (van Bandjermasin) zelden onvermengde gĕtah van Palaquium oblongifolium ter markt en dan nog slechts in kleine hoeveelheid · men vindt wel eens een enkel stuk in mengsels van zeer goede kwaliteit. De handel, bepaaldelijk de chineesche handel, verstaat onder gĕtah mérah ook mengsels van deze met minderwaardige gĕtah-soorten en de vervalsching gaat soms zoo ver, dat de partijen slechts door hun kleur den naam van roode gĕtah verdienen Gemengde soorten worden bij goede

239/6358 markt soms in partijen van meer dan 100 picol verzonden. In geheel zuiveren staat is de kleur roodachtig grijs, soms eenigszins koperkleurig: de gĕtah vormt een zeer compacte, harde massa, waarvan het niet gemakkelijk valt een schilfer tegen den draad in af te trekken. Een stuk op een steenen of houten vloer geworpen, springt terug en bij wrijven van twee stukken tegen elkaar is een krakend geluid waar te nemen. Een in schuine richting doorgekapt stuk vertoont duidelijk de verschillende lagen, waaruit het is samengesteld. Verzwakt vindt men deze kenmerken terug in gemengde gĕtah mérah: bij het meest inferieure mengsel zijn zij geheel verdwenen. Vermenging met houtdeelen geeft veelal een roode of donkerbruine, met gĕtah van Payena Leerii een grijze kleur, terwijl toevoeging van andere gĕtahsoorten verschillende tinten van grijs tot bruin te voorschijn roept. In Palembang geeft men aan gĕtah mérah een peervorm, in de Zuider- en Oosterafdeeling van Borneo een langgerekten, ronden vorm elders komt zij voor in blokken of als gevouwen bladen. Slechts in enkele streken, w o Kota Waringin op de zuidkust van Borneo, wordt gĕtah mérah geheel of nagenoeg zuiver verhandeld, hoewel ook daar, evenals elders, dikwijls vermenging met gĕtah van Payena Leerii plaats vindt. Verontreiniging door fijne houtdeelen komt veelvuldig voor, speciaal bij gĕtah samboen van Bandjermasin. De mengsels die daar het meest worden aangetroffen, bestaan uit gĕtah samboen met diverse inferieure gĕtahsoorten, als *djĕloetoeng, hangkang* en *doejan* (Palaquium Treubii, Burck), terwijl ook vaak bijmenging van lianenrubber is te constateeren. Bijna altijd is aan deze soorten een meer of minder groote hoeveelheid fijne houtdeelen toegevoegd. Dikwijls worden minderwaardige mengsels eens of meermalen overgekookt, waardoor een inniger vermenging plaats heeft en een product wordt verkregen, dat bij een bedrieglijk goed voorkomen den indruk van gelijkmatige samenstelling maakt, doch weinig samenhang en veerkracht bezit. Menging alleen met gĕtah doejan, op zichzelf een tamelijk waardevolle gĕtahsoort, levert somtijds nog een goed product, dat vrij sterk samenhangend is doch waarin de doejan vooral door een zekere broosheid is aan te toonen.

Onder de mengsels van gĕtah mérah kan ook de veelvuldig van Palembang verscheept wordende *gĕtah bĕlitang* worden gerangschikt. Dit is een grauwbruine, vezelige gĕtah, altijd vermengd met hout- of bastdeelen, meestentijds is zij samengesteld uit het bij de zuivering van gĕtah mérah verkregen afval en minderwaardige gĕtahsoorten· bij betere partijen is een zekere hoeveelheid gĕtah mérah toegevoegd. Gĕtah bĕlitang komt voor in den vorm van langwerpig vierkante blokken, soms met een dun laagje goede gĕtah overtrokken, of als opgevouwen bladen· de samenhang is meestal gering. De prijzen varieerden in September 1911 tusschen 25 en 100 gulden per picol. Onvermengde, zuivere balam mérah of samboen bedingt tot ƒ 500 per picol: in September 1911 werd er ƒ 350 voor betaald.

De vruchten worden gezegd eetbaar te zijn (De Clercq No 2541) Vruchten en Burck bericht (Mededeelingen No 3 uit 's Lands Plantentuin), dat het vet uit de zaden in de afdeeling Sambas boven alle andere Zaden vetten wordt verkozen ter bereiding van spijzen. Een volledige analyse van de zaden vindt men in het Verslag 1904 omtrent 's Lands Plantentuin, bl 58 Zij bestaan voor ca 85 %/o uit kernen, die, op droge stof berekend, 59 %/o vet bevatten, dat bij 38° C vochtig wordt, doch eerst bij 40° smelt: het bestaat voor 57.5 %/o uit stearine, 36 %/o oleine en 6 5 %/o palmitine. De Stearine-kaarsen fabriek Gouda berichtte, dat het zeer bruikbaar zou zijn voor het vervaardigen van stearine en de beste soorten van harde zeep In waarde staat het boven chineesche plantentalk (Sapium sebiferum, Roxb) die, wanneer de prijs zulks toelaat, in stearinefabrieken wordt verwerkt De boomen dragen echter niet overvloedig, zoodat het wel onmogelijk zal zijn het zaad ooit in voldoende hoeveelheid aan de markt te brengen.

In het Museum Hout, gĕtah, zaden, vet

239 6358 **Palaquium obovatum,** *King & Gamble* (D i c h o p s i s o b o v a t a, *Clarke)*
Volksnamen. Mal Malakka: *Bĕlijan wangi, Njatoh boenga, Nj tĕmbaga, Taban poetih*

Hout — Hooge boom, op het Mal Schiereiland zeer algemeen, die een uitmuntend timmerhout oplevert, dofrood van kleur, middelbaar van draad, zeer hard en een weinig splijtend bij het drogen. Hij levert balken van uitstekende kwaliteit, zeer goed bestand tegen de inwerking van het water: ook blijft dit hout lang vrij van witte mieren (Ridley, Mal Timmerhoutsoorten, bl 77)

Getah — Dezelfde deelt in Straits Bulletin 1906, bl 63 mede, dat de gĕtah een vrij goede, tweede klasse gĕtah pĕrtja is Curtis (zelfde tijdschrift 1902, bl 221) qualificeert haar daarentegen als inferieur. Volgens Straits Bulletin Nov 1916, bl 25 is Pal obovatum wegens zijn veelvuldig voorkomen niet onbelangrijk: proeven met tappen op stam toonden aan, dat de opbrengst grooter is dan van Pal Gutta, doch de waarde van het product is veel geringer en omtrent de geldelijke uitkomsten kon men zich nog geen oordeel vormen.

239 6358 **Palaquium obtusifolium,** *Burck*
Volksnamen Mal *Nantoe* (Menado) — Alf Minah *Nato, Tatahaan, Wĕloean*

Hout — Boom van Celebes, 40 M hoog, in de Minahassa voorkomend beneden 500 M zeehoogte Het hout wordt meestal gebezigd voor planken en sommigen maken er prauwen van, die nogal gewild zijn (Koorders' Minahassa)

239/6358 **Palaquium oleosum,** *Burck*
Volksnamen Mal *Soentei* (S O K)

Boom, 50 à 60 voet hoog, volgens Burck (Mededeeling No. 3 uit 's Lands Plantentuin) vrij veelvuldig voorkomend in de laag-gelegen maagdelijke wouden van het sultanaat Siak (en in Indragiri), zoowel op den vasten wal als op de eilanden

Hout — Het hout is roodachtig bruin en als timmerhout zeer gewild
Vruchten — Het vruchtvleesch is eetbaar voor de inlandsche jeugd, terwijl zij, die de vruchten inzamelen ter wille van de pitten, zich bij gebrek aan andere levensmiddelen dikwijls dagen achtereen daar-mede voeden. De zaden worden met de hand gepeld, in de zon
Zaden

gedroogd en naar Singapore geëxporteerd, ten deele ook verwerkt in de aan chineezen toebehoorende oliefabriekjes te Bengkalis, doch het vet wordt sinds 1910 niet meer in de officieele uitvoerstatistiek vermeld

Soenteivet is volgens Burck zuiver wit van kleur, zoetachtig van smaak en bij de inheemsche bevolking in loco als braadolie in gebruik. Het vetgehalte der zaden bedroeg bij een door Dr De Jong onderzocht monster 46.9 $^{0}/_{0}$; volgens Burck is het rendement te Singapore 37 $^{0}/_{0}$. De constanten zijn mij niet bekend.

De statistiek van het Encyclopaedisch Bureau voor 1914 geeft een gedetailleerd overzicht van de prijzen in genoemd jaar op de Oostkust van Sumatra: gemiddeld zal de waarde der zaden ongeveer f 4 per picol hebben bedragen

In de officieele uitvoerstatistiek is soentei vereenigd met balam (Palaquium Pisang, Burck), zoodat niet is na te gaan, hoe groot het aandeel van elk dezer verwante artikelen is Het heeft mij echter vrij veel moeite gekost om een monster soenteivet te verkrijgen, terwijl balamvet geen bezwaar opleverde Balam is daarom waarschijnlijk in de meerderheid Voor beide vetten geeft Burck als handelsnaam op· *vegetable tallow siak*· de zaden zijn in den handel bekend als *siak· illipe nuts*

De export van de kernen heeft bedragen (in tons):

van/in	Bengkalis	Pakan baroe	Bagan Api²	Elders
1910	284	474	177	37
1911	49	?	33	23
1912	?	31	?	21
1913	18	17	?	13
1914	111	104	476	51

In het Museum Zaden, vet

239/6358 ### Palaquium Oxleyanum, *Pierre* (non Burck) (D i c h o p s i s p u s t u l a t a, *Hemsley*).
Volksnamen Mal. Malakka· *Taban poetih, T. soetra*.
Boom, sterk gelijkend op Pal. Gutta, Burck, op het Mal Schiereiland algemeen boven 1800 voet zeehoogte. De latex is veel dikker Getah dan die van Pal Gutta en coaguleert langzaam tot een gĕtah van vuilwitte kleur, die in kokend water niet geheel plastisch wordt en zich daarom niet goed laat vermengen met andere gĕtahsoorten. De verzamelaars mengen dan ook reeds de latex met melksap van djĕloetoeng of een paar Bassia-soorten (Kew Bulletin 1907, bl. 114). De gĕtah van dezen boom is dus zonder twijfel niet veel zaaks.

239/6358 ### Palaquium parvifolium, *Burck*.
Volksnamen Mal : *Njatoh pisang* (Billiton).
Boom. Van Billiton werd mij bericht, dat *njatoh pisang* over het geheele eiland verbreid voorkomt en een vrij goed timmerhout op- Hout levert, dat, dewijl het niet onderhevig is aan scheuren, veelal wordt aangewend voor vloeren, omwandingen, deur- en raambladen, e d. Soortgelijke planken zijn in den handel bekend als *singapore-hout*. Uit de zaden wordt op Billiton een spijsolie geperst. Zaden
In het Museum Hout, zaden, vet

239,6358

Palaquium ?Pierrei, *Burck.*

Volksnamen. Mal *Balam tĕroeng* (Koeboestreken).

Boom, 30 à 32 M. hoog en' tot 0.90 M. dik, met meestal rechten, rolronden, met knoesten bezetten stam, hooge, breed uitloopende wortellijsten en hoog aangezette kroon. In de Koeboestreken werd hij verstrooid groeiend aangetroffen op droge gronden. Het waar-

Hout. delooze spint is donkerrood, het kernhout zeer donker, matig hard, gemakkelijk te bewerken en weinig onderhevig aan scheuren; het dient bij den huisbouw der inlanders voor planken, die onder dak vrij duurzaam zijn.

Getah De bast bevat een waterig melksap, waarvan geen toepassing

Vruchten bekend is, de vruchten zijn eetbaar.

In het Museum· Hout.

239/6358

Palaquium Pisang, *Burck.*

Volksnamen. Mal *Balam* [1]), *Njatoh pisang* (Bengkalis) — Daj Z. O. Born.: *Njatoe roepoei*

Boom, 60 à 80 voet hoog, evenals P. oleosum, Burck algemeen in

Hout. Siak. Het hout is wit en weinig duurzaam; het wordt zelden als timmer-

Getah. hout gebruikt. De gĕtah is van inferieure kwaliteit en werd in Siak vroe-

ger alleen gebezigd om betere soorten te vervalschen. Volgens Burck (Mededeeling No. 3 uit 's Land Plantentuin) bestond daar echter reeds in 1886 een verbod tegen het kappen. Dezelfde gĕtahsoort wordt ook voor de Z. & O. Afd. v Borneo opgegeven door Van Romburgh (Pl. à c. et à g. p., bl. 13) en van geringe waarde geheeten

Vruchten. Van de vruchten geldt hetzelfde als medegedeeld van P. oleosum.

Zaden Het vet uit de zaden is geelachtig van kleur, eenigszins bitter van smaak en volgens Burck kneedbaar als was (?) Volgens denzelfden wordt het te Singapore gebruikt voor het insmeren van de pannen, waarin de tapioca-fabrikaten worden verstijfseld In de singapoersche oliefabrieken bedraagt volgens Burck het rendement bij persen 45 %, tegen 34 à 36 % bij bereiding door de bevolking Het vetgehalte der zaden en de constanten van het vet zijn mij niet bekend.

In de officieele uitvoerstatistiek worden, zooals onder P. oleosum is opgemerkt, balam en soentei tezamen genomen. Men zie aldaar. De gemiddelde prijs der kernen moet in 1914 op Sumatra's Oostkust ƒ 5 à ƒ 5.60 hebben bedragen.

In het Museum Zaden, vet

239 6358

Palaquium Ridleyi. *King & Gamble.*

Volksnamen. Mal Malakka: *Majang, Njatoh hitam.*

Hout Boom, 60 voet en meer hoog. Het hout is zwaar en wordt gezegd zeer veerkrachtig en duurzaam te zijn, doch moeilijk te zagen: het wordt gebruikt bij den huisbouw (Ridley, Straits Bulletin 1906, bl. 63).

239/6358

Palaquium rostratum, *Burck* (Isonandra r, *Miq.*).

Volksnamen. Mal. Banka: *Njatoh pisang?*, *Nj. tĕroeng*

Boom, met rechten, dikken, rolronden, 20 en meer M hoogen stam met hoog aangezette kroon, op Banka groeiend in de laagte.

---

[1]) Den naam *balam* geeft Burck op voor de Oostkust van Sumatra. doch dit is een generieke, geen specifieke naam. Waarschijnlijk draagt de bedoelde soort bij de bevolking dus een dubbelen naam.

Het fraaie, roode kernhout wordt meestal gebruikt voor planken, Hout soms ook voor ribben en kozijnen van inlandsche huizen en voor huisraad Dat van de wortellijsten is, evenals van andere njatohsoorten, op Banka wegens zijn hardheid bij inlanders en chineezen gezocht voor wielen van kruiwagens en stelen voor patjoels en bijlen.

Het melksap geeft volgens Van Romburgh (Aanteekeningen Cul- Getah tuurtuin, bl. 81) een product, dat niet de eigenschappen bezit van gĕtah pĕrtja; met water vormt het een geleiachtige massa

Volgens De Clercq (No 2546) worden de vruchten gegeten: Vruchte uit de zaden perst men op Banka een spijsvet. Zaden

In het Museum Hout, zaden, vet

239/6358 **Palaquium Treubii,** *Burck*
Volksnamen. Mal *Gĕtah poetih* (Riouw) — Daj Z O Borneo: *Njatoe doejan*

Boom, levert gĕtah pĕrtja van een kwaliteit inferieur aan die Getah van Palaquium borneense, Gutta en oblongifolium (Van Romburgh, Pl à c et à g p., bl 147)

Handleiding Warenkennis deelt van *gĕtah doejan* (van Bandjermasin), door haar gelijk gesteld aan *gĕtah poean* (van Palembang), mede, dat zij in zuiveren staat blauwachtig wit is, met een grauw, bijna zwart oppervlak De doorsnede vertoont een compacte, harde massa, die weinig veerkracht bezit. Hoewel vrij sterk samenhangend, kunnen toch met eenige inspanning stukken worden afgebroken De breuk vertoont een korrelig oppervlak Door toevoegen van mindere kwaliteiten wijzigen zich natuurlijk deze eigenschappen De verscheping geschiedt van Palembang in den regel in meer of minder groote, peervormige, zelden in langwerpig vierkante stukken Geheel zuivere partijen worden echter niet vaak aangetroffen Zelf dikwijls gebruikt wordend voor het vermengen met betere soorten, wordt zij op haar beurt ook weder vervalscht met minderwaardige gĕtah, vooral djĕloetoeng. In groote hoeveelheid komt de gĕtah doejan als zelfstandig product niet in den handel. in September 1911 bedroeg de waarde tot ƒ 90 per picol, van gemengde soorten minder, gelijk vanzelf spreekt

Op meerdere plaatsen in de Zuider- en Oosterafdeeling van Borneo bestempelt men gĕtah doejan of mengsels daarvan met den naam *gĕtah poetih* elders verstaat men daaronder mengsels van de gĕtah van Pal Treubii en Payena Leerii, in het algemeen gĕtahmengsels van goede kwaliteit en witte kleur Deze naam is dus in den regel niet aan te merken als een soortnaam, gelijk gĕtah mérah, samboen, doejan, hangkang e. a.

In het Museum Gĕtah, zaden, vet

239/6358. **Palaquium Verstegei,** *Burck.*
Volksnamen Mal : *Njatoh pisang* (Banka), *Nj tĕroeng* (Bill.).

Boom, tot 30 M. hoog en 1 M dik, met rechten, rolronden stam, lage wortellijsten en hoog aangezette kroon, op Banka algemeen in de laagte. Het roode hout is evenals dat van de andere Hout njatohsoorten fraai van structuur en staat bij de bevolking bekend als duurzaam; het wordt bijna uitsluitend voor planken en voor huisraad gebruikt

Zaden   Uit de zaden wordt — werd althans vroeger — vet geperst.
In het Museum Hout, vet.

239/6358   **Palaquium xanthochymum,** *Pierre* (Dichopsis rubens, *Clarke,* Isonandra xanthochyma, *De Vr.*)
Volksnamen Mal : *Njatoh ringoeng* (Banka) — Daj. Z O. Borneo *Njatoe renkang*

Getah.   Groote boom, die volgens Motley in de Z. & O. Afdeeling van Borneo veel voorkomt in de moerassen en een geelachtige gĕtah pĕrtja levert van 2e kwaliteit (Natuurk. Tijdschr v. N I. dl 21, bl. 311) Ridley echter zegt in Straits Bulletin 1906, bl. 63, dat hij op het Mal Schiereiland nimmer heeft gehoord van exploitatie van deze ook daar voorkomende soort.

239/6358   **Palaquium spec.**
Volksnamen Mal.: *Bĕlijan, Bitis*
Boom van het Mal Schiereiland, ook voorkomend in het westelijk deel van het Nederl.-Indisch gebied. In Straits Bulletin 1906, bl. 39 en 1907, bl 171 noemt Ridley hem als den leverancier van een
Hout   1e klasse, donkerroodbruin, zeer dicht timmerhout.

239 6358   **Palaquium spec.**
Volksnamen. Mal. Banka: *Njatoh lakis, Nj. rakit.*
Rechte boom, met rolronden, van lage wortellijsten voorzien stam, die een lengte heeft van 25 M. en meer; op Banka is hij
Hout   algemeen in de laagte. Het hout wordt gebruikt bij den huisbouw als dat van de andere njatohsoorten en deze geldt als de beste.
In het Museum Hout

239/6361   **Achras Sapota,** *L.*
Volksnamen. Mal : *Sawo manila.*
Welbekende, uit tropisch Amerika afkomstige ooftboom, op Java in de laagvlakte algemeen gecultiveerd: de vermenigvuldiging geschiedt door marcotten of door zaad.
Hout   Aangezien deze boom om zijn vruchten wordt geplant en de stam hier meestal een zeer onregelmatigen vorm bezit, wordt het hout zelden of nooit als bouwhout gebruikt. Het hart is fraai bruin en zeer hard: men maakt er wel wandelstokken van en bezigt het voor klein snijwerk.
Getah.   In zijn [1]) vaderland, voornamelijk in Mexico, Nicaragua, Venezuela en Britsch Honduras, wordt het als boschproduct gewonnen melksap ingedampt tot de alleen voor den afzet in de V. S. van Noord-Amerika van belang zijnde *chicle „gum",* waarvan de *chewing gum* wordt gemaakt, den yankee onontbeerlijk om den speekselvloed op te wekken *na* het haastig verwerken van zijn maaltijden. Chicle heeft overigens zoo goed als geen toepassingen: in Centraal-Amerika gebruikt men haar wel als kit voor kleine

---

[1]) Er is twijfel gerezen, of de chicle leverende boom wel inderdaad dezelfde is als onze sawo manila (Agr. News 1916, bl 275)

voorwerpen en volgens Philippine Agricultural Review 1912, bl.
567 wordt er in Peru een vernis van gemaakt om panamahoeden
roomkleurig te glanzen en waterdicht te maken. In hetzelfde tijdschrift 1913, bl. 565 wordt medegedeeld, dat een nieuwe methode
van winning was voorgeslagen, n.l. door de halfvolwassen vruchten,
die vol gětah zitten, uit te koken. Overigens zie men voor dit
onderwerp Bulletin 1911 Imp Institute, bl. 147, alsmede Tropenpflanzer 1907, bl. 259 en 1911, bl. 220.

In Midden-Java worden volgens mededeeling van Dr Boorsma ~ Bloemen-
de bloemen gebruikt voor het bereiden van parěm.

De vruchten zijn het geheele jaar door verkrijgbaar: zij zijn ~ Vruchten
weinig variabel Men kent de ellipsoïdische en de ongeveer appelvormige — de laatste wel *sawo appel* geheeten — benevens over-
gangen tusschen beide uitersten. Goede vruchten bevatten meest
slechts één of weinig zaden in kleine appelvormige vruchten,
vermoedelijk van uit zaad gewonnen boomen, kan men vaak tot
10 pitten aantreffen. Menigmaal vindt men rondom de pitten of
tusschen de vakjes, waarin het vruchtvleesch zonder moeite te
verdeelen is, witte, hoornachtige plaatjes, die ten onrechte wel
voor kalkafscheidingen worden gehouden · het zijn stukjes van
een gětah pěrtja-achtige stof, die ook aanwezig is in het opales-
ceerende, kleverige sap. Goede sawo manila treft men vooral aan
in de streken dicht boven Batavia, te Pasar Minggoe enz. Het
gewicht loopt sterk uiteen : van een fraai, groot exemplaar bleek
de schil 25, het vruchtvleesch 150 gram te wegen; de eenige aanwezige pit woog nog geen gram. Een middelmatige vrucht weegt
120 gram, waarvan ongeveer 100 gram vruchtvleesch. Vet en zetmeel zijn in het vleesch niet aanwezig: aan gětah werd 0 8 % gevonden (Jaarboekje 1902/3 Vereeniging Ooftteelt, bl. 81).

Medicinale toepassingen heeft Achras Sapota hier, voor zoover
mij bekend is, niet: elders is dat echter wel het geval en dat gaf
Boorsma (Plantenstoffen IV, bl. 87) aanleiding een onderzoek in
te stellen naar de verschillende deelen.

In het Museum · Hout, vruchten.

239/6368   **?Sideroxylon firmum,** *Pierre.*
Volksnamen Mal. *Aroepa poetih* (Amb.), *Kajoe djěrita* (Ban-
ka), *Njatoh laběr* (Banka), *Nj. lamběr* (Banka), *Nj. lawar*
(Billiton)—Mak. *Kanèpoloh*—Alf. Amb. *Ailepi, Kajoe lapi-lapi*

De *njatoh laběr* wordt beschreven als een op Banka in de laagte
algemeen voorkomende boom met dikken, rechten, hoekigen stam,
die zich 25 en meer M. boven den grond vertakt. Het hout wordt ~ Hout.
gezegd niet hard en gemakkelijk te bewerken te zijn · het wordt
als dat van andere njatohsoorten gebruikt, meest voor planken, ook
voor ribben, stijlen en deuren bij den inlandschen huisbouw en
voor huisraad.

In het Museum. Hout

239/6368   **Sideroxylon nitidum,** *Bl.*
Volksnamen Jav.: *Badoet, Kadoet, Kědoe, Kěmit* — Mad ·
Kědhoe.

Woudreus, tot 50 M. hoog en 4 M. dik, meestal 25 à 30 M.

hoog met een middellijn van 100 tot 150 cM. Op Java komt hij
voor tusschen 0 en 1200 M. zeehoogte en is vooral in Midden-
en Oost-Java beneden 500 M algemeen De stam is recht, het
Hout. hout wit, zeer hard, sterk, in kolossale afmetingen en groote hoeveelheden te krijgen, het wordt echter door de inlanders zelden gebruikt,
omdat het te weinig duurzaam is (K. & V —I, bl. 134) Bij de proefneming te Kediri (Teysmannia 1896, bl 504) werd het bruikbaar
bevonden voor lucifersstokjes, doch slecht voor doosjes

239/6377   ### Chrysophyllum bancanum, *Miq*
Volksnamen Mal.: *Mĕmpoeloet* (Banka).
Boom, 100 en meer voet hoog, verbreid over het geheele eiland
Hout. Banka Het hout wordt in veerkracht wellicht door geen andere
indische soort overtroffen De bankaneezen maken er de stelen van
voor hun lichte bijlen, waarmede zij de zwaarste boomen in geringen
tijd weten te vellen Zij zwaaien de bijl over het hoofd en laten haar
met kracht in den stam dringen, bij welke manoeuvre de steel, die in
het midden niet dikker is dan een mansduim, buigt als een rotan
Dit elastische hout zou daarom zeer geëigend zijn voor het vervaardigen van gebogen velgen voor rijtuigwielen (Berkhout, bl 27)

239/6377   ### Chrysophyllum Cainito, *L*
Volksnamen. *Sterappel* — Mal . *Sawo doerèn*
Boom, afkomstig uit tropisch Amerika, met eetbare vruchten,
welke echter hier geen opgang hebben gemaakt, zoomin als elders
buiten haar vaderland: men treft hem vrij vaak aan in de bene-
Vruchten denlanden Het vruchtvleesch noemt Kwast in Bulletin No 37 Koloniaal Museum, bl 203 zacht, sappig, verfrisschend en aangenaam
van smaak: dat is misschien het geval in Amerika, doch hier is
er zoo weinig aan, dat men het niet eens de moeite waard acht
de vruchten te plukken
In het Museum Hout, vruchten

239/6377   ### Chrysophyllum Roxburghii, *Don*
Volksnamen Mal. *Kajoe nasi* (Palemb)—Soend · *Ki lakĕtan*
Boom, tot 36 M hoog en 65 cM. dik, op Java waarschijnlijk
over het geheele eiland verbreid tusschen 50 en 1200 M. zeehoogte,
doch overal zeldzaam De stam is meestal recht, zonder wortel-
Hout lijsten en met hoog aangezette kroon Het hout is bruikbaar, doch
wordt als te zeldzaam en van niet bijzondere kwaliteit zelden of
nooit door de inlanders benut (K & V.—I, bl 130).
In het Museum Hout.

239/6386   ### Mimusops Elengi, *L.*
Volksnamen Mal. *Tandjoeng*
Boom, sinds eeuwen op Java door europeaan en inlander geplant
in tuinen en langs wegen om den snellen groei (?), de fraaie dichte
kroon, doch vooral om de geurige bloemen (K. & V —I, bl. 128)
Rumphius (II, bl. 189) beschrijft hem onder den naam van Tanjo-
Wortels nus en zegt, dat de wortels, in azijn gewreven, uitwendig worden
aangewend tegen aangezichtspijn; in water gewreven gorgelt men
ermede tegen mondspruw en een zeere keel

239/6386 De stam is hoekig en bevat bij zeer oude exemplaren een dichte, *Hout*
harde, zware kern, fijn van draad, maar zeer onderhevig aan scheuren, zoodat zij nooit wordt gebruikt. onder water moet het hout
duurzaam zijn (Rumph). Hasskarl's Nut No. 455 noemt het grof
en sterk, doch spoedig ten offer vallend aan de witte mieren

Een afkooksel van den bast is een zacht opwekkend middel, dat *Bast*
nuttig is bevonden tegen koorts en als versterkend middel; in sommige deelen van Java staat het als geneesmiddel in deze gevallen
in hooge achting (Horsfield, Medicinal plants, bl 122) Het wordt
als mondspoeling gebruikt tegen losstaande tanden en kiezen, bijv.
als gevolg van het gebruik van kwik. De bast komt ook voor in middelen tegen gonorrhee en buikspruw en Hasskarl's Nut vermeldt, dat
hij fijngewreven tegen schurft wordt aangewend. Boorsma (Plantenstoffen IV, bl. 96) vond er, behalve veel looizuur en eenig saponine,
een geringe hoeveelheid alcaloid in, dat niet giftig schijnt te zijn

De versche bladeren, fijngewreven op het hoofd gesmeerd, *Bladeren.*
zouden volgens Rumphius een goed middel zijn tegen hoofdpijn
Zij gelden ook als heilzaam tegen mondspruw: de lange sigaretten,
in den inlandschen medicijnhandel in pakjes van 10 verkrijgbaar onder den naam van *roko sĕriawan*, bestaan uit fijngesneden tandjoeng-
blad, gewikkeld in droog pisangblad, aan de dikste zijde toegestopt
met een propje sĕtjang-schaafsel (Caesalpinia Sappan). Deze sigaretten rookt men volgens Boorsma's Geneesmiddelleer, bl 13 tegen een aandoening van het neus- en mondslijmvlies, sakit sĕriawan
geheeten, niet te verwarren met de indische spruw, die denzelfden
naam draagt Mij deelde men mede, dat die sigaretten dienen tegen
asthma, wat ook Mevr Kloppenburg opgeeft, de naam laat echter
geen twijfel aan de juistheid van Boorsma's bericht

De bloemen, die tegen den ochtend afvallen en ijverig worden *Bloemen.*
opgeraapt, worden aan snoeren geregen gedragen en behouden
ook na verflensen nog ettelijke dagen haar door geen andere
indische plant overtroffen geur, zoodat men ze bij het linnengoed
legt (Rumph). Mevr Kloppenburgh deelt mede, dat een afkooksel
van de bloemen en den bast wordt ingenomen als stopmiddel
bij diarrhee, gepaard gaand met koorts, wat men terugvindt in
Ridley's Mal Geneesmiddelen, bl. 12, als bericht van Holmes.

De onrijpe vruchten werken volgens Mevr. Kloppenburg ins- *Vruchten.*
gelijks stoppend. de rijpe worden eetbaar genoemd, doch het
vruchtvleesch is smaakloos. Rumphius zegt, dat de met water
gewreven rijpe vruchten aan barende vrouwen worden ingegeven

De steenharde zaden komen voor in den inlandschen medicijn- *Zaden*
handel, volgens Vorderman (Geneesmiddelen II) te Djokja onder
den naam van *bidji* of *kĕtik tandjoeng* en te Solo als *gandè* Zij
worden, naar Dr Boorsma mij mededeelde, gebruikt o. a., met adas-
poelasari en *oelĕt* of andere ingrediënten gewreven, als tapel en
met bast en blad van melati (Jasminum Sambac, Ait) en adas-poe-
lasarie tegen oogziekte Volgens Plantenstoffen IV, bl 96 smaken de
ontvette kernen zoet en zeer scherp en bevatten zij ca 2 % saponine

Rumphius vermeldt, dat de chineezen op Java er olie uit zouden
hebben geperst, gebruikt als verfolie en voor het vernissen van
papieren regenschermen, doch dit is niet aannemelijk Een analyse
van het zaad in Straits Bulletin 1906, bl 3 wijst uit, dat het voor

bijna 60 % bestaat uit zaadhuid en dat de kern nog geen 15 %
olie bevat Boorsma vond er iets meer in, n.l. 21 %, doch voor
de oliebereiding is zoo'n zaad zonder practische waarde.

In het Museum Hout, bast, zaden

239/6386
Mimusops Kauki, *L*

Volksnamen. Op Java : *Kitjik, Sawo, S djawa* — Mak. en
Boeg *Nanè* — Bima *Nanè*

Nogal lage, maar dikke boom, tot 20 M hoog en 100 cM. dik,
meestal krom en laag bij den grond vertakt Wildgroeiend komt
hij voor op zandige stranden en koraaleilanden, doch zeldzaam
(K. & V. — I, bl 156) Algemeen daarentegen wordt hij, gelijk
Rumphius zegt — die hem beschrijft (III, bl. 19) onder den naam
van Metrosideros macassarensis — door de groote heeren
geplant voor de huizen Op Java vindt men hem vaak op de
erven der regentswoningen.

Hout
Het hout is volgens Rumphius dicht en zwaar, aan de kanten wit,
maar naar binnen toe aliengs rooder wordend. het laat zich zeer
glad afwerken. Op Makassar en Bima wordt het gebruikt voor
stijlen van huizen, die in den grond, en zelfs in de modder staande,
zeer duurzaam zijn Uit kromme stukken maakt men schaven en
stelen voor gereedschappen (R) K & V. vermelden, dat de stam
bijna geheel bestaat uit een fraai bruinachtigrood, bijzonder duurzaam, zwaar, zeer vast kernhout, fijn van vezel en gepolitoerd buitengewoon schoon: algemeen wordt het bijzonder hoog geschat
voor meubelen De Sturler (Houtsoorten No 55) beschrijft het als
rood gevlamd, zeer vast van weefsel en gestrekt en fijn van draad, zoodat het zich zeer goed laat bewerken Het is bruikbaar voor het
fijnste draaiwerk en, hoewel zwaar, uitnemend geschikt voor meubelen. Voor molenwerk kan insgelijks geen andere houtsoort ter
wereld met sawo djawa worden vergeleken. zonder de minste
neiging tot splinteren of scheuren weerstaat het de wrijving en
slijt af, alsof het metaal was. Voor beeldsnijwerk en ornamenten
zou het met succes kunnen worden gebruikt (De S) K & V
zeggen nog, dat het waarschijnlijk ook bruikbaar zal blijken voor
houtgravure en deze auteurs bevelen aanplant in het groot van dit
zoo schaarsche, kostbare meubelhout dringend aan op thans on-
benutte koraaleilanden en zandige strooken langs de kust, zoomede
op terreinen, die de vloedbosschen binnenwaarts begrenzen.

Bloemen
Vruchten
De bloemen worden in Midden-Java verkocht in den inlandschen
medicijnhandel: de fraaie, roodbruine vruchten worden over geheel
Java op de pasars aangetroffen, doch zij zijn niet zeer smakelijk en wor-

Zaden
den alleen door de inlanders gegeten Aan de zaden worden weer geneeskrachtige eigenschappen toegeschreven: Boorsma (Plantenstoffen IV, bl. 100) vond er niets opmerkenswaards in dan een saponine.

In het Museum Bloemen, vruchten, zaden

239/6386
Mimusops parvifolia, *R Br* (M timorensis, *Burck*)

Volksnamen Mal *Tandjoeng* (Menado), *Tandjoeng laoet*
(Mol.) — Alf Minah : *Karikis, Maliambong, Rěkěs* — Alf Hitoe:
Kolan kei — Boeroe *Balam tronga.*

Boom van het oostelijk deel van den archipel, door Rumphius

beschreven (II, bl. 193) onder den naam van T a n j o n u s l a o e t als een strandboom van middelmatige afmetingen met rechten stam ter dikte van een vadem, op Ambon nogal zeldzaam, doch meer voorkomend op Kei. Het kernhout is lichtbruin, hard, fijn en dicht, Hout bij oude boomen omgeven door drie vingers wit spint. Op Kei wordt het boven alle andere houtsoorten verkozen voor het maken van pennen voor den bouw van prauwen. Voorts is het gezocht voor stelen van spiezen en gereedschap, alsmede voor klein kaste-makers- en draaierswerk, doch het moet goed droog zijn, anders is het onderhevig aan scheuren. Waar het overvloedig voorkomt, gebruikt men het ook voor stijlen van huizen, doch niet veel, omdat het wegens zijn hardheid moeilijk te kappen is en — op de klippen groeiend — bezwaarlijk te vervoeren valt (Rumphius).

Koorders geeft in zijn Minahassa [1]) ook vindplaatsen op uit het binnenland van Noord-Celebes, zoodat zijn determinatie en die van het materiaal door het Museum van daar ontvangen, niet volmaakt zeker zijn. Hij roemt het hout als zeer veerkrachtig en zegt, dat het veel wordt gebezigd voor het vervaardigen van roeiriemen het zou een houtsoort zijn, die alle deugden bezit, welke men van hout verlangt, mits onder dak gebruikt. Door de B O W. in de residentie Menado werd *karikis* een deugdelijk timmerhout genoemd, lichtrood van kleur, zeer dicht en vast, fijn van draad, gemakkelijk te bewerken en in drogen toestand bijna niet onderhevig aan wer-ken : het werd gezegd geschikt te zijn voor huizen- en bruggenbouw.

In het Museum Hout

EBENACEAE

240/6405 **Maba elliptica,** *Forst.* (M. E b e n u s, *Spreng.*)
Volksnamen Mal. : *Kajoe arang* (Vulg.) — Ternate en Tidore: *Botolino* — Boeroe : *Ai mètèn, Ai mitèn.*

E b e n u s p a r v i f o l i a beschrijft Rumphius (III, bl. 1) als een zeer hoogen, rechten boom, met wat hoekigen stam, in de Molukken vrij algemeen, in het bijzonder op Boeroe, voorts te Menado [2]) en op Halmaheira, doch vermengd met Diospyros utilis, K. & V., alsmede op de Zuider- en Oostereilanden (speciaal Timor-laoet), de Papoesche eilanden en West Nieuw-Guinea, waar insgelijks Diospyros utilis wordt aangetroffen. Dit *boeroesche ebbenhout* is zeer gemakkelijk voort te planten en groeit snel : in het vijfde of zesde levensjaar brachten boompjes in Rumphius' tuin reeds vruchten voort, waarvan de zaden vanzelf opkwamen en reeds op dien leeftijd begon zich het hart te ontwikkelen, doch alleen indien ze geplant waren op den steenachtigen bodem dien zij verlangen, want bij exemplaren op beter grond was in het 10e jaar nog geen kernhout aanwezig.

Het spint is hard, dicht en wit, hier en daar doorregen met fijne Hout. zwarte adertjes, die in aantal toenemen naarmate men het kernhout nadert. Die harde, zware, zwarte substantie die men het ebben-hout noemt, groeit door den geheelen stam en de dikste takken,

[1]) Mimusops parviflora, R Br. is een lapsus calami
[2]) Maba elliptica, Forst. wordt niet vermeld in Koorders' Minahassa

in boompjes die den omvang hebben van een dijbeen is de zwarte kern slechts een duim dik, doch bij volwassen exemplaren, welke twee mannen pas kunnen omvatten, beslaat zij bijna de geheele dikte van den boom, daar het spint niet dikker is dan vijf vingers. De kleur is diep zwart In kwaliteit staat dit ebbenhout ver achter bij het afrikaansche: in de eerste plaats is het veel grover en moeilijker glad af te werken en in de tweede plaats is het zeer onderhevig aan scheuren, in het bijzonder in het hart, zoodat men er geen breede planken uit krijgen kan. Dit scheuren moet volgens R tendeele wordt toegeschreven aan het kappen lang voordat de boom zijn vollen wasdom heeft bereikt, waardoor het kernhout nog niet tot zijn normale kracht is gekomen, en door den zwaren schok bij het vellen scheurt Voorts begaan de houthakkers de fout, dat zij het spint dadelijk wegkappen en het ontbloote hart in zon en regen laten liggen. Beter zou het zijns oordeels zijn, als men de gevelde stammen eenige maanden in het bosch liet liggen, totdat het spint vanzelf half vergaan was. [1] Zooals gezegd, is het kernhout doorgaans zwart, doch men vindt het ook met breede witte strepen en vlammen, 't welk niet zoo vast is, doch fraaier (een kwestie van smaak) Hoe meer grauw er in voorkomt, des te lichter is het, doch het zinkt toch steeds in het water. Het glad afgewerkte hout heeft een doodsche kleur en geen glans: een schoon voorkomen krijgt het eerst door beitsen en polijsten Het beitsen geschiedt met den besten inkt, waar sommigen vooraf spaanders van sapanhout en wat aluin in koken, om aan de zwartheid meer luister bij te zetten door een purperen glans Als het beitsen een of twee maal is herhaald, wordt het hout met boenders, eerst harde en daarna zachte, gepolijst en tenslotte gewreven met een wollen lap, die met een weinig was is bevochtigd. De kastenmakers die dit hout verwerken, hebben mij (R) verklaard, dat het zaagsel op de huid jeuk veroorzaakt.

Het kernhout heeft ook eenig gebruik in de medicijnen tot een papje gewreven wordt het, met andere ingredienten gemengd, zoowel uit- als inwendig gebezigd tegen opgezetheid van den buik bij kinderen (Rumphius)

Dat dit ebbenhout uit het oostelijk deel van het ned.-indisch gebied wordt uitgevoerd, acht ik niet geheel onmogelijk.

240/6405.   **Maba merguensis,** *Hiern*
Volksnamen Jav: *Boedĕng, Loeloeng*
Boom, 20 M. hoog, van het westelijk deel van den Maleischen Archipel, in Midden- en Oost-Java verstrooid groeiend beneden 100 M. zeehoogte. Het gebruik was aan de meeste ondervraagde inlanders onbekend, doch in Tjilatjap en Banjoewangi werd medegedeeld, dat het kernhout zwart is en voor wandelstokken gezocht zou zijn (K & V — I, bl. 25).

---

[1] De gebreken van dit hout zullen wel eigen zijn aan de soort Rumph is dikwijls geneigd te besluiten tot overeenkomst met planten uit ver verwijderde streken als Brazilie en Afrika hem als zeer belezen geleerde uit reisverhalen en andere werken bekend de verschillen worden door hem dan, overeenkomstig de opvattingen van dien tijd, toegeschreven aan land en lucht.

240/6406.
Diospyros buxifolia, *Hiern* (D. m i c r o p h y l l a, *Bedd*, L e u c o x y l o n b u x i f o l i u m, *Bl.*)
Volksnamen. Mal.: *Poeloet* (Banka), *Rangkemi* (Lamp.), *Ri-boe-riboe*—Soend : *Ki mĕrak*—Jav.: *Bibis, Kèloran, Mĕrakan.*
Zeer hooge boom: een gemeten exemplaar was 37 M hoog en 72 cM. dik, doch de meeste zijn veel kleiner. Op Java komt hij zeldzaam voor beneden 300 M zeehoogte

Als te klein en meestal te krom wordt het hout hoogst zelden Hout. door de inlanders gebruikt: het kernhout wordt gezegd een infe-rieure soort van ebbenhout te zijn (K. & V. — I, bl 55) Hasskarl's Nut No. 583 noemt het hout zeer fraai met schoone aderen, doch niet bestand tegen witte mieren, zoodat het, bij den huisbouw aangewend, binnen het jaar vergaat

In het Museum · Hout

240/6406
Diospyros discolor, *Willd.*
Volksnamen. Mal.: *Mabolo.*
Boom van matige afmetingen, ca 40 voet hoog, inheemsch in de Philippijnen, hier niet zelden als sier- en vruchtboom aangeplant.

Het zeer harde hout is donker vleeschkleurig en wordt mettertijd Hout. zwart als ebbenhout De vrucht riekt naar kweeperen en is eet- Vruchten. baar na verwijderen van de harige schil (Hiern, A monograph of Ebenaceae). Deze vruchten zijn evenwel meer aantrekkelijk door haar fraai voorkomen dan door den sterken geur, zoodat er hier geen werk van wordt gemaakt. Ook in de Philippijnen worden zij alleen door de inheemsche bevolking gegeten (Philippine Agr. Review 1915, bl. 106). In een volgende aflevering van hetzelfde tijdschrift (bl 237) wordt echter de ontdekking vermeld van een zaadloozen of bijna zaadloozen vorm van zeer verbeterde kwaliteit, die z e k e r populair zal worden in de tropen Hoewel verzekerd wordt, dat deze vorm zoet, sappig en goed van geur is, is eenige achterdocht niet ongemotiveerd, aangezien moeilijk is aan te nemen, dat het zaadloos worden van zoo ingrijpenden invloed zou zijn op de eigenschappen van het vruchtvleesch, terwijl bovendien de boo-men, die dit voortreffelijk ooft leveren, 20 $^o/_o$ vruchten geven met 1 tot 3 zaden en de philippijnsche schrijvers nogal spoedig gereed staan met een loftrompet voor verrichtingen en vondsten, waar men later nooit meer iets van hoort.

In het Museum : Hout, Vruchten, Gelei

240/6406.
Diospyros Ebenum, *Koen.* (D. E b e n a s t e r, *Retz.*).
Volksnamen. Alf Ambon: *Lolin, Lorin, Sekoer.*
De H e b e n a s t e r is volgens Rumphius (III, bl. 13) een hooge boom met zeer dikken, rechten, hoekigen stam, niet zeer algemeen voorkomend op Ceram, Ambon (en op Sumatra in de buurt van Djambi ?).

Het hout is tweeërlei.[1]) men vindt n. I boomen met lichtpaars spint Hout.

---

1) Het is mogelijk, dat Rumphius twee soorten heeft bijeengenomen In elk geval is de wetenschappelijke naam, er voor opgegeven, verdacht, aan-gezien Diospyros Ebenaster, Retz volgens Kew Bulletin 1915, bl 65 thuis behoort in West-Indië.

en lichbruin hart en met wit spint en zwart hart. Van heel oude
boomen is het kernhout een been dik bij de zwarte soort, doch bij
de bruine niet meer dan 3 of 4 vingers. Het kernhout ligt ook niet
altijd in het midden: het loopt met bochten door den stam en is
hoekig. Somtijds is het aan den kant zwart als ebbenhout en wordt
het meer naar het midden toe grauwer of bruiner en tegelijk voozer.
Het spint, waaruit derhalve het grootste deel van den stam bestaat,
is dicht, hard, zwaar, fijn van draad en duurzaam. De boom is
echter te zeldzaam, dan dat het hout veel zou worden gebruikt;
de amboneezen bezigen het voor dunne stijlen en balken, waartoe
zij meestal stammen nemen, die nog geen man dik zijn, want dikkere
kunnen zij bezwaarlijk bewerken.

Vruchten. De vrucht heeft de grootte van een appel, iets afgeplat, met een
kroontje als de manggistan. Rijp is zij dooiergeel en bestaat uit
een melig vruchtvleesch, waarin 7 à 9 zaden liggen met zeer harde
schil. In heete asch gepoft is die vrucht wel eetbaar: zij gelijkt in
smaak op harde pisang en werkt stoppend bij buikloop (Rumphius).

240/6406   **Diospyros Embryopteris,** *Pers* (D. melanoxylon, *Hassk.*).
Volksnamen. Soend: *Tjoeliket* — Jav.: *Klédoeng, Kléga, Klé-
tja* — Alf. Minah : *Maitĕm lewo sĕla, Makoesei, Tjokoekoe.*
Boom, 20 tot 25 M. hoog en 30 à 40 cM. dik, op Java niet
algemeen tusschen 0 en 400 M. zeehoogte, het minst zeldzaam in
Oost- en Midden-Java: de inlanders planten hem wel eens op de
erven om de vruchten.

Hout. Het hout wordt gezegd bruikbaar te zijn, doch aangezien het
voorkomt in streken met veel deugdelijk timmerhout, wordt het
door de inlanders niet benut.

Vruchten De vruchten zijn bol- of eivormig, 4 à 5 cM lang, geel roestkleurig,
6 tot 8-hokkig. Jong hebben zij in den middenvruchtwand veel
kleurlooze gom, die soms als kleefmiddel wordt gebezigd, speciaal
voor het inbinden van godsdienstige geschriften; rijp zijn zij aangenaam van smaak en worden wel rauw gegeten (K. & V. — I, bl. 43)

240/6406   **Diospyros frutescens,** *Bl*
Volksnamen Soend *Gĕgĕntĕlan, Ki gĕntĕl.*
Boom, 15 tot 18 M. hoog en 30 à 40 cM dik, alleen bekend
van West-Java tusschen 0 en 600 M. zeehoogte en daar nog
sporadisch voorkomend Als te zeldzaam wordt het hout niet vaak
Hout voor huisbouw gebezigd, maar het wordt gezegd sterk en duurzaam
te zijn: versch gekapt is het wit, doch het kleurt zich aan de lucht
fraai citroengeel (K. & V. — I, bl. 28)

240/6406   **Diospyros Horsfieldii,** *Hiern.*
Volksnamen. Soend.: *Kasĕmĕk* — Jav. *Sĕmak, Sĕmĕk*
Boom, 15 tot 18 M. hoog en 35 à 40 cM. dik, op Java oostelijk
Hout van de Preanger beneden 300 M. zeehoogte algemeen. Het hout
is meestal in slechts kleine afmetingen te krijgen en wordt daarom
zelden gebruikt. men zegt echter, dat het nogal duurzaam is Het
Vruchten vruchtvleesch is kleverig volgens De Clercq (No. 1133) wordt het
gegeten en wordt het sap gebezigd om chineesche regenschermen
te bestrijken K. & V. vermelden, dat de vruchten rijp reukeloos en

samentrekkend zijn, doch dat de rijpe zaden om hun aangenamen, Zaden. zoeten smaak wel rauw worden genuttigd (K. & V. — I, bl. 35).

In het Museum: Hout.

240/6406 ### Diospyros Kaki, *L*

Volksnamen. *Kaki, Persimmon* — op Java: *Kasĕmĕk.*

Vruchtboom, thuisbehoorend waarschijnlijk in de gematigde zone Herkomst. van China en volgens Blume (Verhandelingen Batav. Genootsch. v. K & W. No. 9, bl. 166) vermoedelijk van daar op Java ingevoerd. Holle berichtte in het Tijdschr. v. h. Indisch Landbouwgenootschap 1878, bl. 404, dat in den tuin van den regent van Garoet een 20-jarig exemplaar aanwezig was en hij zelf bezat er een nog drie jaar ouder, toen 30 voet hoog en $1^1/_2$ voet dik aan den voet. Blijkens het Verslag 1895 omtrent 's Lands Plantentuin, bl. 59, werden in 1878 eenige verscheidenheden van de japansche Regeering ten geschenke ontvangen, die langzamerhand wegkwijnden, met uitzondering van één plant, welke te Tjibodas plotseling krachtig begon door te groeien en materiaal leverde voor de verbreiding. In 1895 waren opnieuw eenige goede japansche vormen in genoemden bergtuin aanwezig, doch die leidden een kommervol bestaan en schijnen uitgestorven te zijn. Het geluk heeft gediend, dat een edele — immers zaadlooze — vorm hier heeft willen aarden en die is zonder twijfel reeds veel langer op Java in cultuur dan gewoonlijk wordt aangenomen.

De kasĕmĕk is ongeschikt voor de benedenlanden: volgens Smith Cultuur. (Teysmannia 1906, bl. 92) treft men in de omgeving van Garoet— waar er bepaalde boomgaarden van bestaan, hoewel hij het meest op de erven wordt aangeplant — gezonde en krachtige boomen eerst aan op 1500 M. zeehoogte; op de hoofdplaats Garoet zelf draagt hij wel vrucht, doch ziet er lang zoo voordeelig niet uit. Volgens Wolff (Pĕmimpin pengoesaha tanah, Juli 1915) kan men hem planten tusschen 3000 en 5500 voet, doch bleek te Wonosobo op 2800 voet de vruchtdracht óók bevredigen.

De vermeerdering geschiedt uitsluitend door worteluitloopers, die in de rustperiode van den boom worden afgestoken en in den westmoesson op de voor hen bestemde plaats worden uitgeplant. Volgens Holle kan men op goeden, mullen grond reeds na twee jaar vruchten hebben, vooral als de boom op één stam wordt gehouden, doch volgens Smith begint hij eerst op 10-jarigen leeftijd flink te dragen, volwassen schijnt hij te zijn na ongeveer 30 jaar. Hij bloeit in December aan de jonge twijgen en 9 maanden daarna worden de vruchten voldoende ontwikkeld geacht om te Vruchten. worden geplukt. Een volwassen boom levert per jaar volgens Smith 200 à 300 vruchten, volgens Wolff het enorme aantal van 2500 tot 3000. Deze worden per spoor naar elders gezonden, terwijl een deel van den oogst door de chineezen te Garoet wordt opgekocht om te drogen. Men gaat over tot plukken, zoodra de vruchten een weinig geel beginnen te worden, omdat boomrijpe het vervoer niet kunnen verdragen en verlies zou worden geleden tengevolge van rooven door vogels en andere dieren, als men ze langer aan den boom liet hangen. Boomrijp geplukt zijn zij volgens Holle oranjekleurig (en als men ze dan nog laat narijpen) zacht en zoet met een aan abrikozen herinnerenden smaak; de onrijp geplukte zijn aanvankelijk wrang en smaken bij verkoop eenigszins als peren Reeds Holle vermeldt, dat men de onrijp geplukte drie etmalen in kalkmelk weekt om er de wrangheid aan te onttrekken, doch, als zij niet al te onrijp zijn geplukt, worden zij ook zonder kalk zeer smakelijk. In het Jaarboekje 1902/3 van de Vereeniging Ooftteelt, bl 71, wordt dan ook gezegd, dat de kalkbehandeling vermoedelijk geen ander doel heeft dan te voorkomen, dat de veel te vroeg geplukte vruchten bederven, voor zij het stadium van eetbaarheid zouden hebben bereikt.

Conserf
    Om van kasĕmĕk *ki kwé* te maken, een snoeperij die de chineezen meestal uit hun vaderland invoeren, worden te Garoet volgens Wolff de boomrijpe, nog niet zacht geworden vruchten gestoomd, tot ze zacht zijn, vervolgens platgedrukt en dan in de zon gedroogd

In het Museum Vruchten

240 6406
Diospyros macrophylla, *Bl*
Volksnamen Soend *Ki katjaloeng, Ki tjaloeng*.
    Boom, 25 tot 30 M hoog en 30 à 40 cM dik, in West-Java niet zeldzaam, doch verstrooid groeiend beneden 500 M zeehoogte

Hout
    De stam is vaak zuilvormig met hoog aangezette kroon Hasskarl's Nut No 628 beschrijft het hout als sterk, fijn en rood, bestand tegen witte mieren en daarom als bouw- en meubelhout te gebruiken K. & V. (I, bl 41) daarentegen melden, dat het wel sterk, maar niet duurzaam is en door de inlanders weinig wordt gebruikt.

240/6406
Diospyros Pseudo-ebenum, *K & V.*
Volksnamen Soend *Kajoe arĕng*.
    Boom, 25 à 30 M hoog en ca 60 cM dik, op Java zoo zeldzaam, dat K & V (I, bl 58) er slechts één exemplaar van vonden en wel in Djampang koelon (Z. W Preanger) op 400 M zeehoogte.

Hout
    Het spint was vuilroodachtig wit, zonder zwarte vlekken, en drong op vele plaatsen door in de pl m 10 cM dikke kern, welke er aldus uitzag als ingevreten, doch overigens gitzwart was. Terwille van dit kernhout, hetwelk zeer gezocht is voor wapengevesten, is deze boom zoo goed als uitgeroeid Hoewel dit de beste ebbenhoutsoort is van Java, achten genoemde auteurs de qualiteit te inferieur, om de cultuur ervan aan te bevelen.

240/6406
Diospyros utilis, *K & V*
Volksnamen Mal *Kajoe itam* (Menado) — Alf Minah *Kajoe mojondi, K. woeling, Maitĕm, Maitĕm lèos, Walèd, Watoe linai* — Alf Tominibocht *Toe*
    Boom, tot 40 M. hoog en 150 cM dik, van het oostelijk deel van den Maleischen Archipel. De stam is zuilvormig, het spint wit en grof doch (bij een volwassen exemplaar) slechts 10 cM dik, het kernhout zwart of zwartbruin met lichtere strepen (Koorders' Minahassa). Deze boom, de stamplant van het hout, dat naar de plaats, waar het vroeger voornamelijk werd verhandeld, *makassaarsch ebbenhout* is geheeten, wordt door Rumphius (III, bl. 6) E b e n u s m o l u c c a of *ternataansche ebbenhoutboom* genoemd; als ternataanschen naam vermeldt hij *botolino* In stam komt hij

240/6406 overeen met het boeroesche ebbenhout (Maba elliptica, Forst.), doch hij groeit veel langzamer. Rumphius plantte een van Ternate ontvangen boompje uit, dat na 12 jaar niet dikker was geworden dan een been en eerst na 27 jaar begon met vrucht te dragen. Bij vellen bleek het hart nog geen arm dik te zijn en donkergrauw, zoodat de boomen wel zeer oud moeten wezen voor zij zwart hout krijgen Hij komt, volgens R., voor op alle moluksche eilanden, het meest op Banda en de eilanden van Celebes' noordhoek als Sangi en Talaoet, voorts op Halmaheira en Morotai, vaak gemengd met het gewone (boeroesche) ebbenhout. Hij wordt zoo dik, dat 2 of 3 man noodig zijn om hem te omspannen en het kernhout is dan van zoodanige afmetingen, dat men er planken van 3 à 3$^{1}/_{2}$ voet breedte van krijgen kan, waarvan bladen voor tafels, kisten, kabinetten en dergelijke kunnen worden gemaakt. Deze zijn echter meer kostelijk voor het oog dan geschikt voor het gebruik, want zij rieken goor en kleeren of papieren, die men daarin bewaart, voelen altijd klam aan. Spijkers in dit hout geslagen, roesten door. R. beveelt aan om, bij gebruik van ebbenhout voor gesloten meubelen, een binnenbekleeding te bezigen van ander, droog hout.

Het ternataansche ebbenhout is moeilijker te bewerken dan het boeroesche het is warriger van structuur en lastig te zagen en te schaven Het is niet gelijkmatig zwart, doch donkergrauw, bruin, of muiskleurig met zwarte aderen, dan wel zwart met grauwe strepen of plekken. Somtijds is de eene helft van een plank zwart, de andere helft grauw. Ofschoon het dus nogal verschilt van dat van Maba elliptica, Forst., ook doordat het aanmerkelijk minder zwaar is, krijgt het nochtans bij beitsen en polijsten dezelfde kleur en overtreft het 't boeroesche in eigenschappen, doordat het niet zoo licht scheurt en ook geen valsch hart heeft, hoewel gewoonlijk de boomen door den zwaren slag bij het vellen van onderen óók scheuren.

In Rumphius' tijd konden de inlanders der Molukken en van Noord-Celebes met dit hout niet goed overweg, doordat het voor hun gereedschappen te hard was. Alleen werden somtijds van omgevallen boomen stijlen voor huizen en palissaden gemaakt (R.) Ook thans nog is de moeilijke bewerking een bezwaar. Koorders deelt mede. dat op Noord-Celebes ebbenhout voornamelijk wordt gebruikt voor meubelen en draaiwerk, doch betrekkelijk weinig, omdat het te hard is voor de gereedschappen van den menadonees bovendien is het daar schaarsch geworden. Vroeger werd het wel bij den huisbouw gebezigd voor grondpalen, die uitermate duurzaam zijn bevonden.

Dezelfde vermeldt, dat een volwassen boom, door hem gezien, kleine wortellijsten bezat. In het Tijdschrift v. Ind. T.L. & V. kunde dl 18, bl. 472 leest men, dat de zwaarste boomen zeer groote uitwassen krijgen, somtijds tot zes voet breed, die prachtige meubelen opleveren.

Makassaarsch ebbenhout behoort tot de minder kostbare soorten, de prijzen varieerden in 1914 te Menado volgens Mededeeling No XI van het Encyclopaedisch Bureau tusschen f 1 50 en f 2.50 per picol en te Ternate tusschen f 3.— en f 3 50. De uitvoer heeft bedragen volgens de officieele statistiek (in tons)

van, in	Ternate	Donggala	Gorontalo	Makassar	Menado	Ratah Totok	Bolaang Itang	Bolaang Mongondow	Amboina	Kota Boena	Tagoe-landang	Liroeng	Manokwari	Elders
1910	980	—	1.278	173	—	373	96	161	—	—	—	197	—	—
1911	823	n v	n v	385	161	380	178	n v	n v	143	222	n v	n. v.	92
1912	1 125	n v	881	864	435	168	332	n. v	153	n. v.	247	n v	n v	258
1913	5.185	1 075	180	1 496	390	242	118	—	—	92	—	191	56	—
1914	972	1 020	1 133	130	112	57	411	179	103	43	n. v.	n. v.	n v	20

In het Museum Hout

240/6406 **?Diospyros spec**

Volksnamen Alf Amb.: *Walan, Walen, Waran*

Onder den naam van Ichthyoctonos montana beschrijft Rumphius (III, bl. 214) een grooten boom met hoogen, rechten stam, zeldzaam voorkomend in het Hitoesche gebergte

Wortels De gestampte schors der wortels wordt gebruikt als vischbedwelmend middel. In den morgenstond wordt zij in de rivieren op het water gestrooid of gewreven, totdat de massa schuimt en de visch komt dan bedwelmd aan de oppervlakte, maar sterft niet.

Hout. Het bruine hout is geschikt voor stelen van gereedschap (Rumph).

STYRACACEAE

241/6411 **Styrax Benzoin,** *Dryand*

Volksnamen Mal.: *Bantjoeng* (Palemb.), *Kajoe kĕmĕnjan, Kajoe kamijan*

Boom, op Java tot 18 M hoog en 35 cM dik, daar wildgroeiend in het uiterste westen op 200 à 300 M. zeehoogte, doch zeer zeldzaam (K. & V. — VII, bl 132).

Hout Omtrent het hout, dat hier is af te doen, leest men gewoonlijk, dat het van bijzondere waarde is, en zulks naar aanleiding van een bericht van Cordes in het Tijdschr d. Ind Mij v N & L dl 14, bl 163 Deze zegt De komajanboom bevat een uiterst sterk, duurzaam, bijna onvergankelijk hout, een der kostbaarste soorten van Sumatra's Westkust Hij komt alleen voor tusschen 1000 en 4000 voet zeehoogte, vooral in het bergland tusschen Alahan Pandjang en Solok, in welke streek alle bruggen langs den weg ervan zijn gebouwd Deze boom, zoo vervolgt hij, levert de bekende benzoe, doch mĕnjan wordt in de Padangsche Bovenlanden weinig gewonnen: het hout bezit echter een sterken benzoëgeur Een en ander wekt twijfel, of Cordes wel inderdaad Styrax Benzoin op het oog had en als dit werkelijk het geval is geweest, of hij dan wel juist is ingelicht De opgegeven groeiplaats en het feit, dat het hout zou rieken naar benzoë, maken zijne mededeelingen verdacht. Andere oorspronkelijke auteurs hebben aan het hout veel minder te roemen Ridley (Mal. Timmerhoutsoorten, bl 79) noemt het lichtbruin, middelmatig zwaar, doch vrij zacht en van weinig waarde, hoewel het bij gelegenheid wordt gebruikt voor woningbouw en voor bruggen Hasskarl's Nut No. 706 zegt, dat het niet sterk is en spoedig door witte mieren

241/6411. wordt aangetast, zoodat men het alleen gebruikt voor hutten, die het niet langer dan een jaar behoeven uit te houden. Ook de door mijzelf ingewonnen informaties luiden eenstemmig, dat het hout zeer spoedig door insecten wordt vernield.

In tegenstelling met Java is op Sumatra Styrax Benzoin een *Verbreiding* algemeen in het wild voorkomende boom. Op dat eiland vindt *Sumatra.* men verder een tweetal gewesten, Tapanoeli en Palembang, waar de benzoëboom op groote schaal door de inlanders wordt aangeplant, in beide streken op de afgeladangde velden. In dl. 3 der Verhandelingen van het Batav. Gen. v. K. & W., bl. 44, wordt van de bataks gezegd: Al hun landbouw bestaat daar, waar benzoë *Tapanoeli.* groeit, in het voortkweeken van dien boom, en waar die niet meer gedijen wil, in hooglandsche en laaglandsche rijstvelden en in het planten van allerlei veldvruchten. De Inspecteur Van Braam van het Boschwezen rapporteerde (Tijdschrift voor het Binnenlandsch Bestuur 1916, bl. 42), dat hij in Tapanoeli groote terreincomplexen aantrof, een breede strook vormende van af het Tobameer tot nabij Siboga, geheel ingenomen door met benzoë beplante boschtuinen, die oorspronkelijk ladangs zijn geweest. Omtrent de cultuur en exploitatie aldaar zijn evenwel geen nauwkeurige waarnemingen te mijner beschikking: in het Tijdschr. v. Ind. T. L. & V. kunde dl 4, bl. 247, leest men, dat de zaden 10 à 12 voet van elkaar worden uitgelegd, nadat de grond van wortels en onkruid zou zijn gezuiverd. Dit laatste is niet zeer waarschijnlijk, doch is nog het beste onder de algemeenheden, die ik daaromtrent in de te Buitenzorg aanwezige literatuur heb aangetroffen.

Omtrent de cultuur en exploitatie in de residentie Palembang *Palembang* is een uitvoerige nota, opgesteld door den toenmaligen controleur Vonck, gepubliceerd in het Tijdschr. der Holl. Mij v. Nijverheid 1891, bl. 105: het essentieele daarvan is overgenomen in Greshoff's monographie (Schetsen, bl. 115). Vonck bericht, dat de benzoe-boom in verschillende streken van de boven- en benedenlanden der residentie Palembang voorkomt tot op een hoogte van *Cultuur.* 200 M. boven de zee, hetzij in kleine boschjes bij elkaar groeiend, hetzij verstrooid tusschen andere boomen. Voor deze cultuur zijn alleen geschikt hooge, zandige (talang) gronden op laagliggende kleigronden schiet de boom wel voorspoedig op, doch wordt gezegd een product te leveren van zoo inferieure kwaliteit, dat de cultuur weinig voordeel zou afwerpen. Op lage terreinen staat hij bovendien bloot aan het gevaar voor overstrooming en tegen water is hij niet bestand. De voortplanting geschiedt meestal door zaad, dat tijdig wordt ingezameld, omdat het, in den tuin of in het bosch liggend, door herten, zwijnen en ander gedierte wordt gevreten. Soms worden zaadbedden aangelegd en plant men uit als de boompjes een span hoog zijn, soms worden de zaden, na van de groene schil te zijn ontdaan, direct uitgelegd op onderlinge afstanden van 3 à 4 depa; in het eerste geval geschiedt het uitplanten als de padi 1 à 2 maanden oud is, in het laatste geval voor de padi wordt gepoot. De jonge planten hebben n.l. schaduw noodig en die wordt haar verschaft door de rijstplanten, welker functie na den oogst wordt overgenomen door het snel opschietende struikgewas of door alang-alang. Natuurlijk gaat een groot aantal planten in

241/6411 den strijd om het bestaan te gronde, speciaal door de alang-alang, doch de meest krachtige dooden tenslotte ook dit gras Regelmaat zoekt men in een palembangschen benzoetuin dan ook tevergeefs. Naar den aanplant wordt niet omgezien, voor de exploitatie begint, d.i. als hij ongeveer 7 jaar oud is: ondanks de mishandeling, die de boom alsdan ondergaat, ontwikkelt hij zich nog verder gedurende eenige jaren, doch bereikt zelden een grooteren omvang dan dien van een middelmatigen klapperboom. Liet men hem met rust, dan zou zijn dikte toenemen tot het drie à viervoudige, gelijk men kan waarnemen in het oerwoud.

Exploitatie. De exploitatie geschiedt als volgt: het bastoppervlak wordt op het oog verdeeld in drie gelijke strooken en in elk daarvan worden, 40 cM boven den grond en van elkaar, drie inkappingen gemaakt tot even in het hout. Men steekt het rondgeslepen kapmes met de punt in den boom, zwikt het daarna om, waardoor de schors en een laagje hout worden opgelicht, en kapt het losgemaakte daarna met één enkelen slag weg. Op deze wijze ontstaan kleine, gapende, driehoekige wonden De banen tusschen de wonden worden tegelijkertijd met het kapmes een weinig schoongeschraapt. Na acht dagen begint zich een geelachtig vocht aftescheiden, dat zich afzet in en op de wonden en onder den invloed van licht en lucht een bruinachtige kleur aanneemt. Na verloop van een maand laten zich daarin kernen van „als het ware gestolde benzoëdruppels" onderscheiden, doch de massa is dan nog zacht en bijzonder kleverig 1$^1/_2$ à 2 maanden na het insnijden is echter de kleverigheid afgenomen en de massa voldoende verhard om te worden ingezameld Intusschen is het product van de eerste aantapping, en dikwijls ook van de tweede, vrijwel waardeloos, zoodat het niet ingezameld, doch met het kapmes voorzichtig verwijderd wordt. Na het wegnemen van de verharde hars maakt men ongeveer 4 cM boven elk van de oude insnijdingen en verder 40 cM boven de derde een nieuwe wond op de reeds beschreven wijze en telkens na drie maanden wordt het aantal wonden op gelijke wijze vermeerderd. Indien, na ca 10 maal aangetapt te zijn, de baststrook tusschen twee oorspronkelijke inkepingen is verbruikt, begint men een weinig links of rechts van de oude reeks een nieuwe serie en aangezien de stam vrij hoog is, zou men het tappen vele jaren kunnen voortzetten zonder gebrek te krijgen aan bast, indien niet reeds, voor men aan het bovenste deel van den stam is gekomen, de boom stervende was Als na verloop van 5 of 6 maanden de uitvloeiingen nog niet rijkelijk zijn, worden in de op of boven den grond liggende wortels kruisgewijze insnijdingen gemaakt met het bepaalde doel den boom te kwetsen, aangezien de daaruit ontstaande hars in den grond dringt en gewoonlijk niet wordt ingezameld. De opbrengst in de beide eerste perioden van de exploitatie is, gelijk reeds werd opgemerkt, gering en van weinig waarde, doch neemt daarna bij elke volgende aantapping toe, tot na ongeveer drie jaar het maximum is bereikt: de productie blijft dan een tijd lang stationnair en neemt vervolgens langzamerhand af, tot de boom tenslotte op 17 à 19-jarigen leeftijd is uitgeput en sterft. In den regel gaat de exploitatie het geheele jaar door; soms echter geeft men den boomen in den natten tijd, wanneer de uitvloeiing minder rijkelijk is, rust om hen te sparen.

241/6411 Inferieure hars is bij het uittreden zoo dunvloeibaar, dat de gëtah bij druppels op den grond valt, doch de goede is veel kleveriger en hecht zich in lange strepen aan den stam; soms is de vloed zoo sterk, dat men verplicht is aan den voet bamboekokers te plaatsen. Hoe rijkelijker de uitvloeiing is, des te dikker worden natuurlijk de lagen en des te zuiverder wordt ook het product, aangezien dit niet meer met de schors in aanraking komt. Die benzoestroomen hebben een fraaie, lichtgele kleur

Het afnemen van de afzettingen geschiedt met het kapmes, een aangescherpte bamboe of een stuk blik van beneden naar boven gaande, draagt men zorg de schors niet te raken, om een product te bekomen, vrij van bastfragmenten. De aldus verkregen benzoe is de zuiverste en beste soort, licht van kleur en daarom in Palembang *mĕnjan poetih*, ook wel *mĕnjan sodokan*, geheeten Tweede kwaliteit, *mĕnjan sesetan* of *mĕnjan itam baik*, wordt verkregen door op gelijke wijze, nadat de mĕnjan poetih is afgenomen, het van de lagen overgeblevene tot op de schors weg te nemen. Deze kwaliteit bevat dus schorsfragmenten, waardoor de waarde van het product belangrijk teruggaat. Door tenslotte met het kapmes van boven naar beneden vrij sterk langs den stam te schrapen, waardoor meer schors dan benzoe wordt verkregen, ontstaat de zeer donker gekleurde *mĕnjan itam djahat*. In het algemeen wordt de mĕnjan poetih ingezameld $1^1/_2$ maand na het toebrengen van de wonden, de mĕnjan sesetan $^1/_2$ maand later en de mĕnjan itam djahat wederom 1 maand daarna, onmiddellijk voor de nieuwe insnijdingen worden gemaakt De opbrengst van een flinken boom bedraagt in goede jaren 1 tot 3 kati per tapperiode van 3 maanden, een goed onderhouden tuin bracht echter volgens Vonck per kwartaal dooreengenomen $5^1/_2$ kati per boom op.

De in den tuin vergaderde mĕnjan wordt, thuisgekomen, over- *Toebereiding* gedaan in tonnetjes van boomschors de verschillende kwaliteiten worden afzonderlijk gehouden. Is ingezameld van boomen, waarvan om een of andere reden langen tijd niet werd geoogst, dan is de geheel droog geworden benzoe bedekt met een vuile, zwarte laag dit product wordt van den stam geslagen, in rivierwater geweekt en afgespoeld, in een tonnetje gedaan en met warm water overgoten, waardoor het weer zacht wordt Dichtgedekt met een stuk bladscheede van den pinang worden de tonnetjes naar Palembang verzonden (Vonck) In die afscheephaven wordt, volgens een van Mei 1905 dateerende, niet gepubliceerde nota van den toenmaligen verificateur H D Visker, de mĕnjan geschikt gemaakt voor de markt. betere soorten alleen zijn voor binnenlandsch gebruik te hoog in prijs en inferieure kwaliteiten moeten door vermengen op een peil gebracht worden, dat zij toch nog een behoorlijken prijs opbrengen. Om de vermenging mogelijk te maken, worden de blokken in stukjes gehakt zuivering heeft alleen plaats bij de slechtste waar, omdat die zooveel schors bevat, dat een innige vermenging onuitvoerbaar zou zijn Het zuiveren geschiedt door de fijngehakte hars in water te werpen, waardoor de lichtere verontreinigingen aan de oppervlakte komen en afgeschept kunnen worden. Zuivere kwaliteiten worden na vermengen aangestampt in met dun lijnwaad gevoerde blikken, die in de zon worden gezet,

241/6411 totdat de hars zacht is geworden en zich tot één massa heeft vereenigd alsdan wordt het doek van boven toegeslagen Verontreinigde soorten kunnen niet op dezelfde wijze worden behandeld,
omdat men dan geen homogene massa zou verkrijgen: deze worden
verwarmd in kokend water. Onder voortdurend roeren wordt van
elk der te vermengen kwaliteiten een kleine hoeveelheid gestort
in een groote pan, een oogenblik in het heete water gelaten,
met een mandje uitgeschept en dan in gevoerde kisten of blikken uitgestort en aangestampt

De beste kwaliteit gemengde palembang-benzoë is volgens Visker licht van kleur, aan de kanten doorschijnend en op de breuk
glanzend: in die grondmassa liggen witte, gele en bruine korrels. Bij mindere kwaliteiten is de hoofdmassa bruin: witte korrels komen er in minder mate in voor. De slechtste kwaliteit bevat
die witte harsdeelen slechts sporadisch, doch daarentegen veel
schors dientengevolge brokkelen de stukken gemakkelijk af en

Vervalsching. heeft de breuk weinig glans Vervalsching komt veel voor In het
Pharmaceutisch Weekblad 1915, bl. 1676, schreef Boorsma: De
benzoë die op Java verhandeld wordt, is vaak van jammerlijk
slecht allooi. Het gehalte aan schorsfragmenten en ander vuil kan
een aanzienlijke hoogte bereiken ik vond van 10 tot 17 $\%$ in
sterken spiritus onoplosbare stoffen, terwijl daarentegen fraaie
monsters uit Tapanoeli bijna niets onoplosbaars bevatten. In een
monster uit Pontianak, dat van Palembang herkomstig heette te zijn,
vond ik een bruine, kleverige, reukelooze stof Op Java wordt
somtijds van benzoe door vermengen met de goedkoopere *rĕmĕk
daging* (zie onder Shorea leprosula, Miq) een product gemaakt,
dat natuurlijk wel mĕnjangeur bezit, maar toch van geringe waarde
is Mĕnjan wordt daar ook wel geheel nagemaakt in de laatste
jaren ziet men op verschillende pasars klompen, welker hoofdmassa
bestaat uit door middel van damar samengekleefd gruis van plant-
aardig afval, terwijl op regelmatige afstanden breede plakken
onvermengde damar voorkomen, die de witte stukken uit de
benzoë moeten nabootsen De onechtheid is op het eerste gezicht
waar te nemen en van benzoegeur is geen sprake toch vindt dit
goedkoope surrogaat gemakkelijk afzet als mĕnjan (Boorsma).

Tapanoeli De schaarsche berichten omtrent de benzoewinning in Tapanoeli
spreken van het afscheiden van witte en roode benzoe in een verschillend tijdvak van de exploitatie der boomen : deze zouden
in de eerste drie jaar een blank product leveren en daarna een
donkerder Waarschijnlijk is deze voorstelling niet juist, doch zijn
de witte en de roode benzoe van daar afkomstig van verschillende
soorten In Tapanoeli komt n l blijkens door den Dienst van het
Boschwezen ingestelde onderzoekingen behalve Styrax Benzoin,
Dryand , die daar *koemajan mérah, k batoe* of *k doeramai* heet,
nog een tweede Styraxsoort voor (S. sumatrana, J. J Sm), die
koemajan toba of *k poetih* wordt genoemd [1]

Volgens het Tijdschr v Ind T. L. & V. kunde dl 49, bl 610,
heet de witte soort in de Pakpaklanden *kĕmindjĕn poeltak*, de an-

---

[1]) In Palembang is insgelijks, behalve de daar algemeen gekweekte Styrax
Benzoin, nog een andere, een derde soort, aangetroffen

241/6111 dere *k. biring*. De blokken bestaan uit een kern van witte benzoë, omgeven door de met bastfragmenten verontreinigde k. biring, die met een weinig k poeltak is vermengd. Al naar het gehalte aan witte měnjan onderscheidt de handel plaatselijk de benzoe in:

1° *kěmindjěn poeltak* of geheel witte benzoë;

2° *k. pegagan* of *k. kepas*, d i. witte benzoë met eenige inferieure kěmindjěn vermengd;

3° *k mata tengah*, d i. kěmindjěn, die buiten de kern geen witte benzoe bevat

Benzoë is een vrij belangrijk exportartikel, volgens de douanestatistiek heeft de export bedragen (in tons)·   *Handelsbeweging*

van/in	Palembang	Baros	Sibolga	Padang	Belawan	Elders
1910	898	182	n v	18	n v	26
1911	1 229	264	7	46	n v.	2
1912	1 193	334	112	77	n v.	2
1913	1 345	229	68	20	8	—
1914	815	212	111	52	7	—

Ook in Indie zelf wordt een aanzienlijke hoeveelheid verbruikt, volgens de statistiek van het Encyclopaedisch Bureau zou in 1914 door Palembang zijn verscheept 312 ton naar Java en 238 ton vooral naar Tapanoeli en de Lampongsche Districten Aangezien de benzoe van Palembang aanmerkelijk goedkooper is dan die van Sumatra's Westkust, heeft de invoer van Tapanoeli alleen ten doel, het product te vervalschen Laatstgenoemd gewest verzond 1 047 ton naar Java en 77 ton vooral naar Sumatra's Westkust en Sumatra's Oostkust, doch ontving daarentegen weer het grootste deel van de 110 ton, die Atjeh en Onderhoorigheden naar andere plaatsen binnen het tolgebied verscheepten. Sumatra's Oostkust voerde naar Java 21 ton uit

Op Java wordt, gelijk in geheel Indie, benzoe gebrand bij het *Gebruik* verrichten van religieuze of bijgeloovige handelingen als wierook en evenzeer zonder nevenbedoeling uit welbehagen in den geur In Midden-Java worden zeer algemeen de sigaretten door de inlanders met eenige korrels měnjan en andere welriekende stoffen geparfumeerd Men maakt er ook *tjandoe měnjan* van, op Sumatra *minjak měnjan* geheeten, volgens mondelinge mededeeling van Dr Boorsma, door fijngestooten, met zand vermengde benzoe te verwarmen in een ketel of gendi Het uit de tuit druppelende vocht, de tjandoe měnjan, wordt gemengd onder de olie — in den regel een aftreksel van klabět (Trigonella) in klapperolie — welke op de pasars wordt gebruikt om de rampé (Pandanus) welriekender te maken: de geur van tjandoe měnjan op zichzelf is echter volstrekt niet aangenaam hij herinnert aan creosoot.

Benzoe is volgens Greshoff's Schetsen een ziekteproduct, dat *Ontstaan.* oorspronkelijk niet in den bast aanwezig is, doch gevormd wordt onder bijzondere omstandigheden, bepaaldelijk als de stam wordt ingesneden Dat alleen is echter niet altijd voldoende om de verharsing in gang te brengen: er schijnt een bepaalde infectie te moeten bijkomen Volgens G is indertijd op Tjomas nabij Buitenzorg een groote aanplant van benzoe-boomen aangelegd, die voor-

Samenstelling   treffelijk gedijde, maar geen product gaf. Het belangrijkste bestand-deel is benzoezuur (gemiddeld 20 %), in de plaats waarvan echter in sommige marktsoorten kaneelzuur optreedt; voor de geneeskunde heeft alleen het benzoezuur waarde. Van de handelssoorten, n. l siam-, penang-, sumatra (tapanoeli)- en palembang-benzoë, bevat de eerste alleen benzoëzuur, terwijl die van Sumatra's Westkust meest in hoofdzaak kaneelzuur (20 %) en slechts weinig (2 %) ben-zoezuur bezit Palembang-benzoe komt overeen met die van Siam, terwijl tenslotte penang-benzoe (een product waarvan de geogra-phische herkomst niet duidelijk is) nu eens benzoe-, dan weer ka-neelzuur bevat. Het is niet onmogelijk, dat de wisselende samen-stelling van de benzoe van noordelijk Sumatra zal blijken te moeten worden verklaard uit vermenging in onstandvastige verhouding van het product van Styrax Benzoin, Dryand , met dat van Styrax su-matrana, J. J Sm De siam-benzoe is afkomstig van Styrax benzoides Craib (Kew Bulletin 1912, bl 391 voor de wijze van exploiteeren, zie ook Bulletin economique de l'Indochine 1915, bl 561) Het siameesche product is het meest kostbare en het palembangsche, ook op de europeesche markt, het minst in tel, hoewel er meermalen op is gewezen, dat het voor de bereiding van benzoezuur voor medi-cinale doeleinden de siam-benzoé volkomen kan vervangen

Benzoë wordt in Europa gebruikt als reukwerk, geneesmiddel en cosmeticum· zeer bruikbaar is zij voor het bereiden van wel-riekende zalven, die antiseptisch zijn en niet rans worden

In het Museum   Benzoemonsters van verschillende herkomst, distillaat

SYMPLOCACEAE

242,6418   **Symplocos fasciculata,** *Zoll.* (Dicalyx tinctorius, *Bl.*). Volksnamen Mal *Djirak*—Soend *Djirak, Dj sasah*—Jav . *Djirĕk, Dj prit, Dj. woeloe*

Kleine boom, tot 15 M. hoog en 20 cM dik, van het westelijk deel van den Maleischen Archipel, op Java tusschen 200 en 1700 M zeehoogte vooral in het westelijk deel niet zeldzaam, doch nooit gezellig groeiend.

Hout   Het hout word onbruikbaar geacht (K & V — VII, bl. 150); volgens Ridley (Mal Timmerhoutsoorten, bl 79) is het, hoewel volstrekt geen prima houtsoort, toch zeer geschikt voor orna-menteelen schrijnwerkersarbeid, zacht snijwerk enz.· ook zou het op het Mal Schiereiland worden gebruikt voor bouwwerken

Bast   K & V vermelden, dat de bast vroeger met mĕngkoedoe (Mo-rinda citrifolia) werd gebezigd voor roodverven en voor medicijn Dit behoort echter nog geenszins tot het verleden: Symplocos-basten worden in de batikindustrie ook thans nog veel gebruikt als bijtmiddel in het mĕngkoedoebad op dezelfde wijze als de bast van Aporosa frutescens, Bl. Volgens Jasper & Pirngadie (Batik-kunst) kost djirakbast in Midden-Java 8 à 13 gulden per picol.

In het Museum   Hout, bast

242/6418   **Symplocos ferruginea,** *Roxb* (S lachnobotrya, *Miq*). Volksnamen Mal : *Kandoeng*—Soend : *Djirak, Dj sapi, Sasah.* Kleine boom van den Maleischen Archipel, soms (in West-

Java) een slank boompje van 15 M. hoogte en 20 cM. dikte, soms (in Oost-Java) krom en slechts 5 M hoog en 12 cM dik In West-Java komt hij voor tusschen 150 en 1200 M zeehoogte, in Midden- en Oost-Java alleen boven 1700 M., steeds verstrooid groeiend

Van het hout geldt hetzelfde als vermeld van S fasciculata, **Hout** Zoll. De bast wordt bij Pelaboehan bij de inlandsche bruinver- verij gebezigd (K. & V — VII, bl 171) en komt dus insgelijks **Bast** in gebruik overeen met dien van de zoo juist genoemde soort.

242/6418 **Symplocos odoratissima,** *Choisy* (D i c a l y x o d o r a t i s- s i m u s, *Bl*)
Volksnamen Soend : *Ki sĕriawan*

Boom, 25 M. hoog en 60 cM. dik, op Java in de westelijke helft tusschen 100 en 1200 M zeehoogte vrij zeldzaam en nooit gezel- lig groeiend, soms (bijv in Tjiamis) door de inlanders aangeplant om den bast en de bladeren

Het hout wordt gezegd van weinig waarde te zijn (K. & V — **Hout** VII, bl. 148) Hasskarl (Het Nut No. 605) noemt het daarentegen sterk en bestand tegen witte mieren, zoodat het als bouwhout in gebruik zou zijn.

Volgens denzelfden wordt de bast gebezigd als bijtmiddel gelijk **Bast** die van de andere Symplocossoorten, doch zonder twijfel is veel algemeener het 'eveneens door hem vermelde gebruik van den binnenbast als middel tegen spruwachtige aandoeningen Hass- karl zegt, dat de gestampte bast op het tandvleesch wordt gewre- ven tegen mondspruw, als kajoe- of koelit sĕriawan is hij in West- Java algemeen verkrijgbaar in den inlandschen medicijnhandel. In Midden-Java is dit geneesmiddel niet bekend

De bladeren, die jong rauw worden gegeten, worden bij kraam- **Bladeren** vrouwen op den buik ingewreven en verder uitwendig toegepast als mond en neus zeer hevig door z.g. mondspruw zijn aangedaan (Hasskarl) Verder maken zij deel uit van de mengsels van krui- derijen tegen indische spruw, bekend als *obat sĕriawan* en zijn als zoodanig ook in de Nederlandsche pharmacopee opgenomen

In het Museum Bast, bladeren

242/6418 **Symplocos spicata,** *Roxb.*
Volksnamen Soend *Djirak, Dj sasah* — Jav. *Djirèk*
Zeer variabel boompje, op Java voorkomend tusschen 1350 en 2000 M. zeehoogte. De bast werd vroeger wel eens in de ververij gebruikt (K & V — VII, bl. 144)

242/6418 **Symplocos spec.**
Volksnamen Alf. Amb.: *Leha*
Rumphius maakt herhaaldelijk melding van den *aluinboom,* dien hij in deel III, bl. 160 beschrijft onder den naam van A r b o r a l u- m i n o s a als een boompje met hoekigen stam ter dikte van een dij, zelden van een man Het is zeer zeldzaam· zelfs op Ambon komt het alleen hier en daar voor op luchtige heuvels en bergen en in de westersche eilanden zou het geheel onbekend zijn. Het hout is wit, hard en taai, de schors dun en broos, glad en droog. **Bast.** De amboneezen gebruiken deze en de bladeren, versch of ge-

droogd, in plaats van aluin bij het roodverven met bĕngkoedoe
en sapanhout, om de kleur bestendig te doen zijn (Rumph.)

In gebruik sluit deze Symplocos zich dus aan bij haar verwanten,
doch R.'s beschrijving en afbeelding zijn niet voldoende om de
soort te kunnen herkennen

OLEACEAE.

243/6420 **Fraxinus Griffithii,** *Clarke* (F E e d e n i i, *Boerl & Kds*).
Volksnamen Jav : *Esti, Poelen* — Mad. : *Kadjoe kedhang, K
tjandoe, Sĕlaton*

Groote boom, soms 45 M hoog en 90 cM. dik, in Oost-Java
niet zeldzaam tusschen 500 en 1700 M zeehoogte. Het hout is niet
Bladeren duurzaam en wordt niet benut. De bladeren worden als surrogaat
voor opium gebruikt (K & V. — VIII, bl 229) Boorsma (Plantenstoffen II, bl 24) deelt mede, dat zij veel worden gerookt, doch
niet door aan opium verslaafden In reuk en smaak komen zij met
opium overeen, doch niet in uitwerking zij bevatten, behalve looistof, mannasuiker en een geringe hoeveelheid ongiftige bitterstof.

In het Museum Hout

243,6426 **Osmanthus fragrans,** *Lour*
Volksnamen. Chin *Oei hoa*

Kleine boom, inheemsch in den Himalaja, in China en Japan
gekweekt en op Java waarschijnlijk uit China ingevoerd K & V.
(VIII, bl. 226) troffen te Bandjarnegara (Midden-Java) een gecultiveerd exemplaar aan, dat afkomstig heette te zijn van den Diëng,
waar vele chineezen deze boomsoort zouden planten om de welriekende, soms ter parfumeering van thee gebezigde bloemen

243/6428. **Linociera oblongifolia,** *Kds* (Chionanthus o , *K & V*)
Volksnamen Jav.: *Kajoe lĕmah, Kadjĕng siti* — Mad.: *Kalang patèjan*

Boom, ongeveer 12 M hoog en 30 cM dik, gevonden in de
residentie Semarang op 200 M en in Banjoewangi op 5 M
zeehoogte in eerstgenoemd gewest is hij niet zeldzaam (K &
Hout V. — VIII, bl 244) Het hout is niet veel zaaks volgens K & V.
wordt het niet gebruikt, terwijl Vorderman in zijn Madoereesche
planten (waar kalang patèjan ten onrechte wordt vermeld als
Tabernaemontana spec.) zegt, dat het wordt gebezigd voor het
maken van ploegen

Vruchten. In Semarang worden de vruchten in verschillende samengestelde inlandsche geneesmiddelen gebruikt (K. & V.)

243/6434 **Olea europaea,** *L.*

De *olijfboom,* van het vasteland van Azie ingevoerd in het Middellandsche Zee-gebied, is van daaruit overgebracht naar alle warmere
landstreken der aarde met min of meer overeenkomstig klimaat en
ook voor Java aanbevolen: in Indische Gids 1888, bl 228 wordt hij
aangewezen als *het* middel om afgeschreven koffietuinen productief
te maken. Blijkens den catalogus van 's Lands Plantentuin moet in
1844 de ongedoornde var. sativa in den bergtuin in cultuur zijn geweest, doch nooit is herbarium ingezameld van een gekweekt of ver-

wilderd exemplaar, tenzij een door Zollinger op den Tengger met twijfel tot O europaea gebrachte Olea daartoe behoort (K & V. — VIII, bl. 227) Ook Teysmann (Natuurk. Tijdschr. v. N. I. dl XI, bl 160) hield een door hem op den Tengger gecultiveerd aangetroffen exemplaar voor O. europaea, hij zegt daarvan, dat het soms vruchten droeg en met wat meer zorg misschien beter zou gedijen dan de op den Gede geplante exemplaren, die nooit vrucht droegen Door K & V is echter de olijfboom op Java niet gevonden en het door Zollinger ingezamelde materiaal brengen zij met twijfel tot den op den ongedoornden olijfboom sterk gelijkenden Olea cuspidata, Wall., welke echter evenmin door hen is gevonden Of de olijfboom op Java vroeger wel eens is gecultiveerd, is dus niet zeker, doch als dat wel het geval is geweest, heeft men er geen succes mee gehad. Op Ceylon wil hij blijkens Trop. Agric. Dec. 1908, bl. 583 wel groeien, doch langzaam als vierjarige boompjes ingevoerde exemplaren droegen voor het eerst op 11-jarigen leeftijd en op een andere plaats hadden zij toen op veel hoogeren leeftijd nog nooit gebloeid.

243/6437 **Myxopyrum nervosum,** *Bl*
Volksnamen. Soend. *Areuj ki koepoe?*
Klimmende heester, volgens Hasskarl's Nut No. 66 worden de sappen van Areuj ki koepoe ingenomen tegen buikziekte en tegen wormen (lintworm ?). Te Buitenzorg vernam ik, dat een afkooksel van den wortel met adas-poelasari wordt gedronken tegen koorts en een af- Wortel treksel van de bladeren met adas-poelasari tegen pijnlijkheid van de Bladeren gewrichten. Greshoff (Plantenstoffen II, bl. 118) en Boorsma (Plantenstoffen II, bl 31) onderzochten den bast de laatste vond er een geringe hoeveelheid bitterstof in, doch overigens niets dat aandacht verdient
De bast wordt in Oost-Java gebruikt als grof bindmateriaal Bast
In het Museum Vezel

243/6439 **Nyctanthes Arbor tristis,** *L*
Volksnamen. Op Java: *Srigading.*
Heester of zeer lage boom, tot 9 M hoog en 8 à 10 cM dik, inheemsch in Eng.-Indie en in alle tropische landen gekweekt om de welriekende bloemen (K. & V. — VIII, bl 227).
De bladeren, volgens Boorsma (Jaarboek 1906) aangeduid als Bladeren *daoen karangan,* worden met de bloemen gebruikt als stonden- en bloemen bevorderend middel Van der Burg (Geneesheer III, bl 504) zegt, dat ook europeesche geneesheeren ze wel voorschrijven, indien geen anatomische of chirurgische basis is aan te toonen voor de retensio menstruae en deelt mede, dat Vorderman en anderen (Dr Westhoff, in Geneesk Tijdschr v N I. dl 25, bl 2) er dikwijls goede resultaten van zagen, vooral in het ontwikkelingstijdperk bij jonge meisjes. Mevr Kloppenburg beveelt verder een afkooksel van de bladeren en de bloemen, versch of gedroogd, aan tegen kraamkoortsen; Catalogus Brusselsche Tentoonstelling 1910 zegt, dat een aftreksel van de bloemen als thee wordt gedronken o a tegen een rooden, lepra-achtigen uitslag De bloemen, welke 's avonds ontluiken en tegen den ochtend afvallen, worden opgeraapt en op de pasars te koop aangeboden.

Chemie.   In de bittere bladeren is volgens Greshoff (Schetsen, bl. 161)
op Java geen alcaloid gevonden· de kleurstof der kroonbuis vertoont in eigenschappen groote overeenkomst met het kleurend
bestanddeel van saffraan.

243/6440   **Jasminum Sambac,** *Ait.*
Volksnamen Mal.: *Manor,* (Mol.), *Mĕlati, Mĕlor.*
Welbekende bloemstruik, algemeen in tuinen gekweekt, die ook
eenig medicinaal nut heeft. Volgens Rumphius (V, bl. 52) zijn alle
Wortel.   deelen van den Flos manorae verkoelend van aard. De wortel,
alleen of met dien van *kajoe baroe* (Hibiscus) of van den witten *kĕmbang sĕpatoe* in water gewreven en gedronken, verkoelt bij koorts;
Bladeren   een papje van de jonge bladeren en bloemen wordt aangewend
en bloemen   om het lichaam te verkoelen van jonge kinderen, die warm aan-
voelen (Rumph.) De bloemen worden ook gebruikt als lactifugum.
Van der Burg (Geneesheer III, bl. 227) zegt: De gekneusde bloemen worden op de borst gelegd om de melkafscheiding te doen
ophouden, wat na een of twee maal herhaald te zijn reeds gelukt; ik liet daartoe ook een aftreksel op brandewijn bezigen, maar
zag van de gekneusde bloemen een betere werking. Ook Vorderman (Madoereesche planten No. 228) constateerde, dat een
papje van de gekneusde bloemen, op de borsten eener zoogende
vrouw gelegd en eenige malen ververscht, de zogafscheiding spoedig
doet ophouden. Op het Maleische Schiereiland is dit middel insgelijks
bekend: Ridley vermeldt het in zijn Geneesmiddelen (bl. 47)
Tenslotte vermeldt Rumphius nog, dat de bloemen — en dit is
algemeen bij indische dames — 's avonds in het waschwater worden
gedaan, om daaraan haar geur mede te deelen. Zoodanig waschwater moet natuurlijk verkoelend werken op de huid en op verhitte oogen. De bloemen worden ook, met andere welriekende
plantendeelen, gebezigd om olie te parfumeeren, die gebruikt wordt
om het haar te zalven. Versch staan zij bij alle inlanders hoog in
aanzien als sieraad en om haar geur.
Aeth. olie   In het Agr. Chem. Laboratorium gaven zij, volgens Jaarboek
1908 Dept v L., bl. 47, bij distillatie in het klein 0.3 ccM. olie per
Kg. bloemen. In de Molukken wordt die olie wel eens bereid:
zij behoort tot de z. g. ambonsche oliteiten.
In het Museum· Aeth, olie.

243/6440   **Jasminum** spec. div
Volksnamen. Mal.: *Gambir oetan* (Vulg.) — Jav.: *Pontjasoeda.*
De bladeren, die onder den naam van *gambir oetan* of *pontjasoeda* hoog in aanzien staan als koortswerend middel, zijn afkomstig
Soorten   van verschillende Jasminumsoorten. Voor West-Java geeft Vorderman (Geneesmiddelen II) J. glabriusculum, Bl. op: in Midden-Java
geldt, volgens mondelinge mededeeling van Dr Boorsma, J. ligus-
trinum, Bl. als de echte, de meest werkzame pontjasoeda en waarschijnlijk wordt daar ook J. quinquenervium, Bl. onder dezen naam
gebruikt, elders misschien weer andere. De drie genoemde zijn
klimmende struiken, wildgroeiend en zonder twijfel om hun geneeskrachtige eigenschappen ook gekweekt.
Tegen koorts schrijft Mevr Kloppenburg, die onderscheid maakt

tusschen gambir oetan en pontjasoeda, voor, de bladeren van eerst-genoemde te koken met *daoen mĕniran, tĕmoe lawak* en *daoen prasman.* alleen gebruikt zou gambir oetan volgens deze schrijfster stoppend werken Dit is, hetgeen verwacht mag worden van het eenige werkzame bestanddeel, dat erin gevonden is (tenminste in J. glabriusculum), n l een looistofachtige bitterstof en nòch van die bitterstof, nòch van de bladeren zelf kon Dr Kohlbrugge, blijkens een noot in Boorsma's Plantenstoffen II, bl 24, eenigen rechtstreek-schen invloed constateeren op malaria In het Geneeskundig Tijd-schr. v. N. I dl 35, bl 457 spreekt genoemde geneesheer het ver-moeden uit, dat dergelijke middelen, waarvan de somtijds eclatante resultaten bij aanwending tegen malaria aan geen ander bestand-deel kunnen worden toegeschreven dan aan looistofverbindingen, op de koortsen slechts indirect werken door een gunstigen invloed uit te oefenen op de spijsverteringsorganen, waardoor de voedselop-name verbetert en het weerstandsvermogen van den zieke toeneemt.

De toepassing is dan ook volstrekt niet beperkt tot koorts al-leen van pontjasoeda, welke naam wordt opgegeven bij de af-beelding van J. quinquenervium, Bl, zegt Mevr Kloppenburg, dat een aftreksel van de versche of gedroogde bladeren heilzaam is tegen darmontsteking en ontsteking van de nieren. Dr Boorsma deelde mij mede, dat een afkooksel van gelijke deelen pontjasoeda, *daoen sĕmboeng, daoen mĕniran, rĕmoekdjoeng* en *tĕmoe lawak* werkzaam is gebleken tegen geelzucht en een infuus van pon-tjasoeda alleen tegen blaascatarrh; na een week was het bezinksel uit de urine verdwenen.

Vorderman vermeldt nog, dat in sommige mijnen op Banka, op welk eiland J glabriusculum óók in het wild groeit, de bla-deren gratis worden verstrekt voor theeinfuus aan de chinee-sche mijnwerkers, die, indien zij echte thee verlangen, daarvoor moeten betalen

LOGANIACEAE.

245/6153   **Spigelia Anthelmia,** *L*

Kruid, uit Brazilie op Java ingevoerd, in Kew Bulletin 1888, bl. 265 gesignaleerd als uiterst giftig voor het vee Niettemin moet het worden gerekend tot de nuttige planten, omdat de wortel een   Wortel zeker werkend wormdrijvend middel is, dat evenwel voorzichtig moet worden gebruikt, dewijl het somtijds onaangename neven-werkingen vertoont In het Verslag 1878 omtrent 's Lands Plan-tentuin bericht Scheffer, dat hij den resident van Bagelen, wiens vaderlijke zorgen zich klaarblijkelijk ook over de met wormen geplaagde jeugd van zijn gewest uitstrekten, op verzoek zaden ver-schafte Na drie maanden beschikte men over een ruime hoeveel-heid materiaal, die verrassende resultaten opleverde Tegelijkertijd werd bericht, dat de plant uit zichzelf opkwam nabij de plaats, waar zij gezaaid was Van het gemakkelijk verbreiden door zaad wordt ook melding gemaakt door Boorsma (Plantenstoffen II, bl. 5), die er een zeer giftig, niet vluchtig, amorf alcaloïd in vond, dat op het ruggemerg werkt.

245/6460

Strychnos ligustrina, *Bl.*

Volksnamen *Slangenhout* — Mal : *Bidara laoet, B poetih, Kajoe oelar* — Jav . *Dara laoet, D. poetih* — Mad *Bidara ghoenoeng* — Timor *Kajoe oelar* — Roti *Kajoe nasi* - Beloneesch: *Ai bakoe moroek*

Hout.

Het oprechte slangenhout, Lignum colubrinum timorense, beschrijft Rumphius (II, bl. 121) als een boompje, gewoonlijk zoo hoog als een djěroek nipis, meestal niet dikker dan een dij, hoekig en bultig van stam Men vindt het volgens hem alleen op Roti, Timor, Wetar, Leti en naburige eilanden, waar het in het wild groeit in de vlakte en op de uitloopers der bergen Het hout is bleekgeel, hard en vast: het ondereind van den stam en de wortels zijn wat geler Alle deelen van dezen boom zijn bitter als de pitten van citroenen, het ergst de vruchten en de wortels, vooral de wortelbast, dan het onderste van den stam en tenslotte de bladeren In zijn vaderland maakt men er geen ander gebruik van dan voor het bittermaken van palmwijn elders is het hout hoog in aanzien als medicijn, in het bijzonder dat van de wortels, die niet dikker zijn dan een kinderarm Het gewone gebruik is als middel tegen derdendaagsche koorts na de huivering, waarmede die koorts aanvangt, neemt men van het in water gewreven hout een theekopje vol in, waarop men aan het zweeten geraakt sommigen doen er ook gewreven *kajoe tahi* (Celtis) bij De hoeveelheid bidara laoet is zoo groot te nemen, dat het water juist even troebel wordt Op Batavia deed men schraapsel van het hout in slappe arak, die daarna werd overgehaald, om een maagsterkend bitter te verkrijgen, dat als eetlustopwekkend middel werd gedronken Uit de dikste stukken laat men wel bekertjes draaien, kwasi om het koortsverdrijvend (of maagsterkend) middel dadelijk bij de hand te hebben, doch feitelijk meer als rariteit R acht dit verspilling van het kostelijke hout, want, zegt hij, het water moet daar wel een halven dag in staan, voor het bitter is en als een keer of drie, vier uit het bekertje is gedronken, heeft het zijn kracht verloren Men schrijft het hout ook het vermogen toe om ingewandswormen te verdrijven en om de beten van giftige slangen te weerstaan Hoe het echter aan den naam van slangenhout is gekomen, is niet recht duidelijk (Rumphius)

De berichten van Rumphius omtrent het gebruik zijn vrij volledig nog heden ten dage is van Timor en misschien van andere Kleine Soenda-eilanden en Oost-Java afkomstig kajoe bidara laoet bij alle medicijnverkoopers op Java te vinden Ook daarbuiten wordt als zoodanig algemeen Strychnoshout gebezigd (zie onder Eurycoma longifolia, Jack) Het wordt gebruikt, ook door europeanen, in de eerste plaats als tonicum op de door Rumphius beschreven manier Mevr Kloppenburg deelt er nog meer van mede; zij zegt, dat een aftreksel bloedzuiverend is en gedronken wordt tegen steenpuisten, zweren en uitslag op het gelaat; tegen puisten zouden ook compressen van dit aftreksel heilzaam zijn Voorts wordt een aftreksel met *koenir* en *kajoe oelěs* (Helicteres Isora, L.) ingenomen tegen koorts in den buik Syphilitische wonden zou men, nadat ze gereinigd zijn, insmeren met schraapsel van bidara laoet, bevochtigd met het sap uit den hoofdwortel van *koenir*

Horsfield (Medicinal plants, bl 97) zegt, dat met water gewreven *widara pait* door de javanen in het algemeen uitwendig wordt gebruikt bij huidziekten en als pijnstillend middel bij pokken, ook zou het worden gebezigd als anthelminticum

Een onderzoek naar de bestanddeelen van het hout van Strychnos ligustrina, Bl. is, voor zoover mij bekend, niet gepubliceerd Boorsma vond in een monster van Timor 0 23 % alcaloïd Chemie

De zaden bezitten groote overeenkomst met die van S Nux vomica, L., doch zijn belangrijk kleiner Boorsma vond er 2 3% alcaloïd in en zegt, dat er in Timor een 20 picol per jaar van zou kunnen worden ingezameld (Jaarboek 1914 Dept v. L N. & H, bl 75). Zaden.

Of Strychnos ligustrina, Bl. ook voorkomt op Java, is niet geheel zeker Teysmann vermeldt in het Natuurk Tijdschr v. N.I. dl XI, bl 196, dat hij den *bidara pahit* op zijn reis in Oost-Java herhaaldelijk aantrof (en ook op Bali) in droge, rotsachtige streken niet ver van de zeekust In dl 40 van hetzelfde tijdschrift, bl 80 bericht hij echter, dat de zaden, die hij van Timor ontving, verschilden van die der plant welke hij aantrof op Java en Bali, zoodat hij ze niet voor identiek hield Vorderman noemt in Madoereesche planten (No 33) als herkomst van het op Madoera gebruikte bitterhout het gewest Besoeki. De mogelijkheid is dus niet uitgesloten, dat het kajoe bidara laoet van den inlandschen medicijnhandel afkomstig is van meer dan een Strychnossoort

In het Museum Hout, vruchten, zaden

245/6460   **Strychnos Nux vomica,** *L.*

Middelmatige boom van Eng -Indië en Ceylon, die de zeer giftige *braaknoten* levert voor de bereiding van de alcaloïden *strychnine* en *brucine* De vruchten worden uit het wild ingezameld, waarna de zaden uit het vruchtmoes worden afgescheiden, gewasschen en in de zon gedroogd Men vindt ze wèl in de chineesche apotheken (onder den naam van *bĕtji*), doch niet in den inlandschen medicijnhandel Zaden.

Door onzekerheid van de synonymie in het geslacht Strychnos is S Nux vomica vermeld als ook in Ned -Indie voorkomend, vermoedelijk echter ten onrechte Voor cultuur buiten zijn vaderland leent een dergelijk boschproduct, waarnaar de vraag bovendien niet zeer regelmatig schijnt te zijn, zich niet Of op Java eenige ervaring met dezen boom is opgedaan, is mij niet bekend, doch in den botanischen tuin te Singapore, waar hij werd ingevoerd in 1879, toonde hij zich, blijkens Straits Bulletin 1905, bl. 306, een trage groeier, in genoemd jaar had hij nog niet gebloeid

In het Museum Zaden

245/6460   **Strychnos Tieute,** *Lesch.*

Volksnamen Jav *Tjètèk*

Tot 35 M hoog klimmende liaan met een stengel ter dikte van 5 cM, over geheel Java verbreid in de vlakte en lagere bergstreken (Koorders' Exkursionsflora), doch klaarblijkelijk zeldzaam: van buiten Java is deze soort nog niet bekend Reinwardt (Reis naar het oostelijk gedeelte van den Maleischen Archipel, bl 619) deelt mede, dat hij in Banjoewangi een enkel exemplaar vond; het is, zegt hij, een zeer hoog in de boomen opstijgende, klim-

Wortel

mende plant met houtigen stengel, de buitengewoon bittere wortel
is sterk vertakt en dient tot het bereiden van een vergif, waartoe
hij wordt gekookt met gember, soenti, knoflook, kĕntjoer, banglé
en tjabé djawa. Horsfield schreef in het verslag van zijn reis naar
Oost-Java (Verhandelingen Bat Genootsch v K & W No 7, bl. 28,
dat het gif veel sterker is dan dat van Antiaris toxicaria en in
uitwerking op het dierlijk lichaam het hevigste slangengif overtreft

Chemie

De wortels schijnen nooit onderzocht te zijn, in de zaden vond Bernelot Moens (Natuurk. Tijdschr v N I dl 28, bl. 237), op droge stof berekend, 1 469 $^0/_0$ strychnine en geen brucine Boorsma (Plantenstoffen
II, bl 21) trof in het hout en de bladeren ingelijks alleen strychnine aan.

245/6460

Strychnos spec

Volksnamen Mal Amb.· *Tali sirih kĕtjil*—Alf Amb.· *Wattamo.*

Wortel

Sirioides alter beschrijft Rumphius (V, bl. 50) als een klimmenden heester, groeiend op steenachtige plaatsen De wortel
wordt gekauwd met pinang tegen buikpijn en kleingestooten gebonden
over slappe knieen, die pijnlijk zijn tengevolge van beri-beri. Men
geeft daarvan tevens wat in· de smaak heeft veel van dien van
slangenhout (S ligustrina, Bl). Het kraakbeenachtige vleesch der

Vruchten

in trossen groeiende vruchten wordt gegeten tegen buikpijn, voortkomende uit flatulentie (Rumph)

245 6460

Strychnos spec

Volksnamen Mal Banka *Akar kĕlikoet*

Stengel

Klimplant, welker stengel, ter dikte van een pink, door de mijnwerkers op Banka veel wordt gebruikt voor ooren van draagmanden en als zeer sterk wordt geprezen (Teysmann in Natuurk.
Tijdschr. v N I dl 32, bl 60)

In het Museum Stengels

245/6464

Fagraea elliptica, *Roxb* (F speciosa, *Bl*)

Volksnamen Mal *Tĕmbĕsoe, T paja, T rawang, T talang* (?), *T tĕmbaga*

Boom, op Java alleen voorkomend in het westelijk deel en daar
nog zeldzaam (K & V — IX, bl. 84), volgens Ridley (Mal. Timmerhoutsoorten, bl 81) en Burn Murdoch (II, bl 4) op het Maleische Schiereiland een 100 à 150 voet hooge en 5 voet dikke,
verstrooid groeiende woudboom, wassend op heuvels en in de

Hout

vlakte, doch steeds op droog terrein. [1] Het hout is hars-
achtig, met sterken geur, dicht, middelmatig zwaar en hard, doch
zachter dan dat van den veel kleineren Fagraea fragrans, Roxb,
waarmede het overigens groote overeenkomst bezit De duurzaamheid
is aanzienlijk· de stomp van een boom in den botanischen tuin te Singapore was na 50 jaar grootendeels nog gaaf Het wordt, volgens
Ridley, wegens de duurzaamheid en de groote afmetingen, waarin
het verkrijgbaar is, hoog geschat voor balken voor huizen en bruggen en voor planken Burn Murdoch roemt in het bijzonder de
duurzaamheid in den grond en bij gebruik aan waterwerken.

[1] Het is niet duidelijk, hoe deze soort dan op Sumatra aan de namen
tĕmbesoe paja en rawang zou komen

245/6161   **Fagraea fastigiata,** *Bl*
Volksnamen Mal   *Mĕlabira*

Boom, volgens Ridley (Mal Timmerhoutsoorten, bl 82) en Burn
Murdoch (II, bl 5) 30 à 40 voet hoog en waarschijnlijk geen
grooteren omvang verkrijgend dan 5 voet: hij groeit op moerassige plaatsen in de laagvlakte, doch niet in de mangrove. Wijl zijn
gebied bebouwd of op andere wijze ingenomen wordt, is hij op
het Maleische Schiereiland zoo zeldzaam geworden, dat het hout Hout
practisch niet meer voor gebruik in aanmerking komt, doch Ridley
meent, dat het de moeite loonen zou hem aan te planten, daar de groei
tamelijk snel is. Het hout is dadelijk na het kappen wit en besterft geelachtigbruin. het heeft geen kernhout, maar is hard en dicht
en bezit de reputatie duurzaam te zijn, speciaal in water, indien
de stammen gebruikt worden met den bast er omheen, zouden zij
niet worden aangetast door paalworm en dientengevolge uitstekend
geschikt zijn voor steigers en fundeeringpalen

245/6464   **Fagraea fragrans,** *Roxb*
Volksnamen Mal · *Tĕmbĕsoe, T. boekit, T. talang*

Middelmatig hooge, zeer ornamentale boom, in den regel geen
grooteren omvang verkrijgend dan 6 voet, voorkomend meest op
laaggelegen (?) gronden, op het Maleische Schiereiland gewoonlijk
niet in dichte bosschen, doch op open plekken en alang-alang-
velden (Burn Murdoch II, bl 3)

Op Sumatra is Fagraea fragrans, Roxb. talrijke malen gevonden; Verbreiding
in het Natuurkundig Tijdschr v N I. dl 35, bl 307 zegt Teysmann,
dat hij ook in de vochtige bosschen langs den Kapoes op Borneo
tĕmbĕsoeboomen aantrof, vooral op verlaten ladangs, doordat de
stompen steeds weer uitloopen en die loten tot hooge boomen
opgroeien Aangezien hij echter spreekt van kolossale stammen,
is de mogelijkheid niet uitgesloten, dat hij een verwante Fagraeasoort
heeft ontmoet Het Museum ontving uit Boni op Celebes materiaal
van den *awolai*, dat werd gedetermineerd als Fagraea fragrans.

De kwaliteit van het hout is zoodanig, dat de boom in Zuid- Hout
Sumatra door de inlanders zelfs wordt geplant het kappen van
tĕmbĕsoeboomen is daar alleen geoorloofd na van het bestuur
verkregen vergunning Ridley (Mal Timmerhoutsoorten, bl. 81)
beschrijft het als bleekgeel, hard, vast en duurzaam, onaantastbaar voor witte mieren en schimmels Burn Murdoch zegt er het
volgende van· Het is geelachtig, vleeschkleurig of geelbruin,
dicht, hard en zwaar, spint en kernhout zijn ongeveer gelijk Men
zegt, dat het niet door paalworm wordt aangetast en daarom bijzonder geschikt is voor werken in zeewater. Jong hout weerstaat
witte mieren niet Het wordt gebruikt voor naven van wielen en
voor stijlen bij den huisbouw (B M) Dat tĕmbĕsoehout (in het
algemeen?) in den grond zeer duurzaam is, blijkt uit Bijdragen
T. L. & V kunde V, dl 8, bl 307, waar wordt medegedeeld, dat
te Sintang bij het verrichten van graafwerk voor een fundeering,
een voet of zes onder den grond een doodkist van dit hout werd
gevonden, die daar minstens 50 jaar moest hebben gelegen van
het lijk was geen spoor te bekennen, doch de kist was zoo gaaf
en goed, alsof zij zoo juist door den timmerman was afgeleverd.

Volgens bericht van de B.O.W. te Tebing Tinggi in de residentie Palembang is těmběsoe fijn van vezel en gemakkelijk te bewerken; het wordt gebezigd voor brugstijlen en leggers en voor huisbouw voor bruggedek werd het niet hard genoeg bevonden.

Van den *awolai* werd bericht, dat hij in het heuvelland aan de kust van Boni vrij veelvuldig voorkomt in kleine complexen, doch steeds in matige afmetingen het hout werd een voortreffelijk en zeer duurzaam bouw- en meubelhout genoemd

In het Museum Hout

APOCYNACEAE.

247/6550
Melodinus curvinervius, *Boerl*
Volksnamen. Mal.: *Akar majang petimbel* (S O K)
Klimplant, levert een kleverige soort van rubber (Van Romburgh: Les Plantes à Caoutchouc et à Gutta percha, bl 27).

247/6550
Melodinus orientalis, *Bl*
Volksnamen. Soend : *Areuj ki kadantja*.
Liaan of klimmende heester (?) Volgens Hasskarl 's Nut No. 64
Bast   geeft de bast na afschaven van de kurklaag een fijne, doch korte vezel, gelijkstaande met die uit de bladeren van de ananasplant.
Getah   Het groenachtig gele, aan de lucht spoedig vuilzwart wordende melksap, is een zwaar vergif· daarvan bestaan bewijzen, zegt Hasskarl. Volgens Straits Bulletin 1909, bl 50 levert het een rubbersoort, gebruikt als vervalschingsmiddel voor betere kwaliteiten; in Agr. Bull. of the Malay Peninsula 1900, bl 245 werd die caoutchouc beschreven als inferieur en kleverig

247/6550
Melodinus ovalis, *Boerl*
Volksnamen Mal Djintahan *arang* (W Born).
Klimplant; levert een rubbersoort, volgens Van Romburgh (Pl. à c. et à g p, bl 19) van niet geheel prima kwaliteit.

247/6550
Melodinus pulchrinervius, *Boerl*
Volksnamen. Mal.· *Djintahan lěmah* (W Born.)
Klimplant, waarvan het product alleen gebruikt wordt om betere rubbersoorten te vervalschen (Van Romburgh, Pl. a c. et a g p, bl 19).

247/6550
Melodinus rhytidiphyllus, *Boerl*
Volksnamen Mal.: *Djanta tawang* (W Born), *Gitan obat* (Lampongs).
Levert een slechte soort caoutchouc (Van Romburgh: Pl. à c. et à g p, bl. 23).

247/6551
Leuconotis anceps, *Jack*
Volksnamen. Mal.: *Djintahan boeroeng* (Benkoelen), *Djintahan ěntimoen* (W Born), *Karèt moerai* (S W.K)
Getah   Liaan, 18 à 20 M lang, rijk aan snel stollend, wit melksap, dat na eenige uren steenhard wordt en op zichzelf niet in den handel kan worden gebracht, doch vaak gebruikt wordt voor het vervalschen

van lianenrubber tot een hoeveelheid van wel 30%. Van Romburgh (Pl a c. et à g. p., bl 6) noemt het product een rubber van geringe waarde, die gebruikt wordt om betere soorten te vervalschen

247/6551 **Leuconotis eugenifolia,** *A DC* (L. cuspidata, *Bl.*). Volksnamen. Mal.: *Akar loetoeng wahai* (Z. & O. Born.), *Gitan këtjil* (S. W. K), *Karèt moerai boeroeng* (Benkoelen), *Këroetei* (Z. & O. Born), *Landjoeit* (id.), *Poelai akar* (Palembang).

Klimplant, 8 à 10 M. lang, die volgens Van Romburgh (Pl. à c. et à g. p., bl. 11) een kleverige rubber levert, terwijl ook van Getah de var. glabrior, Boerl. (*gitan andjing*, Mal.S.W.K.) op bl. 3 wordt medegedeeld, dat zij een slechte caoutchoucsoort voortbrengt In den botanischen tuin te Singapore werd een exemplaar getapt, waarvan de met azijnzuur gecoaguleerde latex geen rubber, doch slechts een kleverige hars bleek te bevatten (Straits Bulletin 1910, bl. 54) Het jaar tevoren (bl. 50) was beweerd, dat *akar gëtah soendik* een rubbersoort levert van goede kwaliteit; mogelijk is toen deze soort verward met L Griffithii Hook. f.

Uit de Rawasstreken werd mij bericht, dat een bitterglaasje van het melksap met wat zout een goed middel is tegen wormen. Overigens wordt het er niet gebruikt.

De bast bevat een aanzienlijke hoeveelheid zeer giftig alcaloïd Bast (Greshoff, Plantenstoffen I, bl. 48)

De vruchten worden gezegd eetbaar te zijn Vruchten.

247/6551 **Leuconotis gigantea,** *Boerl* Volksnamen Mal.: *Djintahan ëntimoen* (W Born), *Tidantidan semalang daoen* (S W K)

Bevat een slechte rubbersoort (Van Romburgh: Pl. à c et à g.p., bl. 27) Van de var. ovalis, Boerl. (*djanta* in W. Borneo) zegt dezelfde auteur op bl. 21, dat het overvloedige melksap een zeer hard wordend en alle veerkracht missend product geeft Getah.

247/6551 **Leuconotis Griffithii,** *Hook. f.* Volksnamen. Mal. Malakka: *Akar gëtah soendik.*

Klimplant met een stengel ter dikte van ongeveer 5 cM., bedekt met een lichtgrijzen, nogal ruwen bast Gewoonlijk wordt zij aangetroffen in de boschzoomen, in den regel niet hooger klimmend dan 20 à 30 voet. De rubber van deze soort wordt door Getah de maleiers van goede kwaliteit geacht en nadert inderdaad die van Willughbeia firma, Bl ; de latex coaguleert zeer snel (Ridley in Agr. Bull. of the Malay Peninsula 1900, bl. 245).

247/6551. **Leuconotis subavenis,** *Boerl.* Volksnamen. Mal. W Born : *Boei poetih, Entangan oebi, Tangko palai*

Tangko palai (= L. s var latifolia, Boerl) levert een slechte rubbersoort (Van Romburgh: Pl a c et à g.p, bl. 23), van boei poetih (= L. s var macrophylla, Boerl.) zegt dezelfde auteur op bl 19, dat het product alleen wordt gebruikt om betere soorten te vervalschen

247/6557

Neuburgia musculiformis, *Miq*

Volksnamen Mal.: *Asoesoeng* (Mol.) — Alf Amb.: *Ai hoea ete,
Ai hoea mete* — Alf Ceram *Ahoepoe tanah, Waba goenoeng.*

Vruchten   Boom uit de bergwouden der Molukken, waarvan de vrucht
door Rumphius (II, bl. 184) wordt beschreven onder den naam van
Fructus musculiformis Men vindt ze aan de monden der rivieren Zij bezitten den vorm van geopende mosselschelpen en zien,
als de buitenste weeke deelen in het water vergaan zijn, eruit alsof
ze met verheven figuurtjes waren versierd, zoodat zij, gedroogd
en schoongemaakt, waard zijn als rariteit te worden bewaard.
Eenig gebruik is er niet van bekend, behalve dat op Ambon het
binnenste der vruchten wordt gebezigd om verouderde beenzweren te genezen (Rumph.)

247/6559

Carissa Carandas, *L.*

Volksnamen Op Java: *Karandan*

Den Carandas beschrijft Rumphius (VII, bl 57) als een klein,
gedoornd boompje, zoo hoog als een djěroek-nipis, dat echter,
nog jong zijnde, kan worden geleid als een hagedoorn Het komt

Hegplant op Java voor in de vlakte en wordt gebruikt voor levende heiningen, die zeer dicht en ondoordringbaar zijn.

Vruchten   De rijpe vruchten, welke zoo groot zijn als knikkers, kan men
rauw eten, hetzij alleen, hetzij — met het oog op de wrangheid —
met wat zout, om den mond te verfrisschen en den dorst te les-
schen, doch meestal worden zij halfrijp in azijn of pekel gelegd
en gebruikt als olijven of kappers, om den eetlust op te wekken
Op Java, zegt Rumphius, worden zij echter niet geacht.

247/6560

Allamanda cathartica, *L.*

Volksnamen. Soend *Lamè areuj*

Klimmende heester, als sierplant ingevoerd, hier niet verwilderd.
De omtrent het gebruik in de indische literatuur voorkomende
berichten zijn gebaseerd op een (mogelijk niet oorspronkelijke) aanteekening van Scheffer in Hasskarl's Nut, die als volgt luidt· Bladeren
in aftreksel heilzaam, ontlasting bevorderend, in kleine giften vooral ter genezing van schilderskoliek, bij groote giften braking en
hevige ontlasting Inlanders gaan boven den damp van een aftreksel
van deze bladeren zitten bij koorts (sakit moerijang)
Een door Greshoff naar de bestanddeelen van den bast en van
de vruchten ingesteld onderzoek leidde niet tot bepaalde resultaten
(Plantenstoffen II, bl 118)

247/6564

Willughbeia apiculata, *Miq.*

Volksnamen Mal *Djantahan, Djěla* (W Born), *Djintahan*
(W. Born), *Djitahan, Gitan boeroeng* (S W K), *Langgitan*
(W. Born.) — Bat *Djotan*

Liaan volgens De Clercq (No. 3513) worden de stengels als bindsel
Getah gebruikt en wordt het sap op kwaadaardige zweren aangewend
Naar Van Romburgh (Pl à c et à g p, bl 7 en 129) bericht,
wordt uit het melksap een inferieure, kleverige soort van caoutchouc gewonnen, die niet als zelfstandig product in den handel
komt, doch gebruikt wordt om betere kwaliteiten te vervalschen.

Omtrent den *djitahan rawang* of *djitahan tĕlor*, mij uit de Koeboe-streken toegezonden en met twijfel tot Willughbeia apiculata gebracht, werd bericht, dat de gĕtah zich niet met rubber laat vermengen, omdat die daardoor steenhard wordt, doch dat zij wel wordt ge-bruikt om gĕtah balam (gĕtah pĕrtja) te vervalschen bij gĕtah pĕrtja kan, zonder dat het bijzonder in het oog loopt, de helft van haar gewicht aan gĕtah djitahan worden gevoegd

De Clercq vermeldt verder, dat de oranjegele vruchten wor- Vruchten den gegeten

247/6564   **Willughbeia coriacea,** *Wall.*   .
Volksnamen Mal. Malakka . *Djĕla, Gĕtah garoe, G. oedjoel, Poetjoeng kapoer*

Liaan; wordt volgens De Clercq (No. 3514) wel als bindsel gebezigd. Volgens Agr. Bulletin of the Malay Peninsula 1900, bl. 244 is de rubber van deze soort inferieur en bij de maleiers voor-namelijk in gebruik voor het maken van vogellijm. De vruchten worden door hen gegeten

247/6564   **Willughbeia firma,** *Bl.*
Volksnamen. Mal.: *Akar gĕrip bĕsi* — Sum. W.K : *Karèt akar gĕroetoek, Gitan djongai, G. gĕdang, G. soesoe, G. tĕmbaga, Ngarik kangkoeng* — Palemb *Karèt boekoe* — Lamp. *Akar karèt itam, Bajit karik-karik, Kĕkarik akar, Tahoi siboe, Tahoi taboe* — W. Born., *Djintahan boei, Dj. boewah, Dj. kĕra, Dj. soesoe, Tangko tawang* — Soend *Tjoengkangkang* — Daj. Z.O. Born *Dangoe, Gitan koejoet, Tampirik.*

Liaan, die groote afmetingen kan verkrijgen, met een stam ter dikte van 10 cM. De met bruine wratten bezette bast is dik, uit-wendig zwart, op doorsnede rood (Ridley, Agr. Bulletin of the Malay Peninsula Mei 1900, bl. 241). Zij is verbreid over den geheelen Maleischen Archipel en schijnt genoegen te nemen met elke grondsoort, mits het terrein niet moerassig of zoo laag gelegen is, dat het bij hoogen waterstand of zware regens onderloopt

De bast wordt volgens De Clercq (No. 3515) op vele plaatsen Bast aangewend als bloedstelpend middel. Greshoff (Plantenstoffen II, bl. 119) vond er een chromoglucosied in.

Bij diep insnijden van den stengel treedt een groote hoeveel- Getah heid melksap naar buiten, dat gemakkelijk coaguleert en na een dag kan worden ingezameld. Het winnen der rubber op deze wijze, waarbij de liaan gespaard blijft, geschiedt echter alleen bij aangeplante exemplaren, die in het bosch zijn gevonden, worden losgemaakt van den steunboom (waartoe men dezen laatsten velt), van haar kruin beroofd en op den grond gelegd zonder haar te ontwortelen. Men neemt dan op afstanden van 30 à 40 cM. ringen van den bast weg en vangt het uitdruipende melksap op. In Benkoelen zag Van Romburgh (Pl. à c. et à g. p., bl. 121) den stam ook in stukken hakken en dit geschiedt eveneens wel in Palembang. Sommige schrijvers beweren, dat die stukken aan één kant in het vuur worden gehouden om het uitvloeien van het melksap te bespoedigen, doch Van Romburgh nam deze werkwijze nooit waar, nòch bij Willughbeia firma, nòch bij andere caoutchouc-

247 6564. planten. Het coaguleeren geschiedt door koken of door toevoegen van zout, soms door een combinatie van beide methoden, Het verkregen product wordt meestal onder water bewaard De opbrengst van een ca 14-jarige liaan in de Lampongs bedroeg 2 Kg. marktproduct: die van goed ontwikkelde ca 6-jarige planten werd geschat op 100 gram

Het product, in den handel te Singapore bekend onder de namen *gĕtah soesoe, g singarip, g gĕrip* [1]) en elders meest als *borneorubber*, is grootendeels afkomstig van deze liaan, gewoonlijk echter vermengd met minder goede kwaliteit lianenrubber, om van bepaalde vervalsching, bijv. met djĕloetoeng, niet te spreken. In Handleiding Warenkennis wordt hiervan het volgende gezegd Gĕtah soesoe wordt meestal verscheept in ronden of in peervorm, dikwijls ook in min of meer platte koeken, een enkele maal in groote blokken. In zuiveren staat is zij wit met licht- of donkergrijs oppervlak, en buitengewoon elastisch, in welke eigenschap vooral de prima kwaliteiten van Samarinda, Berouw en Boelongan uitmunten Gemengde soorten hebben altijd een meer of minder (soms slechts 1 mM) dikke buitenhuid van zuivere kwaliteit Deze caoutchouc laat zich niet gemakkelijk innig met andere gĕtahsoorten vermengen, waardoor vervalsching bij opensnijden gemakkelijk is aan te toonen. De stukken, zoowel de gemengde als de ongemengde, bevatten meestal in holten opgesloten water De meest voorkomende kwaliteit is die, welke geregeld van Palembang en Bandjermasin wordt verscheept. Deze doet, zelfs in den meest zuiveren staat, in kwaliteit en prijs onder voor die van enkele streken van Noord-Oost Borneo, welke, mag zij ook wel eens een weinig verontreinigd zijn, toch altijd de gĕtah soesoe als hoofdbestanddeel bevat, in tegenstelling met de eerstbedoelde soort, die, vooral te Bandjermasin en op de Zuidkust van Borneo, bijna altijd op ergerlijke wijze vervalscht is met djĕloetoeng, of met hout, zand en ander vuil Verschepingen naar Europa worden door den exporteur eerst gesorteerd.

Volgens Berichte uber Handel u. Industrie 1908, Bnd XI, bl 563 komt Borneorubber uit de Z & O. Afd. v. Borneo in drie kwaliteiten ter markt; in Juni 1907 werd te Bandjarmasin betaald: voor 1e soort ƒ 125, voor 2e soort ƒ 90 en voor 3e soort ƒ 70 p p.

Cultuur De cultuur van deze liaan is beproefd door W G Leembruggen in de Lampongsche Districten (Teysmannia 1899, bl. 353 en Tijdschr. d. Ind Mij v. N & L. deel 65 — 1902, bl. 15). De Heer L. hield de hier inheemsche Willughbeia firma, Bl. voor de beste van alle caoutchouc leverende lianen, echter ongeschikt om te worden geëxploiteerd door middel van aftappen, vanwege de kolossale lengte die de plant kan bereiken, gepaard gaande met een betrekkelijk geringe dikte van den stam. Hij constateerde, dat als men haar bij den grond afkapt, zeer spoedig nieuwe loten worden gevormd, die na enkele jaren exploitabel zijn en achtte de beste winningswijze, na een 4-tal jaren stam en hoofdtakken in kokend water te werpen om het melksap te doen stollen, vervolgens den bast af te schillen en de rubber daaruit mechanisch te bereiden.

[1]) Al deze namen zeggen volgens Ridley (Agr Bulletin of the Malay Peninsula, zie boven) weinig. De namen *gĕrip, gĕrit* en op Borneo *singarip* worden voor bijna alle rubberlianen gebezigd Ook *sĕrapat* is zoo'n algemeene naam.

247/6564 Uit een finantieel oogpunt beschouwd, was de door den Heer Leembruggen geleide onderneming geen succes en algemeen is men tot het inzicht gekomen, dat een cultuur van rubberlianen voor europeesche ondernemingen niet loonend kan zijn

Door de inlanders op Sumatra en Borneo wordt echter Willughbeia firma niet zelden voor de caoutchoucproductie nabij de kampongs aangeplant,, bijv. in de afd Tajan van de Westerafd van Borneo. Een niet gepubliceerd uitvoerig bericht, dagteekenend van 1905, van den toenmaligen Controleur Kruysboom, vermeldt daaromtrent het volgende Gĕtah soesoe lĕmboet of *djata laboe* (dajaksch) is in het landschap Meliau op groote schaal aangeplant, nadat de wildgroeiende lianen zoogoed als uitgeroeid waren. In de kampong Meranggau bedroeg het aantal naar schatting 40 à 50 per hoofd en zij waren in 1905 van 5 à 6-jarigen leeftijd Enkele planten waren reeds een jaar of 10 oud en werden geexploiteerd De op kweekbedden uitgelegde zaden ontkiemen na ca 10 dagen en na een maand ongeveer worden de jonge plantjes overgebracht naar het oerbosch of de afgeladangde velden (bawas) In het laatste geval geschiedt het overplanten in den regentijd en groeien de lianen met de tot steun dienende jonge boomen gelijk op Onderhoud acht men overbodig: ziekten en plagen zijn onbekend Op 5 of 6-jarigen leeftijd kunnen de lianen reeds geexploiteerd worden, doch de bevolking wacht daarmede, tot zij 10 jaar oud zijn, alswanneer de stam een omvang heeft van 3 à 4 dM Deze aangeplante lianen worden niet gekapt; men bewerkt den stam alleen over een lengte van 2 à 3 M , ringt slechts over $^3/_4$ deel van den omtrek en maakt de insnijdingen op $^1/_2$ M van elkaar. De wonden zijn na een jaar geheeld en het tappen kan elk jaar herhaald worden, mits op andere plaatsen dan tevoren. Kwijnt een liaan, dan laat men haar eenige jaren met rust Het uitdruipen van het melksap duurt bij 10 à 15-jarige planten ongeveer 2 uren Als coagulatiemiddel gebruikt men een verzadigde keukenzoutoplossing die, bij het melkap gevoegd, dat onmiddellijk doet stollen Om het vormen van met pekel gevulde holten in de rubber te voorkomen, wordt tijdens de coagulatie sterk geroerd. Een ander stollingsmiddel, tevens aangewend ter vervalsching, is het zure sap van twee boschvruchten, *kandis* (Garcinia) en *lĕmpaoeng* (Baccaurea ?). Deze vruchten worden fijn gestampt onder toevoeging van een weinig water Men mengt echter niet slechts het sap met de gĕtah, maar ook het vruchtvleesch, hetwelk door de stollende gĕtah-massa wordt geabsorbeerd Deze bezwaring is te onderkennen bij grondige betasting van een stuk gĕtah soesoe lĕmboet, daar de vervalsching zich op het gevoel voordoet als harde plekken in de overigens weeke, veerkrachtige massa Natuurlijk vervalscht men ook met minderwaardige gĕtah-soorten Deze rubber kan droog worden bewaard, doch verliest dan wel $^1/_4$ van haar oorspronkelijk gewicht Bijgevolg wordt zij meestal onder water bewaard

In Straits Bulletin 1909, bl 49, wordt gezegd, dat de op de gewone wijze verkregen rubber veel vocht bevat en 40 à 50% waschverlies geeft In hetzelfde tijdschrift jaargang 1910, bl 52, wordt medegedeeld, dat een ongeveer 12-jarige plant in den botanischen tuin te Singapore werd getapt Het melksap coaguleerde zoo snel, dat het inzamelen van latex moeilijkheid opleverde. Het product bestond voor 13 18°/₀ (van het droog gewicht) uit hars en was, behoudens het hooge harsgehalte, een zeer mooie, harde, eerste klas rubber, die zich spoedig zwart kleurde.

Vruchten   De rijpe vruchten zijn geel van kleur. het vruchtmoes, waarin de zaden, ter grootte van een tamarindepit, ten getale van 4 of 5 (Van Romburgh geeft op pl. m. 18) liggen, is eetbaar en terwille van deze vruchten zijn de lianen gespaard gebleven en zelfs aangeplant, daar waar Willughbeia firma anders reeds lang zou zijn uitgeroeid.

In het Museum Gĕtahmonsters

247/6564   **Willughbeia flavescens,** *Dyer*

Volksnamen Mal. Malakka: *Akar segĕran.*

Getah   Volgens Straits Bulletin 1909, bl. 49 levert ook deze liaan haar aandeel in de *borneo rubber* van den handel. Agr. Bulletin of the Malay Peninsula 1900, bl. 244 zegt, dat het product inferieur is. Hooker beweerde daarentegen in Report 1880 on the progress and condition of the Royal Gardens at Kew, dat een van het Mal. Schiereiland ontvangen monster van zeer goede kwaliteit was gebleken.

247/6564   **Willughbeia tenuiflora,** *Dyer*

Volksnamen Mal S. W. K. . *Gitan palau minjak, G. ngarik, Lamboe, Tahoi itam* — Palemb. *Djĕloh, Djitahan laboe, Mĕlaboewai akar* — Lamp. *Tahoi gitan* — W. Born. *Dangoe, Djintahan arang, Dj. sĕrapat* — Z. & O. Born. . *Djintahan toealang, Ketipek paré, Krawai, Poepoek, Tampirik.*

Getah.   Bijna overal waar W. firma, Bl. voorkomt, treft men ook — vaak in onmiddellijke nabuurschap — W. tenuiflora, Dyer aan. Deze laatste is zeer rijk aan melksap, dat bij insnijden overvloedig uitstroomt. Het wordt gestremd door verhitten. in de Padangsche Bovenlanden zag Van Romburgh aluin, zout of citroensap als coagulatie-middel gebruiken. Deze rubber wordt ingezameld, doch, voor zoover Van Romburgh bekend, niet als zelfstandige soort in den handel gebracht (Pl. à c. et à g p., bl. 7 en bl. 128). De productiviteit is van dien aard, dat Leembruggen (Teysmannia 1899, bl. 358) het een aanbevelenswaardige rubberliaan zou achten, ware het niet, dat de waarde van het product zoo gering is. Versch bereid is het wit, maar na eenigen tijd neemt het een geelachtige kleur aan. Het is bijna niet veerkrachtig, doch wordt zeer plastisch, wanneer men het in heet water dompelt. In zijn eigenschappen herinnert het meer aan slechte gĕtah pĕrtja dan aan caoutchouc.

In de Rawasstreken (Palembang) gebruikt men deze gĕtah niet alleen om gĕtah pĕrtja te vervalschen (1 deel op twee deelen balam), doch ook voor het genezen van schurft en andere huidziekten.

Vruchten   De rijpe vruchten worden gezegd eetbaar te zijn.

In het Museum Gĕtah

247/6565   **Chilocarpus costatus,** *Miq*

Volksnamen Mal S. W. K.: *Akar poeloet, Gitan manijik.*

Volgens Straits Bulletin 1909, bl. 50 was op de Londensche Rubbertentoonstelling in 1908 een monster caoutchouc van Chilocarpus costatus, Miq. van Sumatra in de Nederlandsche afdeeling geexposeerd Het is echter niet bekend, wie de botanische herkomst van het monster heeft vastgesteld, zoodat het mogelijk is, dat de inzender een (onbetrouwbaren) inlandschen naam in een of ander werk heeft opgezocht Dat Chilocarpus costatus, Miq. rubber levert, eischt derhalve bevestiging

247/6565   **Chilocarpus denudatus,** *Bl*
Volksnamen. Soend : *Poelasari bodas.*

Van de door Hasskarl in Het Nut (No. 86) als *areuj koeloek leukeut* aangeduide Chilocarpussoort zegt hij, dat de sappen uit den stengel bij buikloop (dysenterie) worden gedronken: één maal innemen zou reeds genezing brengen Het melksap uit de jonge stengels wordt, vermengd met dat van Artocarpus spec div, gebruikt als vogellijm. De toppen der stengels worden met sambal bij de rijst genuttigd en ook de zuurzoete vruchten zouden eetbaar zijn

Filet (No. 603) ontleende hieraan zijn mededeeling omtrent het nut van C denudatus, Bl., doch zegt bijna woordelijk hetzelfde ook van C. suaveolens, Bl

In den bast en de bladeren van C denudatus, Bl werd door Greshoff (Plantenstoffen II, bl. 120) geen alcaloïd of ander bitter bestanddeel aangetroffen.

247/6565.   **Chilocarpus enervis,** *Hook. f.*
Volksnamen Mal S. W K *Ngarik* (?).

Klimplant, in Straits Bulletin 1910, bl. 52 wordt bericht, dat in den botanischen tuin te Singapore een exemplaar werd getapt, bestaande uit een verward samenstel van stengels, waarvan de dikste een omtrek hadden van ca 5 inch De latex vloeide goed zonder Getah te coaguleeren. Coagulatie werd met de gebruikelijke middelen ook niet bereikt, zoodat het melksap werd ingedampt Men verkreeg daardoor een lichtgekleurde, onsterke en weinig veerkrachtige massa, voor $^3/_4$ bestaande uit harsen Dit witte, broze product scheen rubber te zijn, doch van zeer inferieure kwaliteit.

247/6565   **Chilocarpus spec**
Volksnamen. Mal Mol., *Tali poelé*

Funis pulassarius wordt door Rumphius (V, bl 34) beschreven als een vrij zeldzame, sterk vertakte liaan met dunne stengels, voorkomende aan de zoomen der bosschen en in de valleien Wegens hun taaiheid worden de stengels door de ambon- Stengels neezen gebruikt tot het vlechten van fuiken.

247/6574   **Lepiniopsis ternatensis,** *Val.*
Volksnamen Mal Mol. *Poelasari pohon.*

Den Pulassarius arbor beschrijft Rumphius (III, bl 90) als een zeldzamen, hoogen, dikken boom met rechten stam. In de wortels is de reuk van poelasari (Alyxia stellata, R & S), doch Wortels. die verdwijnt spoedig, tenzij men ze dompelt in zeewater en daarna weder droogt, waardoor de geur sterker en duurzamer wordt Aldus toebereid worden zij. ter wille van den geur, bij de kleeren gelegd (Rumph.).

247 /6578   **Plumiera acutifolia,** *Poir*
             Volksnamen Mal. Mol.: *Boenga kolong tjoetjoe* — op Java:
             Kambodja, Sambodja
             Kleine boom, inheemsch in Zuid-Amerika, volgens Greshoff's
             monographie (Schetsen, bl 67) hier verwilderd en zeer algemeen
             gekweekt op de begraafplaatsen Rumphius (IV, bl. 85) beschrijft
             hem onder den naam van F l o s C o n v o l u t u s als een scheef-
             staand bloemboompje met een zeer verdeelden stam, van onderen een
Hout   been dik Die stam is broos, vet en breekzaam, van binnen met een
             voos hart (R) Duyfjes' Houtcatalogus noemt het hout fijn, kort van
             vezel, dikwijls schoon gevlamd met fraaien weerschijn, doch lastig te
             bewerken en zelden gaaf te bekomen Het zou worden gebruikt voor
             fijne meubelen, doosjes en inlegwerk Wat juist is, kon nog niet wor-
             den nagegaan, daar de boompjes zelden of nooit gekapt worden
Bast   De bast wordt volgens Filet (No 1367) op Java gebezigd te-
             gen sakit bĕlah (scheuren en abscessen der voetzolen). Vol-
             gens Jasper (Geneeskrachtige planten) gebruikt men een koud af-
             kooksel als voetbad bij gezwollen voeten Mevr Kloppenburg
             bericht, dat een afkooksel wordt gedronken tegen waterzucht
             en gebruikt (gedronken ?) bij moeilijke urineloozing tengevolge
             van geslachtsziekte. Vorderman (Madoereesche planten No 391)
             zegt, dat een afkooksel van den bast of wortel op Madoera
             wordt gebezigd als inwendig middel tegen gonorrhee Goed ge-
             constateerd resultaat met het gebruik van den bast verkreeg
             Boorsma (Plantenstoffen I, bl 11) in het geval, dat hij als volgt
             beschrijft Paarden krijgen somtijds, doordat zij te lang in het tuig
             hebben geloopen of door andere oorzaken, een gevaarlijk en niet
             zelden doodelijk koliek, dat te wijten is aan krampachtige samen-
             trekking van de sluitspier der blaas Alsdan dienen inlandsche
             deskundigen een afkooksel van Plumiera-bast toe, vaak met gunstig
             gevolg De werking is toe te schrijven aan een niet-glycosidische,
             stikstofvrije, kristalliseerbare bitterstof, *plumeried*, die in onstand-
             vastige hoeveelheid, hoogstens 5 à 6 %, in den bast, doch niet in
             het melksap, voorkomt Een waterige oplossing van 10 gram plu-
             meried had dezelfde uitwerking bij een paard als de bast Deze
             stof is niet of slechts weinig giftig
Melksap   De geheele plant is vol sneeuwwitte melk, die overal rijkelijk
             uitloopt waar men haar kwetst (Rumph.) De javanen zouden er
             het tandvleesch mede bestrijken bij aangezichtspijn en het ge-
             bruiken bij kiespijn, veroorzaakt door holle kiezen (volgens Mevr.
             Kloppenburg doet men er holle kiezen mede *uitvallen*) Voorts
             wordt het op kleine wondjes gedruppeld om die van de lucht af
             te sluiten, ook bezigt men het om gezwellen spoedig tot rijpheid
             te brengen. Vorderman (l c) zegt, dat het op Madoera wordt in-
             gegeven als purgeermiddel Dit melksap wordt soms gezegd zeer
             giftig te zijn, maar proefondervindelijk is door Boorsma en anderen
             aangetoond, dat die giftigheid slechts denkbeeldig is. Behalve twee
             harsen en een zuur werd er alleen caoutchouc in aangetroffen
             De Vrij vond een gehalte van 30 5 % rubber, doch Greshoff deelt
             mede, dat men het melksap in Eng -Indië zonder (practisch) resul-
             taat op die stof heeft onderzocht Blijkens Bull. Imp Institute
             1910, bl 48 zijn de Plumiera's, waaronder P acutifolia, Poir., in

Mexico later opnieuw als caoutchouc-leverende planten ontdekt, men verkreeg daar uit het overvloedige melksap gemiddeld 14 à 16 $^0/_0$ rubber van vrij goede kwaliteit (de waarde werd opgegeven $^3/_4$ van die van Fine hard Para te bedragen) en meende, dat de beste resultaten zouden kunnen worden bereikt door de jonge takken geregeld af te snoeien en te verwerken Van die rubbersoort is na dien tijd niets meer vernomen

De bladeren, tot een papje gewreven, dienen als rijpmakend middel op gezwellen en volgens Rumphius worden de bloemen door de chineezen te Batavia met suiker geconfijt Die confituur is thans aldaar niet meer bekend: men meent, dat ze zou bedwelmen (mabok maken) Klaarblijkelijk is hier de beweerde giftigheid van dezen boom aan het woord

In het Museum Bast

Bladeren
Bloemen

247/6583 **Alstonia acuminata,** *Miq*
Volksnamen Mal Mol *Poelé batoe* — Alf Amb *Ajoeran, Auren, Oeken* — Timor *Polé.*

Den Cofassus citrina beschrijft Rumphius (III, bl. 30) als een vrij zeldzamen boom van de Molukken, Bali en Java [1])

De wortel dient bij gebrek aan de ware obat sagoeer, na een weinig op een kolenvuur geroosterd te zijn, om den palmwijn bitter te maken

Wortel

Het hout is dicht, zwaar en zeer duurzaam. de worm komt er nooit in. De kleur is fraai citroengeel en ware de boom minder zeldzaam en het hout in grooter afmetingen te verkrijgen, dan zou het veel gebruikt worden voor huizenbouw en ook voor schrijnwerk De ambonneezen bezigen het voor den bouw van hunne vaartuigen en voor de gladgeschaafde, somtijds uitgesneden, stijlen van de huizen der aanzienlijken, daar de gele kleur zeer bestendig is Ook zaagt men er fraaie — hoewel niet breede — planken uit voor het maken van kisten

Hout

De bast, met een weinig *langkoewas* gewreven, wordt gesmeerd op de zuchtige beenen van beri-berilijders, om die te verwarmen (Rumphius)

Bast

247/6583 **Alstonia angustifolia,** *Wall*
Volgens Ridley (Mal Timmerhoutsoorten, bl 81) een boom van middelmatige afmetingen voorkomende in het zuiden van het Mal Schiereiland, met vrij licht en zacht, fijn, bleekbruin hout

Hout

Volgens een in Koorders' Minahassa (bl 527) opgenomen mededeeling is het hout van de door hem voor Alstonia angustifolia, Wall gehouden boomsoort [2]) een op Noord-Celebes hoog geschat bouwhout, dat echter voor het gebruik langdurig moet worden gedroogd, omdat het anders zeer onderhevig is aan barsten. Als volksnamen vermeldt Kds. Alf. Minah : *Kaliti, Lolai, Olei-olei, Totonotong* Van deze houtsoort ontving het Museum een monster uit de Minahassa, waarbij door den Opzichter der B O W De Leau te Menado het volgende werd bericht Het is rood van kleur, fijn en dicht van vezel, hard, taai en zwaar en zeer geschikt voor huizen- en bruggenbouw, maar eenigszins onderhevig aan scheuren, in drogen toestand werkt het echter niet

---

[1]) Van Bali en Java is hij nog niet bekend, doch wel van Ceram en Timor
[2]) De juistheid van die determinatie is twijfelachtig

247/6583 **Alstonia angustiloba,** *Miq.*

Boom, in enkele streken van Java nogal algemeen doch elders zeldzaam, gelijkend op Alstonia scholaris, R. Br. en door de inlanders daarvan niet onderscheiden (K. & V. — I, bl. 120)

Getah Met het doel het melksap van den *poelai* te onderzoeken, werd in den botanischen tuin te Singapore een groot exemplaar van A. angustiloba volgens de vischgraat-methode aangetapt (Straits Bulletin 1910, bl. 54) De latex vloeide aanvankelijk goed, verdikte spoedig in de wonden op dezelfde wijze als dat bij den djěloetoeng het geval is, maar liet zich niet zoo gemakkelijk coaguleeren. Het verkregen product had dezelfde verhouding tusschen caoutchouc en harsen als djěloetoeng, doch was na verwijderen van de overmatige hoeveelheid water daaraan sterk inferieur. De latex heeft neiging zich geel te kleuren en indien djěloetoeng met *poelai* mocht worden vervalscht, zou die vervalsching te ontdekken zijn aan de kleur. Bij vermengen echter van de latex zou het bedrog zeer moeilijk zijn aan te toonen.

247/6583 **Alstonia (Dyera) eximia,** *Miq.*

Hout Hooge boom; het hout is vrij fijn, niet hard; levert goede planken en is ook gezocht voor het maken van huisraad en kisten (Duyfjes' Houtcatalogus) Als inlandsche naam op Banka en Sumatra wordt daar vermeld: *djěloetoeng*

Getah. Van Tebing tinggi werd mij inderdaad een monster *gětah mělaboewai* (de zuid-sumatraansche naam voor djěloetoeng) toegezonden, vergezeld van steriel herbarium-materiaal, hetwelk werd gedetermineerd als Alstonia eximia, Miq De onder dien naam beschreven boom behoort echter tot het geslacht Dyera de soort is nog niet kunnen worden vastgesteld.

In het Museum Gětah

247/6583 **Alstonia grandifolia,** *Miq.*

Volksnamen Mal. Palemb *Mělaboewai.*

Op gezag van den Catalogus van planten uit den Botanischen Tuin te Buitenzorg van 1866 wordt als stamplant van de mělaboewai vaak Alstonia grandifolia, Miq. genoemd. De Clercq (No. 175) zegt daarvan: Boom, levert melksap op tot harsige gětah indrogend Duyfjes' Houtcatalogus noemt die gětah „zeer inferieur'' en vermeldt de mededeeling van Van Hasselt, dat het zachte hout zou dienen voor het vervaardigen van gambirbakken, terwijl de lange vruchten als flambouwen worden gebrand

Ook deze boom zal vermoedelijk nader blijken een Dyerasoort te zijn.

247/6583. **Alstonia (Dyera) polyphylla,** *Miq*

Volksnamen Mal. Banka. *Djěloetoeng, Mesenteh, Poelai.*

Boom, tot 45 M. hoog, met zuilvormigen, tot 1.50 M. dikken stam zonder wortellijsten en met zeer hoog aangezette, kleine kroon Op Banka komt hij in groote hoeveelheid voor op moerassig terrein Het witte, zeer zachte hout wordt er gebruikt voor kisten Het bij insnijden rijkelijk uitvloeiende melksap levert gětah djěloetoeng, die echter op Banka niet als zoodanig voor den handel wordt bereid, doch meestal aangewend voor het vervalschen van boschrubber.

De door Miquel beschreven plant is zeker een Dyera-soort en gelijkt zeer op Dyera Lowii, Hook.f.

In het Museum. Hout, gĕtah

247/6583   **Alstonia scholaris,** *R. Br.*

Volksnamen Mal *Kajoe gaboes* (Vulg.), *Poelai* — Soend.. *Lamè* — Jav. · *Poelé* — Mad. *Polaj* — Daj Z O. Born *Hanjaloetoeng?* — Mak. *Rita* — Alf. Amb.. *Rite* — Banda: *Tewer* — Ternate: *Hangè*

Zeer hooge, dikke boom, de grootste van alle javaansche Apocynaceae, meestal echter 20 tot 25 M. hoog en 40 à 60 cM. dik Hij is verbreid over den geheelen archipel, op Java beneden 900 M. verstrooid groeiend, doch zeer algemeen (K & V — I, bl. 117) Het Lignum scholare, zegt Rumphius (II, bl. 246) is een zeer groeizaam hout, dat zich laat verplanten met stokken en takken, zoodat men er pagerstijlen van maakt, die zeer licht opschieten en in korten tijd groote boomen worden

Wortels. De dunne wortels zijn bitter en worden evenals de bast in de medicijnen gebruikt. Gekauwd met pinang verdrijven ze allerhande steken in de zijde en de borst. Men gebruikt ze ook, met andere middelen gemengd, om neuszweren te genezen (Rumph.).

Hout. Het weeke, bittersmakende, reukelooze, effen witte hout is bijzonder weinig duurzaam en wordt, hoewel in groote afmetingen te krijgen, door de inlanders slechts zelden gebruikt, bijv. voor inlandsche zadelblokken en ander grof snijwerk. Geïmpregneerd zou het echter waarschijnlijk bruikbaar zijn voor kisten (K & V.) Rumphius noemt het 't witste en fijnste van alle ambonsche houtsoorten; het laat zich gemakkelijk bewerken gelijk lindenhout, doch jammer genoeg wordt het licht wormstekig. Het beste hout bekomt men nog van de wortellijsten In de Eerste Javaansche Lucifersfabriek te Semarang bleek het volgens Koorders (Tectona III, bl. 123) vrij geschikt voor de lucifersfabikatie Te Wechel (Teysmannia 1911, bl. 589) zegt, dat in Centraal-Borneo de hanjaloetoeng of *pĕlantin* dient als bijenboom en dat zijn gemakkelijk te bewerken, onder water vrij duurzaam hout wordt gebruikt tot het maken van doodkisten Hasskarl (Het Nut No 415) deelt mede, dat het hout geklopt wordt tot het eenige soepelheid heeft verkregen en dan wordt gebruikt in de plaats van kurken; overigens acht hij het alleen geschikt voor insectenkistjes, daar de spelden er gemakkelijk kunnen worden ingestoken en er niet weder uitvallen. Ook volgens Straits Bulletin 1903, bl. 114 is het jonge hout zeer geschikt om de plaats te vervullen van kurken, in het bijzonder voor het bewaren van oliën

Bast. De van buiten donkergrauwe of grauwgrijze, reukelooze, bittere bast is de *babakan poelé* uit den medicijnhandel van Java (Vorderman, Geneesmiddelen II) Die bast, zegt Rumphius, wordt hem dikwijls afgetrokken, doch groeit spoedig weer bij. De binnenste laag, in water gewreven en gedronken, sterkt maag en ingewanden en tot dit doel laten vele grooten op Makassar hem nu en dan gewreven onder de gekookte rijst of andere spijzen mengen. In de

247/6583 medicijnen is hij van groot nut. Als men hem wrijft met citroensap en een weinig zout en het sap na zeven drinkt, zuivert dat de maag van slijm en wekt door zijn bitterheid den eetlust op; dit middel is echter nogal moeilijk in te nemen. Met azijn gewreven, doet hij een opgezetten buik en gezwollen milt slinken. Gewreven met de bladeren van *kělètji* (Caesalpinia) en *sěmboeng* en dan met een weinig water verdund, verkrijgt men een drank tegen gestadige binnenkoortsen. De schoongemaakte bast, in een gesloten pot gekookt in slappen azijn met een stukje *curcuma*, kleine gember en een halve muskaatnoot, geeft een drank voor kraamvrouwen tot bevordering van de zuivering (Rumphius). Vorderman zegt in Madoereesche planten (No. 285), dat de bast dient als ingrediënt van middelen tegen huidziekten. Waitz (Practische waarnemingen, bl 26) noemt hem een zuiver bitter, maagversterkend middel en beweert, dat hij door de inboorlingen wordt aangeprezen als bijzonder werkzaam tegen wormen. Behalve het gebruik als anthelminticum vermeldt Horsfield (Medicinal plants, bl. 109) hem als koortswerend middel. Gemengd met klappermelk is de bast volgens De Clercq (No. 178) een inlandsch middel tegen hoest. Het drinken van een afkooksel wordt door Mevr. Kloppenburg aanbevolen aan hen, die zijn uitgeput door koortsen en andere ziekten en voorts als middel tegen suikerziekte en tegen malaria. Zij onderscheidt een witte en een zwarte soort; deze laatste, *poelé woeloh*, zou speciaal dienstig zijn bij hevige malaria. Ook zou volgens deze schrijfster een lavement van een aftreksel van poelé-bast, *daoen ilir* en *kajoe timor* heilzaam wezen tegen haemorrhoïden.

Onder den naam van *dita* is deze bast een van ouds in Eng-Indie bekend tonisch middel; hij is herhaaldelijk onderzocht en bevat meerdere alcaloïden en verscheiden bitterstoffen.

Melksap De geheele boom, zegt Rumphius, is vol melksap, dat er rijkelijk uitloopt, als men de jonge takken kwetst of de bladeren afbreekt. Ook in den stambast is melksap aanwezig, doch minder en dikker. Dit vocht is bitter en onaangenaam van smaak, maar niet scherp of bijtend. Men druppelt het in vervuilde wonden van beesten, welke vol maden zitten, om die maden te doen sterven. Volgens Mevr. Kloppenburg gebruikt men het op Java als rijpmakend middel op abscessen.

Uit dit melksap kan een op *djěloetoeng* gelijkende stof worden afgescheiden, hoewel met meer moeite (Straits Bulletin 1909, bl. 152). Het is zeker, dat *poelé*-melksap wel wordt gebruikt om djěloetoeng te vervalschen, doch of het geschiedt met het melksap van deze, dan wel met dat van verwante soorten, is uit de berichten, die mij bereikten, niet op te maken.

Bladeren. Voor medicinale doeleinden aangewend, heeten de bladeren volgens Boorsma (Jaarboek 1906 Dept v Landb) in Midden-Java *rědjasa*, met welken naam echter ook de bladeren van Elaeocarpus grandiflora, Smith worden aangeduid. Volgens mondelinge mededeeling van Dr B. worden zij, met andere middelen gemengd, gebruikt tegen syphilis. Rumphius zegt, dat de jonge bladeren, met water in een bamboe gekookt en 's morgens gedronken, de beri-beri genezen, zoo spoedig, dat men boven twee bamboezen dranks niet van noode heeft.

247/6583 **Alstonia villosa,** *Bl.* (Blaberopus villosus, *Miq*)
Volksnamen Jav.: *Baloeng, Ilat-ilat, Lĕgaran*—Timor: *Polé*
Hooge boom, meestal 20 tot 25 M hoog en 35 à 40 cM dik,
op Java beneden 250 M soms min of meer gezellig, doch meestal
verstrooid groeiend. Het vuilwitte hout (kernhout ontbreekt) is nogal Hout.
duurzaam en wordt in vele streken, vooral in Besoeki, door de
inlanders voor huis- en bruggenbouw gebezigd (K. & V. — 1, bl 122).

247/6585 **Dyera spec div.**
Volksnamen. W. Borneo: *Djĕloetoeng* — Z. & O. Borneo
Djĕloetoeng, Pantoeng — Mal. Sumatra: *Laboewai.*
De djĕloetoengs zijn verstrooid groeiende boomen, die buiten- Voorkomen.
gewoon groote afmetingen kunnen verkrijgen en onder de hoogste
boomen van het woud mogen worden gerekend. Het grootste
exemplaar door Van Romburgh (Teysmannia 1899, bl. 580 en Les
plantes a caoutchouc enz, bl 153) gezien, had een omvang van
7.50 M en een hoogte van naar schatting meer dan 45 M. Te Wechel
(Teysmannia 1911, bl 591) geeft als middellijn op 1 à 2 M en
als hoogte van den stam tot aan de takvorming 30 tot 50 M De
stam gaat meestal kaarsrecht in de hoogte: de kroon is vrij dicht.
De dajak van Centraal-Borneo kent volgens Te Wechel drie soorten van pantoeng: twee ervan, de witte en de zwarte, zijn moeras-
boomen, de derde roode komt voor in het gebergte. Deze laatste
echter, een van de schoonste woudreuzen, bevat gĕtah in te geringe
hoeveelheid, dan dat het tappen de moeite zou loonen (Zie verder onder soorten) De namen wit en zwart houden verband met een meer of
minder geprononceerde tint van den (grijzen) bast, den leek echter
niet direct in het oog vallend; beide soorten of vormen groeien
in de „loeau", een typisch borneoschen moerasgrond met veen-
achtigen modderbodem. Rondom den stam rijzen ademwortels van
$^1/_2$ à 1 M hoogte loodrecht uit den grond, buigen zich met een scherpen knik nederwaarts en verdwijnen weer in de aarde Verborgen
onder een dikke laag rottende bladeren en opstijgend uit een modderbodem, bemoeilijken die boogwortels, in vereeniging met een warnet
van lianen, rotan, omgevallen stammen en takken, het verkeer in
deze bosschen voor den europeaan op schier onoverkomelijke wijze.
Meestal vindt men de pantoengboomen op geen korteren afstand
dan 50 M van elkaar, gemiddeld verder, vaak meer dan 300 of
400 M In een „pantoengbosch" hebben allerlei andere boomsoorten de overhand.
Ridley (Straits Bulletin 1903, bl 96) zegt, dat het hout van den djĕloe- Hout
toeng zacht, wit en niet duurzaam is Voorheen werd het slechts gebezigd voor modelmakerij en chineesche klompen, daar het zich gemakkelijk laat snijden: later is het voor planken en kisten in gebruik gekomen bij gebrek aan ander goedkoop hout van gelijke bruikbaarheid.
Een belangwekkende beschrijving van de exploitatie van den Getah
pantoengboom in Midden-Borneo geeft Te Wechel (l.c.), die hier
hoofdzakelijk wordt gevolgd Om op een bepaald terrein djĕloetoeng te mogen inzamelen, is toestemming noodig van de auto-
riteiten Hij, die een vergunning heeft gevraagd en verkregen, vormt
met een aantal makkers een kongsi van bijv. 10 man, welke aanvangt met het bouwen van een tijdelijke nederzetting aan een

247/6535 riviertje, liefst midden in het vergunningsterrein De verdere voorbereidende werkzaamheden bestaan in het maken van de „paden", noodig om de verschillende boomen te bereiken, d w z. dat hinderlijke struiken worden gekapt en die gedeelten der wegen, waar de inzamelaar gehéél in het moeras zou verzinken, worden overbrugd

Inzamelen door het vellen van boomen De eigenlijke exploitatie wordt als volgt geregeld een man bewerkt per dag 50 boomen en komt, als hij geregeld elken dag arbeidt, den 8en dag bij de eerste groep terug Bij nog niet bewerkte individuen begint de dajak op 1 50 M boven den grond 4, 5 of 6 kappen van een hand breedte rondom den boom tot in het hout te geven Bij elken volgenden rondgang wordt de tapwond met de parang een 3- vingerbreed grooter gemaakt. De verbreeding der wonden naar links en rechts bij opvolgende bewerkingen wordt gestaakt, als de tapwonden elkaar bijna raken, wat geschiedt om quasi aan een bestaande keur te voldoen. Naar beneden wordt tot aan den grond door gewerkt, naar boven zoover als de parang reikt Het eerst uitstroomende waterige vocht vloeit weg, doch wat na 5 minuten uittreedt, stolt als een dikke melk aan den boom De man bewerkt achtereenvolgens zijn 50 boomen en keert dan langs denzelfden weg terug, om met een houten spatel de brijachtige massa van de tapwonden te strijken en te verzamelen in een blikken of houten vat, dat bij het loopen op den rug wordt gedragen

Bereiding Tegen den middag, als de dagoogst is afgeloopen, keert de inzamelaar naar de nederzetting terug, na bij het melksap $^1/_3$ deel water te hebben gevoegd om ontijdig coaguleeren te voorkomen. Daar wordt de gëtah in een vat van boomschors overgegoten, aangelengd met een drievoudige hoeveelheid water, onder bijvoeging van $^1/_8$ L petroleum en een weinig fijngestampte *obat pantoeng* [1]), te Sambas *medang silo* geheeten, gedurende 2 uren geroerd en tenslotte aan zichzelf overgelaten Den volgenden morgen wordt een gaatje, dat even boven den bodem in het vat zit en met klei was dichtgestopt, geopend om het door de inmiddels gecoaguleerde gëtah niet opgenomen water te doen wegvloeien De pantoeng wordt den avond daarop uit het vat genomen als een cylindervormige, weinig samenhangende massa Om die vervoerbaar te maken, wordt zij herhaaldelijk met warm water overgoten en met een flesch glad gestreken Daarna wordt het blok, resultaat van een dag werken en 20 tot 30 kati wegende, binnen een palissadeering bewaard in het riviertje, waaraan de pondok ligt Te Wechel berekent, dat de hoeveelheid djëloetoeng op deze wijze bereid en aldus aan de opkoopers in de eerste hand geleverd, gelijkstaat met ongeveer $3^1/_3$ maal de gewichtshoeveelheid ingezameld melksap. Het toevoegen van de buitensporige hoeveelheid water geschiedt

[1]) In Straits Bulletin 1903, bl 191 komt een recept voor om djëloetoeng te maken, waaruit blijkt, dat op 18 Liter melksap 1 lepel gestampt „gips" en petroleum wordt toegevoegd Ook aluin wordt als coaguleermiddel gebruikt Het gips bleek, volgens hetzelfde Bulletin 1904, bl 48, de van China aangevoerde *chio ko* of vezelgips te zijn. Vóór het gebruik wordt dit verhit tot een witte, niet-kristallijne massa, die zich tusschen de vingers gemakkelijk laat fijnwrijven, wel water opneemt, doch niet, zooals gewoon gips, hard wordt Chio ko is de naam in het hok kian dialect van dezelfde stof, die wordt gebruikt voor het stremmen van de legumine bij de bereiding van boonenkaas (zie onder Glycine Soja)

247/6585 om de massa te vergrooten, tijdens het transport loopt een deel van dat water weg Dezelfde auteur geeft op, dat een flinke pan- *Opbrengst* toengboom, op de geschetste wijze getapt, in totaal ongeveer $1/2$ picol melksap kan leveren Boomen van gemiddelde grootte kunnen ongeveer 1 jaar lang worden geëxploiteerd; dan wordt het vergunningsterrein verlaten De aan de boomen toegebrachte beschadiging geeft al heel spoedig aan witte mieren en boorders gelegenheid hun vernielingswerk te beginnen en zeer vele vallen reeds een jaar nadat het terrein verlaten is, omver. Na dien val kan de boom over zijn geheele lengte met de parang worden bewerkt, om het nog aanwezige melksap te winnen. Zelfs boomen, die 7 maanden te voren waren omgevallen, bevatten — zegt Te Wechel — nog melksap

De hier beschreven wijze van tappen, die overal door den inlander *Bescherming.* wordt gevolgd, is, zooals vanzelf spreekt, ruïneus, daar practisch geen enkele aangetapte boom zich herstelt Het uitroeien der boomen heeft men aanvankelijk gemeend te kunnen voorkomen door het voorschrijven van een tapmethode en te eischen, dat de boomen tegen de aanvallen der insecten zouden worden beschermd. Daargelaten dat het laatste onmogelijk is, om reden het terrein, nadat de boomen zijn afgewerkt, door de inzamelaars wordt verlaten, was het toezicht op de naleving der voorschriften in die eindelooze, voor het controleerend personeel nauwelijks toegankelijke moerassen, onuitvoerbaar, zoodat de Regeering geloofde een betere oplossing voor de kwestie van het te recht of ten onrechte voor noodzakelijk gehouden behoud der djěloetoengbosschen te kunnen vinden, in het uitgeven in concessie van aanvankelijk enkele zeer uitgestrekte terreinen op voorwaarden, welke het behoud der boomen voor den concessionaris tot een levensvoorwaarde zouden maken. Deze maatregel gaf het sein tot een heftigen en onverkwikkelijken strijd, die de Overheid huiverig schijnt te hebben gemaakt om op den ingeslagen weg voort te gaan, zoodat tenslotte de concessionarissen wel het minst bevredigd waren Het ligt niet op mijn weg dien strijd te volgen, doch wel, om nog een paar woorden te wijden aan de op het behoud der djěloetoengboomen gerichte exploitatie onder europeesche leiding, in de eerste plaats door de United Malaysian Manufacturing Co, waarvan de Karimon Rubber Mij. en de Nederlandsch-Indische Boschproducten Mij. dochtermaatschappijen zijn. Dit concern werkt op het Maleische Schiereiland, in Serawak en op Ned Borneo, en bezit een op grootsche wijze ingerichte fabriek voor het ontharsen der djěloetoeng te Goebilt aan den mond van de Kuchingrivier in Serawak en een nog grootere te Malarco op Karimon nabij Singapore Omtrent de exploitatie in Serawak verscheen een uitvoerig bericht van Ph. Schidrowitz in The India Rubber World van Januari 1911 De tapmethode, die daar en ook op het Maleische Schiereiland op de terreinen der Maatschappij wordt toegepast (vergelijk Burn Murdoch I, bl 19, waar een photo van een getapten — in een park staanden? — boom voorkomt), bestaat in het maken van een insnijding in den bast, waarbij het cambium wordt gespaard, in den vorm van een reusachtige V, met een kanaaltje van de punt van de V naar de cup. Het insnijden geschiedt op Malakka en Noord-Borneo met een tapbeitel en de resultaten van deze methode worden

247/6585 gunstig genoemd, zoowel wat betreft de opbrengst als het herstel der boomen. Het verslag van het Boschwezen der F.M.S. over 1913 vermeldt echter het sterven van veel boomen tengevolge van slecht tappen (referaat in Tectona 1915, bl 378) Op Ned Borneo maakt men de insnijdingen met een kapmes (tenminste, mij werd medegedeeld, dat de tapbeitel daar niet in gebruik is), terwijl Lulofs (Djeloetoengconcessie's op Borneo, Tijdschrift voor het Binnenlandsch Bestuur, Maart 1913) waarnam dat op de terreinen van genoemde Maatschappij het insnijden inderdaad plaats heeft met sparing van de cambiumlaag Dit geschiedt ook op eenige erfpachtsperceelen op Sumatra Een der erfpachters op laatstgenoemd eiland gaf mij te kennen, dat het leven van den boom op die wijze inderdaad niet in gevaar wordt gebracht.

Marktproduct — Djĕloetoeng, een naam, die andere, zooals *dead borneo* en *pontianak*, thans wel geheel heeft verdrongen, bestaat uit caoutchoucachtige stoffen, hars en een wisselende, doch steeds aanzienlijke hoeveelheid water. Op water- en vuilvrije stof berekend, werd gevonden: 21 5 % caoutchouc en 78 5 % hars voor een monster van Palembang en respectievelijk 22 % en 78 % voor een monster van Pontianak (Jaarboek 1908 Dept v. Landbouw, bl. 43, 44). Het eerste bevatte 18.9 % water en het laatste 27.2 %, beide waren practisch vrij van verontreinigingen. Het lijkt waarschijnlijk, dat de verschillen in waarde van djĕloetoeng van verschillende geographische herkomst voornamelijk aan een uiteenloopend watergehalte zijn te wijten, ofschoon de mogelijkheid niet is buitengesloten, dat verschillen van botanische herkomst en in de bereiding daarop van invloed kunnen zijn In Handleiding Warenkennis wordt deze rubbersoort als volgt beschreven: Djĕloetoeng komt in den handel voor in den vorm van meer of minder groote, vierkante of halfronde blokken, zeer week (op stopverf gelijkend), zonder de minste elasticiteit en bijna altijd veel water bevattend; de kleur is grijswit, aan de buitenzijde veelal donkerder getint; zij bezit een kenmerkenden, doordringenden, onaangenamen geur. Elke uitvoerhaven kent slechts één kwaliteit, hoewel eenig verschil in watergehalte kan voorkomen Palembang-djĕloetoeng bevat de meeste caoutchouc (15 à 18 %), gevolgd door die van Bandjermasin met 12 à 14 % en ten laatste de pontianaksoort De djĕloetoeng der overige zuidkusthavens van Borneo, hoewel bij uitvoer veelal meer water bevattend (ca 8 %; dit cijfer zal het extra gewichtsverlies tijdens het transport voorstellen), komt overeen met de djĕloetoeng van Bandjermasin Het caoutchouc-gehalte weerspiegelt zich in de prijzen der singapore-markt, waar palembang-djĕloetoeng altijd $ 1 à $ 1 50 hooger dan de bandjermasinsoort en deze weer $ 0 50 à $ 1.— hooger dan die van Pontianak staat genoteerd

Nog komt er van uit Sumatra (Palembang en Djambi) een geringe hoeveelheid djĕloetoeng in specialen vorm tot uitvoer. Het eenige, voor zoover mij bekend, daarover gepubliceerde (onvolledige) bericht, is te vinden in het tijdschrift Tectona 1912, bl. 146 Enkele producenten daar persen het melksap, gecoaguleerd na toevoegen van een even groote hoeveelheid water doch zonder bijmengen van petroleum, door middel van mangels en handpersen De toegevoegde hoeveelheid water wordt daardoor weer uitgedre-

247/6585 ven. Dit geperste product wordt verzonden in blokken van ongeveer 35 Kg., verpakt in kisten Het gewichtsverlies tijdens het transport is bij deze behandeling nagenoeg nihil en het geperste artikel houdt zich langer goed. Djěloetoeng die niet onder water wordt bewaard, gaat anders, ook al is zij met petroleum bereid, snel in kwaliteit achteruit.

De United Malaysian Rubber Co bouwde in 1909 haar fabriek te Goebilt met het doel een nieuw procédé tot ontharsing der djěloetoeng toe te passen. Volgens Schidrowitz heeft die fabriek een capaciteit van 10.000 lbs rubber per dag. De in 1912 gereed gekomen fabriek op Karimon is volgens Lulofs ingericht op het bereiden van 12 000 lbs per dag, welke productie echter, door te geringen aanvoer van de grondstof, op verre na niet werd bereikt. Volgens denzelfden bevat het in deze fabriek bereide product 93% rubber en 4% harsen. Omtrent het doel van het ontharsen en de daartoe gevolgde procédé's, zie India Rubber Journal October 1911. Over het bijproduct, de djěloetoenghars, wordt uitvoerig gehandeld in hetzelfde tijdschrift November 1911, bl. 19.

Volgens „Berichte für Handel und Industrie" 1908, Band XI, bl. 565 wordt djěloetoeng in de nijverheid gebruikt als „Zusatz zur Gummimasse" voor het vervaardigen van pakkingen, rubberschoenen, regenstoffen en voorts in de asbest-, celluloid- en linoleumfabrikatie. Volgens Ridley (Straits Bulletin 1903, bl 95) heeft zij haar opkomst voornamelijk te danken aan het gebruik in mengsels voor het waterdicht maken van bouwwerken.

De hoegrootheid van den uitvoer uit Ned.-Indié is alleen van Productie de laatste jaren betrekkelijk nauwkeurig bekend De officieele statistiek van den in- en uitvoer geeft eerst voor 1912 cijfers voor djěloetoeng afzonderlijk; voor dien werden de gětahsoorten onderscheiden in gětah pěrtja, caoutchouc en „andere gětahsoorten". Voorts zijn uitvoercijfers van een zoo abnormaal met water bezwaard artikel uit den aard der zaak niet zeer geschikt voor statistische doeleinden Het volgend extract uit de officieele douanestatistiek heeft dus voornamelijk slechts waarde ter vergelijking. De cijfers van vóór 1912 zijn die van „andere gětahsoorten", waarin djěloetoeng toch steeds het leeuwendeel had, de hoeveelheden zijn in tons van 1000 Kg.

van/in	Palembang	Djambi	Indragiri	W. Afd. v. Borneo.	Z. & O. Afd v. Borneo.
1910	15 212	1 473	576	5 239	11 619
1911	9 469	2 247	1 212	4 561	6 971
1912	8 288	4 017	1 178	3 966	9 328
1913	5 865	3 566	631	1.823	5 129
1914	3 392	1 323	166	388	2 810

In zijn Plantes à caoutchouc et à gutta percha zegt Van Rom- Soorten burgh op bl. 153, dat volgens Dr Boerlage de djěloetoengboom van West-Borneo identiek is met den pantoeng van de Z. & O. Afd. v. Borneo. Die boom is door Boerlage gedetermineerd als Dyera Lowii, Hook.f. Uit Jaarboek 1908 van het Departement van Landbouw, bl. 43, blijkt, dat van Palembang ontvangen materiaal insgelijks moest worden gebracht tot Dyera Lowii en van

dezelfde soort ontving ook het Museum gĕtah van mĕlaboewai, afkomstig van moerassig terrein in de Koeboestreken. Dat Dyera
Lowii, Hook.f. djĕloetoeng levert, is derhalve niet aan twijfel
onderhevig. Of echter Dyera costulata, Hook.f. in Ned.-Indie daadwerkelijk als djĕloetoengboom wordt geëxploiteerd, is onzeker.
Met zekerheid herkend materiaal ontving ik slechts één maal uit
de residentie Palembang onder den naam van *lĕboewai* met de
mededeeling, dat de boom rijk is aan gĕtah, doch op de vind-
plaats (Moeara Doea, op pl.m. 250 M. z e e h o o g t e) niet werd
geexploiteerd. Ook in Priaman op de Westkust van Sumatra, van
waar geen djĕloetoeng wordt uitgevoerd, heet D. costulata mĕlaboewai. Op het Maleische Schiereiland daarentegen, waar volgens
Ridley (Straits Bulletin 1903, bl 95) D Lowii niet zou voorkomen,
wordt hij klaarblijkelijk wèl geëxploiteerd. Burn Murdoch (zie
boven) vermeldt als djĕloetoengboomen van daar: Dyera costulata
en D. laxiflora, Hook.f. Hij zegt, dat beide soorten sterk op elkaar
gelijken, doch in het bosch gemakkelijk te onderscheiden zijn,
doordat de bast van D. costulata op de doorsnede roodachtig
is en die van D. laxiflora wit. *Beide soorten komen daar verstrooid groeiend voor in de vlakte en o p d e h e u v e l s t o t 500
e n m e e r v o e t z e e h o o g t e, z e l d e n i n m o e r a s s e n. De eerste is veel rijker aan melksap dan de laatste; bij tappen volgens de
V-methode zou D costulata 5 lbs latex geven tegen D. laxiflora
slechts 1. Wat D. laxiflora, Hook.f. betreft, indien die in Ned.-Indië
voorkomt, wat wel waarschijnlijk is, dan zal hij hier wel worden
voorbijgegaan door de djĕloetoenginzamelaars.
    Dat er meerdere soorten zijn, die djĕloetoeng *kunnen* leveren,
is dus buiten kijf en terloops worde hier de aandacht gevestigd
op de als djĕloetoeng of lĕboewai bekend staande, onder den naam
Alstonia beschreven boomen, wier soortnamen die der thans aangenomen Dyera's wel zullen vervangen, wanneer wordt overgegaan
tot een monographische bewerking van de Apocynaceae.

In het Museum. Hout, gĕtah

247/6603   **Tabernaemontana coronaria,** *Willd.*
    Volksnamen Mal : *Kĕmbang mantéga, K. soesoe, Boenga
    manila* (Mol.), *B soesong* (Mol.) — Jav.: *Mondakaki, Boenga
    wari* — Bal.: *Boenga njingin.*
    De door geheel Indie in tuinen als sierplant geteelde F l o s
    m a n i l h a n u s beschrijft Rumphius (IV, bl. 87) als een 4 à 5 voet
    hoogen struik, in de Molukken ingevoerd van Manila. Op Ambon
    dient hij alleen voor sieraad, doch de maleiers, zegt Rumphius,
Wortel   houden hem voor geneeskrachtig, inzonderheid den wortel, als
    tegengif voor ingenomen venijn, alsmede tegen graveel en lenden-
    pijn Daartoe drinken zij een aftreksel van vier deelen *soelamoe
    pohon* (Soulamea amara, Lamk), één deel wortel van mondakaki
    en één deel *kĕlĕtji* (Caesalpinia) Mevr. Kloppenburg vermeldt, dat
    een afkooksel van de wortels wordt gegeven als stopmiddel bij
    buikloop, Ridley (Mal. Geneesmiddelen, bl. 38), dat de fijngewreven
    wortels van *soesoen kĕlapa* (volgens De Clercq T malaccensis,
    Hook f.) bij oogontsteking op de oogen worden gesmeerd. Eerder
    (bl. 27) gaf Ridley in hetzelfde werk als mal naam op *boenga*

tjina en daarvan zegt hij, dat een afkooksel van de fijngemaakte
bladeren met kandijsuiker tegen hoest wordt gedronken. Bladeren

De Clercq (No 3274) beweert, dat op Mentawei alle deelen
van dezen heester worden uitgeperst en het sap met andere middelen als pijlgif dient.

247/6603 **Tabernaemontana corymbosa,** *Roxb*
Volksnamen Mal : *Djĕloetoeng badak, Restong badak*
Heester of kleine boom. De fijngemalen wortels worden aan- Wortels
gewend tegen hydrocele en orchitis (Ridley, Mal Geneesmiddelen, bl. 31). In hetzelfde werk worden op bl. 43 deze plant
en T. malaccensis, Hook. f., Mal : *Pĕratjèk*, vermeld met de mededeeling, dat beide hoogelijk worden geroemd tegen syphilis,
vooral in het tertiaire stadium. Voor dit doel wordt een afkooksel Bast.
van den bast gebruikt Voor het rijpmaken van zweren bezigt
men het sap uit de bladeren. Bladeren

247/6603 **Tabernaemontana macrocarpa,** *Jack* (O r c h i p e d a s u-
m a t r a n a, *Miq.*).
Volksnamen Mal.: *Simbar badak*
Kleine boom, 8 à 10 M. hoog, met rechten, tot 0.45 M dikken
stam, in Palembang zeldzaam aangetroffen op pl. m 550 M. zeehoogte. Het fraaie, witachtige, zeer zachte hout dient voor krisscheeden Hout.
en het overvloedige kleverige melksap voor lijmstokken. Getah

247/6603. **Tabernaemontana sphaerocarpa,** *Bl*
Volksnamen Soend.: *Hampĕroe badak* — Jav.: *Djĕmburit,
Gĕmbirit, Kĕmbirit, Tjĕmpurit.*
Tot 13 M. hooge en 25 a 35 cM dikke boom, meestal echter een
boomheester, in Midden- en Oost-Java beneden 800 M. in vele stre-
ken zeer algemeen, doch nooit gezellig groeiend (K.!& V. — I, bl 103)

Van den hampĕroe badak [1]) deelt Greshoff (Plantenstoffen I, bl 67) Getah
mede, dat het melksap wordt gebruikt tegen huidziekte en dat de
bladeren uitwendig worden toegepast tegen verzwikking. Hasskarl Bladeren
(Het Nut No 331) zegt, dat de fraaie, oranjekleurige vruchten voor
vergiftig worden gehouden.

Greshoff vond in verschillende deelen van Tabernaemontana
sphaerocarpa (een) giftig(e) alcaloid(en)

247/6612. **Voacanga foetida,** *Schum.* (O r c h i p e d a f o e t i d a, *Bl.*).
Volksnamen. Mal : *Rango-rango, Simbar badak itam* (Ra-
was) — Soend : *Hampĕroe, H. badak.*
Kromme boom, 10 tot 16 M hoog en 20 à 30 cM dik, in Zuid-
Preanger verstrooid groeiend op 400 M. zeehoogte (K. & V. — I,
bl. 107). In Zuid-Sumatra werd hij verstrooid groeiend gevonden
op pl m. 100 M.

---

[1]) K & V zeggen, dat T. sphaerocarpa, Bl. in de Soendalanden vaak met
Orchipeda (= Voacanga) wordt verward en hampĕroe badak wordt genoemd
Dit is ook het geval in Banjoewangi, waar hij, ingevolge zijn groote gelijkenis met den op dezelfde standplaats voorkomenden Voacanga grandifolia,
Kds, wel *loh kambing* wordt genoemd Greshoff (Plantenstoffen II, bl 130)
deelt mede, dat met hampĕroe badak ook Voacanga foetida, Schum. wordt
bedoeld en dat die naam ook aan nog andere Apocynaceae wordt gegeven

Hout   Op Java wordt het hout door de inlanders niet gebruikt, in
          Zuid-Sumatra dient het voor het vervaardigen van scheeden voor
          messen en wapens Volgens Miquel wordt van *deze* soort het
·Getah   melksap soms uitwendig tegen huidziekten gebezigd en volgens
          Vorderman (Madoereesche planten No 289) legt men de boven
Bladeren het vuur verwarmde bladeren op chronische beenzweren. In Zuid-
          Sumatra gebruikt men ze, met klapperolie bevochtigd, uitwendig
          tegen hoofd- en buikpijn

247/6614 **Hunteria corymbosa,** *Roxb.*(H R o x b u r g h i a n a, *Wight*).
          Volksnamen Mal.: *Gitan obat*? (Lamp.), *Tahoi* (id)
          Volgens Ridley (Mal Geneesmiddelen, bl. 40) een kleine plant,
Getah   waarvan op Malakka het melksap, daar bekend als *gĕtah agoe* en
          gĕtah djintĕn (?), wordt gebruikt als uitwendig geneesmiddel tegen
          framboesia Het komt zelden voor en is hoog in prijs; dat van
          de roode variëteit is het meest gezocht.
          In dit melksap is door Greshoff (Plantenstoffen I, bl. 55) rub-
          ber en hars, doch geen bijzonder bestanddeel aangetroffen Wel
          vond hij een zeer giftig alcaloïd in den bast

247,6614 **Hunteria sundana,** *Miq*
          Volksnamen. Jav (volgens Filet) *Gilig, Krodoe kĕras*.
          Struik of heester (?) van Midden-Java, waarschijnlijk zeldzaam
Wortel   Volgens Horsfield zou de bittere wortel de medicinale eigenschap-
          pen deelen van Rauwolfia serpentina, Benth, doch deze meening
          wordt niet geheel bevestigd door de resultaten van het chemisch
          onderzoek (Greshoff, Plantenstoffen I, bl. 56)

247/6616 **Alyxia stellata,** *R. & S*
          Volksnamen In vele talen *Poelasari.*
          Het P u l a s s a r i u m beschrijft Rumphius (V, bl 32) als een wilde
          liaan, voorkomende door den geheelen archipel in de hooge bos-
          schen der berghellingen De hoofdstam kruipt langs den grond
          of door andere ruigte en wordt op zijn best een arm dik daar-
          uit ontspringen dunne stengels, niet meer dan een duim dik, die
          bladerloos zijn tot in de kruin der boomen waarlangs zij opklim-
          men; eerst daar verdeelen zij zich in takken Waar de stengels
          den grond raken, schieten zij wortel en vormen nieuwe struiken.
          Wie den rechten poelosari wil aanplanten moet zich, zegt R , eenige
          stukken van den stam laten brengen met wat knoesten en wor-
          teltjes eraan, tezamen met den kleigrond waarin zij wassen, en zoo
          in den hof zetten onder een para-para Hij wachte zich wel er
          bladeren aftebreken, zoolang de planten nog niet aan den groei
          zijn, daar zij dan licht sterven
Hout   Het hout is wit en week, zonder geur en dus waardeloos, men
          gebruikt het alleen om er een verkoelend papje van te maken,
          waarmede men koortsachtige menschen, in het bijzonder kinderen,
          inwrijft (Rumphius) Volgens Boorsma (Bulletin No 7 du Dép. de
          l'Agriculture — 1907, bl 37) heeft wel eens, doch zeldzaam, in het
          hout verharsing plaats, waardoor het geschikt wordt om als reuk-
          hout te dienen en daartoe ook daadwerkelijk gebruikt wordt.
          Boorsma onderzocht een stukje, door hem uit Banka ontvangen.

De melkachtige bast, vervolgt Rumphius, is vuilgrauw gescheurd Bast en gebarsten, van binnen wit en broos, bitter van smaak maar liefelijk van reuk. Bij het inzamelen wordt eerst de kurklaag afgeschraapt en vervolgens de stengel wat beklopt [1]). De afgeschilde bast gelijkt op witte kaneel; zijn geur behoudt hij ongeveer twee jaar, doch de bitterheid verdwijnt spoedig. Door geheel Indie wordt hij vervoerd voor de vrouwen, die bundeltjes ervan bij de kleeren leggen om daaraan een aangenamen geur te geven Insgelijks wordt hij gemengd onder reukwerk en boboré, niet alleen vanwege den geur, doch ook om te verkoelen Hij wordt eveneens gedaan in de binnenslijfs te gebruiken medicijnen, om een verhitte maag terecht te helpen (Rumph.).

Klaarblijkelijk heeft het medicinaal gebruik van poelasari zich sinds Rumphius' tijd belangrijk uitgebreid, het ontbreekt in bijna geen enkel samengesteld inlandsch geneesmiddel en gaat steeds vergezeld van adas (venkel), men spreekt dan ook van „adaspoelasari", alsof het één enkel ingrediënt was Er bestaat daarom wel aanleiding voor de veronderstelling — aldus Boorsma in het Tijdschr. v Inl. Geneesk. 1906, bl 43 — dat die combinatie bij inwendig gebruik eenvoudig als corrigens voor reuk en smaak is aan te merken Intusschen zijn er sommige samengestelde geneesmiddelen, waarin adas en poelasari volgens inlandsche deskundigen zonder twijfel een werkzame rol spelen Een van deze is een praeparaat, dat tegen spruw wordt aangewend en over geheel Java een zekeren roep schijnt te hebben Het wordt bereid uit rijpe en onrijpe *pisang batoe*, waarvan het vruchtvleesch tezamen met adas en poelasari onder toevoeging van een weinig water wordt fijngewreven, het uitgeperste sap neemt men in (Boorsma). De oudere schrijvers zagen meer in dezen bast Zoo zegt Waitz (Practische waarnemingen, bl 14) Poelasari wordt veel als maagsterkend en krampstillend middel gebruikt. Ik heb dezen bast in mijn praktijk zeer dikwijls aangewend en mij overtuigd, dat hij een uitmuntend middel is tegen verzwakking der maag, neiging tot zuur en winden, tegen koliek, maagkramp en tusschenpoozende koorts Tegen deze laatste ziekte helpt hij alleen zeer weinig, doch betoont zich zeer werkzaam als ondersteunend middel van den koortsbast

De stengels zelf en ook de bitter en specerijachtig smakende bladeren alsmede de bloemen worden volgens verschillende opgaven wel in de plaats van den bast aangewend.

Voor het onderzoek van den naar cumarine riekenden bast, zie Bulletin de l'Inst Bot de Buitenzorg No 21 (1904), bl. 33, dat naar de bestanddeelen der bladeren is verricht door Greshoff (Plantenstoffen II, bl 121).

In het Museum Bast.

7/6619   **Rauwolfia amsoniaefolia,** *DC*
Volksnamen. Mak·. *Parèmpasa* — Boeg *Pamadéng*
Heester, waarvan de bladeren in afkooksel als laxeermiddel wor-

---

[1]) R zegt, dat de bast zich moeilijk van het hout laat afnemen, in Bull de l' Inst Bot de Buitenzorg No XXI deelt Boorsma mede, dat, indien het kloppen wordt voorafgegaan door indompelen in kokend water, het schillen zeer gemakkelijk gaat.

den toegediend (De Clercq No 2953) Volgens een mededeeling van Warburg wordt *aingam* (?) op de Kei-eilanden gebruikt als uitwendig geneesmiddel (Greshoff, Schetsen, bl 207)

247/6619 **Rauwolfia javanica,** *K. & V*

Volksnamen op Java onzeker—Alf. Minah : *Bita, Soemarang*

Kromme, tot 20 M. hooge en 65 cM dikke, vrij zeldzame boom van de koele bergstreken van West-Java, waarvan het hout als te

Wortel en bast klein en te krom niet door de inlanders wordt gebruikt. De schors is walgelijk bitter (K & V — 1, bl. 91) Volgens De Clercq is zij, evenals de wortel, een sterk werkend geneesmiddel. Greshoff (Plantenstoffen II, bl 127) vond in den bast veel matig giftig alcaloid

Bladeren De zeer bittere bladeren worden fijngestampt uitwendig als medicijn gebruikt (K. & V.), volgens De Clercq (No 2954) als smeersel op wonden van dieren.

247/6619 **Cyrtosiphonia** (Rauwolfia) **madurensis,** *T & B.*

Volksnamen Mad : *Polaj lakèk.*

Hout Boom· het hout dient voor den bouw van paardenstallen en de

Bast bast is een middel tegen dysenterie (Vorderman, Madoereesche planten No. 286). Bij een voorloopig onderzoek naar dezen bast vond Greshoff (Plantenstoffen I, bl. 50) een alcaloid.

247/6619. **Rauwolfia reflexa,** *T. & B.*

Volksnamen Soend *Ki běntělı, Ki djěroek.*

Vermoedelijk zeldzame, 8 tot 12 M hooge en 20 à 26 cM dikke boom van Java. Het hout wordt door de inlanders als te

Bast weinig duurzaam en te klein niet gebruikt. De bast zou als laxeermiddel dienen (K & V — 1, bl. 89).

247/6619 **Rauwolfia serpentina,** *Benth* (Ophioxylon obversum, *Miq*, O. serpentinum, *L*, O. trifoliatum, *Gaertn*.).

Volksnamen Mal · *Akar tikoes* — Jav · *Poelé pandak.*

Kleine, schaduwbehoevende, melksaphoudende, heester, gewoonlijk 15 à 40 cM hoog, de **R a d i x m u s t e l a e** van Rumphius (VII, bl. 29), wiens beschrijving geheel is overgenomen in de monographie van Greshoff (Schetsen, bl 207) Hij werd door R. in de Molukken ingevoerd van Java, waar hij niet zeldzaam, maar ook lang niet algemeen is ¹) Het is een moeilijk te cultiveeren gewas. Rumphius zegt, dat het wel zaad voortbrengt, maar dat dit zelden kiemt, zoodat men zelfs te Batavia, van waar hij zijn materiaal ontving, de kleine plantjes moet uitgraven en met hun eigen aarde in de hoven overplanten De wildgroeiende worden voor krachtiger gehouden dan de gekweekte

Wortel De wortel, die, gelet op de vaak geringe afmetingen van de bovenaardsche deelen, buitengewoon groot wordt, is het beste deel van deze plant, hij is van onderen dikker dan van boven en groeit meestal recht naar beneden, doch bezit daarbij een eigenaardigen

---

¹) Koorders' Exkursionsflora zegt, terecht, dat Rauwolfia serpentina op Java niet zeldzaam voorkomt beneden 1800 M zeehoogte, het is echter nogal moeilijk er een groote hoeveelheid van bij elkaar te krijgen; Greshoff zag zich verplicht zijn onderzoek naar de bestanddeelen te staken door gebrek aan materiaal Bovendien is hij lang niet algemeen bekend, zoodat men, op de pasar naar *poelè pandak* vragende, vaak andere wortels krijgt

zigzagvorm. De grootste vindt men bij planten, waarvan de stengel vertrapt of verbrand is en die daarna opnieuw zijn uitgeloopen, het best en het krachtigst zijn zij bij het uitschieten van die nieuwe spruiten; het tegenovergestelde is het geval, als de planten in bloei staan of vrucht dragen. Deze zeer bittere wortel nu, aan kleine stukjes gesneden, wordt volgens Rumphius te Batavia met pinang gekauwd en ingeslikt tegen benauwdheid en pijn in den buik Fijngewreven en met water ingenomen, is hij goed tegen koorts en braken, het hoofd ermede gewasschen, is hij een middel tegen hoofdpijn en met brandewijn gewreven op den navel gesmeerd, helpt hij tegen buikloop en branderigheid. Ook gebruikt men hem tegen den beet van allerlei slangen (Rumph.).

Greshoff zegt, dat hij er zich van heeft kunnen overtuigen, dat deze Rauwolfia nog thans beroemd is bij inlanders en europeanen, doch hij meent, dat op Java het gebruik als inwendig geneesmiddel voor den mensch gering is, vanwege de betrekkelijke zeldzaamheid der echte poelé pandak en ook, omdat men de giftige werking vreest. Belangrijk daarentegen is, volgens hem, de toepassing als wormdrijvend middel voor paarden. Ten bewijze daarvan haalt G. Veeartsenijkundige Bladen 1891, bl 156 aan, waar Mars mededeelt, dat hij, als zijn hulp werd ingeroepen bij paarden behept met ingewandswormen, 20 gram geraspten verschen wortel van poelé pandak, met water geschud, het ingeven. Had deze medicinatie de gewenschte uitwerking niet, dan liet hij na 2 dagen nogmaals een gelijke dosis geven Hij was altijd over dit middel zeer tevreden, doch raadde aan er vooral niet onvoorzichtig mede te zijn, daar bij te groote gift gemakkelijk hevige diarrhee ontstaat. Ook moet men oppassen, dat men de ware poelé pandak krijgt, daar andere wortels onder denzelfden naam worden verkocht ¹) Te Buitenzorg vernam ik, dat de wortel verder een geneesmiddel is tegen droes van paarden

Rumphius bericht nog, dat uit de gebroken stengels een weiachtig melksap vloeit, dat men in de oogen druppelt tegen witte vlekken op het hoornvlies, Hasskarl (Het Nut No. 753), dat een zalf van de bladeren en bloemen met kalk en water wordt gesmeerd op wonden van paarden, ontstaan door het drukken van het zadel. Nog andere toepassingen vindt men vermeld bij Filet (No 237 en 6948) en bij Van der Burg (Geneesheer III, bl 126 en 679), doch die hebben, zij het niet geheel dan toch stellig ten deele, betrekking op toepassingen in Eng-Indie

De wortel en ook de overige deelen van deze plant bevatten een giftig, kristallijn alcaloïd.

In het Museum. Wortel.

247/6619.   **Rauwolfia sumatrana**, *Jack* (Cyrtosiphonia s., *Miq*).
Volksnamen. Mal.: *Poelai pipit* — Minangk.: *Tampa badak* —
Soend : *Lamè lalaki* (beide laatste namen volgens De Clercq)
Boomheester (K. & V. — I, bl 93) Het lichte hout bezigt men voor krisscheeden enz. (Filet No. 436).

In het Museum · Hout

Getah.

Bladeren en bloemen.

Chemie.

Hout.

---

¹) En gebruikt Zie Plumbago rosea, L en P. zeylanica, L. Dr Boorsma trof onder den naam van poelé pandak verder o m de wortels van een Ardisia- en van een Argyreiasoort aan

247/6624 **Ochrosia acuminata,** *Val.*

Volksnamen. Alf. Minah.. *Sambejan, Sangkongan, Sasang-kongan rĕndai, Sasangkongan rintĕk*

Hout Boom; volgens een in Koorders' Minahassa (bl 530) opgenomen mededeeling, wordt het hout op Noord-Celebes gebezigd voor planken en soms ook voor prauwen

247/6624 **Ochrosia salubris,** *Bl.*

Volksnamen. Mal. Mol : *Oepas laki-laki*—Jav. *Sangga langit*—Alf. Amb. *Laoe lite, Nanta koele, Wabo meit.*

Boom, 13 à 14 M. hoog en ca 30 cM. dik, op Java zeer zeld-zaam en daar volgens K & V. (I, bl 100) van slechts twee plaat-sen bekend Rumphius (II, bl 255) beschrijft hem onder den naam van Lactaria salubris eveneens als een zeldzamen boom, groeiend op het zeestrand

Wortel De wortel, zegt hij, is zeer hard, doch knapt af als glas. Van buiten is hij donkergeel, met vele vezeltjes behangen, van binnen bleekgeel Hij gelijkt daardoor op dien van Sophora tomentosa, L. en komt daarmede overeen in smaak en medicinaal gebruik, n. l.: in hoofdzaak tegen buikpijn, krampen en onwel gevoelen door het

Vruchten eten van schadelijke visschen en krabben Ook het binnenste van de vrucht komt bij de door Rumphius gegeven voorschriften te pas

247/6631 **Cerbera lactaria,** *Ham.* [1])

Volksnamen. Mal. Mol : *Kajoe goerita, K. soesoe, Mangga braboe* — Mak. *Lamboeto* — Alf. Amb. *Jabal, Ohopae, Waba, Wabo* — Ternate : *Goro, Goro-goro*

Den Arbor lactaria beschrijft Rumphius (II, bl 243) als een boom zoo groot als een manggaboom, doch dunner van stam, meestal groeiend aan den zeekant aan de monden der rivieren; op moe-rassige plaatsen wordt hij zoo dik als de grootste manggaboom.

Wortel De wortel dient als purgeermiddel: een stuk van een span lengte wordt behandeld als straks te vermelden voor den bast; om een sterker uitwerking te verkrijgen, wordt de gereinigde wortel zelf met pinang gekauwd en het sap ingeslikt.

Hout Het broze, witte hout levert zeer fijne, lichte kolen, geschikt voor het maken van buskruit

Bast De bast van oude boomen dient evenals de wortel als pur-geermiddel. Men neemt een stuk, een hand lang en breed, af-komstig van een boom die wat landwaarts groeit, schraapt de schorslaag af, raspt het overige fijn en kneedt dat uit in het water van een jonge klapper of in rijstwater Nu wringt men het ge-neesmiddel door een doek, drinkt van het walgelijk smakende vocht een waterglas vol en na een paar uur volgt zonder roering een ruime ontlasting. Om minder walging te veroorzaken, wordt

[1]) K. & V. vermelden (I, bl. 86), dat zij er niet zeker van zijn, dat de echte C. lactaria van Hamilton wel op Java voorkomt Greshoff (Schetsen, bl 59) zegt, dat C. lactaria en C. Odollam, Gaertn. slechts variëteits-verschillen vertoonen In het midden latend of het verschillende soorten dan wel variëteiten zijn, moet worden opgemerkt, dat volgens Greshoff (Plantenstoffen I, bl 84) beide in elk geval in eigenschappen zeer na verwant zijn en voor dezelfde doeleinden worden gebruikt.

somtijds de geraspte bast gekneed met slappen azijn, wat ook beter werkt. Dit is het bij de ambonneezen meest gebruikelijke laxeermiddel (Rumphius). Onder alle javaansche purgeermiddelen, die mij zijn bekend geworden, is er geen — zegt Waitz in Practische waarnemingen, bl. 6 — hetwelk de aandacht der europeesche geneesheeren meer waardig is dan cortex en folia cerberae; beide komen in werking zoo volmaakt met sennebladeren overeen, dat de laatste op Java zeer goed daardoor zouden kunnen worden vervangen. Greshoff deelt mede, dat de bast en ook de bladeren geen cerberine of odolline bevatten, doch wel een pseudo-indicaan, dat nog niet zuiver schijnt afgezonderd te zijn.

Als men dezen boom kwetst, in het bijzonder de takken, loopt Getah er overvloedig melksap uit, dat een nogal sterk purgeerende kracht bezit, doch het heeft niet bij alle personen dezelfde uitwerking. Ook is het een voortreffelijk middel tegen den steek van den ikan swanggi, op de wond gesmeerd doet het de gevolgen van den steek bijna onmiddellijk verdwijnen (Rumphius). Volgens Altheer (aangehaald bij Greshoff), bevat het melksap geenerlei giftig bestanddeel, wel caoutchouc (19.7%); berichten als voorkomende in de Indische Vergiftrapporten (No. 226), dat het melksap (van C. Odollam) wordt gebruikt om ratten enz. te verdelgen, verdienen daarom geen onvoorwaardelijk geloof.

Sommige ambonneezen, vervolgt R., koken de jonge bladeren Bladeren. van dezen boom als ander moeskruid; zij hebben een zacht purgeerende werking.

De vrucht heeft den vorm van een appel. Zij is bekleed met Vruchten. een dun huidje; daaronder vindt men een harige substantie van grove, houtachtige draden, in welker midden een witte pit ligt. De rijpe vruchten treft men in menigte aan langs het strand, ontdaan van de buitenste huid, zoodat men niets ziet dan den dradigen bolster. Het zaad is schadelijk voor mensch en dier; bij de maleiers Zaden. wordt het voor een doodelijk vergif gehouden, doch in de Molukken heeft men niet anders bevonden, dan dat de onrijpe vrucht of het zaad een groote benauwdheid veroorzaakt (Rumphius). Greshoff (Schetsen) stelt in het licht, dat het zaad het eenige giftige deel der Cerbera's is; versche, rijpe zaadkernen bevatten 0.6 à 1 $\%$ *cerberine* en een giftige amorphe bitterstof, *odolline*. Cerberine is een kristalliseerbaar stikstofvrij glycosied, dat als zeer sterk hartvergif werkt.

Uit de zaden, in de zon gedroogd en uitgeperst, verkrijgt men Olie olie, geschikt om te branden en van het residu, vermengd met katoen, maakt men kaarsen, die echter wat sterk rieken (Rumph.) Ook Hasskarl (Het Nut No. 173) zegt, dat Cerbera-olie een walm verspreidt, die binnenshuis ondraaglijk is. Behalve om te branden wordt die olie in Zuid-Preanger ook gebruikt om garens voor de opname van kleurstof toe te bereiden (Tijdschrift v/h B. B. Juli 1912, bl. 15). Van Riouw ontving ik bericht, dat zij dient als geneesmiddel tegen schurft. Greshoff verkreeg uit de zaadkernen in totaal 75 $\%$ olie, giftig door de daarin opgeloste cerberine.

247/6631. **Cerbera Odollam,** *Gaertn.*
Volksnamen. Op Java: *Bintaro*
Tot 17 M. hooge en 40 cM. dikke, kromme boom, over geheel

Olie

Java zeer algemeen langs de kust Het hout wordt als te weinig duurzaam en te krom niet door de inlanders gebruikt. Uit de rijpe vruchten wordt lampolie gemaakt, in enkele streken — o a Djampang-koelon, Preanger Regentschappen — in het groot (K & V. — I, bl. 84) Volgens Rumphius (II, bl. 245) zou de door uitkoken van de gestampte zaden verkregen olie welriekend zijn en op Java worden gemengd onder andere verhittende oliteiten, als middel om te wrijven bij gevatte koude.

Men zie voorts Cerbera lactaria, Ham.

In het Museum · Zaden, olie.

247/6632

Thevetia neriifolia, *Juss.*

Volksnamen Op Java: *Gindjé* (?)

Heester, uit West-Indië ingevoerd en veelvuldig als sierplant gekweekt. Volgens Miquel wordt het onaangenaam riekende hout gebruikt tot het bedwelmen van visschen en werkt de bast purgeerend en koortswerend; het melksap noemt hij zeer giftig en braakwekkend en de bladeren worden volgens hem op Java door sommige bengaleezen als tabak gerookt

Volgens Wijs' Vetcatalogus (bl 49) bevat de steenvrucht meestal 2 zaden, waarvan de giftige kernen $12^0/_0$ (van het gewicht der gedroogde zaden) uitmaken. Volgens het Natuurk Tijdsch v.N.I. dl 30, bl. 222 bestaan die kernen voor $57^0/_0$ uit olie, welke $4^0/_0$ van een kristalliseerbaar glucosied in oplossing houdt. Geheel zuiver afgescheiden zou die olie niet giftig zijn. Voor de samenstelling, zie Wijs Waarvoor die olie wordt gebruikt of bruikbaar is, vond ik niet vermeld, ook niet door Schaedler (Technologie der Oele und Fette).

Greshoff (Plantenstoffen I, bl. 75) deelt mede, dat deze plant een stikstofvrij glycosidisch hartvergif, *thevetine*, bevat, dat herhaaldelijk aan een toxicologisch onderzoek is onderworpen.

In het Museum Zaden, olie.

247/2

Hymenolophus Romburghii, *Boerl.*

Volksnamen. Mal.: *Gitan minjak* (S.W.K.).

Getah.

Klimplant, waaruit Van Romburgh (Pl à c. et à g p, bl. 7) op Sumatra rubber zag winnen van goede kwaliteit, welke onder water werd bewaard. De exploitatie geschiedde door den stengel in te snijden of door dien in stukken te kappen.

247/6634

Parameria barbata, *Schum.* (Ecdysanthera barbata, *Miq.* (*Bl* ?), Parameria glandulifera, *Benth.*).

Volksnamen. Mal.: *Akar gĕrip poetih, Gakeman wajit* (Lamp.), —Jav: *Gĕmbor, Ragèn*

Klimplant, in het Oosten zeer verbreid voorkomend, met een zekere reputatie als rubberplant (Straits Bulletin 1909, bl 50). Zeer waarschijnlijk is het de Cortex consolidans van Rumphius (V, bl 30), door dezen beschreven als een heester van Java, met stengels ruim een duim dik, overal verwarde, zeer lange en dunne takken uitschietend, welke zich als koorden om andere boomen — vlechten niet alleen, maar daaraan zóó vastgroeien, dat het is alsof ze in groeven zijn ingelaten en vastgelijmd. Waar die takken den grond raken, schieten zij wortel en vormen nieuwe planten.

De bast, zegt R, is ruig en gebarsten en als men dien kwetst, Bast
loopt er een witte, kleverige melk uit Hij heeft een wonderlijke
eigenschap, want als men van den drogen bast een stuk afbreekt,
dan ziet men op de breuk vele fijne, taaie draadjes, die de stukken verbinden, het afgebrokene dan loslatend, zoo trekken die
draadjes zich samen en wordt de breuk onzichtbaar Schors die
deze proef niet doorstaat, wordt niet voor deugdelijk in de medicijnen gehouden. De javanen en baliërs beloven groote wonderen
ermee te doen in het genezen van wonden, doch het meest gebruiken
hem de vrouwen als een der bestanddeelen van een drank, dien
zij geven aan maagden kort voor het huwelijk. Bij de baliérs wordt
hij, tot een dun papje gewreven, ingegeven tegen dysenterie, zijnde
verkoelend en stoppend

Deze bast, bekend als *kajoe rapat* (Mal.), *měgat sih*, *pégat sih*
(Jav) en *madak si* (Mad), is een ook thans nog hoog in aanzien
staand inlandsch middel Volgens Mevr Kloppenburg wordt hij
gebruikt „om de baarmoeder te doen krimpen en andere ziekelijke
inwendige organen te heelen". Hij wordt in het algemeen aangewend om personen of zaken tot elkaar te brengen Een door Greshoff
(Plantenstoffen II, bl. 126) ingesteld onderzoek [1]) bracht geen geneeskrachtig beginsel aan het licht

In Tectona 1910, bl. 176 deelt Van Braam mede, dat behalve
van den bast als kajoe rapat, de bevolking nut heeft van het melk- Getah.
sap, 't welk, gemengd met dat van Artocarpus elastica, Reinw ,
A. integrifola, L f of *poelé* (Alstonia), als vogellijm wordt gebruikt Van Braam meende, dat Parameria barbata met succes geexploiteerd zou kunnen worden: de daaruit te winnen caoutchouc
noemt hij superieur Dit oordeel omtrent de kwaliteit vindt bevestiging in een onderzoek, ingesteld door het Imperial Institute
(Bulletin 1907, bl 14) Een van Burma afkomstig monster bleek
van goede kwaliteit te zijn, elastisch en sterk, met een harsgehalte van 6 3°/₀ van het gewicht droog Men zie voorts Bulletin
économique de l' Indochine 1901, bl. 371 en Col. Reports, miscellaneous, No 82—1912, bl. 397 e.v .

In het Museum Bast

247/6634   **Parameria pedunculosa,** *Benth* (Ecdysanthera p, *Miq.*).
Volksnamen Mal.. *Gitan mantjik* (Sum. W. K).

Klimmende heester, die volgens Van Romburgh (Pl à c. et à
g p., bl 10) een goede soort van caoutchouc zou leveren Het Getah
Imp Institute onderzocht een uit Burma afkomstig monster, dat
voor ca ⁹/₁₀ uit hars bleek te bestaan, terwijl de afgescheiden
caoutchouc op zich zelf kleverig en inferieur was Bijgevolg was

---

[1]) Als stamplant van *kajoe rapat* geeft Filet op Cleghornia cymosa, Wight,
volgens den Index Kewensis=Baissea acuminata, Benth Deze opgave is
voetstoots als juist aangenomen, bijv door Vorderman (Geneesmiddelen I)
en Greshoff (Plantenstoffen II) Op wiens autoriteit zij steunt, is mij niet
gebleken en ik houd haar voor onjuist, daar Baissea acuminata thuis behoort
op Ceylon en niet op Java Parameria barbata, Schum is daarentegen hier
vrij algemeen en van die plant is geconstateerd, dat de bast als kajoe rapat
wordt verkocht Naar de Hr C A Backer mij mededeelde, is de door Rumphius
beschreven en afgebeelde Cortex consolidans geen Baissea of Chilocarpus,
doch bijna volkomen zeker Parameria barbata, Schum

het product van zeer geringe waarde (Col Reports, miscellaneous No 82 — 1912, bl. 399)

247/6634

Parameria polyneura, *Hook f.*

Volksnamen. Mal *Sĕrapat* — Lamp *Gakeman obat.*

Getah

Robuste klimplant, 10 à 15 cM dik: levert een goede rubber-soort (Ridley, Agr Bulletin of the Malay Peninsula 1900, bl 248) Volgens De Clercq (No 2590) is de rubber van inferieure kwaliteit.

247/6639

Urceola acute-acuminata, *Boerl.*

Volksnamen. Mal W Born *Sĕrapat, Tangko tawang*

Getah

Dit is een der lianen, die een rubber van goede kwaliteit leveren, in de Westerafd van Borneo bekend als *sĕrapat.* de sĕrapat is weer een der samenstellende elementen van de *borneo rubber* (Van Romburgh, Pl à c. et à g p, bl 21 en 135)

247/6639

Urceola brachysepala, *Hook f*

Volksnamen Mal : *Akar gĕrip poetih, A gĕrit-gĕrit poetih* — S. W. K.: *Gitan kĕlapa, Kĕlapau minjak, Ngarik* — Palemb.: *Akar karèt boekoe?, Karèt pĕngarangan* — Lamp : *Gĕtah kĕlitik, Tahoi* — Banka: *Akar kĕtoel* — Bill . *Mĕngkĕrang* — W. Born *Sĕrapat hitam* — Bantam : *Tjoekangkang*—Soend : *Gĕmbor*

Getah

Klimplant van vrij groote afmetingen, welke een goede of tamelijk goede kwaliteit caoutchouc levert, die in Zuid-Sumatra en de Pad. Bovenlanden wordt gewonnen door den bast in te snijden In Benkoelen kapt men den stam in stukken van 30 cM lengte en verzamelt het aan de uiteinden stollende melksap In de Lampongs deelde men Van Romburgh (Pl à c et a g p , bl. 133) mede, dat planten ter dikte van een arm ongeveer 300 gram caoutchouc opleveren Hijzelf zag in de Preanger proefsgewijs aangeplante 8 à 9-jarige lianen van deze soort (een lengte hebbende van $7^1/_2$ tot 13 M bij een omvang aan den voet van gemiddeld 30 cM) tappen door ze te ringen: twee planten leverden tezamen slechts 50 gram rubber op In Palembang, waar deze soort veel voorkomt, gaven 8 stengels van pl m. 25 M lengte en 3 à $3^1/_2$ cM. dikte tezamen iets meer dan $^1/_4$ kati gĕtah, doch een andere maal leverde één enkele 8 cM dikke stengel van ruim 13 M lengte meer dan 1 kati. De zuivere pĕngaranganrubber bracht daar eind 1915 f 0.90 per kati op, maar gewoonlijk wordt er $^1/_3$ deel djĕloetoeng onder gemengd en dan betaalde men f 0 70 De Wd. Hoofdopziener bij het Boschwezen te Billiton Van Rossum schreef in Februari 1912, dat gĕtah mĕngkĕrang op Billiton werd verhandeld tegen f 1 à f 1 25 per kati en te Singapore toen f 125 à f 150 per picol opbracht.

In het Museum : Rubber.

247/6639

Urceola elastica, *Roxb* (V a h e a g u m m i f e r a, *Lamk*)

Volksnamen Mal *Akar gĕrip tĕmbaga, Tahoi taboe* (Lamp)

Liaan, die, naar men zegt (Van Romburgh, Pl à c et à g p , bl 133), reusachtige afmetingen kan verkrijgen, n l. een lengte van wel 180 M en mansomvang bij zijn oorsprong. Onbekend van Borneo en zeldzaam voorkomend op Sumatra en het Mal Schiereiland (Straits Bulletin 1909, bl. 50) is zij niettemin de oudst be- *Getah* kende rubberplant van Azie. De caoutchouc ervan is van goede hoedanigheid — als die van Willughbeia firma, Bl. —en Leembruggen (Teysmannia 1899, bl. 358) achtte deze beide lianen de eenige, die voor cultuur in aanmerking konden komen.

247/6639 **Urceola esculenta,** *Benth*
Volksnamen Mal. *Ramboeng akar, Ramboeng waren*
Liaan, waarvan ter Oostkust van Sumatra caoutchouc wordt *Getah.* gewonnen door van den bast ronde plakjes weg te nemen. De latex coaguleert op de wonden en kan na 24 uur worden inge- zameld. Naar men Van Romburgh (Pl. à c. et à g. p, bl. 27) mededeelde, tapt men eens per jaar
Een uit Rangoon afkomstig monster werd bij het Imperial In- stitute gunstig beoordeeld en de waarde gesteld op ca $^2/_3$ van die van fine hard Para, een monster uit Burma werd nog hooger getaxeerd (Col. Reports, miscellaneous No. 82—1912, bl. 392 e v.).

247/6639 **Urceola javanica,** *Boerl.* (C h a v a n n e s i a j a v a n i c a, *Miq.,* P a r s o n s i a j a v a n i c a, *Bl.*)
Volksnamen Mal.: *Tjoekangkang* (Bantam)—Soend.: *Gĕm- boi, Soesoe moending*
Deze liaan ontwikkelt zich bijzonder krachtig, proefsgewijze in een koffietuin in de Preanger aangeplant tegen de schaduwboomen, deed zij deze vaak onder haar gewicht bezwijken. De caoutchouc *Getah.* ervan is van goede kwaliteit (Van Romburgh, Pl. à c. et à g p., bl. 134).

247/6639 **Urceola lucida,** *Benth*
Volksnamen Mal. Malakka: *Akar djĕla, Gĕrip bĕsi, Gĕrip (Gĕrit-gĕrit) mérah, G. nasi*
Klimmende heester. geeft een goede kwaliteit caoutchouc, doch *Getah* de planten, die ik (Ridley) ervan in het wild heb aangetroffen, leverden niet veel melksap (Agr. Bulletin of the Malay Peninsula 1900, bl. 247).

247/6639 **Urceola Maingayi,** *Hook. f.*
Volksnamen Mal. S.O.K.: *Ramboeng akar, R. waren —* S.W.K.: *Gitan sirih, Ngarik mantjik —* Palemb.: *Karet abang, K. akar —* W. Born. *Kĕrang itam*
Klimmende heester. levert op Sumatra een goede soort van caoutchouc (Van Romburgh, Pl. à c. et à g. p., bl. 3, 20 en 27). *Getah* Op de het laatst aangehaalde plaats wordt gezegd, dat op Sum. Oostkust Urceola Maingayi overvloedig latex produceert, die op de wondvlakte een geelachtige kleur aanneemt en gemakkelijk te coaguleeren is.

247/6639 **Urceola malaccensis,** *Hook. f*
Volksnamen. Mal. Malakka. *Sangkang boewaja, Sĕrapat djantan*
Tamelijk groote klimmende heester; levert rubber van goede *Getah.* kwaliteit, die vermengd wordt met andere soorten (Agr. Bulletin of the Malay Peninsula 1900, bl. 247).

247/6639.
Urceola pilosa, *Boerl.*
Volksnamen W. Born : *Sĕrapat.*

Getah
Ook deze liaan levert volgens Van Romburgh (Pl. à c. et a g p., bl, 135) de als sĕrapat bekende rubber. Zie U. acute-acuminata, Boerl.

247/6665.
Anodendron moluccanum, *Miq.*
Volksnamen Boeg.· *Gambir* — Alf Amb.: *Papi.*

Bast.
F u n i s p a p i u s l a t i f o l i u s is volgens Rumphius (V, bl. 14) een liaan uit het hooge woud, ongeveer een dijbeen dik, rond en gelijk, met vele bochten over den grond kruipend. Takken niet dikker dan een duim zijn in groot gebruik om garen daarvan te maken; men kapt ze door bij de leden en krijgt dan stukken van een voet tot een el lengte, bedekt met een schors die uit drie lagen bestaat. Als men de buitenste grauwe of bruine laag af-schraapt, komt men op een groene en daaronder ligt een witte, welke zich laat splijten in dunne draden als vlas. Men schraapt dus tot men komt aan het witte velletje, neemt dat met een bamboemes af en splijt het dan in draden. Deze worden aan elkaar geknoopt en vervolgens bij 5 of 6 ineengedraaid Dit garen dient in het bijzonder voor het knoopen van fijne werp- en schepnetten; de wil-de bergbewoners gebruikten het voor koorden voor hun bogen (R.).

247/6665
Anodendron tenuiflorum, *Miq.* (T a b e r n a e m o n t a n a
t e n u i f l o r a, *Miq.*).
Volksnamen. Jav : *Gambi* — Daj Z.O. Born . *Bikat.*

Bast·
Bikat is een in de Zuider- en Oosterafdeeling van Borneo veel-vuldig voorkomende liaan, die ook wel gecultiveerd wordt in dien zin, dat de bevolking eenige planten overbrengt naar de omgeving van de huizen. De stam kan een omvang bereiken van 40 à 50 cM. en dan draagt de plant bij de dajaks den naam van *kotor kawoek*, hoewel de jonge loten en zijtakken *bikat* of *èkat* blijven heeten. Uit den bast worden sterke vezels bereid, voornamelijk voor het maken van vischtuig Men gebruikt daarvoor de niet al te oude stengels of de groene, lenige takken, welke in stukken van 40 cM. worden gesneden. Deze stukken laat men verwel-ken, hetzij in huis, hetzij door ze een uurtje in de zon te leggen. Als de groene bast een gerimpeld aanzien heeft gekregen, wordt die met den nagel afgetrokken, waardoor de grijsachtig witte vezels bloot worden gelegd. Met de hand zijn deze gemakkelijk af te nemen en voor dadelijk gebruik gereed. ¹)

In Oost-Java worden ineengedraaide *gambi*-stengels als grof bindmateriaal gebruikt. Onder dienzelfden naam werden uit Kediri ook bastvezels ontvangen, waaronder zeer fraai materiaal

Door uitkoken van den bast van oude planten verkrijgen de dajaks een geneesmiddel tegen zweren.

In het Museum: Stengels, vezel, garen

247/6671.
Kickxia arborea, *Bl*
Volksnamen Soend : *Ki bĕntĕli* — Jav : *Kajoe santĕn.*
Tot 42 M. hooge en 60 cM dikke, zeldzame boom van Java

---

¹) Ontleend aan mededeelingen uit Kwala Koeroen en uit Riam — Borneo.

beneden 350 M. zeehoogte. Het hout wordt als niet duurzaam en te zeldzaam door de inlanders niet voor huisbouw gebruikt (K. & V. — I, bl. 110) Uit den bast scheidde Boorsma (Plantenstoffen III, bl 46) een kleine hoeveelheid giftig, doch gemakkelijk ontleedbaar alcaloïd af.

Het melksap, zeggen K. & V., is een zeer gezocht middel te- Melksap gen ingewandswormen alle door ons gevonden boomen waren tot boven aan toe vol kappen Weinige druppels ervan — aldus Boorsma — zijn volgens verkregen opgaven voldoende om het gewenschte effect teweeg te brengen. Men vangt het uitvloeiende sap op in uit bamboeschraapsel bestaande „watten", die met water worden uitgetrokken, waarop het doorgezegen vocht wordt ingegeven. Het werkzame bestanddeel is een giftig eiwitachtig lichaam, *kickxiin* geheeten

247/6671 **Funtumia (Kickxia) elastica,** *Stapf.*

De *lagos silk rubber tree*, inheemsch in tropisch Afrika, is in alle heete landen, ook op Java, ingevoerd en hier proefsgewijze aangeplant geworden. De Directeur van het Caoutchoucbedrijf van het Boschwezen, de Heer Van Hasselt, deelde mij in Juli 1913 mede, dat op Java nog enkele exemplaren worden aangetroffen, doch dat deze boom hier zeer te lijden heeft van schadelijke insecten en bovendien de rubberopbrengst gering is. Ook in Afrika staat hij in productiviteit ver achter bij Hevea, uit de cijfers, vermeld in Bulletin agricole du Congo belge van Maart 1914, bl 88, blijkt, dat 10 à 12-jarige Hevea's daar per jaar zes maal zooveel product gaven als Funtumia's van 11-jarigen leeftijd

In 1911 is een monographie over dezen boom verschenen van Cuthbert Christy (The African Rubber industry and Funtumia elastica)

In het Museum Afrikaansch rubbermonster.

247/6674 **Mascarenhasia elastica,** *K. Schum.*

Rubberboom, afkomstig van Britsch- en Port Oost-Afrika, in 1899 ingevoerd in den botanischen tuin te Buitenzorg, doch daar evenmin als in zijn vaderland zelf voldoening gevende, door geringe latex- Rubber productie en minwaardige rubber (V Romburgh, Pl. à c. et à g p., bl 137) Het hout wordt gezegd van vrij goede kwaliteit te zijn. Hout

247/6677 **Chonemorpha macrophylla,** *Don*

Volksnamen Jav *Bangi, Ploembangan* — Mad. *Baneh.*

Klimmende heester, wild voorkomend in de bergstreken van Oost-Java in den zoom der bosschen en in de tuinen geplant terwille van de schoone, welriekende witte bloemen

De bast levert een vezelstof, die bestand is tegen de inwerking Bast van zoet en van zout water en daarom in Oost-Java veel wordt gebruikt voor het vervaardigen van vischnetten De bereiding geschiedt door de stengels in de zon te leggen, dan den bast af te nemen en dien vervolgens te ontvezelen

Reeds lang was bekend, dat het zeer bittere, in de wonden Getah coaguleerende melksap caoutchouc bevat van goede kwaliteit (Straits Bulletin 1910, bl 56); Van Romburgh (Pl. à c et à g.p., bl 130) is echter van meening, dat deze plant als rubberleverancier zonder beteekenis is door haar langzamen groei en het feit, dat zij den steunboom dermate omknelt, dat deze in zijn ontwikkeling wordt gehinderd. Zoowel de bast als de bladeren bevatten een giftig alcaloid (Greshoff, Plantenstoffen I, bl 69).

In het Museum: Vezel, garen

247/6683

Ichnocarpus ?frutescens, *Bl.*
Volksnamen. Mal. Mol : *Tali rakoe séro.*
Den F u n i s c r a t i u m beschrijft Rumphius (V, bl. 16) als een liaan met een stengel niet dikker dan een pink, groeiend op het strand in het kreupelbosch. Die stengel is zeer taai, in zeewater duurzamer dan rotan en daarom in gebruik bij het vlechten van séro's (R).

247/6687

Nerium odorum, *Ait* en N. Oleander, *L.*
Volksnamen. *Oleander* — Soend.: *Djoerè.*
Bekende, ingevoerde sierplanten, soms bijgeloovig gevreesd wegens haar ook aan Rumphius bekende giftigheid Op Batavia,

Wortel. zegt R (VII, bl 15), wordt de wortel van den oleander voor schadelijk, ja doodelijk gehouden, inzonderheid voor honden. In Hasskarl's Nut werd door Scheffer bij No. 295 aangeteekend: Scherp giftig; vleesch boven het hout ervan geroosterd zou giftig zijn; de bast wordt in Italië gebruikt als rattenvergif Het gebruik van de bladeren en bloemen zou doodelijk zijn; een afkooksel

Bladeren van de bladeren wordt gebezigd tegen huidwormen De Clercq (No 2452) zegt, dat de bladeren wel tusschen papieren worden gelegd, om te voorkomen, dat deze door insecten worden aan-

Bloemen getast, terwijl de gedroogde bloemen, op vele plaatsen *soedajah* geheeten, worden toegediend bij verval van krachten en uitwendig aangewend als boreh.

247/6689

Wrightia javanica, *DC.*
Volksnamen. Soend.: *Běntěli lalaki, Bintaos, Djalitri* — Jav.: *Bintaos, Měntaos.*
Kromme, tot 18 M. hooge en 40 cM. dikke boom, op Java verstrooid groeiend beneden 200 M. zeehoogte. Het witte, zeer fijne, duurzame

Hout hout is bij de inlanders algemeen gezocht voor snijwerk Tengevolge van de diepe gleuven en de geringe afmetingen van den stam kunnen er alleen kleine stukken van ongeveer 1 M lengte bij 15 à 20 cM. dikte van worden verkregen (K & V — I, bl 112) Volgens Jasper (Geneeskrachtige planten) worden de wajangpoppen van dit hout

Getah vervaardigd en wordt de gětah bij oogziekte ingedruppeld Te Buitenzorg wordt het melksap volgens Boorsma (Plantenstoffen III, bl. 46) als middel tegen bloeddiarrhee gebruikt.
Greshoff (Plantenstoffen II, bl. 123) onderzocht den bast en de bladeren, doch vond daarin geen alcaloid of ander bitter bestanddeel.

247/6689.

Wrightia pubescens, *R Br.*
Volksnamen Jav.: *Bintaos* — Bali: *Tawas.*
Lage, kromme boom, na verwant aan de vorige soort, op Java zeer zeldzaam (alleen gevonden in Zuid-Besoeki), ook op Timor (en op Bali) aangetroffen door Teysmann (K. & V. — I, bl 114). Deze boom is door Rumphius (II, bl. 89) bedoeld met den

antawas of *tawas* van Bali R kende dien niet van aanzien, doch zegt, dat hem is medegedeeld, dat het hout wit en fijn van draad Hout is. Van het natte hout zouden krisscheeden worden gesneden en verder zou het dienen voor stijlen van huizen van aanzienlijken Van Bali werd mij omtrent den ook daar schaars voorkomenden *tawas* bericht, dat het hout wit, fijn en zacht is, gemakkelijk te bewerken, niet onderhevig aan scheuren doch wel aan insecten-vraat Het wordt gebruikt voor beeldhouwwerk en kleine gereed-schappen Volgens Greshoff (Schetsen, bl. 175) zag Koorders in Besoeki het hout van stammen, die langen tijd in het water of de modder hadden gelegen, gebruiken als *garoe-hout*

Rumphius vermeldt nog, dat het rijkelijk in den bast aanwezige Getah melksap schadelijk is voor de oogen, doch dat de gewreven blade- Bladeren ren op verhitte en ontstoken oogen worden gelegd.

247/6693 **Pottsia cantonensis,** *Hook & Arn*
Volksnamen Jav. *Tĕmbĕlĕkan*
Liaan: zooals dat het geval is met vele andere klimplanten, wor-den van den tĕmbĕlĕkan de stengels gespleten en ineengedraaid tot een grof touw
In het Museum Bindmateriaal.

ASCLEPIADACEAE.

248/6714 **Finlaysonia obovata,** *Wall*
Volksnamen Mal *Daoen korpo laki-laki* (Mol) — Jav.: *Ka-lak kambing, Ojod kambing*
Het Olus crepitans mas wast volgens Rumphius (V, bl 480) op Ambon, Java, Bali en Makassar op het strand op de klippen en slingert zich om de mangiboomen. De knapperige bladeren wor- Bladeren den rauw gegeten met atjar en bokasan zij smaken aangenaam ziltig en tevens een weinig samentrekkend Men kan ze ook onder salade mengen, doch dat is niet overal gebruikelijk (R)

248/6792 **Calotropis gigantea,** *R. Br*
Volksnamen Mal *Rambéga* — Soend : *Babakoan, Badori* — Jav : *Sadoeri, Sidagoeri, Widoeri* — Mad · *Bidoeri*
Opgerichte heester, tot 3 M hoog, met stevigen stam, bleeken bast en wollige loten, verbreid over Zuid-Oost Azie, meest groeiend op schrale gronden, op Java veel op de droge grasvlakten der lagere berghellingen en in de kuststreken (Greshoff, Schetsen, bl 153).
Deze plant heeft vele, doch weinig belangrijke toepassingen en is het onderwerp van een vrij uitgebreide literatuur De mono-graphie van Greshoff is reeds genoemd een korte engelsche ver-handeling van de hand van Watt verscheen in Kew Bulletin 1900, bl. 8 en een uitgebreide fransche in L' Agr. pratique d p chauds 1912, bl 102 Rumphius beschrijft haar (VII, bl. 24) onder den naam van Madorius en weet betrekkelijk weinig omtrent haar mede te deelen, daar zij in zijn tijd op Ambon werd ingevoerd en er geen vrucht wilde dragen. Hij zegt, dat de wortel werd Wortel beschouwd als een van de beste middelen tegen den beet van giftige slangen en raadt aan hem te kauwen, het sap in te slik-

248/6792. ken en het kauwsel op de wond te binden. Hasskarl (Het Nut No. 149) vermeldt, dat de fijngestampte wortels, met rijstmeel vermengd, dienen om de voeten in te wrijven bij een gevoel van vermoeidheid of zwakte.

Hout. Volgens Rumphius brandden de baliërs van het hout kolen voor het maken van buskruit

Bast. De bast bevat vezelstof, die men volgens Van Romburgh's Aanteekeningen Cultuurtuin, bl. 19, kan winnen door de plant jaarlijks te snijden Op Timor wordt die bastvezel gewonnen om er vischnetten enz van te maken (Teysmann in Natuurk. Tijdschr. v. N. I. dl 34, bl. 507) en dat geschiedt ook wel elders, bijv. in Oost-Java Die bastvezel, welke in zeewater zeer duurzaam moet zijn, is echter alleen door schrapen met de hand af te scheiden: proeven met roten en met machinale bereiding leden in Eng.-Indië schipbreuk (Verslag Vezelcongres dl 1, bl. 44). In den handel komt deze vezel volgens Agr. Ledger 1899 No 2, waar twee analyses worden vermeld, niet voor.

Melksap Uit de geheele plant loopt, waar men haar kwetst, een dunne, witte melk, bitter en samentrekkend van smaak, met walgelijken, zoetigen nasmaak, doch zonder brand of scherpte. Eenige druppels daarvan, gedaan in koemelk, doen die stremmen (Rumph.). In de inlandsche geneeskunde vindt dit giftige melksap verschillende toepassingen. Jasper (Geneeskrachtige planten) vermeldt, dat *dadak widoeri* (het melksap uit de vrucht) wordt gedruppeld rondom puisten, die niet willen doorbreken en Mevr. Kloppenburg, dat men het als rijpmakend middel gebruikt op steenpuisten Hasskarl's Nut zegt, dat het melksap bij kies- of tandpijn op de pijnlijke deelen wordt gewreven, Mevr Kloppenburg, dat men er de kiezen mee kan laten afbrokkelen of uitvallen. Dezelfde geeft op, dat syphilitische wonden na gereinigd te zijn worden ingesmeerd met gëtah van den widoeri en uit Palembang werd mij bericht, dat men er beenwonden mee geneest Het melksap van den naverwanten C procera, R. Br. bleek een hartvergif te bevatten van de digitalisgroep en dat van C. gigantea komt ermede overeen (Lewin, in Archiv für Exper. Pathologie und Pharmocologie Bd LXXI, 1913, bl. 142).

Vaak vindt men vermeld, dat Calotropis gigantea deel heeft aan de productie van borneo-rubber, dit is onjuist, daar het kleverige product nergens op Borneo bekend is (Van Romburgh, Pl à c. et à g.p, bl 138) Het melksap bevat trouwens de gëtah, die nu eens als gëtah përtja dan weer als rubber wordt aangeduid, in slechts geringe hoeveelheid

Bladeren. De bladeren komen over geheel Java voor in den inlandschen medicijnhandel, in de Vorstenlanden wel onder den naam van *daoen sidagoeri* of *daoen tjapla* Volgens De Clercq (No 591) dienen zij als geneesmiddel tegen jeuk, vooral die, welke door kinderpokken wordt veroorzaakt. In Palembang stampt men de boven het vuur verflenste bladeren met sirihkalk tot een dikke brij ter genezing van schurftige plekken aan handen en voeten, die daarmede herhaaldelijk worden ingesmeerd De Clercq vermeldt verder, dat men met het sap uit de bladeren doorns uit de huid verwijdert en dat men het aanwendt bij oogziekten, Rumphius, dat men het indruppelt in de ooren bij hardhoorigheid.

De van kelk en kroon ontdane bloemen (dus de bijkroon met   Bloemen
de geslachtsorganen) worden door chineesche vrouwen te Batavia
tot een confituur bereid.

De vruchten bevatten een zeer fraai zaadpluis, dat telkens opnieuw de aandacht trekt. Terwille daarvan is Calotropis gigantea op   Pluis.
Java (in Parigi) op aandringen van het bestuur zelfs wel gekweekt,
doch deze plant schijnt zich in cultuur slecht te schikken en op
betere gronden weinig te dragen Bovendien is het pluis wegens
zijn broosheid en gevoeligheid voor vocht alleen met de hand, bij
windstilte en volkomen droog weer te winnen en toetebereiden
en is het voor textieldoeleinden van geringe waarde. In Parigi
werden indertijd bij wijze van huisvlijt weefsels vervaardigd van wit
of gekleurd katoen als schering en eigen gesponnen, ongekleurd
babakoanpluis als inslag. Dergelijke weefsels kunnen wel fraai
zijn, doch zij zijn niet bestand tegen vocht, waardoor zij zwarte
vlekken krijgen (Jaarboek 1906 Dept v Landb, bl. 335 en Teysmannia 1906, bl. 79) In de europeesche industrie is het spinnen van dit
pluis herhaaldelijk beproefd en de resultaten zijn daarbij niet zóó
ongunstig als bij kapok volgens Indian Trade Journal van 11/11
'09, bl 138, is het door de Chemnitzer Aktienspinnerei te Chemnitz
verwerkt tot garen No 12 Voor dat doel en als luxe opvulmateriaal
wordt dit pluis ook door Java wel eens uitgevoerd. Pflanzer 1910,
bl. 193, noemt de widoerivezel een vrij goede kwaliteit van *planten-
zijde* en zegt, dat er in Hamburg 1.40 tot 2 Mark per Kg voor
is betaald; in hetzelfde tijdschrift 1911, bl. 100, vindt men een
taxatie van een soortgelijk pluis, afkomstig van Afrika, bedragende
slechts 1 à 1 20 Mark per Kg franco Hamburg

Voor de medicinale toepassingen in andere landen en de chemie raadplege men Greshoff's Schetsen en de overige geciteerde
literatuur.

In het Museum. Vezels, bladeren, confituur

248/5893   **Sarcolobus globosus,** *Wall.*
Volksnamen. Mal.. *Kambing-kambing, Pĕlèr kambing,* (volgens De Clercq) *Pĕlèr kambing sĕdjoek.*

Groote klimplant met slanken, bruinen stengel, groeiend op
moerassige plaatsen nabij de zee en aan de kanten van rivieren,
voor zoover die onder den invloed staan van het getij Van de
vruchtschillen wordt op het Maleische Schiereiland een smakelijke   Vruchten
confituur gemaakt; te Singapore zag Ridley ze als volgt behandelen
De schillen worden in stukken gesneden en drie dagen met zout
water uitgetrokken, vervolgens twee dagen met gewoon water;
daarna worden zij in stroop gekookt De vruchtschil wordt ook in
sambal gegeten, waartoe zij 3 tot 4 uur in pekel wordt geweekt
en dan gekookt. De zaden worden gezegd giftig te zijn (Straits
Bulletin 1903, bl. 223)

248/6893.   **Sarcolobus Spanoghei,** *Miq.*
Volksnamen. Mal.: *Pĕlèr kambing* — Soend.: *Gonggom, Kali
kambing, Wali kambing* — Jav : *Lakambing, Olakambing,
Wali kambing* — Mad.: *Peier kambing*
Windende heester, volgens Koorders' Exkursionsflora misschien

niet soortelijk verschillend van de vorige en de andere voor Java opgegeven Sarcolobussoorten, voorkomend in lage, moerassige streken langs de kusten en aan riviermonden.

Wortel en bast.
De wortel of de van de buitenste laag ontdane bast wordt, tot poeder geraspt, gebezigd voor het vergiftigen van tijgers, varkens en wilde honden. Men geeft eenige lange sneden door de vleezigste deelen van het aangevreten aas, strooit daar het poeder in en drukt vervolgens de sneden weer dicht. Vreet het verscheurend gedierte van het aldus gekruide cadaver, dan is de uitwerking verschillend· soms vindt men het niet ver van de plaats dood, andere malen twee dagen later nog alleszins slagvaardig In Tegal dooden de chineezen wilde varkens met padi en bladeren waaronder wali kambing is gemengd, om er dèndèng van te maken. Het giftige bestanddeel is een verlamming teweegbrengende harsachtige stof, *sarcolobid* genaamd (Greshoff, Schetsen, bl. 75 en Plantenstoffen II, bl. 138).

In het Algemeen Landbouwweekblad van 12 Januari 1917, bl. 20 komt een ingezonden stuk voor van den beheerder eener klapperonderneming, die, walikambing willende toepassen om verlost te worden van een wilde-varkensplaag, verzet ondervond van de zijde der inlanders Men kende het middel zeer goed, maar beweerde, dat vee sterft door het eten van gras, gegroeid op de plaats waar een met walikambing vergiftig zwijn is omgekomen of afgang heeft gehad!

Vruchten·
Vorderman (Madoereesche planten No. 274) vermeldt, dat men op Madoera honden en wilde varkens vergiftigt door middel van de vruchten. De vruchtschil geldt voor onschadelijk, zoodat de werking moet worden toegeschreven aan de zaden, die dan ook volgens De Clercq (No 3043) onder den naam van *pitis-pitis* bij de maleiers bekend zouden staan als zeer giftig.

248/6899 **Tylophora cissioides,** *Bl*
Volksnamen. Mal.: *Areuj peudjit hajam* — Jav.· *Boentali ojod.*
Wortel.
Windende struik De wortel wordt wegens de gekronkelde gedaante *pĕroet ajam* genoemd, maar heet ook wel *akar sĕriawan oetjoes* en vindt soortgelijke toepassing als de bladeren. Deze staan
Bladeren·
bekend als *daoen sĕriawan oetjoes* of *daoen sĕriawan peudjit,* zij worden gebruikt tegen spruw (Boorsma, Geneesmiddelleer, bl 33). Hasskarl's Nut No. 103 vermeldt, dat zij fijngewreven worden ingegeven of op den buik gelegd tegen krampen in de ingewanden.
In het Museum· Wortels

248/6904 **Dischidia imbricata,** *Schum.* (D. Collyris, *Wall*)
Volksnamen Mal Mol.: *Daoen boba.*
Epyphitisch kruid, de Pustula arborum van Rumphius (V, bl. 473), volgens dezen wassend aan de schors van oude boomen, meest manggaboomen. De dunne stengeltjes wortelen over hun
Bladeren
geheele lengte vast in de schors en hangen nergens af; de bladeren, van boven appelgroen en aan de holle onderzijde purper, zitten met de randen tegen den stam aangedrukt als groote puisten; zij bevatten veel wit melksap.

Als iemand gaten in de voeten krijgt door brand, of hem een

nagel wordt afgestooten, neemt men een dezer bladeren, maakt dat warm boven het vuur tot het lenig is geworden en verbindt daarmee de kwetsuur: het blad moet dagelijks worden vernieuwd tot de heeling voltooid is. Een afkooksel van de bladeren zou gonorrhee genezen en ingegeven worden om de ambonsche pokken (framboesia) uit te drijven. De jongens op Ambon gebruiken de bladeren in plaats van pinang bij de sirih (Rumph.).

248/6904. ### Dischidia Nummularia, R Br.
Volksnamen. Mal. Mol. Daoen pitis këtjil.

De Nummularia lactea minor wordt door Rumphius beschreven (V, bl. 472) als een epiphytische klimplant, wassend op allerlei oude boomen met ruige schors en daarvan dikwijls het geheele bovenste deel en de dikke takken bedekkend. Zij heeft dunne, broze stengels, een stroohalm dik, die zich hechten aan de schors, doch zoodanig, dat zij ook met vele bochten en strengen van de takken afhangen.

Het overvloedige melksap is dik, doch waterig van smaak. Men Melksap. schrijft er een verkoelende kracht aan toe en druppelt het op de steken van ikan swanggi en ikan sembilan. De pijn gaat niet dadelijk over en de behandeling moet een of twee malen worden herhaald.

Een aftreksel van de dikke, broze bladeren, die zoo groot zijn Bladeren. als een nagel, wordt ingenomen tegen gonorrhee (Rumph.).

248/6907 ### Hoya Ariadna, Decsne (H Corona Ariadnes, Bl.)
Volksnamen ?

Lange, ranke klimplant, alleen bekend van Ambon en daar volgens Rumphius, die haar beschrijft (V, bl 464) onder den naam van Corona Ariadnes punicea, groeiend in het kreupelbosch zoowel op het strand als landwaarts in. Het overvloedige Melksap. melksap is als witte, kleverige melk, laf van smaak; het wordt volgens hem even bruikbaar geacht tegen steken van venijnige visschen als dat van haar verwanten, de verschillende Nummularia lactea-soorten (Dischidia, Hoya).

248/6907 ### Hoya coronaria, Bl
Volksnamen Mal. volgens De Clercq: Akar sëtëbal — Soend.: Areuj ki kandël lalaki

Deze soort wordt door Rumphius beschreven (V, bl. 465) onder den naam van Corona Ariadnes lutea als een klimplant, 4 of 5 vadem lang, in alles met de voorgaande (punicea) overeenkomend. Blume (Rumphia IV, bl 31) bericht, dat het melksap Melksap. een weinig bitter is en gemakkelijk braking opwekt: op Java zou het echter met rauwe tjabé-bladeren en zout door de inlanders inwendig worden gebruikt om een gebrekkige, al te trage, spijsvertering te stimuleeren.

248/6907. ### Hoya latifolia, Don
Volksnamen Jav : Kapalan

Het zeer bittere melksap uit de bladeren dezer Hoyasoort, die Melksap. op boomen in Koetoardjo voorkomt, is ter plaatse een, als diureticum werkend, geroemd middel bij ascites (Vorderman, Geneesmiddelen II)

248/6907   **Hoya Rumphii,** *Bl.*
Volksnamen. Mal. Amb : *Daoen pitis.*

De Nummularia lactea major van Rumphius (V, bl. 470) wordt door hem beschreven als een klimplant, die steeds haar oorsprong vindt in de ruige schors van dikke boomen of in half verrot hout; men vindt haar zeldzaam op vlakke, steenachtige stranden. Zij loopt met ijle, lange stengels de boomen op, hecht zich overal aan de schors vast met worteltjes, die aan de leden staan, en laat een deel der stengels, welke de dikte hebben van een stroohalm, van de takken afhangen als een verwarde, door-
Melksap   eengestrengelde massa. In gebruik als middel tegen de steken van gevaarlijke visschen komt zij overeen met Nummularia lactea minor (Dischidia Nummularia), welke voor dat doel het meest wordt gebezigd: de groote soort daarentegen heeft de voorkeur ter gene-
Bladeren   zing van gonorrhee, waartoe men een afkooksel van de bladeren, dat zacht verkoelend en stoppend werkt, ingeeft (Rumph.).

248/6907   **Hoya spec.**
Volksnamen. Mal. Amb. *Sajoei makobe.*

De Sussuela esculenta mas beschrijft Rumphius (V, bl. 467) als een hoogklimmende plant, met een stengel ter dikte van een vinger, van onderen ruig en houtachtig. De geheele plant bevat overvloedig een vuilwit, kleverig, bitter melksap. De geelgroene bladeren zijn dik,
Bladeren   glad en knapperig, de jonge echter slap en die zijn eetbaar (R.).

248/6911   **Marsdenia tinctoria,** *R. Br.* (M. parviflora, *Decsne*).
Volksnamen. Mal : *Sanam, Santam, Tantam, Taroem akar—*
Soend : *Taroem areuj.*

Indigo leverende, klimmende struik, inheemsch in het westelijk deel van den Maleischen Archipel, op Java wel eens gecultiveerd. Teysmann deelt mede (Natuurk. Tijdschr. v. N. I. 1857, bl. 321), dat hij op Sumatra's Westkust wordt verkozen boven de Indigo-fera-soorten en volgens Veth (Sumatra Expeditie IV, 13e Afd, bl. 24) wordt hij bij elke woning aangeplant. Een beschrijving
Cultuur   van de cultuur in de Padangsche Bovenlanden werd reeds gegeven in het Tijdschr. d. Ind. Mij v. N. & L. 1868, dl XIII, bl 226 door J. G. Marcus, die daarmede de indigocultuur op Java een belang-rijken dienst meende te bewijzen, omdat de *sanam* zich tevreden stelt met weinig water. Hij bericht, dat de maleier bij deze cul-tuur den mest, meestal gebranden karbouwenmest, niet spaart. Nadat het veld van onkruid is gezuiverd en omgewerkt, worden $2^1/_2$ voet van elkaar vierkante gaten geslagen van 5 duim lang en breed en dubbel zoo diep. Daar wordt een handvol mest in geworpen en tegen de wanden een drie- of viertal stekken aan-gedrukt. Deze botten na 14 à 18 dagen uit en de gaten vullen zich vanzelf. Een ijverig planter wiedt om de 6 weken en mest om de 6 maanden. Vier maanden na het uitplanten kunnen de bladeren voor het eerst worden geplukt en bij goed onderhoud blijft de aanplant vijf jaar lang in productie. Slechts van één aan-plantje wordt de opbrengst vermeld, n. l. twee maal 's maands 40 à 50 kati blad van een halve bouw. De bladeren worden of werden nat
Bereiding   verkocht aan de indigobereiders, die ze in groote potten gedurende 4

etmalen laten uittrekken onder gebruik van veel kalk. Ook in het
Tijdschr v Ind T. L. en V kunde dl 49, bl 263 leest men, dat aan de
Batang hari de vermenigvuldiging geschiedt door stekken en de aan-
plant op de erven en op ladangs plaats heeft

Als verfplant moet Marsdenia tinctoria ook op Java in gebruik zijn
geweest In 1845 vermeldde toch Hasskarl (Het Nut No. 118) De bladeren van taroem areuj worden in water geweekt, dat zich daardoor
spoedig donkerblauw kleurt en gelijk indigowater gebruikt wordt
Misschien is dat ook thans nog wel het geval · in de europeesche cultuur is zij echter op Java niet in gebruik, nóch voor zoover mij bekend
is, in gebruik geweest, hoewel volgens Van Romburgh's Aanteekeningen Cultuurtuin, bl. 65, van af 1862 z a d e n verkrijgbaar zijn gesteld In het Tijdschr. voor Land- en Tuinbouw en Boschcultuur Ie
jaargang (1885), bl. 93, werd de vraag aan de orde gesteld, wat
men nu eigenlijk van de cultuur wist, dit bleek niet meer te zijn
dan het voorgaande. In den volgenden jaargang (bl. 17) stelde
de redactie stekken, ontvangen van Sumatra's Westkust, ter beschikking van eventueele proefnemers, doch dat die gelegenheid
benut is, blijkt niet en eenig resultaat natuurlijk nog minder. Van
Romburgh zegt, dat de bladeren veel langer moeten worden uitgetrokken dan die der Indigoferasoorten, doch dat men er vrij wat indigo
uit bereiden kan, als men ze vier en twintig uur in het water laat; een
oordeel omtrent de hoedanigheid van de indigo kon hij niet uitspreken

Omtrent het gebruik dat de soendanees van deze plant maakt,
werd mij medegedeeld, dat de schedels van kaalhoofdigen, ook
kleine kinderen, met de bladeren worden ingewreven om den haargroei te bevorderen en dat men de bladeren inwendig bezigt tegen
buikpijn en andere vaag omlijnde ongesteldheden

248/6917 **Pergularia minor.** *'Andr.*
Volksnamen. Op Java *Tongkèng.*

Windende struik, vaak in pagers en in tuinen op para-para's gekweekt
om de zeer welriekende bloemen Van de vleezige wortels wordt te Wortels.
Batavia door chineesche vrouwen confituur gemaakt, doch uit den
aard der zaak zelden, omdat de wortels alleen beschikbaar komen, als
eens toevallig planten worden opgeruimd Het is niet onwaarschijnlijk,
dat voor hetzelfde doel ook de wortels worden gebezigd van de insgelijks gekweekte en misschien niet soortelijk van de andere verschillende Pergularia odoratissima, Sm., die door Rumphius is
beschreven (VII, bl 58) onder den naam van F l o s s i a m i c u s

In het Museum Confituur.

CONVOLVULACEAE.

249/6968 **Cuscuta chinensis,** *Lamk*
Bladloos, slingerend kruid van het zuidelijk deel van Azië en Noord-
Australië, op Java volgens Backer alleen bij Buitenzorg, Moentilan
en bij Kepandjen gevonden De zaadjes worden voor den inlandschen Zaden.
medicijnhandel ingevoerd uit China en zijn bekend als *djamoedjoe,*
madjamoedjoe of *moedjoe-moedjoe* (Vorderman, Geneesmiddelen I),
er worden verzachtende eigenschappen aan toegeschreven

In het Museum Zaden

249/6986 **Porana volubilis,** *Burm.*

Volksnamen. *Witte bruidstranen*—Jav.: *Bidasari, Widasari* — Mad.: *Bidha sarè*

Hoogklimmende windende heester, veelvuldig in tuinen als sieraad gekweekt, in het wild groeiend beneden 200 M. zeehoogte in streken met krachtigen oostmoesson, vooral in Midden- en Oost-Java. Volgens Vorderman (Madoereesche planten No. 36) wordt een afkooksel ervan gebruikt tot bevordering van de kraamzuivering. In zijn Geneesmiddelleer (bl. 26) noemt Boorsma de bladeren als een bestanddeel van de versche plantendeelen, waaruit in de Vorstenlanden de djamoe bagolan wordt geperst. Mondeling deelde dezelfde mij mede, dat het kruid in de Vorstenlanden ook wordt gegeten ter bestrijding van een onaangenamen smaak.

249/6997 **Merremia emarginata,** *Hall. f.*

Volksnamen. Jav. *Emboen, Pěgagan oetan.*

Bladeren   Kruipend kruid. Mevr. Kloppenburg beveelt een aftreksel van de bladeren aan tegen „branderige ontlasting" en een afkooksel van de bladeren met klontjes suiker tegen hoest.

249/6997. **Merremia mammosa,** *Hall. f.* (Ipomoea m., *Chois.*).

Volksnamen. Mal.: *Bidara oepas* — Jav. *Blanar, Widara oepas* — Alf. Amb. *Hailalé.*

Windend kruid, om de geneeskrachtige eigenschappen vaak gekweekt, niet inheemsch. Volgens Rumphius (V, bl. 370), die het beschrijft onder den naam van Batatta mammosa, is het wellicht ingevoerd uit de Philippijnen; in zijn tijd werd het op Ambon en vooral op Bali, waar het *bangkoewang* zou heeten, geplant als voedingsgewas. Men liet het in de tuinen met zijn dunne, ronde, gladde, bochtige stengels tegen de boomen oploopen.

Culinair.   De wortels, zegt hij, hangen met hun vele bij elkaar: zij hebben het voorkomen van gerekte bataten. Op vetten grond geplant worden zij echter veel grooter dan gewone bataten: de middelste wortel krijgt wel de afmetingen van een volslagen klappernoot en R. vermeldt een exemplaar dat ruim 21 pond woog. De bovenste wortels liggen half boven den grond. Men moet ze eerst uitgraven, als de heele plant verdroogd of vergaan is, want anders krimpen zij zeer in. Zij worden op verschillende wijzen toebereid: de ambonneezen koken ze gaar als bataten en op Bali trekt men er de dikke schil af, zooals men dat doet met rapen, en kookt ze vervolgens in een gesloten pot, die niet eer geopend wordt, voordat ze gaar zijn. Ook droogt men de rijpe wortels en wrijft ze na schillen fijn, waarna er een smakelijke brij van wordt gemaakt (Rumph.)

Medicinaal   Thans heeft, tenminste op Java, bidara oepas alleen waarde als medicinaal gewas. Behalve die als verkoelend middel vermeldt R. slechts één zoodanige toepassing en deze berust nog op de signaturenleer: een pap van de versche wortels, op de borsten gesmeerd, zou bij zoogende vrouwen de melkafscheiding bevorderen. In de laatste jaren heeft de wortel groote vermaardheid verkregen als middel tegen diabetes, ofschoon de werking tegen glycosurie niet met zekerheid is kunnen worden vastgesteld. Een voorbeeld van genezing van een zwaar geval in veertien dagen tijds wordt vermeld in het Geneeskundig Tijdschrift dl 74, bl. 376.

Daarentegen laat een reeks van waarnemingen, door Boorsma gepubliceerd in hetzelfde tijdschrift 1908, bl. 632, de kwestie onbeslist, waarbij in aanmerking moet worden genomen, dat hij de regeling van de levenswijze der lijders, die zich aan de behandeling onderwierpen, niet in de hand had

In de tweede plaats heeft bidara oepas reeds lang (Geneesk Tijdschr. dl 46, bl. 419) een gevestigde reputatie als middel tegen aandoeningen van de keel en de ademhalingswertuigen. In het Tijdschr v. Inl Geneeskundigen 1895, bl. 79 wordt medegedeeld, dat het door raspen en uitpersen van den verschen wortel verkregen sap in Solo wordt gebezigd tegen ontsteking van keel en mond ook in gevallen, waarin het slikken zeer moeilijk en pijnlijk was, ja zelfs stikkingsgevaar dreigde, heet dit middel goed te hebben geholpen. Mevr Kloppenburg geeft de geheele reeks van toepassingen: de knol wordt gekauwd tegen heeschheid, het sap ingenomen tegen hoest, diphtheritis, longontsteking, bloedspuwing, tering (zie ook Tijdschr v Inl Geneeskundigen 1896, bl 4), voorts tegen typhus Een schijfje van den wortel wordt volgens dezelfde schrijfster aangewend tot het bedekken van ondiepe wonden. In het Tijdschr v Inl Geneesk. 1894, bl 32 deelt Haga mede, dat hij een belangrijk oedeem in het aangezicht zeer spoedig zag verdwijnen na plaatselijke aanwending van het sap: bij den patiënt, die wegens de zwelling van wangen, voorhoofd en oogleden de oogen niet meer kon openen, waren de oedemen na eenige uren zoo goed als verdwenen In hetzelfde tijdschrift, jaargang 1898, bl 77, rapporteert Mangkoe Sapoetra een merkwaardig geval van het genezen van zware brandwonden door het opsmeren van den fijngewreven wortel, wat bovendien de pijnen als door een tooverslag deed verdwijnen Nog weer andere toepassingen, tegen buikziekte, dysenterie, koorts en blaassteen, vergiftiging, uitslag en slangenbeet, worden vermeld in het Pharmaceutisch Weekblad 1908, bl 87 en in de verhandeling van Boorsma (l. c), zoodat Merremia mammosa op weg is een soort Chemie panacé te worden. Een werkzaam bestanddeel is er intusschen nog niet uit afgescheiden. Dekker (zelfde tijdschrift, bl 1161) vond er bij een voorloopig onderzoek een hars in en oppert de veronderstelling, dat die *misschien* purgeerend werkt en oorzaak is van eenig therapeutisch effect Ook geeft het versche sap een sterke oxydase reactie en *wellicht* vindt het gebruik bij keelziekte en uitslag een verklaring in het oxydasegehalte

Rumphius vermeldt nog, dat uit den bast van de stengels een Stengels fijne vezelstof kan worden verkregen, glimmend als satijn, sterker dan kofo en evenals kofo geschikt voor kleedingstof, die koel is in het dragen Als die stof gewasschen is, moet zij in de schaduw worden gedroogd, omdat zij anders haar glans verliest.

In het Museum Wortel

19/6997   **Merremia nymphaeifolia,** *Hall f* (I p o m o e a p e l t a t a, *Chois*, O p e r c u l i n a p e l t a t a, *Hall f.*)
Volksnamen Mal.. *Mělading* (Banka) — Soend *Areuj tjarajoen* — Alf. Minah *Manaring, Tichinian, Wanaring*
Klimplant, soms 25 à 30 M hoog gaand, met een stengel ter dikte van ca 6 cM, in de Minahassa (evenals elders in den ar-

chipel) zeer algemeen, dikwijls over tientallen hectaren gezellig groeiend in 5 tot 15-jarige bosschen op verlaten bouwvelden, het meest op 100 à 250 M. zeehoogte (Koorders' Minahassa).

Wortels Van *areuj tjarajoen* werd mij medegedeeld, dat de knollen eetbaar, zelfs zeer lekker, zijn Van der Burg (Geneesheer III, bl 126) vermeldt echter, dat zij purgeerende eigenschappen bezitten en in afkooksel worden gebruikt bij bloedingen, vooral baarmoederbloedingen. Verder teekende ik aan, dat een koud aftreksel van den wortel of den stengel van areuj tjarajoen door de soendaneezen wordt gedronken tegen „sakit peroet".

Stengel Hasskarl's Nut No 22 geeft aan, dat het sap uit den stengel tegen hoest, buikloop en wormen wordt ingenomen. Koorders (l c.) zegt, dat het wordt ingedruppeld tegen oogontsteking.

Rumphius (V, bl 428) geeft uitvoerige berichten omtrent een plant, die hij beschrijft onder den naam van Hay la le al ba, welke geheel overeenkomt met Merremia nymphaeifolia, behoudens dat hij vermeldt, dat zij witte bloemen heeft, terwijl die van de hier behandelde heldergeel zijn Wij hebben dus te denken aan het voorkomen op Ambon van een verwante soort, of aan een abuis danwel een geheugenfout van den blindgeworden vorscher. Het laatste komt mij waarschijnlijk voor, omdat men in het gebruik een treffend punt van overeenkomst vindt.

Rumphius zegt, dat zijn wilde gladde winde overal wast in het veld aan de randen van het bosch en in lichte bosschen, zich voegende naar den steun, dien zij vindt, want zij versmaadt zoomin de lage ruigte om overheen te loopen als de hoogste boomen, die zij tot in den top beklimt

Men zegt, dat het weiachtige sap, hetwelk uit de stengels vloeit, dienstig is om versche vleeschwonden te heelen, doch daarvan heb ik (R) geen ondervinding. Wel heb ik bevonden, dat menschen, die vlekken op de oogen hadden, zijn genezen door indruppelen van het sap van dunne stengels (niet het kleverige sap uit den ouden, houtigen stengel), vermengd met een paar druppels van het sap van de zure *lémon mas* en dit, met het oog op de scherpte, zoonoodig met water verdund

De bladeren worden veel gebruikt door de vrouwen om het haar te wasschen, want zij verkoelen het hoofd, bevorderen den haargroei en beletten het uitvallen Ook zijn die bladeren zeer heilzaam op zwerende borsten, want met klapperolie bestreken en warm opgelegd, doen ze de verzwering spoedig rijpen, doch men mag ze niet toepassen dan wanneer men niet heeft kunnen beletten, dat de verharding tot zweren overging De ambonneezen genezen lichte wonden met de bladeren, door deze te kauwen met een weinig curcuma en zoo op de wond te binden (Rumph).

249,6997 **Merremia umbellata,** *Hall f.*
Volksnamen Mal · *Daoen bisoel* (Mol.)—Soend. *Areuj geureung, A kidang*—Boeg.· *Palaparang, Rongo*
Onder den naam van Con vol vul us lae v i s m i n o r beschrijft Rumphius (V, bl 431) een drietal windende planten, overal groeiend in het kreupelbosch langs velden en wegen, waar zij soms een moeilijke verwarring maken, doordat de stengels bijna niet door

te breken zijn. Een daarvan, die door R voor het mannetje wordt gehouden, is de ook op Java voorkomende Merremia umbellata Een papje van de met curcuma gewreven bladeren zou als verdeelend of rijpmakend en zuiverend middel worden gebruikt op bloedvinnen en kleine zweren

Het niet herkende, onbehaarde wijfje zou krachtiger werken en op gelijke wijze toegepast, doch warm, dienen voor het genezen van scheuren aan de hielen en de voetzolen, hetzelfde papje, koud op een sirihblad gelegd op puisten, zou die spoedig doen rijpen en den etter uittrekken, alsmede beginnende zwellingen doen verdwijnen Tevens zouden de inlanders de bladeren mengen onder andere moeskruiden

De evenmin herkende derde soort, met dunne, ronde, taaie stengels, die zich niet veel verdeelen, houden de makassaren voor het oprechte aposthemenblad *(ampas-ampas kĕijil),* dat het krachtigst zuiverend werkt De baliers zouden het *kantang* noemen en het sap uit de stengels ook aanwenden tegen loopende ulceraties en schurft (R)

249/70C3   Ipomoea Batatas, *Lamk* (Batatas edulis, *Chois* , Convolvulus Batatas, *L*)
Volksnamen *Bataat* — Mal. *Oebi djawa* (Batav), *Oebi tjina* (S O. K.) — Soend. *Hoewi bolĕd, Mantang* — Jav · *Katéla, K. rambat*

Kruipend kruid, in alle warmere landen der aarde gekweekt, de Batatta van Rumphius (V, bl 367), volgens wien het waarschijnlijk door de spanjaarden uit West-Indie is ingevoerd, doch in wiens tijd het reeds zoo algemeen werd gecultiveerd, dat men het *Cultuur* voor inheemsch zou hebben kunnen houden Onder de tamme knolgewassen geeft n l dit bij de minste moeite de grootste opbrengst en daarbij komt, dat het allerlei grond voor lief neemt, zand- zoowel als klei- en steenachtigen grond, als hij maar goed is schoongemaakt en bewerkt (R) Ook thans nog is Ipomoea Batatas hier het belangrijkste knolgewas, als men de veel later ingevoerde cassave uitzondert. deze laatste heeft de bataat op gevoelige wijze afbreuk gedaan. Terwijl de cassave in onafzienbare aanplantingen wordt aangetroffen, neemt de bataat een veel bescheidener plaats in onder de voedingsmiddelen Sollewijn Gelpke zegt (bl 120), dat katéla door den javaan nooit in groote uitgestrektheid wordt geteeld en dat hij nimmer één heele bouw, aan één persoon toebehoorend, waarnam [1]) Op sawahs worden zij, evenals in de Soendalanden, bijna uitsluitend geteeld als tweede gewas, op tegalgronden bij het ophouden van de regens, doch weinig Aanplantingen in de kampongs in den regentijd dienen voornamelijk om op tijd plantmateriaal beschikbaar te hebben

Afgeoogste velden ploegt men eens, braakliggende gronden drie keer, geëgd wordt één maal, waarna op drie voet afstand voren worden getrokken De grond tusschen de voren wordt opgehoogd tot bedden, omdat vocht de knollen spoedig tot bederf zou doen overgaan (S G.) In de Soendalanden wordt volgens De Bie (Inl.

---

[1]) In de buurt van Buitenzorg, van waar wordt afgevoerd naar Batavia, vindt men echter wel uitgebreide batatenvelden

249/7003 Landbouw I, bl 103) van pasgeoogste sawahs het stroo eerst
in rijen van ongeveer twee voet breedte bij elkaar getrokken;
de ontbloote even breede strooken grond worden dan omgespit
in groote kluiten, die op het stroo worden geworpen, zoodat de
stroorijen er geheel mede bedekt zijn en het aanzien krijgen van
plantbedden Op tegalans wordt de grond op gelijke wijze behandeld,
daar wordt het neergeslagen onkruid als onderlaag gebruikt De
kluiten worden niet fijngemaakt, maar aan zichzelf overgelaten
om uit elkaar te vallen, het doel is natuurlijk een mullen bodem
te verkrijgen, gunstig voor de vorming en ontwikkeling van de
knollen Als plantmateriaal dienen volgens S G. stekken van $1^{1}/_{2}$
voet lengte met 5 oogen die, na gedurende een week in bosjes
gebonden op een vochtige plaats te zijn bewaard om uit te botten,
zoodanig worden uitgeplant, dat twee der oogen tegen den grond
aangedrukt blijven. Onder de omstandigheden waarin de zaad-
tuin te Buitenzorg verkeert, bleek volgens het Verslag 1913 van
den Landbouwvoorlichtingsdienst (bl 13) een hoeveelheid van 24
stekken per strekkenden meter bed — de bedden $3^{1}/_{2}$ voet van hart
tot hart — de gunstigste uitkomsten op te leveren

Als de loten uitgeschoten zijn, maar den grond nog niet raken,
wordt er gewied en een weinig aangeaard De Bie bericht, dat een
week na het tijdstip, dat de stengels beginnen uit te botten, het
grootste deel der jonge loten wordt verwijderd, dat het wieden
plaats heeft als de aanplant 3 à 4 weken oud is en dat die bewerking soms herhaald wordt op den leeftijd van $1^{1}/_{2}$ maand, alsdan
ontwikkelt het loof zich zoodanig, dat er van onkruid geen sprake
meer is Na 3 tot 5 maanden, verschillend met de variëteit, wanneer
het loof begint te verwelken, moet men de knollen uitgraven Wacht
men daarmede te lang, dan worden zij aangetast door een snuitke-
vertje, behoorende tot het geslacht Cylas, waardoor zij een bitterachtig zuren, min of meer samentrekkenden smaak verkrijgen

Gebruik   De knollen worden gekookt of gepoft gegeten, in tijden dat er volop
rijst is alleen als versnapering Ook worden zij, van de schil ontdaan,
in reepjes gesneden en in klapperolie gebakken tot kripik, een ver-
zamelnaam voor verschillende producten van dien aard Een andere
versnapering wordt bereid door gekookte bataten na verwijderen
van de schil fijn te stooten en te vermengen met geraspte klapper, suiker en zout ook kneedt men er ballen van, die in olie worden
gebakken Voorts wordt fijngesneden katéla, t w. de zoetste vormen,
rauw als roedjak gegeten (De Bie) en men confijt ze ook wel eens

Bataten hebben het nadeel voor hoofdvoedsel minder geschikt
te zijn, doordat zij gaan tegenstaan en verder slechts een beperkten
tijd na het oogsten goed te blijven Intusschen is bij luchtig bewaren de houdbaarheid van gezonde knollen toch minstens twee
maanden en sommige variëteiten worden gezegd wel een jaar lang
te kunnen worden opgeschuurd (Teysmannia 1903, bl 227) Zoo
goed als aardappelen en cassave laten zich ook bataten drogen
en op zetmeel verwerken Het drogen van de in schijven gesneden,
al of niet vooraf geschilde knollen wordt gezegd met succes te
geschieden in Amerika (zelfde tijdschrift 1902, bl. 494) Hetzelfde
heeft trouwens ook hier plaats in Centraal Borneo (Nieuwenhuis
II, bl 2) maken de pnikings meel van bataten, door die in dunne

schijfjes te snijden, in de zon te drogen en dan fijn te stampen in rijstblokken Het bereiden van zetmeel uit bataten is hier herhaaldelijk ter sprake gebracht In Teysmannia 1905, bl 31 bericht Boorsma, dat hij zonder moeite in het klein een opbrengst kreeg van 12 à 13 % van het gewicht der geschilde knollen In Zuid-Afrika worden bataten dan ook meer voordeel op zetmeel verwerkt (Natal Agricultural Journal 1908, bl 693); in 1912 is van daar volgens Indian Trade Journal Maart 1913, bl 456, een hoeveelheid van 150 ton uitgevoerd naar Engeland, waar het nieuwe product 10 à 11 £ per ton opbracht In Teysmannia 1908, bl 57 vindt men een opgave van de samenstelling der knollen van 22 in den selectietuin te Buitenzorg gekweekte variëteiten, die in zetmeelgehalte zeer uiteen blijken te loopen ; de slechtste buitensluitend, varieert het tusschen 10 3 en 22 5 % van het knolgewicht Dit onderzoek leidde tot de conclusie, dat, wat de hoeveelheid betreft, uitzicht bestaat op de mogelijkheid om batatenzetmeel te bereiden in concurrentie met cassave-zetmeel, doch dat een proefneming zal moeten uitmaken, of er ook geldelijk voordeel in gelegen is De bereidingskosten zijn bij bataten hooger wegens het geringer zetmeelgehalte. **Zetmeel.**

Behalve de knollen zijn ook de groene deelen eetbaar batatenloof vindt men te Batavia vaak op de pasars voor het bereiden van gado-gado en sajoer. Rumphius zegt, dat, als de plant zich terdege heeft uitgebreid, de jonge bladeren en spruiten hier en daar mogen worden afgebroken en dat dit zelfs noodig is om groote knollen te verkrijgen, als de planten te weelderig worden Die spruiten, in water gekookt, zouden een salade geven als asperges. Men kookt de bladeren ook als voer voor de varkens In Veeartsenijkundige Bladen 1912, bl 86 worden zij terecht een geschikt veevoeder genoemd **Loof**

Hasskarl weet te vermelden (Het Nut No 92), dat de fijngewreven bladeren bij stijfheid in de gewrichten daarop worden gesmeerd en Filet (No 635) geeft hetzelfde ook voor brandwonden op.

De inlandsche namen der vormen die op Java worden gekweekt, zijn zeer locaal, zoodat daaraan alleen plaatselijke waarde, en dan nog slechts in zeer beperkten kring, mag worden toegekend In Mededeeling No 12 van het Departement van Landbouw (1910) beschrijft Van der Stok er een 25-tal, welke in den selectietuin te Buitenzorg werden gekweekt Met uitzondering van drie, welke zich niet laten indeelen, brengt hij deze tot 8 groepen. Aanvankelijk gelukte het niet Ipomoea Batatas tot het voortbrengen van zaad te brengen, later klaarblijkelijk wel In het Verslag 1913 van den Landbouwvoorlichtingsdienst, bl 23, vindt men een opgave van de producties van een zestal variëteiten; de hoogste opbrengst bedroeg 245 picols knollen per bouw, de daaropvolgende 225 picols **Variëteiten**

In het Museum Wortels, zetmeel, confituur.

!49/7003 **Ipomoea biloba,** *Forsk* (l Pes caprae, *Sweet*).
Volksnamen Mal *Batata panté* (Menad), *Daoen katang* (Mol) — Mad.: *Tangkatang* — Mak.. *Lèleri* — Alf. Minah.: *Daléré* — Tern *Loloro*
Kruid, bijna uitsluitend voorkomend op en onmiddellijk achter

zandige en rotsachtige stranden Rumphius beschrijft het (V, bl. 433) onder den naam van Convolvulus marinus of Soldanella marina indica, den grooten vorm, en zegt, dat het met zeer lange, taaie stengels wast op zandige stranden, die het met zijn dicht loof soms geheel bedekt.

De Clercq (No. 1897) bericht, dat op Boeroe een afkooksel der plant warm wordt gebezigd tot wassching van de beenen van beri-

Knollen berilijders en dat een afkooksel van de knollen alleen door zijn slijmerigheid bij blaasaandoeningen de prikkelbaarheid matigt. Vorderman (Madoereesche planten No. 406) zegt, dat een papje van de

Bladeren gekneusde bladeren, met inlandsche suiker gemengd, als rijpmakend middel op puisten wordt aangewend. Rumphius vermeldt van de toepassingen het volgende. De jonge blaadjes zijn diensttig om gekwetste voeten te verbinden en zeer heilzaam om verhitte, verharde (maar nog niet tot zweren overgegaan zijnde) borsten te cureeren Voor dit laatste doel worden zij met klappermelk bestreken, boven het vuur warm gemaakt en op de borst gelegd, waardoor de verdikte melk als water wegvloeit. Het sap uit de gekneusde half volwassen bladeren, met klapperolie opgekookt, vormt een groene zalf voor het genezen en cicatriseeren van allerlei

Bloemen wonden en ulceraties De purperen bloemen, met een weinig kalk gewreven, geven een hooggroene kleur, die echter donkerblauw

Zaden besterft, als indigo. De zaden, met pinang gekauwd en het sap ingeslikt, zijn een goed middel tegen buikpijn en krampen (Rumph.).

249/7,03 **Ipomoea Gomezii,** *Clarke*
Volksnamen. Mad.: *Rabĕt baladhing.*
Hoogklimmend windend kruid van Madoera, waarvan Vorder-

Knollen man (Madoereesche planten No. 293) mededeelt, dat de knollen te Pengantenan worden gegeten.

249/7003 **Ipomoea mollissima,** *Hall. f.* (Calonyction mollissimum, *Zoll*)
Voksnamen Mad : *Rabĕt kalorak.*

Bladeren Windende struik: de bladeren dienen inwendig als purgeermiddel en worden ook gebruikt als surrogaat voor zeep bij het wasschen van kleeren (Vorderman, Madoeroesche planten No. 296).

249,7003 **?Ipomoea Nil,** *Roth*
Onder den naam van Convolvulus caeruleus beschrijft Rumphius (V, bl. 432) een op vlakke stranden en aan de randen der bosschen groeiende windende plant, op Ambon *hailalé biroe* geheeten; deze is nog niet met zekerheid herkend R vermeldt geen

Bladeren ander nut, dan dat de inlanders de bladeren gebruiken in plaats van zeep tot het wasschen van kleeren.

249/7003 **Ipomoea obscura,** *Ker*
Volksnamen Soend Ki papesan—Jav Indjĕn-indjĕnan.
Windend kruid. Volgens mededeeling van Dr Boorsma wordt

Bladeren te Buitenzorg een smeersel van de bladeren, met die van Argyreia mollis, Chois tezamen gestampt onder toevoeging van arak, toegepast op reeds opengegane, maar desniettemin nog pijnlijke en etterende zweren; het afscheiden van pus zou daardoor worden bespoedigd Dit middel wordt zeer geprezen

249/7003 **Ipomoea Pes tigridis,** *L*
Volksnamen. Jav *Gamĕt.*
Windend kruid, volgens Vorderman (Geneesmiddelen II) worden in de Vorstenlanden de fijngewreven bladeren extern aangewend Bladeren tegen zweren

249/7003 **Ipomoea reptans,** *Poir* (I. a q u a t i c a, *Forsk*)
Volksnamen. Mal *Kangkoeng* — Mak *Naniri*
Kruid, wildgroeiend en gekweekt op vochtige plaatsen vooral in poelen en slooten Rumphius (V, bl. 419) beschrijft het onder den naam van O l u s v a g u m en deelt er het volgende van mede. Het kruipt met zeer lange stengels over den grond op lage, klei-achtige plaatsen, die de volle zon hebben en groeit gaarne aan de kanten van wateren en poelen, waar het wat moerassig is In de tuinen plant men het daarom op de laagste plaatsen, waar het regenwater het langst blijft staan, doch die tevoren goed omgewerkt moeten zijn. Het wordt vermenigvuldigd met stukken van de stengels en beslaat spoedig een groote plaats
Rumphius vermeldt slechts het culinair gebruik van deze plant— Culinair zij is een zeer algemeene pasargroente — doch Mevr Kloppenburg geeft er ook medicinale toepassingen van op o a zou een afkooksel van de wortels dienstig zijn tegen haemorrhoiden. Dr Boorsma Wortels deelde mij mede, dat de bladeren gekneusd op steenpuisten worden Bladeren. gelegd Het eten van veel kangkoeng als groente acht Mevr Kloppenburg aanbevelenswaard als zenuwstillend middel bij slapeloosheid, onrust, gejaagdheid, zenuwhoofdpijn e d ook het vocht uit de met zout en water gestampte bladeren zou heilzaam zijn
Als groente gebruikt, worden de bladeren eenvoudig afgekookt bij de rijst gegeten. Voorts wordt kangkoeng in de varkensfokkerijen en mesterijen te Batavia (Veeartsenijkundige Bladen v N I. 1887, bl 284) en in de Straits (Straits Bulletin 1911, bl 149) gekookt onder de slobbering
Rumphius vestigt de aandacht op het groote verschil in voor- Vormen. komen bij deze plant Op Java en Makassar, waar zij zeer welig groeit en spontaan opschiet op de sawahs, als de rijst gesneden, doch de grond nog vochtig is, zijn de bladeren wel twee maal zoo groot als op Ambon en veel malscher en zoeter, bijkans als spinazie. In het algemeen worden zij veel grooter en vetter op vochtige plaatsen dan op droge en het verschil is zoo groot, dat men ze voor verschillende planten zou houden Die van droge plaatsen zijn smakelijker, die van vochtige plekken daarentegen weer malscher Zijn *kangkoeng ajĕr* van Batavia, die met haar stengels onder water zwerft in stille bochten van groote rivieren, alsmede in de rijstvelden, doch steeds zoodanig, dat zij in de kanten wortelt, is dan ook ongetwijfeld geen andere soort. De bladeren daarvan zijn volgens hem klein en bitter, hoewel niet onaangenaam van smaak, en een gebruikelijk moeskruid.

49,7003 **Ipomoea Rumphii,** *Miq.*
Als tweede soort van gladde winde (zie onder Merremia nym-

phaeifolia, Hall. f) beschrijft Rumphius (V, bl. 428) een nog niet teruggevonden plant onder den naam van H a y l a l e r u b r a, in habitus en groeiplaats overeenkomend met de Haylale alba, behoudens dat de houtachtige stengel der oude plant niet zoo dik is.

Sap

Bladeren

Ook in gebruik hebben beide soorten veel gemeen Het sap wordt insgelijks gebruikt tegen vlekken op de cornea en de bladeren voor haarwassching en ter genezing van lichte verwondingen Meer echter worden zij gebezigd om gezwellen en bloedvinnen te doen rijpen. Met de gewreven bladeren of het sap bestrijkt men beten van venijnige duizendpooten. De boegineezen en andere inlandeis zouden de bladeren eten, doch meestal met andere bladeren vermengd; zij wikkelen daarin ook de visschen om bëbotok te maken.

249/7004

Calonyction bona Nox, *Bojer* (C. s p e c i o s u m, *Chois.*, I p o m o e a b o n a N o x, *L*)

Volksnamen. Mal.: *Tëroelak* — Soend : *Areuj koetjoeboeng*

Sterk vertakte slingerplant, inheemsch in Amerika, hier als sier- en nutplant gekweekt in Palembang, en waarschijnlijk ook elders, worden de jonge bladeren bij wijze van groente door de bevolking gegeten.

249/700 >

Quamoclit pinnata, *Boj*

Volksnamen. *Kardinaalsbloem* — Mal · *Boenga tali-tali, Sangga langit* (Batav) — Soend. *Rintjik boemi.*

Sierplant, inheemsch in tropisch Amerika, door Rumphius (V, bl. 421) beschreven onder den naam van F l o s c a r d i n a l i s als een teere, stengelrijke slingerplant, zoo dicht van loof, dat men de stengels nauwelijks kan bekennen; ook met het oog op de fraaie roode bloempjes wordt zij als sieraad in tuinen geplant tot het begroeien van prieelen e.d

Bladeren

De baliers en javanen smeren een pap van de fijngewreven bladeren op heete gezwellen, zich niet storende aan den walgelijken reuk, dien dit kruid verspreidt als het gekwetst wordt. Zij bestaan het zelfs het onder ander moeskruid te mengen, zeggende, dat het aan het moes een aangename rinschheid geeft Zij steunen daarbij op het voorgaan der bokken, die het afweiden, want zij houden het voor een vasten regel, dat wat den bok wel bekomt, ook door den mensch mag worden genuttigd (Rumph.)

249/7009

Argyreia mollis, *Chois* (A. a r g e n t a t a, *Miq*.)

Volksnamen. Mal.: *Toeloepan* (Batav.) — Soend.: *Tatapajan* — Jav : *Këndal sapi, Toeloepan* — Mad. *Rabět posëpo*

Windende struik, op Java zoowel in de vlakte als in het gebergte volgens Koorders' Exkursionsflora algemeen.

Wortels

Stengels

Te Buitenzorg werd mij medegedeeld, dat een afkooksel van den wortel van areuj tatapajan met de bladeren van *katoempang* (Callicarpa longifolia, Lour.) en adas-poelasari wordt gedronken bij een zwaar gevoel in de maag. De stengels bezigt men als tijdelijk bindmateriaal (Vorderman, Madoereesche planten No. 297). Hasskarl's Nut No. 84 vermeldt van *areuj koejapoe* of a tatapajan, dat het sap als oogwater wordt gebruikt tegen lichte oogontsteking.

Bladeren

De bladeren van toeloepan zijn een bestanddeel van de versche plantendeelen, waaruit in de Vorstenlanden de djamoe bagolan wordt geperst (Boorsma, Geneesmiddelleer, bl 26) Te Buitenzorg gebruikt men een papje van daoen tatapajan met *konèng gĕde* en adas-poelasarı op puisten

In het Museum Stengels, bladeren

BORRAGINACEAE

1038

Cordia Myxa, *L* (C suaveolens, *Bl*)
Volksnamen Mal *Noenang* (S W K)—op Java: *Kĕndal, Lengis* Mak. *Kanoenang*—Boeg *Boenja, Tjèna*—Tern · *Totebo, Totéwo*—Alf Minah · *Aga*

Boom, tot 20 M hoog en 60 cM dik, op geheel Java voorkomend beneden 700 M zeehoogte (K & V —VII, bl 67), door Rumphius beschreven (III, bl 155) onder den naam van A r b o r g l u t i n o s a als een boom met korten, ongeschikten, doch dikken stam, algemeen ın den archipel op vlakke velden, doch niet ın het gebergte of ın dichte bosschen Daar de lange, rechte takken zeer gemakkelijk wortel schieten, gebruikt men ze voor levende tuinstaken.

Het hout is week maar taai en wit van kleur; oude stammen echter zijn ın het hart aschgrauw of zwartachtig (R) K & V zeggen, dat het alleen voor brandstof wordt gebezigd, doch zelfs daarvoor is het slecht geschikt, zoo niet onbruikbaar Nochtans is het volgens Rumphius ın zeewater duurzaam en wordt daarom gebruikt voor ribben van kleine vaartuigen; de baliers bezigen het voor ploegen en jukken

De schors van den stam is ruig, taai en droog, die van de takken is effen en sappig Deze laatste wordt gebezigd voor het binden van rijstbossen en de eerste wordt zeer geprezen als geneesmiddel tegen rooden loop Men kookt haar met de schil van halfrijpe granaatappelen en drinkt het decoct dagelijks (Rumph) Horsfield (Medicinal plants, bl. 103) zegt, dat kĕndalbast een van de belangrijkste medicijnen is van de javanen hij wordt gebruikt tegen koorts en schijnt een zacht tonicum te zijn In de Soendalanden wordt inderdaad het niet bittere aftreksel van den bast gedronken tegen koorts, gelijk Rumphius bericht van de bladeren, welke ook op Java behooren tot de „officineele" medicijnen der inlanders Deze zijn, zegt R, goed van smaak en worden gebruikt voor het maken van bĕbotok (visch, die ın bladeren gewikkeld wordt gekookt) Ook zijn zij matig verkoelend, zoodat zij worden aangewend bij ınwendige verhitting, koorts, hoofdpijn als anderszins men neemt het uit de met water gewreven bladeren geperste sap ın, of drinkt een afkooksel ervan.

De vruchten, die de boom ın zoo groote hoeveelheid draagt, dat de takken ervan doorbuigen, zijn gelijk kleine krieken, lichtrood, zeer glad, glimmend en week Zij zijn gevuld met een zeer slijmig vocht, dat de inlanders gebruiken voor het plakken van zaken, die niet lang behoeven te duren, zooals papieren bloemen en kransen voor bruiloften, vliegers e d: deze kleefstof laat na korten tijd weer los (R)

Dezelfde auteur vermeldt nog andere medicinale toepassingen van hout, bast en bladeren, die ik echter maar voorbij ga

Hout

Bast

Bladeren

Vruchten

252/7038

Cordia subcordata, *Lamk.*

Volksnamen. Mal.: *Salamoeli* (Mol.)—Jav.: *Klimasada, Moer-masada, Poernamasada, Pramasada* — Mak.: *Ama* — Tern.: *Salamoeri, Saloengoeri, Tjalimoeri* — Boeroe: *Fala, Fana* — Alf. Amb.: *Kanawa* — Z & O. Eil.: *Kenau.*

Lage, meestal kromme, dicht bij den grond vertakte boom, op Java in het oostelijk deel verstrooid groeiend op koraalzand langs de kust (K. & V. — VII, bl. 62) Rumphius (II, bl. 226) zegt, dat de Novella nigra op het strand of in de onmiddellijke nabijheid daarvan groeit, vaak zoo scheef, dat hij den grond bijna raakt. In het oosten van den archipel is hij geenszins zeldzaam. Men vindt hem op alle moluksche eilanden en daar soms zeer algemeen; de geheele noordkust van Boeroe staat er vol van, doch meest van het straks te noemen grauwe geslacht.

Hout.

Het spint is ongeveer twee vingers dik en zeer wit, het kernhout grauwzwart of aardkleurig, aan de kanten donkerder dan in het hart. De fraaiste stukken vindt men op het strand liggen, het gebeurt n. l. dikwijls, dat de wortels blootspoelen, zoodat de boom door den wind of de zee gemakkelijk kan worden geveld. Het spint vergaat dan in korten tijd doch het overblijvende kernhout is van zeldzame eigenschappen en pracht, maar slechts bruikbaar voor klein werk. Andere boomen, die soms twee man dik zijn, hebben wel een mooi breed hart, doch dat is nimmer zoo fraai van kleur als de bestorven stukken, welke men op het strand vindt. Dit hout lijkt licht en voos, doch het is buitengewoon duurzaam, ja haast onvergankelijk, daar het weer en wind en aanraking met den grond minstens een eeuw lang trotseert. Rumphius vermeldt een geval van een verlaten kampong, waarvan de stijlen der woningen van dit hout na meer dan 100 jaar gaaf werden bevonden. Aan deze exceptioneele hoedanigheden paart zich de goede eigenschap van weinig of niet te scheuren, zoodat de O.I.C. jaarlijks een groote hoeveelheid salamoelihout van Boeroe ontbood voor het maken van laden voor geweren Bij opschaven vertoont het weinig glans, en geen buitengewone schoonheid, maar door droog polijsten krijgt het fraaie bruine vlammen en een donkergroenen weerschijn en hoe verder van het hart af, des te donkerder en fraaier geaderd is het. Buiten twijfel, zegt Rumphius, zou het in Europa als meubelhout gezocht zijn, als het beter bekend was. De inlanders bezigen het, als gezegd, voor stijlen van huizen, voorts worden de donker gevlamde stukken zeer veel gebruikt voor meubelen en voor draaiwerk. Uit de breedste stukken maakt men bladen voor tafeltjes, kasten e d. Men gebruikt het ook voor inhouten van kleine vaartuigen, doch daarvoor is het minder geschikt, omdat het zoo zacht is, dat draadnagels er niet goed in houden. De bewoners van Kei nemen daarom voor dat doel het kernhout van pasgekapte boomen, waarin de spijkers vastroesten De ternatanen schrijven aan het kernhout medicinale krachten toe zij gebruiken het altijd met dat van Thespesia populnea, Soland., omdat zij den salamoeli beschouwen als het wijfje daarvan

Bladeren.

Als men met de jonge bladeren de handen sterk wrijft, zoodat zij ernaar rieken, zou men gevrijwaard zijn voor het steken door venijnige visschen en de pijn zou onmiddellijk verdooven als men, gestoken zijnde, de bladeren op de wond wrijft.

Rumphius onderscheidt van salamoeli een mannetje en een wijfje Variëteiten het kernhout van het eerste is niet dikker dan een dijbeen, terwijl dat van het wijfje in grooter afmetingen is te krijgen. Het laatste is echter lichter en minder geacht. Op Kei zou het wijfje *waranderk* heeten (R.)

In het Museum: Hout.

252/7043 **Ehretia acuminata**, *R. Br.*
Volksnamen. Jav. *Kĕndal kĕbo, K. maésa, Sĕmboeng idjo*
Verstrooid groeiende, zeer zeldzame boom, tot 30 M. hoog en 0.65 M. dik, alleen bekend van het Idjen-plateau (K. & V. — VII, bl. 74). Volgens Backer's Schoolflora zijn de vruchten eetbaar. Vruchten

252/7043 **Ehretia microphylla**, *Lamk.* (E. b u x i f o l i a, *Roxb.*)
Volksnamen. Jav. *Kinangan, Patjaran, Sĕroet lanang, S. tjina* (?) — Mad. *Pinaàn* — Timor: *Bibinala.*
Opgerichte heester, 1 tot 3 M. hoog, zeldzaam — doch plaatselijk soms talrijk — voorkomend in streken met krachtigen oostmoesson van af de laagvlakte tot op 400 M. zeehoogte. Ook wordt hij wel aangeplant als sierheester (Backer, Schoolflora).
Volgens Vorderman (Madoereesche planten No. 278) dient een afkooksel van den wortel op Madoera tot het bevorderen van de Wortel kraamzuivering. De Clercq (No. 1208) deelt mede, dat de bladeren worden aangewend als middel tegen bloeddiarrhee, Filet (No. 5066), Bladeren dat een aftreksel van de bladeren zoowel in- als uitwendig wordt toegepast tot bevordering van de huidafscheiding bij koorts.

252/7051. **Tournefortia argentea**, *L. f.*
Volksnamen. Mal. *Moral baboeloe* (Amb.) — Soend. *Babakoan, Ki bako* — Alf. Amb.: *Mokal ahoea, Moral ahoea, Nela* — Tern.: *Karpo.*
Kleine, zeer kromme boom, hoogstens 10 M. hoog en 40 cM. dik, verbreid over de kusten van Zuid-Oost Azië (K. & V. — VII, bl. 81). Door Rumphius (IV, bl. 119) wordt hij onder den naam van B u g l o s s u m l a n u g i n o s u m beschreven als een grooten, uitgebreiden struik, meestal stamloos, doch soms opschietend tot een volslagen boom met sappig, voos hout en hollen stam. Hij groeit op vlakke, zandige stranden, waar koraalklippen onder zijn.
De naar peterselie smakende bladeren worden rauw gegeten met Bladeren bokasan, kanari en visch; wegens den ziltigen smaak en omdat zij knapperig zijn, nuttigen de inlanders ze gaarne, doch de europeanen vinden er weinig aan (Rumph.)

VERBENACEAE.

253/7144 **Lantana Camara**, *L.*
Volksnamen. Mal. *Boenga pagar, Kajoe singapore, Kĕmbang stèk, Tahi ajam* — Soend.: *Salijara, Salijèrè, Tjĕnté* — Jav. *Kĕmbang tĕlèk, Oblo, Poetjĕngan, Tĕmbĕlek, Tĕmbĕlèkan, Tĕtĕrapan* — Mad.: *Kamantjo.*
Opgerichte of eenigszins klimmende, sterk riekende heester, 1 tot 4 M. hoog, inheemsch in tropisch Amerika, op Java thans

een van de meest algemeene heesters op droge, niet te sterk beschaduwde plaatsen van af het zeestrand tot op 1800 M. zeehoogte. De
Pagers Lantana is ingevoerd omstreeks 1860 om te dienen voor pagerplant,
waarvoor zij vrij goed geschikt is Met ongelooflijke snelheid is zij
verwilderd en verdringt zelfs den alang-alang op verlaten bouwvelden, een ondoordringbaren chaos vormend, die echter reeds na korten
tijd moet plaats maken voor de daarin opschietende boomen, welker
schaduw de Lantana niet verdraagt (Backer in Tropische Natuur
1913, bl. 30). Volgens Jaski (Tectona I, bl 150) werden ter bestrijding van alang-alang in djatien rubberaanplantingen zeer gunstige
resultaten verkregen met het planten van lantanastekken.

' laderen Volgens Mevr. Kloppenburg doen de tot moes gestampte bladeren gezwellen verdwijnen; dat moes, met water verdund en
dan gezeefd, zou een drank geven om braking op te wekken na
het nuttigen van schadelijk voedsel De Heer Bakhuizen van den
Brink deelde mede, dat hier en daar de gewoonte bestaat om de
oude bladeren met de stekels van den kapokboom te kauwen als sirih.
Scheffer teekende in Hasskarl's Nut aan, dat tjëntébladeren worden
gebezigd in baden en stovingen tegen rheumatiek. In Tropische
Natuur 1915, bl. 168 wordt vermeld, dat een papje van de bladeren vaak als verwarmend middel op den buik wordt gelegd en
Vruchten dat de inlanders in den tijd van de zwaarste vruchtdracht de rijpe
vruchtjes inzamelen om ze als versnapering te eten.

253'715| **Stachytarpheta indica,** *Vahl.*
Volksnamen volgens De Clercq Soend : *Djarong lalaki* —
Jav.. *Gadjihan*
Opgericht kruid, vooral voorkomend op verlaten sawahs Vol-
Wortel gens een aanteekening van Scheffer in Hasskarl's Nut is de wortel
een middel tegen gonorrhee en dient een afkooksel van de bladeren
Bladeren met adas-poelasari tegen bloedigen stoelgang: misschien bezitten
zij ook zweetdrijvende eigenschappen. Ridley (Mal Geneesmiddelen,
bl. 29) vermeldt, dat men met de bladeren van *sëlaséh dindi* wrijft
bij spierverrekking of kneuzing
Het is niet onmogelijk, dat deze soort, de volgende en S. jamai-
censis, Vahl door elkaar worden gebruikt. Uit S. indica isoleerde
Greshoff (Plantenstoffen II, bl. 155) een glucosied.

253 71:1 **Stachytarpheta mutabilis,** *Vahl*
Volksnamen. Mal *Djarongan* (Batav)—Soend *Djarong la-
laki, Ki meurit beureum* — Jav. *Lalër mëngëng, Rëmëk gëtih.*
Opgerichte struik, geplant en hier en daar verwilderd (Koorders'
Exkursionsflora). Volgens Mevr. Kloppenburg wordt een afkooksel
Bladeren van de bladeren met die van *sambang tjolok* gedronken tegen on-
geregelde en pijnlijke menstruatie. Scheffer teekende in Hasskarl's
Nut aan, dat de bladeren van *ki meurit beureum*, met kalk fijn-
gewreven, op gezwollen wonden en zweren worden geappliceerd.

253 7176 **Geunsia farinosa,** *Bl.* (Callicarpa pentandra, *Roxb*).
Volksnamen Mal : *Bëbëtik baboel* (Lamp)—Soend · *Oempang.*
Boom, tot 26 M. hoog en 90 cM. dik, in West- en Midden-Java
verstrooid groeiend beneden 1300 M. zeehoogte en nogal zeldzaam.

Het hout is volgens verschillende berichten zeer weinig duurzaam ; Hout.
het wordt niet gebruikt (K & V — VII, bl. 173). In de Lampongsche
Districten wordt de fijngewreven wortelbast op gezwellen gesmeerd Bast

253/7177   **Callicarpa arborea**, *Roxb*
Volksnamen volgens De Clercq Mal.: *Amboeng-amboeng
poetih*, *Si tapoeeng* (Minangk), *Tĕpong-tĕpong* (Palemb),
Tindjaoe (Lamp.)
Tamelijk dikke boom, 50 à 60 voet hoog; het hout is licht en Hout
wit, niet deugdelijk, doch in gebruik bij den huisbouw (Ridley,
Mal Timmerhoutsoorten, bl. 83)

253/7177   **Callicarpa cana**, *L.* (*C. s u m a t r a n a, Miq.*)
Volksnamen. Mal.: *Mĕniran bĕsar* (Batav), *Tampal bĕsi* —
Bat : *Poeltak-poeltak* — Soend. *Apoe-apoe, Katoempang ba-
dak, K. kajoe* — Jav.· *Mĕniran kĕbo*.
Struik met geneeskrachtige bladeren (De Clercq No 573) Volgens
Filet (No 2) appliceert men de bladeren op wonden om zwelling Bladeren.
te voorkomen, te Batavia gebruikt men ze tegen steenpuisten

253/7177   **Callicarpa longifolia**, *Lamk.*
Volksnamen Mal. *Bĕbĕtik kinana* (Lamp), *Mĕniran oetan*
(Batav), *Tampong bĕsi*—Soend.: *Katoempang, Ki toempang*
—Jav. *Gambiran, Moeniran, Songka*
Heester, hoogstens 3 M hoog, met een korten, laag en rijk
vertakten, tot 10 cM dikken stam, verbreid over den geheelen
Maleischen Archipel, op Java veelal in kleine groepen of verstrooid groeiend voorkomend op open terreinen in jong secundair
bosch (K & V.— VII, bl 176)
Rumphius geeft den naam *sanka* (Mal. Mol. en Jav en verder
mĕmĕniran poetih) op voor zijn M a m a n i r a a l b a (IV, bl 124),
welke nog niet met zekerheid is geïdentificeerd en beschrijft dien
als een struik, niet boven een man hoog, wassende op magere velden,
in het kreupelbosch en in verlaten tuinen. Van de wortels koken Wortels.
sommigen een drank tegen buikloop De bladeren dienen als kraam- Bladeren.
zuiverend middel en, fijngewreven met rijst en wat djintĕn in azijn
gekookt, ter bevochtiging van omslagen voor — of tot het verdrijven
van — harde gezwellen Het gebruik van de bladeren van C. longifolia, dat mij te Buitenzorg werd opgegeven, komt hiermede overeen:
zij zouden n. l. *de* medicijn wezen voor wonden en zwellingen,
die maar niet beter willen worden Ook de toepassing door Ridley
(Mal Geneesmiddelen, bl 17) vermeld, dat de bladeren worden
gebezigd tegen koliek, vindt men bij Rumphius terug in het gebruik van de wortels
Nog twee mijner aanteekeningen maken melding van inwendig
gebruik als geneesmiddel (een van een afkooksel en een van een
koud aftreksel van de gewreven bladeren), zoodat het verwondering
baart, dat deze plant zoo giftig is voor visschen, als volgen moet uit
Indische Vergiftrapporten No 201, indien tenminste de opgegeven
wetenschappelijke naam juist is Men leest daar, dat op Siaoe de
bladeren ʼvan den *tama* worden gebezigd om de visschen te dooden,
die bij eb in het rif zijn achtergebleven. Daartoe worden de bladeren òf

fijngestampt in het water geworpen, òf aan de steenen van het rif
gekneusd, zoodat het sap zich met het zeewater vermengt. De
visschen zouden onmiddellijk bedwelmd geraken en zich gemakkelijk
laten vangen Hetzelfde geval doet zich echter voor bij een andere
(nog niet herkende) Callicarpasoort, door Rumphius (IV, bl. 124)
onder den naam van Frutex ceramicus beschreven als een
heester, op Ambon onbekend, doch op Banda als *kajoe ceram* in
de hoven geplant als vischbedwelmend middel. Hij zegt, dat men
de bladeren stampt in een vijzel en er asch bijvoegt, waarna men
het mengsel in een korfje doet en afgedekt een nacht laat staan
Men gaat daarmede naar plaatsen, waar bij afloopend getij water
is blijven staan en strooit het, al wrijvend totdat het schuimt, op
het water, de visschen komen daardoor dood boven drijven Voor
de menschen en overige wezens is echter, zegt Rumphius, deze
plant onschadelijk, want de wortel wordt als medicijn inwendig
gebruikt, de bladeren worden door bokken en schapen afgegraasd
en spreeuwen en andere vogels eten de vruchten
    Opmerking verdient verder, dat Boorsma (Plantenstoffen II, bl.
111) Gmelina, een Lantanasoort en Premna foetida, Reinw., die
alle bij infundeeren met water sterk schuimende aftreksels geven,
met negatief resultaat onderzocht op de aanwezigheid van sapo-
nineachtige stoffen.
In het Museum Bladeren.

253/7177   **Callicarpa** spec.
    Volksnamen Mal Mol *Měměniran* — Jav *Měniran* – Bal :
Ringan-ringan
    Een derde soort van Callicarpa beschrijft Rumphius (IV, bl. 123)
onder den naam van Mamanira als een lagen struik, nauwelijks
een man hoog, met een stam, hoogstens een arm dik Hij wast in
zandige, open velden op mageren grond, aan de kanten van de
bosschen en in verlaten tuinen.
Wortels   Zijn wortel wordt aangeprezen als tegengift tegen kwade visschen,
paddenstoelen, krabben enz ; een afkooksel van den wortel met
katjang idjo gedronken en tegelijkertijd de met een weinig curcuma
Bladeren gewreven bladeren als pap gelegd op vuile zweren, werkt zuiverend en opdrogend Een aftreksel van de bladeren met roode
sělasi (Ocimum Basilicum, L) wordt gegeven als de kraamzuivering bevorderend middel en als emmenagogum (R)

253/7181   **Tectona grandis,** *L. f.*
    Volksnamen. Op Java *Djati* — Jeugdnamen Soend *Do-
dolan* — Jav *Dělěg*
Voorkomen Boom van veranderlijken habitus· op bijzonder waterarme, steenachtige gronden is het een zeer kromme, laag vertakte boom, 15
à 20 M hoog en 0 50 M dik, terwijl op gunstige standplaat-
sen de kruinhoogte bijna het dubbele bedraagt en de dikte van
den zuilvormigen stam 2 M te boven gaat; in gesloten cultures
zijn de stammen van zelfs 30 M. kruinhoogte kaarsrecht Op Java
komt hij wildgroeiend voor in streken met sterk geprononceerden
oostmoesson op zeer droge of periodiek nogal droge gronden,
van Krawang oostwaarts, in Midden-Java tot op 650 M , in Besoeki

253/7181 niet boven 200 M. zeehoogte, meestal gezellig groeiend, doch hier en daar ook verstrooid tusschen andere boomsoorten Buiten Java en Madoera, met de nabij gelegen eilanden, worden oorspronkelijke djatibosschen gevonden op enkele der Kleine Soendaeilanden, zooals Bali en Soembawa, (Zollinger, Verhandelingen van het Bat. Gen. v K. & W dl 23, bl 104), op Zuid-Celebes in Gowa en verder op Moena. In Gowa is de djati mogelijk niet inheemsch, gelijk hij ook in de Molukken hier en daar is ingevoerd (K & V. — VII, bl 165). Zoo is op Boeroe volgens Wilken (Verhandelingen Bat Gen dl 38, bl 52) djati aangeplant op last van de O. I. C. in de vlakte, welke zich uitstrekt achter Kajeli en te Wallea, 3 à 4 uren roeiens van genoemde plaats.

Door den gezelligen groei in de lagere streken en de voortreffelijke eigenschappen is djati de belangrijkste der indische houtsoorten Zijn exploitatie en cultuur vormen het onderwerp van een uitgebreide literatuur. De gegevens van voor 1877 en de persoonlijke waarnemingen van den schrijver zijn door Cordes verwerkt in een monographie De Djatibosschen van Java. Daarna zijn tallooze verhandelingen verschenen in indische en hollandsche periodieken, terwijl het tijdschrift Tectona voornamelijk aan hem is gewijd. De bouwstoffen voor een nieuwe monographie worden thans bijeengebracht en geleidelijk gepubliceerd Dit onderwerp is niet geschikt voor samenvatting in een klein bestek

De bast van de wortels dient op Zuid-Celebes bij het kleuren *Wortels.* van vlechtmateriaal van Borassus flabellifer Voor men tot het eigenlijke verven overgaat, worden de strooken gedompeld in een aftreksel van dezen bast, waardoor zij een gele kleur aannemen; bij herhaalde toepassing van dit bad worden de strooken donkerder en tenslotte bruingeel Materiaal dat deze voorbereiding heeft ondergaan, houdt de eigenlijke kleurstof vast, zoodat die niet met water kan worden weggewasschen (Catalogus Brusselsche Tentoonstelling 1910, bl 333)

Het hout in zijn technische toepassingen blijft hier buiten be- *Hout.* schouwing; het heeft er echter ook van medicinalen aard Rumphius (III, bl 35) zegt, dat het onliefelijk smakende hout van den Jatus de kracht bezit om schadelijke spijs en drank te verbeteren en de woedende cholera te stuiten: hiertoe houdt men zulke stukken voor de beste, die een tijd lang in zee hebben gedreven. Bij de maleiers zou kajoe djati, met *kajoe tahi* (Celtis) in water gewreven, inwendig gebruikt het gewone middel zijn geweest tegen cholera Tegen koliek nam men schraapsel van *kiate*-hout en kookte dat met een handvol padi tot de helft van het water was verkookt, R beweert, dat dit middel terstond helpt Van der Burg (Geneesheer III, bl 349) zegt, dat djati-hout, op een steen met water fijngewreven, aanbeveling verdient bij ontsteking door het sap der vruchten van Anacardium occidentale, L.

Ook een afkooksel van de bladeren, als thee gedronken, wordt *Bladeren* door Rumphius aanbevolen tegen cholera

Overal waar djati groeit, worden de jonge bladeren gebruikt voor het kleuren van vlechtmaterialen Het roodbruin van het oaweansche pandanvlechtwerk wordt verkregen door koken gedurende een halven dag met een aftreksel ervan. In Lamongan stampt men de jonge bladeren tot moes onder toevoegen van water, filteert vervolgens door een groven lap en wendt het verkregen vocht in kokenden toestand aan als verfbad. Op Madoera doet men er tamarinde, elders een weinig kalk bij (Jasper & Pirngadie, Vlechtwerk, bl 68). Door de op deze wijze behandelde pandanstrooken een etmaal in de modder te weeken, krijgen zij een zwarte kleur, even bestendig als het oorspronkelijke roodbruin

Voor de overige, in de literatuur genoemde kleine toepassingen, zie Hoofdstuk I van de „nieuwe Cordes" in Tectona 1916, bl. 874.

In het Museum Hout

253/7185　　　**Premna cordifolia,** *Roxb.*
Volksnamen volgens De Clercq Mal.: *Amboeng-amboeng laoet, Běroewas, Boewas-boewas, Si baroewěh* (Minangk.) — Atjeh: *Baroeëh, Baioh* — Bat. *Baroewas*

Pagers
Wortels
Hout

Bladeren

Snelgroeiende boom of groote heester, met sterk riekende bladeren, gemakkelijk te stekken en goed voor heggen (Ridley, Mal. Timmerhoutsoorten, bl. 84). De wortels dienen als geneesmiddel tegen kortademigheid en van het hout worden riemen en roeren voor inlandsche vaartuigen vervaardigd; de spruiten worden gegeten (De Clercq No 2851). Een aftreksel van de wortels en bladeren is volgens Holmes als koortswerend middel in gebruik (Ridley, Mal Geneesmiddelen, bl 24).

253/7185　　　**Premna foetida,** *Reinw.*
Volksnamen. Soend.: *Ki pahang, Ki seungit* — Jav *Singkil, S. alas* — Mak *Indjaro* — Boeg *Inrělo* — Alf. Amb : *Balabi* — Tern : *Goemira.*

Pagers
Wortels

Hout

Bast
Bladeren

Krom boompje, tot 10 M. hoog en tot 40 cM dik, gewoonlijk kleiner, verbreid over geheel Java beneden 500 M. zeehoogte (K & V. — VII, bl. 192). Rumphius (III, bl 208) beschrijft het onder den naam van F o l i u m h i r c i n u m m a s en zegt, dat de takken zeer gemakkelijk aanslaan, zoodat men het veel gebruikt voor heggen.

De fraai geaderde, uit zeer hard en dicht hout bestaande wortels dienen voor het vervaardigen van handvatten voor kapmessen Het hout van den stam is droog, geelachtig of waskleurig, lang van vezel en geschikt om er pagaaien van te maken. meestal zijn de stammen hol (R). Volgens K & V. wordt het hout van geen waarde geacht.

De bast is taai en in gebruik voor het binden van rijstbossen.

De bladeren zijn rauw onaangenaam van reuk en smaak, doch worden nochtans veel gekookt gegeten (die van het mannetje evenwel alleen als men geen bladeren kan bekomen van het vruchtdragende wijfje, een nog niet herkende Premnasoort), in het bijzonder als běbotok; bij gronderige visch gekookt, benemen zij daaraan den vuilen smaak Zoogende vrouwen eten die bladeren dagelijks om de melkafscheiding te bevorderen, geiten en schapen zijn er verzot op

Het gebruik van de bladeren slaat uit den aard der zaak meer in het bijzonder op het wijfje, zoo ook de naam *daoen* of *sajoer kambing.* De Clercq geeft daarvoor Premna integrifolia, L. op.

253/7185　　　**Premna lucidula,** *Miq*
Volksnamen. Soend.: *Singkil, Trawoeloe.*
Klimplant, klaarblijkelijk in West-Java in de benedenlanden nogal

zeldzaam, De wortels en bladeren werden mij te Batavia door een kruidenzoeker gebracht als geneeskrachtig de toepassingen zijn mij evenwel niet bekend Dr Boorsma deelde mij mede, dat de bladeren met water een gelatineuze massa vormen en evenals die van Cyclea barbata, Miers (zie aldaar) voor het maken van *tjintjaoe* worden gebruikt. **Bladeren**

In het Museum Wortels, bladeren

253/7185 **Premna tomentosa,** *Willd*

Volksnamen. Mal : *Běboelan hěndak* (Lamp)—Soend.: *Boengboelan, Boelang*—Jav *Bolang, Gadoengan, Gěmbolang*

Nogal slanke boom, tot 16 M. hoog en 40 cM dik, meestal dunner, verbreid over geheel Java beneden 900 M zeehoogte, soms kleine boschjes vormend, doch in den regel verstrooid groeiend De stam is meestal eenigszins bochtig en het hout daarom niet in groote afmetingen te krijgen, wegens zijn deugdelijke, veel op die van djati gelijkende eigenschappen is het echter, vooral in West-Java, gezocht voor huisbouw (K & V.— VII, bl 179). Volgens Hasskarl's Nut No 189 is het fraai geel geaderd en zeer sterk, doch niet groot en daarom slechts voor huisraad in gebruik Met het laatste is in overeenstemming hetgeen mij uit de Lampongsche Districten omtrent dit hout werd medegedeeld **Hout**

Daar wordt verder de van de schorslaag ontdane bast met dien van *halěban boenga* (Vitex) en gambir gewreven of gekneusd, en het uitgeperste sap toegediend als middel tegen buikloop De bladeren worden er, fijngewreven met die van Ricinus en met sirihkalk vermengd, toegepast tegen maden in wonden van dieren en te drogen gelegde provisien als visch en vleesch. **Bast** **Bladeren**

In het Museum Hout

253/7186 **Vitex celebica,** *Kds*

Volksnamen. Alf Minah : *Basal, Boengis, Masarawèt sěla, Rimoewas, Saoe masarawèt, Saoe poeti, S rěndai, Woelas watoe*

Woudreus, 45 M hoog, met cylindrischen stam Wegens zijn duurzaamheid en schoonheid wordt het hout voor huisbouw geroemd; het is van even goede hoedanigheid als dat van Vitex pubescens, Vahl op Java en in veel grooter afmetingen te verkrijgen (Koorders, Minahassa) **Hout**

Waarschijnlijk is dit de Morfalla van Rumphius, op Halmaheira *bolowaro* geheeten en in het ternataansch *morofala* Van Soela werd materiaal daarvan ontvangen onder den naam van *banawoi*, dat zeker een Vitex is en niet Nauclea cyclophylla, Miq., zooals De Clercq opgeeft; zekerheid dat het de soort celebica, Kds is, heb ik echter nog niet kunnen krijgen. Rumphius zegt (III, bl 46), dat hij voorkomt in den Soela-archipel en op Ceram's Noordkust De stam heeft groote overeenkomst met dien van Adina fagifolia, Val ; het hout is wit, dicht, fijn van draad als het witte lasihout, doch harder en met een voos hart Op Soela wordt het veel gebruikt voor den bouw van vaartuigen en kon men het op Ambon hebben, men zou er — zegt R —schoone planken van maken, tot schrijnwerk bekwaam Intusschen werd mij uit Soela bericht, dat deze soort er niet veelvuldig voorkomt, doch daarentegen in groote hoeveelheid verkrijgbaar zou zijn op Ternate. Ook werd medegedeeld, dat de hoedanigheid lang niet zoo goed is als de bewoordingen van Rumphius doen denken en dat het op Soela niet voor den bouw van vaartuigen wordt gebruikt, doch wel voor huizen.

Vormen. Van Amoerang ontving het Museum twee vormen van Vitex celebica, Kds met de mededeeling, dat beide vooral in de nabijheid der zee worden gevonden, het meest in de afdeeling Tondano. De eene vorm, *gofasa gaba* (*manonang* of *makapoja*, Toömpakewa dialect), levert hout op, bruikbaar voor huisbouw, doch niet voor bruggen. Omtrent den anderen, *gofasa batoe* (*manonang* of *papakélan*, toömpakewasch), werd bericht, dat het hout vaster en donkerder is, fijn van vezel, hard, zwaar en veerkrachtig, bestand tegen vocht en geschikt ook voor den bouw van bruggen.

In een bericht over de Minahassa, voorkomend in het Tijdschr. v. Ind. T. L. & V. kunde dl 18, leest men op bl. 474 het volgende: Er zijn twee soorten van gofasa, g batoe en g. gaba: het eerste is harder, het laatste echter meer geschikt tot scheepsbouw, wijl de ondervinding heeft geleerd, dat het minder aan het invreten van den worm onderhevig is Langer dan vier of vijf jaren kan dit hout het in het water echter niet uithouden Beide soorten worden tot planken gezaagd en tot het bouwen van huizen gebezigd; het is zeer deugdelijk en sterk.

In het Museum Hout

253/7186. **Vitex Cofassus,** *Reinw.*
Volksnamen Mal Mol : *Boepasa, Gofasa*—Mak : *Katondèng* —Boeg.. *Biti, Katondè*—Alf. Z. Cer.: *Pasal*—Tern.: *Banapat.*
Den Cofassus beschrijft Rumphius (III, bl. 28) als een hoogen boom met dikken, meestal wat bochtigen stam, die een vermaard timmerhout oplevert. Hij komt voor op Celebes en in alle Molukken tot in de Zuider- en Oostereilanden toe, het meest op Boeroe, doch het hout van daar is niet zoo goed als dat, 't welk op Ambon op klippige plaatsen is gegroeid. Hoezeer het gewaardeerd wordt, blijkt wel daaruit, dat volgens R op sommige eilanden, speciaal Banggaai, heele bosschen van gofasa waren aangelegd en dat die geregeld werden opgesnoeid met het doel fraaie, rechte stammen te verkrijgen. Ook in Boni wordt, blijkens een bericht van eenige jaren geleden van den toenmaligen Ass Res Brautigam, de *biti* door de bevolking aangeplant.

Hout. Het spint is wit en zacht, maar — vooral bij oude boomen — niet breed; de rest is dicht, fijn van draad en moeilijk te splijten. In de Molukken is geen houtsoort zoo veelvuldig in gebruik voor het bouwen van vaartuigen als deze, meer bepaald het wijfje, dat rechter is en breeder planken geeft dan het mannetje. De rechte en lange dienen voor de kiel en den romp onder water en de gebogen stukken zijn bruikbaar voor knieën en inhouten, want dit hout is een van de duurzaamste in zeewater, niet onderhevig aan scheuren, en de naden zuigen dicht Voor den bovenbouw gebruikt men het niet vanwege de zwaarte (R.).

Vormen Rumphius onderscheidt den *gofasa* in drie vormen : *g batoe* (het mannetje), *g. pĕrampoean* (het wijfje) en *g gaba-gaba*. De eerste

is het hardste en fijnste, droog zijnde is het hout grauw met gele
tint en zeer glad aftewerken, in het bijzonder, als het afkomstig
is van bestorven stammen, die vanzelf zijn omgevallen het is dan
lichtgeel van kleur, met aderen Het is bruikbaar voor schrijnwerk,
doch niet voor balken die zware lasten moeten dragen, in den grond
is het duurzaam. Ook van deze houtsoort deelt R. mede, dat zij
versteent Hij zegt, dat de makassaren, die dit hout in overvloed
bezitten, daartoe stukken verkiezen uit het hart van zeer oude boomen,
die zij begraven op de wijze als vermeld onder Garcinia celebica, L.,
het versteeningsproces duurt twee of drie jaar Gofasa-steenen zijn zeer
glad, bruingrauw of leverkleurig· zij worden droog gebruikt als wet-
steenen, die het ijzer afnemen gelijk een toetssteen het edel metaal

Gofasa pĕrampoean is minder warrig, lichter van kleur, weeker
en gemakkelijker te bewerken, maar niet zoo duurzaam als gofasa
batoe. Wegens de voorkeur, die hij geniet voor den bouw van vaartuigen, wordt in het bijzonder deze vorm aangeplant

De derde vorm, *gofasa gaba-gaba*, staat klaarblijkelijk veel minder
goed aangeschreven: volgens R is hij grof van draad, niet mooi van
kleur en heeft hij een vol jaar noodig om volkomen droog te worden

Van Piroe (West-Ceram) ontving ik *gofasa batoe, g. tikar* en
g. gaba-gaba, alle gedetermineerd als Vitex Cofassus, en later van
daar zonder herbarium nog een *gofasa merah*. De berichten daarbij
gevoegd, waren geheel in overeenstemming met de mededeelingen
van Rumphius

In het Museum Hout

7186 **Vitex glabrata,** *Br*
Volksnamen Soend : *Bigboel* — Jav . *Gĕntilĕng, Kĕtilĕng, Laban kĕtilĕng, Tilĕng*
Boom, tot 25 M hoog en 1 25 M dik, aan de zuidkust met
zuilvormigen stam en hoog aangezette kroon, op het Wilisgebergte
daarentegen met korten, laag vertakten stam. Hij is verbreid over den
geheelen Maleischen Archipel en groeit op Java verstrooid beneden 900 M zeehoogte, doch is op sommige plaatsen niet zeldzaam √ Het hout wordt soms voor huisbouw gebruikt oude boomen   Hout.
zouden bij Tjilatjap zeer vaak hol zijn (K & V — VII, bl 208)

7186 **Vitex heterophylla,** *Roxb*
Volksnamen Mal . *Lĕban boenga* (?) — Soend: *Ki bangbara,
Laban* — Jav *Kajoe sĕmoet, Kĕtilĕng, Koetilĕng, Laban kĕ-
tilĕng, Laban koening, Laban sĕmoet, Tilĕng*
Rechte boom. tot 30 M hoog en 100 cM dik, meestal slechts
15 a 20 M hoog met een stammiddellijn van 40 tot 60 cM, ver-
strooid groeiend beneden 1400 M zeehoogte Het hout wordt in   Hout
West-Java duurzaam genoemd en voor huisbouw geschikt geacht,
maar zelden gebruikt, omdat de stam meestal te diep gegleufd is
De var velutina, K & V (Jav *Kĕtilĕng*), waarvan alleen op Noesa
Kambangan een paar exemplaren werden gevonden, wordt in loco
voor huisbouw geroemd (K & V.— VII, bl 204)

7186 **Vitex littoralis,** *Decsne* (V timoriensis, *Walp.*).
Volksnamen Timor. *Kajoe koela*
Kromme boom het hout is fijn van nerf, vrij hard, sterk, taai

en duurzaam en laat zich goed bewerken, ook draaien, komt echter slechts in lengten van 2 M voor (Duyfjes' Houtcatalogus, bl. 91) *Kajoe koela* werd door mij van Timor ontvangen als een van de weinige daar bij de B. O W in gebruik zijnde inheemsche houtsoorten; meer inlichtingen heb ik er niet over kunnen krijgen

Teysmann (Natuurk Tijdschr. v. N I. dl 34, bl 508) zegt, dat *Bast* een aftreksel van den bast op Timor wordt gedronken tegen geel- en waterzucht

In het Museum Hout

253 7186   **Vitex Minahassae,** *Kds*
Volksnamen Alf Minah · *Saoe sěla*
Boom van Noord-Celebes, door Koorders alleen gevonden bij Kajawatoe en daar steriel ingezameld; volgens hem (Minahassa, *Hout* bl 560) wordt het hout voor huisbouw zeer hoog geschat Op bl 170 heet het goed tegen weer en wind bestand en geschikt voor planken en balken

253 7166   **Vitex Negundo,** *L.*
Volksnamen. Mal *Lagoendi laoet laki-laki* (Mol)—Alf. Amb *Ai toeban*
Boomheester of klein boompje, uitsluitend groeiend op het strand (K & V —VII, bl 201), door Rumphius beschreven (IV, bl 50) onder den naam van Lagondium litoreum als een wijd uit- gespreiden struik of een middelmatigen boom met krommen, schuin staanden stam ter dikte van een dij, nergens anders voorkomend dan aan vlakke, nogal steenachtige kusten
Wortel Een afkooksel van den wortel geneest gezwollen en zuchtige *Bladeren* lichamen en verdrijft de wormen De bladeren, gekauwd, genezen ulceratiën, gewreven, met peper gemengd en tot pillen gedraaid en twee of drie daarvan ingenomen bij opkomende koude koorts, verdrijven zij de koude (Rumph.)
Chemie Greshoff (Plantenstoffen II, bl 158) vond in den bast en de bla- deren een chromogeen glucosied en Boorsma (Plantenstoffen IV, bl 111) een spoor alcaloid.

253/7186   **Vitex pubescens,** *Vahl*
Volksnamen Mal *Alaban* (S W.K), *Halaban, Haniban* (Lamp), *Laban, Lěban, Manèh* (Atjeh), *Něban*—Bat *Aloban*— Soend · *Hejas, Ki arak, Laban* —Jav · *Laban, L. kětilěng, L. soengoe*—Mad.: *Labhan*
Boom, tot 25 M hoog en 70 cM dik, meestal slechts 10 à 15 M met een stamdiameter van 35 à 45 cM, op rotsachtigen, dorren grond zelfs niet meer dan een klein, krom boompje van 4 M. hoogte en 20 cM dikte Hij is verbreid over geheel tropisch Azië op Java komt hij voor beneden 800 M zeehoogte, nooit echt gezel- lig, maar toch in vele djatibosschen in zeer talrijke individuen in het zelfde bosch verstrooid, of in groepen Hij groeit bij voorkeur op periodiek of constant drogen grond, ook op koraalkalk, en soms ook vlak aan het strand op ziltig terrein
Hout De stam is meestal krom, laag bij den grond ordeloos vertakt en nogal diep gesleufd, zoodat hij nooit hout levert in lange afmetingen;

253/7186 dit hout is echter gezocht om zijn duurzaamheid en fijnheid van draad, vooral voor ploegen, klein huisraad en voor huisbouw (K & V — VII, bl. 202) Het hout wordt onveranderlijk zeer geprezen. In Tectona 1911, bl 393, zegt Ten Oever. Laban wordt algemeen tot de goede, voor bepaalde doeleinden zelfs zéér goede houtsoorten gerekend. Het heeft een fraaie, groenbruine of groengele kleur, die eenigszins aan notenhout doet denken Blijkens zijn ervaring wordt het door de javanen voornamelijk voor gereedschappen gebruikt en wegens de fraaie kleur zou het z. i zeer geschikt zijn voor meubelen Cordes (Tijdschr d Ind Mij v N & L dl 14, bl 133) beschrijft het als tamelijk zwaar, hard, taai en duurzaam, groenachtig bruin van kleur, voor bouwhout zeer gezocht, doch niet verkrijgbaar in balken langer dan 15 voet; hij meent, dat deze soort goede kromhouten kan leveren voor den scheepsbouw en zegt, dat zij in het landschap Kota VII gezocht is voor velgen van wielen. Op Banka wordt de lëban volgens Berkhout (bl 34) gebruikt voor den bouw van prauwen en mij werd verder nog bericht, dat het hout nooit wordt aangetast door insecten, bestand is tegen zeewater (zie ook onder Vormen) en niet scheurt

Uit Djambi werd mij medegedeeld, dat schraapsel van den bast Bast op wonden wordt geappliceerd, in de Lampongs gebruikt men het uit den bast van *lëban boenga* geperste sap als medicijn bij oogziekte. Het gele afkooksel van den bast of van takstukken wordt gedronken tegen lendenpijn en ook, met allerlei andere plantendeelen en kopersulfaat gemengd, gebezigd om vooraf met indigo geverfde stoffen groen te kleuren (Hasskarl's Nut No. 350) Het gebruik voor dit doel schijnt over geheel Java verbreid te zijn. men vindt het ook vermeld bij Jasper & Pirngadie (Batikkunst, bl. 47)

In de Lampongs perst men de jonge bladeren (van *halëban* Bast *pantis*) in water uit en dit wordt bij gebrek aan eetlust of bij een koortsachtig gevoel op de nuchtere maag gedronken Van der Burg (Geneesheer III, bl 163) vermeldt een reeks van medicinale toepassingen, vermoedelijk ten deele indirect ontleend aan buitenlandsche bronnen Volgens Boorsma (Plantenstoffen IV, bl 110) geven zij met water een schuimend infuus, dat toe te schrijven is aan een niet geisoleerd bestanddeel, zeker *geen* saponine Volgens De Clercq (No. 3470) zouden de bataks een aftreksel ervan drinken bij gebrek aan koffiebladeren!

Omtrent de vruchten (van *lëban boenga*) werd mij uit de Lampongsche Districten bericht, dat zij giftig zijn vogels zouden er van sterven Te Batavia werden zij mij gebracht als geneeskrachtig, doch de toepassingen zijn mij niet bekend

Voor het Maleische Schiereiland vermeldt Ridley (Mal. Timmerhoutsoorten, bl 84) een *lëban hitam* en een *l tandoek* en twee vormen worden ook genoemd door Cordes (l c) voor Priaman, n.l *lëban boenga* of *l koenjit* en *lëban tandoek* Voor Menggala geeft Stakman (No 69/72) vier vormen op, waarvan herbarium bij het Museum werd ontvangen en gedetermineerd als Vitex pubescens, n l

1) *Lëban (Haniban)*, komt overvloedig voor zoowel op hooge als op lage gronden en is zeer gezocht voor huisbouw In het water wordt dit hout zoo hard als steen: paalworm tast het

niet aan, zoodat het uitstekend te gebruiken zou zijn voor be-
schoeiingen en waterwerken

2) *Lĕban boenga*, is minder algemeen en komt overeen met den
voorgaanden Men benut dezen vorm speciaal om er roeispanen
van te maken, daar het hout zeer veerkrachtig is. Van dezen werd
mij bericht, dat het hout gemakkelijk te zagen, doch moeilijk glad
aftewerken is.

3) *Lĕban pantis*, wordt het meest gevonden in lagere streken en
komt overeen met 1). Mij werd nog opgegeven, dat het hout gemakkelijk te bewerken is.

4) *Lĕban toengkak*; komt overeen met 1) en werd mij uit de Lampongs toegezonden als de beste van de vier.

K. & V vermelden onder Vitex pubescens, Vahl de volgende
labansoorten (dus in het midden latende, of zij alle tot deze botanische soort behooren) van Noesa Kambangan:

1) *Laban soengoe*, meestal krom, levert geen balken van grooter
lengte dan 3 M De schors, gekookt met kopersulfaat, geeft een
groene kleurstof;

2) *Laban kapoer*; levert balken van tot 7 M. lengte,

3) *Laban koenjit*;

4) *Laban kĕtilĕng* of *kĕtilĕng*, wordt ook groot (als 2), maar
heeft vaak een hollen stam De bast dient om groen te verven.

In het Museum Hout, bast, vruchten.

253/7186

Vitex trifolia, L.

Volksnamen. Mal : *Gĕndarasi* (Palemb.), *Lagoendi*, *Lang-*
goendi (Minangk.), *Lilégoendi* — Soend.· *Lagondi* — Jav :
Lĕgoendi — Mad : *Langghoendhi* — Mak.: *Lanra* — Boeg.:
Lawarani, *Rala* — Alf. Amb.: *Ai toeban*.

Heester of kleine boomheester, wildgroeiend op Java tot op 1000
M zeehoogte (K & V.— VII, bl 200), veelvuldig geplant om de
aromatische, voor medicinale doeleinden gebezigde bladeren Rumphius beschrijft hem (IV, bl. 48) onder den naam van Lagondium
vulgare als een heester, nauwelijks een man hoog, met vele takken
opschietend, voorkomend op magere, zandige plaatsen in de felle
zon, alsmede omtrent de huizen, waar een mulle grond is van neer-
geworpen ruigte en afval Hij is bekend op alle eilanden van Water-
Indië De geheele struik geeft een specerijachtigen geur af, dien
men gewaar wordt, als men hem voorbijgaat en die aan de handen
kleeft, als men hem vast houdt. Takken, die in de huizen worden
opgehangen, vervullen die met hun geur, zoolang zij groen zijn.
De smaak is bitter en scherp, den mond verwarmend.

De teere rijsjes met de bladeren worden in water gekookt, gewreven en als pleister gelegd op kneuzingen om de zwelling te verdrijven. Algemeen worden zij gebruikt in stovingen, in het bijzonder
tegen beri-beri, waarvoor men er de bladeren van *sĕmboeng*, Guajava, den citroenboom e.a bijdoet Bontius verklaarde, door stovingen en inwendig gebruik van een aftreksel genezen te zijn van
beri-beri Met de bladeren van Abutilon spec. div geven zij een
bad tegen de pijnen van graveel en podagra en de vroedvrouwen
doen ze in het bad voor kraamvrouwen, zoowel voor als na de
bevalling Een dergelijk bad is ook goed tegen persingen en kramp.

De versche bladeren werken zuiverend en genezend op wonden.
De balische en javaansche vrouwen geven zoowel de bladeren
versch met slappe arak, als gedroogd en tot poeder gewreven onder
andere djamoe, om de winden uit 't lijf te verdrijven, verstopte
maandstonden te bevorderen en de baarmoeder te reinigen (R)
Waitz (Practische waarnemingen, bl. 10) achtte de bladeren aanbevelenswaard als ondersteunend middel bij waterzucht, vooral bij
lijders met een gevoelig en verzwakt darmkanaal en insgelijks bij
koliek, men kan ze in dezelfde dosis laten gebruiken als kamillen.
In een Summier ziekenrapport van Tjiandjoer (Geneeskundig Tijdschr. v N 1. 1862, bl 690) wordt gerapporteerd, dat herhaaldelijk met goed gevolg werd gebruik gemaakt van een infusum der
herba lagoendi bij catarrhale diarrheeen en'andere lichte buikziekten Mevr Kloppenburg vermeldt, dat de bladeren, met azijn fijngestampt, op de milt worden gelegd bij pijn in dat deel van het lichaam.
Een zalf van de bladeren met klapperolie is dienstig tegen schurft: dit
middel is ook elders bekend en Mevr K beveelt aan, daarmede inwendig gebruik van een aftreksel van de bladeren te combineeren. Een
afkooksel met *kěntjoer* en een stukje *koenir*, met suiker, zou worden'
gedronken tegen tering Wasschingen met een aftreksel van lagoendibladeren worden toegepast tegen jeuk in de liezen bij zwaarlijvige
mannen en als de transpiratie zout is (Mevr K). De maleiers baden
volgens Ridley (Mal Geneesmiddelen, bl. 28) teringlijders met een
afkooksel van de bladeren en geven als inwendig middel pillen,
gedraaid van de met knoflook, peper en *curcuma* fijngewreven
bladeren. Met *djintěn itam* (Nigella sativa) en uien fijngewreven,
leggen zij ze ook op het voorhoofd bij hoofdpijn Op Karimon
djawa wordt volgens Koorders (Natuurk. Tijdschr. v N I dl 48,
bl 89) een aftreksel van de bladeren ingenomen tegen koorts;
in de Lampongs past men daartegen wasschingen toe.

De versche takken, op een drogen dag geplukt, legt men in de
rijstkisten om de rijst voor klander te bewaren; uit de kleerkasten
houden zij de kakkerlakken en wandluizen De rook verdrijft de
muskieten uit de huizen (Rumph) Ook het gebruik om insecten
te weren vindt men bij verschillende schijvers vermeld, zooals in
het Natuurk. Tijdschr. v N I dl XX, bl. 223, het Tijdschr. v.
Land- en Tuinbouw en Boschcultuur 5e jaarg, bl 554 en in
Publicaties 1914 van het Ned.-Ind Landb Syndicaat, bl 172 uit rijst
en koffie worden de boorkevers verdreven met lagoendibladeren

Deze plant bevat een aetherische olie, volgens Boorsma (Plan- Chemie.
tenstoffen IV, bl 111) geen saponine, een spoor alcaloid in de
bladeren en iets meer in de vruchten.

In het Museum Bladeren, vruchten

253/7186 **Vitex vestita,** *Wall*
Volksnamen. Mal.: *Lěban nasi* (Malakka), *Maramboeëng*
(Minangk).

Boom, 30 en meer voet hoog, op het Maleische Schiereiland
veelvuldig voorkomend. Het lichte, witachtig reekleurige hout wordt Hout
gebruikt voor daksparren en brandhout; het is veel minder in kwaliteit dan dat van V. pubescens, Vahl (Ridley, Mal Timmerhoutsoorten, bl. 84).

253/7183

Gmelina moluccana, *Backer* msc Herb Bog (V ı t e x m o-
l u c c a n a, *Bl*).
Volksnamen Mal Mol *Tıtı*

Hout

Als T ı t t ı u s beschrıjft Rumphıus (III, bl. 38) een mıddelmatıg
hoogen boom, een vadem ın omtrek, op de ambonsche eılanden
nıet alleen ın het wıld groeıend, màar ook aangeplant. Het hout
ıs wıt, lıcht en week, doch zeer geschıkt voor kleıne prauwen en
schuıtjes, omdat de stammen nıet moeılıjk zıjn uıt te hollen en
de vaartuıgen wegens hun lıchtheıd gemakkelıjk zıjn te hanteeren
en op het droge te trekken In zeewater zıjn zıj tamelıjk duurzaam,
doch ın zoetwater worden zıj spoedıg onbruıkbaar (Rumphıus).

De berıchten, welke het houtmonster vergezelden, dat uıt Pıroe aan
het Museum werd toegezonden, bevestıgen dıe van R Men schreef,
dat de *tıtı* wordt aangetroffen te Hoamoal op het eıland Ceram, op
Roma en op Moa (Letı); te Hoamoal wordt hıj aangeplant Het hout ıs,
nıettegenstaande zıjn zachtheıd, bekend om zıjn duurzaamheıd; het
wordt veel gebruıkt voor kleıne prauwen en voor bınnenwerk ın huızen.

Bast

Het sap uıt de gewreven of gestampte schors geneest allerleı
wonden en ulceratıen; het werkt volgens Rumphıus zuıverend en
doet de wond sluıten.

Vormen

De tıtı wordt door R. onderscheıden ın een wıtte en een roode soort;
de wıtte ıs voor vaartuıgen meer geschıkt dan de roode, daar het hout
wel water opzuıgt, doch spoedıg weer droog wordt Dat van den
anderen vorm (?) ıs rooder; ook dat zwelt op ın het water, maar
scheurt bıj het drogen. De roode wordt daarom het mınst aangeplant.

In het Museum. Hout

253/7188

Gmelina villosa, *Roxb.* (G. a s ı a t ı c a, *Auct*)
Volksnamen. Mal.· *Boelangan, Kĕmandıang* (Lamp)—Soend.:
Warèng —Jav.: *Warèng.*

Rıjk en dıcht vertakte, sterk gedoornde boomheester, tot 7 M.
hoog en 0 15 M. dık, verbreıd over den geheelen Maleıschen
Archıpel, op Java voorkomend beneden 500 M zeehoogte (K &
V — VII, bl. 197) Rumphıus (II, bl. 127) zegt van zıjn R a d ı x

Pagers

d e ı p a r a e s p u r ı a, dat deze plant wordt gebruıkt voor heggen,
welke ondoordrıngbaar zıjn voor mensch en dıer vanwege de doorns,
dıe pıjnlıjke zwellıngen veroorzaken.

Hout

Het hout beschrıjft R. als hard en redelıjk duurzaam op Java
zou men er ploegjukken van maken. K & V. zeggen, dat het nıet
wordt gebruıkt, tenzıj soms voor houten trıppen.

Bladeren

Rıdley (Mal. Geneesmıddelen, bl. 37) berıcht, dat bıj kıespıjn de
bladeren op het tandvleesch worden gewreven en Scheffer teekende ın Hasskarl's Nut aan, dat het sap uıt de bladeren en vruchten
van den warèng bıj oorpıjn wordt ıngedruppeld.

Vruchten

Men weekt de bladeren en vruchten ın water en besprenkelt
daarmede tabak om dıe geurıger te maken (De Clercq No. 1666);
ın de Lampongs legt men de rıjpe vruchten zelf tusschen de tabak.
Omtrent de vruchten vermeldt Rıdley's Mal Geneesmıddelen (bl. 31),
dat men ze met knoflook en kalk tot een zalf wrıjft tegen waterzucht Te Batavıa worden de geroosterde vruchten gebruıkt tegen
jeuk aan de voeten tengevolge van het waden door stılstaande
wateren en plassen en te Buıtenzorg deelde men mıj mede, dat de

een weinig gekneusde vruchten worden geweekt in water, dat dan geschikt zou zijn voor oogwassching tegen zwakte van het gezicht

De Clercq vermeldt nog, dat de vruchtschillen worden geconfijt.

Volgens Teysmannia 1890, bl 127, bestaan de zaden voor 68 % uit een lichtgele olie, in smaak en reuk herinnerend aan cacao-boter.

Zaden

In het Museum: Bladeren, steenkernen

253/7191 ### Clerodendron Blumeanum, *Schauer.*

Volksnamen Soend *Kěmbang boegang, Singoep* — Bal. *Tintinga* — Alf Amb. *Aupaloelan mahina, Maroerang.*

Opgerichte heester, 1 tot 2 M hoog, in West-Java groeiend tusschen 70 en 800 M zeehoogte in bosschen en schaduwrijke struikwildernissen (Backer, Tropische Natuur 1916, bl 93) Rumphius beschrijft hem (IV, bl 108) onder den naam van P e t a s i t e s a g r e s t i s en zegt, dat hij velerlei nut heeft in de medicijnen

Op Banda gebruikt men den wortel tegen oepas, die gepaard gaat met steken in de zijde en braken Tegen dysenterie mengt men hem fijngewreven onder het eten, of kookt hem met de jonge loten even op in versche sagoëer, die men daarna drinkt. In de Oeliassers komt een soort van adder voor, waarvan de beet doodelijk is, tenzij men dadelijk den wortel van deze plant kauwt, het sap daarvan ten deele inslikt en met het overige het wondje verbindt. daarop moet braken volgen, wil het middel helpen Thuis komende moet men de bladeren warm maken, 't sap innemen en ook op de wond smeren Deze bladeren, met klapperolie bestreken warm gemaakt en op den buik gelegd, verzachten een verharden buik en winderig koliek Een papje ervan geneest brandwonden en brengt gezwellen en bloedvinnen tot rijpheid. Men geeft ze ook in tegen koorts en om de ambonsche pokken (framboesia) uit te drijven en gebruikt ze naderhand uitwendig om die te doen opdrogen Met *curcuma* gesmeerd, warm gemaakt en opgelegd, doen ze een gezwollen milt slinken.

Wortels

Bladeren

Zoowel de bladeren van deze soort als die van Clerodendron Rumphianum, De Vr worden door de ambonsche vroedvrouwen veel gebruikt om in het warme water te doen, waarmede pasgeboren kinderen worden gewasschen, voorgevende, dat dit niet alleen dient om de kinderen te reinigen, maar ook om ze voorspoedig te doen opgroeien (Rumph.)

253/7191 ### Clerodendron calamitosum, *L.*

Volksnamen Mal .*Kajoe gambir*—Soend .*Kěmbang boegang*

Opgericht heestertje, 0 50 a 1 M hoog, op Java voorkomend van af de laagvlakte tot op 750 M zeehoogte (vooral in streken met krachtigen oostmoesson) op beschaduwde terreinen in en om kampongs, in klappertuinen en aan bosch- en wegranden, steeds in de nabijheid van menschelijke woningen Hier en daar wordt het als sierplant in tuinen gekweekt (Backer, Tropische Natuur 1916, bl 92)

Door Vorderman (Teysmannia 1900, bl. 217) is Clerodendron calamitosum het eerst aangewezen als een der soorten van *daoen kědji běling*, d w z bladeren, die naar inlandsche opvatting het vermogen bezitten om glas- of potscherven in een toestand te brengen, dat zij gemakkelijk tot gruis zijn te vermalen Vorderman

Glaskauwei plant

meent, dat het zonder verwonding der zachte deelen fijnkauwen
van een scherf van een bord met behulp van een kĕdji bĕling-blad,
berust op door zelfsuggestie ontstanen moed en het bezit van een
stevig, gezond gebit en vermeldt een persoon, die het zonder blad
deed, het zou eenvoudig een kwestie zijn van durven. De inlander
echter oordeelt. gelijk gezegd is, anders en naar diens opvattingen
moeten dergelijke bladeren, krachtens wat men gewoon is de transmigratieleer te noemen, heilzaam zijn bij steenziekte. Vorderman zelf
beschrijft een geval, dat een lijder aan niersteen met suppuratieve
ontsteking van het nierbekken, naar het oordeel van den behan-
delenden geneesheer alleen te redden door een operatie, overging
tot het gebruik van een afkooksel van een der soorten van daoen
kĕdji bĕling met *daoen oerat* (Plantago) en den medicus na een
kuur van eenige maanden verbaasde met het bereikte resultaat.
V wordt daardoor echter niet overtuigd van de therapeutische waarde
der kĕdji bĕlingbladeren en meent het succes te moeten toeschrijven
aan de daoen oerat Boorsma (Plantenstoffen IV, bl 22) zoekt
verband tusschen de uitwerking en de aanwezigheid in kĕdji bĕling-
soorten en andere diuretica, ook in *daoen oerat* en in *daoen mĕniran*, van een hoog gehalte aan kaliumzouten Hoe het zij, de daoen
kĕdji bĕling gelden zoowel bij den inlander als bij den europeaan
(terecht) als een voortreffelijk middel tegen nier- en blaassteenen, on-
verschillig of die uit uraten, phosphaten of oxalaten bestaan (Vorderman in Tijdschr. v. Inl. Geneesk 1900, bl. 51) en volgens Mevr. Kloppenburg werken die van Clerodendron calamitosum (*kĕdji bĕling No.
II*) het krachtigst Een afkooksel daarvan wordt volgens deze dame
wel eens alléén gebruikt, doch juist wegens de sterke werking
beveelt zij aan, deze soort te mengen met *kĕdji bĕling No. I* (Desmo-
dium gangeticum, DC.) en daoen mĕniran (Phyllanthus Niruri, L.)

253/7191   **Clerodendron inerme,** *Gaertn*
Volksnamen Mal *Gambir laoet* (Mol), *Kĕtoewèr, Manor oetan*
(Amb) —Soend *Kĕmbang boegang*—Mak · *Biring djéné*
Heester, 1 tot 10 M. hoog, alleen groeiend aan of nabij zout of brak
water, vooral aan riviermonden en in de mangrove, minder vaak
aan zandig strand (Backer, Tropische Natuur 1916, bl 88) Rumphius beschrijft hem (V, bl 86) onder den naam van J a s m i n u m
l i t o r e u m als een struik, die bij de visschers in hooge achting
staat als heilzaam tegen allerlei vergiftiging door visschen en an-

Wortels.   dere zeedieren Bij voorkeur gebruikt men de zaden, doch als men
die niet krijgen kan, de met water fijngewreven wortels Als iemand groot krimpen en scheuren in het lijf gevoelt van ingekregen
venijn of het eten van schadelijke dieren, dan moet men hem het

Bladeren   lichaam wasschen met een afkooksel van de bladeren en ook daarvan te drinken geven De versche bladeren, met olie bestreken en
over het vuur warm gemaakt, genezen versche wonden. De maleiers gebruiken ze voor dat wonderlijk gerecht, dat zij nasi radji (?)
noemen, 't welk bestaat uit gekookte rijst waaronder verder allerlei
fijngesneden scherpe bladeren, als van djĕroek nipis, sawi, uien enz ,
zijn gemengd: deze maskeeren den onaangenamen smaak van de *gambir laoet*-bladeren Dit kostje wordt gegeten om eetlust op te wekken

Zaden   De zaden worden, als reeds vermeld, fijngewreven ingenomen

door hen, die door het eten van visschen, krabben e d vergiftigd
zijn, de makassaren zouden op hun zeereizen steeds de wortels
of rijpe vruchten meevoeren (Rumph.)

253/7191   **Clerodendron macrophyllum,** *Bl* (C p h y l l o m e g a,
Steud)

Volksnamen. Mal *.Kajoelampam*—Soend *Ramodaginglalaki*
Opgerichte heester, ongeveer 2 M hoog, in West-Java gevonden
tusschen 150 en 1000 M , doch klaarblijkelijk zeldzaam (Backer,
Tropische Natuur 1916, bl 91) In Palembang werd hij ingezameld
onder den naam van *kajoe lampam* en beschreven als een zeldzame, weinig vertakte heester met een stammetje ter dikte van
een arm, dat bij verwonden geelachtig sap doet uitvloeien. Deze
plant staat daar bekend als zeer giftig een stukje van de gele
wortels of van het hout, onder de rijst gekookt, zou voldoende
zijn om een geheel gezin naar betere gewesten te zenden Nuttig
zou men haar aanwenden door dergelijke rijst te bezigen om ratten
en ander schadelijk gedierte te verdelgen.

In het Museum Wortels

253/7191   **Clerodendron Minahassae,** *T & B*

Volksnamen. Alf Minah *Leilèm in asoe, Leilem in taloen*
Opgerichte heester, 3 à 6 M hoog, inheemsch in de Minahassa,
op Java hier en daar in tuinen aangeplant (Backer, Tropische
Natuur 1916, bl 88) Volgens Koorders en Filet (No 5314) is het
jonge loof bij de inlanders op Noord-Celebes een gezochte groente

253/7191   **Clerodendron Rumphianum,** *De Vr*

Volksnamen Mal *Boenga pangil, B pluim, B poean,
Loloet*—Alf Amb *Aupaloelan hahoela*
Petasites amboinensis, *Rumph* (IV, bl: 107) is een heester, 2 M hoog, op Ambon in de hoven en boschtuinen als sieraad
geplant Bij voorkeur groeit hij op lossen grond en wel op die
plaatsen, waar men gewoon is afval en ruigte neer te werpen
Hij wordt voortgeplant door zaden of door stekken.

De wortel is in gebruik tegen den rooden loop   Wortel
De groote bladeren worden met een stukje *curcuma* tot een papje   Bladeren
gewreven en bij opgezetheid van den buik en de beenen daarop
gesmeerd om de zucht uit te trekken Men gebruikt ze ook in het bad
voor pasgeboren kinderen, evenals die van den wilden pestwortel (C
Blumeanum, Schauer) De maleiers kneuzen ze tusschen de vingers,
doopen ze vervolgens in azijn en zuigen er dan aan om de gonorrhee
te verdrijven en te zuiveren De schutbladen der bloemen kauwen zij   Bloemen
bij de sirih tegen bloedwateren, en ter genezing van stekende pijn
in de gewrichten bezigt men een pap van deze schutbladen, gewreven
met de schors van Endospermum moluccanum, Becc. (R)

253/7191   **Clerodendron serratum,** *Spreng* (C javanicum, *Walp*).

Volksnamen Mal . *Sěnggoegoe, Tindjaoe hěndak* (Lamp)
—Soend *Sěnggoegoe, Singoegoe* — Jav: *Sagoenggoe, Sri-
goenggoe* — Mad *Kertasè, Pinggir tosèk*
Opgerichte heester, 1 tot 3 M hoog, vrij algemeen op geheel

Java van even achter het zeestrand tot op 1700 M zeehoogte in
struikwildernissen, secundair bosch en op alangvelden (Backer,
Tropische Natuur 1916, bl. 88)

Wortel De wortel wordt volgens Filet (No. 6930) fijngewreven ingenomen om een heldere stem te verkrijgen. Te Buitenzorg gebruikt
men hem met andere diuretische middelen tegen vrouwenziekte.

Bladeren De bladeren geeft men aan hoornvee wanneer het aan buikziekte lijdt (Vorderman, Madoereesche planten No. 185); zij worden volgens mededeeling van Dr Boorsma ook door kraamvrouwen
gegeten en uitwendig, gestampt met adas-poelasari, aangewend
tegen rheumatiek. Jasper (Geneeskrachtige planten) bericht, dat
men bij pijn of moeheid in de gewrichten 8 a 10 jonge bladeren met wat kalk fijnwrijft en dit als zalf of wrijfmiddel aanwendt
Een aftreksel van de bladeren met zout en *těmoe lawak* wordt
volgens Dr Boorsma gedronken tegen een opgezetten buik, men
zegt ook, dat het dienstig is tegen wormen

Vruchten De vruchten, rijp of onrijp, worden in de Lampongs bij de sirih
gekauwd tegen zwaren hoest

Chemie Boorsma (Plantenstoffen IV, bl. 24) trof in de bladeren geen organische stoffen aan, waarvan een therapeutische werking mocht worden
verwacht, sporen alcaloïd werden gevonden, doch de hoeveelheid
verkregen uit 30 gram versch blad was voor een kikvorsch niet merk-
baar giftig Zij hebben echter een hoog kaliumgehalte de asch van
100 gram blad gaf 382 mgr. K naast zeer weinig Na

In het Museum Wortels

253/7191 **Clerodendron Siphonanthus,** *R. Br.* (C. fortunatum, *Bl.*)
Volksnamen Mal. *Bidoejoek, Gandja, Mémadatan* (Batav.),
Ronggo dipo (Palemb.)—Soend. *Gěndjè, Sěkar pětak*—Jav.:
Daoen apioen.

Heester of kruid, opgericht, 1 tot 3 M hoog, op Java wildgroeiend
van af de laagvlakte tot op 450 M zeehoogte op grazige, zonnige
of lichtbeschaduwde terreinen, vrij zeldzaam doch plaatselijk vaak
in groote hoeveelheid. In West- en Midden-Java wordt deze soort
tot op 1200 M wel eens in tuinen gekweekt als vermeend opiumsurrogaat (Backer, Tropische Natuur 1916, bl. 88) Volgens Boorsma
Bladeren worden de gedroogde bladeren in een wikkelblad bij wijze van
strootje als genotmiddel of tegen asthma gerookt; een werkzaam
beginsel werd er door Greshoff (Plantenstoffen II, bl. 159) niet
in gevonden en B. ondervond van het rooken ervan niet de minste
uitwerking De reuk bij verbranden herinnert echter eenigermate
aan dien van opium (Jaarboek 1915 Dept v. L N & H, bl. 24).

In het Museum Bladeren

253/7199 **Peronema canescens,** *Jack.*
Volksnamen. Soend. *Djati sabrang, Ki sabrang* — Mal.:
Soengkai, Soengkai mělajoe — Z & O Born. *Loeroes*

Boom, tot 22 M hoog en 60 cM dik, in 1892 volgens K. & V.
(VII, bl 214) op Java wildgroeiend alleen aangetroffen nabij Menes
in West-Bantam, thans in Bantam en het westelijk deel van Batavia reeds tamelijk algemeen en zich derhalve vrij snel oostwaarts
verbreidende. In Midden-Java is hij herhaaldelijk aangeplant ge-

vonden, zoowel voor pagers als om het hout. Op Sumatra is hij
in de benedenlanden algemeen. Het hout wordt daar volgens K. & Hout
V. geroemd voor huisbouw en bruggen, het is licht en veerkrachtig en dient in Palembang voor den bouw van ossenkarren en
dergelijk klein werk, in de Lampongs bij den huisbouw, doch liefst
onder dak. Stakman (Toelang Bawang No. 114) noemt het een zeer
gewilde houtsoort en vermeldt de ook in Palembang bekende eigen-
aardigheid, dat het in stroomend water in den tijd van 6 jaar versteent.
In Bulletin No 14 Kol Museum, bl 60, wordt gezegd, dat loeroes-
hout door zijn laag s g bijzonder in aanmerking komt voor kapcon-
structies voor andere doeleinden zou het minder bruikbaar zijn
wegens een sterke neiging om te scheuren Ook zou het worden
aangetast door witte mieren en in den grond snel verrotten.

Een aftreksel van de bladeren wordt in Z O Borneo gebezigd Bladeren
als mondspoeling tegen tandpijn; in Palembang kent men aan een
afkooksel koortswerende eigenschappen toe.

In het Museum Hout, ook versteend

253/7200 **Petraeovitex ? Riedelii**, *Oliv*
Volksnamen Mal. Amb Tali boeboe — Alf. Amb.: *Hahiat,
Seroewari*

Onder den naam van F u n i s q u a d r i f i d u s beschrijft Rumphius (V, bl 4) een zeldzame liaan, groeiend in het dichte kreupelbosch en in vochtige valleien, waar zij over het lage geboomte
loopt Haar stam schijnt te bestaan uit vier strengen, die echter
bij de leden niet aaneensluiten: hij is een arm, soms wel eens
een been dik en zendt een groot aantal lange, dunne zijtakken uit,
waarmede de plant een groote verwarring maakt Die takken zijn
taai en buigzaam, bijna onbreekbaar en bestand tegen zeewater,
zoodat de visschers ze gebruiken als lijnen voor treknetten, voor
het neerlaten van fuiken en voor ankertouwen (Rumph.).

253/7205 **Avicennia officinalis**, *L*
Volksnamen Mal · *Api-api, Kajoe ling* (Menado), *Manggi-
manggi poetih* (Mol) — Jav · *Api-api, Api-api brajoe, Api-api
katjang* — Soend *Ki blanak* — Mak. *Pèpé-pèpe* — Alf Amb :
Wata koemban — Ceram *Afi-afi* — Alf Minah : *Tioes lewo*
Meestal lage, soms echter 17 tot 20 M hooge en 1.50 a 1 60
M. dikke boom van de vloedbosschen van tropisch Azië en Australië, vooral te vinden aan kleikusten (K. & V. — VII, bl. 217)
Rumphius (III, bl. 115) beschrijft hem onder den naam van M a n-
g i u m a l b u m als een lagen boom, somtijds een struik, van veranderlijke gedaante. Het hout is wit en voos, geaderd als vuren- Hout
hout; het droogt na het kappen zeer snel en is dan licht In de
oude, dikke stammen vindt men een bruin of zwartachtig hart,
niet dikker dan een duim, doch het omliggende hout ter dikte
van een dij wordt redelijk hard en is zeer duurzaam. Op sommige eilanden wordt dat harde hout gebezigd voor stijlen van
huizen Overigens maken de javanen en makassaren van het hout
rijstblokken, waarvoor het bijzonder geschikt is, doordat de scherpe
draden het pellen zeer vergemakkelijken Verder wordt het alleen
gebruikt als brandhout. het brandt zeer gemakkelijk, doch geeft

geen oplaaiende vlam; het smeult en vergaat gelijk turf (Rumph).
K & V deelen mede, dat op Java het hout bijna alleen wordt gebruikt als stookmateriaal en zelfs voor dat doel is het niet eens
gezocht. Ridley (Mal. Timmerhoutsoorten, bl. 60) zegt, dat ingevolge
groote vraag naar brandhout, op sommige plaatsen alleen de
w a a r d e l o o z e Avicennia, die niet voor brandstof wordt gebruikt,
in de mangrove is overgebleven.

Getah   ' Filet (No. 14) spreekt van een groene, aromatische hars, die
de stam uitzweet en welke op Nieuw-Zeeland gegeten zou worden, Dr Boorsma deelde mij mede, dat hij van verschillende zijden vernam, dat in de kuststreken van West-Java de taaie, aromatisch bitter smakende getah van Avicennia wordt ingenomen (in
een stuk pisang, dat men doorslikt) met het doel zwangerschap
tegen te gaan, welk middel ook bij jarenlang gebruik geen schadelijke gevolgen zou hebben

Vruchten   De vruchten, vervolgt Rumphius, hangen twee aan twee en vier bij
elkaar, in de grootte van (de toenmalige) dubbeltjes, plat en een
weinig scheef gelijk de jonge vruchten van den namnam, met een
kort spitsje vooraan. Zij zijn bedekt met een wollig, grauwgroen velletje; daaronder liggen twee in de lengte geplooide zaadlobben,
waartusschen de kiemwortel zit als een wit kwastje. Op Makassar zijn de vruchten zoo groot als een halfwassen namnam en
dienen daar in tijden van schaarschte als voedsel. De toebereiding
geschiedt aldus na verwijderen van de schil en de kiem worden
de zaadlobben gekookt, sommigen weeken ze na afkoken nog een
nacht in water om de wrangheid beter uit te trekken, maar die is toch
nooit geheel te verdrijven. Deze kost wordt gegeten in de plaats
van rijst bij andere spijzen (Rumph). K & V zeggen, dat ook op
Java ae geschilde zaden door de inlanders der kuststreken in
tijden van schaarschte gekookt worden gegeten.

Vormen   Boven werd reeds medegedeeld, dat Rumphius melding maakt
van uiteenloopende vormen van deze plant. De systematici zijn het
echter omtrent de begrenzing niet eens. Schimper (Die indo-
malayische Strandflora) beschouwt de in de tropen der Oude
Wereld voorkomende vertegenwoordigers van het geslacht Avicennia als één soort, de hier genoemde K & V echter nemen
— zij het dan ook met twijfel, daar zij het waarschijnlijk achten,
dat overgangsvormen voorkomen — nog een tweede soort aan,
Avicennia alba, Bl. Deze wordt door hen (VII, bl. 221) beschreven
als een heester of nogal lage boom (kruinhoogte 13 tot 20 M. bij een
stamdiameter van 30 à 40 cM) Bij Batavia komen volgens mededeeling van den Heer Backer drie scherp gescheiden vormen voor

253   Verbenacea.
In Midden-Java, en ook wel te Batavia, worden in den inlandschen medicijnhandel geribde noten verkocht onder den naam
van *bloeboek loepa*, waarvan zoowel de geographische als de
botanische oorsprong onbekend is. Boorsma meende ze oorspronkelijk te herkennen als de vruchten van Teysmanniodendron bogo-
riense, Kds, in 's Lands Plantentuin ingevoerd uit de Kei-eilanden,
doch bij nader inzien zag hij toch nog grooter gelijkenis met
de vruchten van den in den botanischen tuin als Vitex pteropoda,

Miq gekweekten boom. Deze Vitex-soort, waarvoor Filet den naam *sepoegang* (Mal. Sum. O. Kust) opgeeft, wordt echter niet voor Java vermeld, zoodat zoowel het een als het ander mij niet zeer waarschijnlijk voorkomt

Omtrent het gebruik deelt Mevr Kloppenburg mede, dat van de verkoolde pit met klapperolie een zalfje wordt gemaakt tegen haemorrhoïden. Te Solo vernam Dr Boorsma, dat de noten met dop en al worden gestampt met *djadam* (aloe) en *boewah těmpajan* (Sterculia scaphigera) en dat dit mengsel op den buik wordt aangewend tegen slijmafgang Te Djokja deelde men hem mede, dat zij met *imba*-gom (Azadirachta indica, Juss) worden gekookt en dat het decoct wordt ingenomen tegen diarrhee.

In het Museum Vruchten

LABIATAE

154,723I
Gomphostemma phlomoides, *Benth*
Volksnamen Soend *Galipoeng boeloe, Kalidoeng* — Jav *Djintènan, Lěgětan, Pepèr, P tahi, Pèpèran, Sěmboeng limpoeng, Tengkoe* — Mad : *Kasoempang, Kopètan*

Zeer veranderlijk kruid, 1 à 2 M hoog, mogelijk slechts een vorm van Gomphostemma javanicum, Benth, groeiend op beschaduwde, droge plaatsen beneden 1600 M zeehoogte (Backer). Boorsma trof het in de Vorstenlanden aan in den inlandschen medicijnhandel, de bladeren worden aangewend op wonden en het vocht, verkregen door ze te stampen met adas-poelasari, wordt ingenomen tegen buikpijn

254,726B
Leucas lavandulifolia, *Smith* (L linifolia, *Spreng*).
Volksnamen Mal *Daoen héran* (Mol),—Soend : *Patje-patjè* —Jav *.Lěnglěngan, Lingko-lingkoan, Nlěnglěngan, Plěngan*— Mad *?Sarap nor-nor* — Tern . *Gofoe hairan*

Opgericht, niet zelden sterk vertakt kruid, 0.20 tot 0.60 M hoog, in vele streken op Java beneden 1500 M zeehoogte algemeen op braakliggende akkers, aan droge wegranden, e d (Backer) Rumphius beschrijft het (VI, bl 39) onder den naam van Herba admirationis en zegt, dat het onaangenaam riekt en doordringend bitter Culinair smaakt; desondanks zou het op Bali onder andere sajoer worden gekookt Ook te Batavia werd mij verzekerd, dat de bladeren als lalab worden gegeten en De Clercq (No 2028) beweert, dat het wel als veevoeder dient; mogelijk is dit laatste juist als de dieren uitgehongerd zijn, doch op het veld laten zij het staan

Omtrent het medicinaal gebruik vermeldt Rumphius slechts, dat Medicinaal het sap uit de bladeren in de oogen wordt gedruppeld bij opkomende koorts en met wat water verdund wordt opgesnoven om het slijm in neus en keel los te maken. Op Java heeft het geheel andere toepassingen In het Tijdschr v Inl Geneesk 1906, bl 148 bericht Boorsma, dat het gestampte kruid wordt aangewend als tapel op den buik tegen wormen Gestampt en met kalk en tabak vermengd is het een veel gebruikt middel om stinkende wonden van dieren van vliegenlarven te zuiveren Vorderman (Madoereesche planten No 332) zegt, dat een papje van de gekneusde bladeren van sarap nor-nor ook op chronische beenzweren wordt geappliceerd. Mevr. Kloppenburg geeft een reeks van aanbevelingen van lĕnglĕngan als zenuwbedarend middel, bijv.: de gedroogde bladeren als kussenvulling voor zenuwlijders, een aftreksel als wassching tegen een gevoel van agitatie, stuipen bij kinderen, kramphoest, e d Een afkooksel, vooral van den wortel, zou goed zijn om er de voeten in te weeken bij eeltwonden

254 7273   **Leonurus sibiricus,** *L.*
Volksnamen. Soend : *Dĕndĕrĕman, Padang dĕrman* — Jav *Gindjéan*
Opgericht, éénjarig kruid, 0.30 tot 1.65 M. hoog, groeiend in ruigten, pagers en aan rivieroevers, soms in tuinen geplant (Backer) Door Boorsma (Jaarboek 1913 Dept v. L. N. & H , bl. 30) werd het uit verschillende streken van Java ontvangen onder den naam van *gindjé* als opiumsurrogaat, doch volmaakt onschadelijk bevonden. Dezelfde deelde mij mede, dat een infuus of aftreksel op arak na de bevalling wordt ingegeven om de kraamzuivering te bevorderen
In het Museum Kruid

254/7284   **Anisomeles indica,** *O. K.* (A. ovata, *R. Br.*).
Volksnamen. Mal *Roempoet ati-ati* (Banka), *R oepoeh* (Menad.) — Soend *Ki hileud, Patoek bangkong* — Jav. *Iler-ilĕran, Lampĕsun, Sangketan, Sĕmboeng langoe, Slangking, Tjĕlangking* — Mad *Salangkeng* — Boeg. *Balotji* — Tim *Konfoeinoh naik*
Opgericht, stinkend kruid, 0 50 tot 2 M hoog, over geheel Java verbreid beneden 600 M zeehoogte aan wegranden, in struikwildernissen en op grasvelden (Backer). Volgens Vorderman (Madoereesche planten No. 61) wordt een afkooksel van de bladeren inwendig tegen graveel gebruikt Ook in de Vorstenlanden wordt het als heilzaam beschouwd, daar daoen tjĕlangking een bestanddeel is van de versche plantendeelen, noodig om de djamoe bagolan te maken (Boorsma, Geneesmiddelleer, bl 26)
In het Museum Kruid

254 7290   **Salvia hispanica,** *L.*
Volksnamen Soend : *Tjoeing*
Kruid, in de bergstreken van Java in groote hoeveelheid verwilderd De nootjes worden gebruikt ter vervanging van die van Ocimum Basilicum, L (Backer in Teysmannia 1914, bl. 575).

254/7328   **Mentha arvensis,** *L* var javanica (M. javanica, *Bl*)
Volksnamen. Mal : *Daoen poko* — Soend *Bidjanggoet, Boedjanggoet* — Jav.· *Djanggot.*
Opgericht of opstijgend, lange onder- of bovenaardsche uitloopers voortbrengend kruid, 0 30 à 0 50 M hoog, hier en daar tusschen 150 en 1200 M zeehoogte gevonden op vochtig terrein, zeldzaam, doch plaatselijk soms talrijk· ook wordt het door de inlanders wel op de erven gekweekt (Backer) Volgens Jasper (Ge-
Bladeren   neeskrachtige planten) worden de fijngestampte bladeren met wat kalk tegen hoofdpijn aangewend. Mevr. Kloppenburg schrijft o.m, dat een aftreksel wordt ingenomen tegen hoest en tegen opge-

zetheid van den buik en dat het zweetdrijvende eigenschappen bezit. Ook Hasskarl's Nut (No. 187) vermeldt dit laatste en voegt daaraan toe, dat de jonge loten een smakelijken sambal geven bij de rijst.

Bij het Agr. Chemisch Laboratorium te Buitenzorg werd uit het kruid aetherische olie verkregen tot een hoeveelheid van 1%, berekend op watervrije stof (Jaarboek 1906 Dept v Landb , bl 45). De uitkomsten van onderzoekingen naar de samenstelling vindt men geresumeerd in Bulletin No 33 van het Koloniaal Museum, bl. 158. De *java-pepermunt-olie* bleek slechts 7 6 à 11 6$\%$ menthol te bevatten, terwijl die stof in een daarnevens onderzocht monster gewone pepermuntolie tot een hoeveelheid van 62 $\%$ aanwezig was; bijgevolg kan zij niet met voordeel op menthol worden verwerkt Voorts is zij door haar bitterheid niet geschikt voor smaakcorrigens Wegens den aangenamen geur is het echter niet onmogelijk, dat zij toch voor een of ander doel bruikbaar zal blijken te zijn: zij bezit een betrekkelijk hoog gehalte *pulegon*, het hoofdbestanddeel van de *polei-olie*, waarmede zij volgens De Jong (Teysmannia 1910, bl 305) zou hebben te concurreeren De waardeverhouding wordt gegeven als ongeveer 5 : 8

Polei, penny-royal, is de zeer aromatische Mentha Pulegium, L , die ook op Java wel eens in tuinen wordt gekweekt als toekruid

In het Museum: Aeth. olie

7328 **Mentha** spec.
Volksnamen: Jav.. *Měidinah.*

Aromatisch kruid met opgerichte stengels en kruipende, opgerichte zijtakken afgevende bovenaardsche uitloopers, 0.10 à 0.30 M. hoog Het komt in de bergstreken van geheel Java tusschen 1000 en 2100 M zeehoogte voor op vochtig terrein, doch is daar nooit bloeiend waargenomen (Backer) In Midden-Java wordt het gekookt als groente gegeten: het zou verwarmend zijn De Heer Kaffer te Tjitjoeroek stookte er een aangenaam, naar pepermunt, riekende aetherische olie uit, maar deze bevat volgens hem geen menthol.

De beschrijving, welke Rumphius (V, bl 267) van zijn Mentha crispa geeft, herinnert zeer sterk aan deze plant, terwijl de afbeelding daarbij vermoedelijk niet behoort. Die *sělaséh kětjil* of *tjéro* (Mal. Mol) is volgens R een kruid, niet meer dan een half voet hoog, meestal nog lager, met vele dunne, bruine steeltjes, waaraan kleine, ronde blaadjes In de Molukken is het ingevoerd door de spanjaarden en te Batavia is het aangebracht van Ceylon, waar de portugeezen het indertijd kweekten, zooals het ook in R 's tijd meest door europeanen werd geplant Dit kruid bloeit nooit, zoodat het langs ongeslachtelijken weg moet worden vermenigvuldigd Het vormt uitloopers en de oude struikjes kan men scheuren, bij het uitplanten worden de wortels ingekort. Het is een teer gewas, dat licht sterft als men er te veel aan roert of het te lang op één plek laat staan. De smaak is scherp en specerijachtig, eenigszins bijtend op de tong. Het is een gewoon saladekruid en wordt onder ander moeskruid gemengd, doch steeds in kleine hoeveelheid, omdat het zoo scherp van reuk is. Die er aan gewend zijn kunnen het ook rauw eten met bokasan (Rumphius)

Voor zoover bekend wordt dit kruid op Java niet meer gekweekt, het groeit echter uitmuntend te Buitenzorg en zelfs te Batavia

254 7337   **Pogostemon Cablin,** *Benth.* (P. Patchouli, *Pellet.* var. suavis, *Hook f.*).

Volksnamen *Patchouly* — Mal.: *Dilĕm, Nilam*

Opgericht of opstijgend aromatisch kruid, 0 30 tot 0 75 M. hoog, op Java nog nooit bloeiend gevonden (Backer), volgens Kew Bulletin 1908, bl. 78 de stamplant van de patchouly, die voor den handel het meest wordt gekweekt op het Maleische Schiereiland, terwijl ook Voorkomen door Noord-Sumatra een niet te verwaarloozen hoeveelheid wordt geleverd. De cijfers betreffende den uitvoer uit Ned.-Indie worden in de cfficieele douanestatistiek echter niet geregeld afzonderlijk vermeld: in het jaar 1911 bedroeg de waarde der van Pangkalan Brandan geexporteerde nilambladeren 30 070 gulden en van die welke over Tandjong Poera zijn uitgevoerd 12 365 gulden De statistiek over 1914 geeft een uitvoer op van *f* 31 113 van Tapa Toean, *f* 7 854 van Pangkalan Brandan en *f* 1.528 van elders, doch voor Cultuur.   80 % insgelijks van Sumatra's Oostkust. Omtrent de cultuur op Sumatra zijn geen gegevens bekend, behoudens een aanteekening in het Verslag 1914 van den Landbouwvoorlichtingsdienst (bl. 175), waar van Tapa Toean wordt gezegd, dat men er niet veel omslag mee maakt: men snijdt de bovenaardsche deelen van de planten af, laat die drogen in de zon en verscheept ze dan naar Penang. De waarde bedroeg in 1916 volgens het Verslag omtrent H., N. & L. *f* 6 p. p.

In den cultuurtuin te Buitenzorg is *dilĕm singapore* of *dilĕm pinang* volgens Van Romburgh (Van Gorkom's Oost-Indische Cultures II, bl. 905) in 1895 van Singapore ingevoerd; de teelt van dit gewas is echter op Java zoo goed als geheel verlaten, volgens De Jong (Teysmannia 1914, bl. 434) om reden de prijzen onderhevig zijn aan aanzienlijke schommelingen, zoodat de cultuur te speculatief wordt geacht Uitvoerige aanwijzingen zijn te vinden in een verhandeling van Tromp de Haas in het zooeven genoemde tijdschrift jaargang 1904, bl 475 Deze zegt, dat patchouly het best gedijt in laaggelegen streken met een warm klimaat en een over het geheele jaar gelijkmatig verdeelden regenval van 2300 à 3000 mM. Zij groeit op allerlei gronden, doch het best op een doorlatenden, humusrijken bodem. Schaduw is voor deze soort gewenscht. De vermenigvuldiging geschiedt door stekken, waarvoor men jonge loten neemt, versneden tot stukken van 10 à 13 cM lengte. Men steekt deze schuin, 10 à 12 cM van elkaar, in den grond op overdekte kweekbedden, welke regelmatig moeten worden begoten. Na 3 tot 4 weken zijn de stekken beworteld en geschikt om te worden overgebracht naar het voor haar bestemde terrein, dat vooraf goed toebereid moet zijn Is de bodem schraal, dan moet de grondbewerking gepaard gaan met een krachtige bemesting Het uitplanten geschiedt op 1 voet in rijen, 2 à 3 voet van elkaar en zoolang de plantjes nog niet doorgroeien, moeten zij door een blad tegen de zon worden beschut op dezelfde wijze als pas overgeplante tabak Op vochtige kleigronden plant men op ruggen. De jonge aanplant moet vrij worden gehouden van onkruid en in den eersten tijd mag dan ook vlijtig wieden en behakken niet worden nagelaten Onder gunstige omstandigheden kan na zes maanden voor het eerst worden gesneden. De Jong (Teysmannia 1906, bl. 376) bevond, dat het 't voordeeligst is te

oogsten, als de stengels vijf bladeren hebben gemaakt Tromp de *Oogst*
Haas beveelt aan, de planten tot op 15 cM. van den grond af te
snijden met uitzondering van één stengel per plant, welken men
laat doorgroeien Het snijden moet geschieden bij droog weer en
op een tijdstip, dat de bladeren niet meer vochtig zijn van dauw
of regen Gele en verrotte bladeren worden verwijderd, evenals *Bereiding*
de stengels, welke geen loonende hoeveelheid olie bevatten, in
elk geval door de fabrikanten in Europa niet aangenomen worden
Indien het de bedoeling is de bladeren als zoodanig te verkoopen,
raadt Tr d H aan ze onder dak uit te spreiden op rakken van
bamboe en herhaaldelijk te keeren, om een gelijkmatige droging
te verkrijgen tot ca $^1/_3$ van het oorspronkelijk gewicht In dezen
toestand wordt het blad verpakt in baaltjes van ongeveer 40 pond
gewicht, bestaande uit een licht vlechtwerk van bamboe tali, ge-
voerd met droog pisangblad Het drogen mag niet te schielijk gaan en
niet zoover worden doorgezet, dat de bladeren zich gemakkelijk laten
fijnwrijven, daar zij in dat geval tengevolge van de manipulatie's on-
derweg als gruis in Europa zouden aankomen en als minderwaardig
worden beschouwd Ook moet het blad een vrij aanzienlijke hoeveelheid vocht bevatten, om een lichte fermentatie gedurende de reis
mogelijk te maken: volgens de fabrikanten van aetherische oliën is
het ondergaan van een gistingsproces gunstig zoowel voor het
rendement als voor de kwaliteit van de eruit gedistilleerde olie.

Zes maanden na den eersten keer kan opnieuw worden geoogst en
vermoedelijk daarna nog eenige malen; in de Straits snijdt men
volgens Tromp de Haas drie keer, waarna het veld wordt omgewerkt, bemest en opnieuw beplant

In Europa dienen de bladeren voor het distilleeren van de olie *Aeth olie*
voor de parfumerie-industrie; die olie wordt insgelijks bereid op
het Maleische Schiereiland, van waar ook de bladeren in natura
over Zuid-Azië worden verspreid voor het parfumeeren van kleeren.

In het Museum. Bladeren, aeth olie

154/7337 **Pogostemon** spec. div.
Behalve Pogostemon Cablin, Benth, de eenige soort die voor
den handel van belang is, wordt in de literatuur nog een tweetal
Pogostemon-soorten vermeld met patchoulygeur De eerste, P.
Heyneanus, Benth., is een opstijgend, aan den voet wortelslaand,
laag kruid, in tuinen aangeplant en volgens Backer hier en daar
in de bergstreken tusschen 1000 en 2000 M. zeehoogte in het
wild gevonden Deze soort bloeit geregeld en wordt daarom *dilĕm kĕmbang* genoemd De tweede is een op ouderen leeftijd
heesterachtig wordend kruid, dat een hoogte bereikt van 0 50 tot
1 25 M. Deze, niet zelden in tuinen aangeplant, is op Java, gelijk
de echte patchouly, nooit bloeiend waargenomen In tegenstelling
met de andere wordt zij aangeduid als *dilĕm djawa* en Backer
noemde haar voorloopig Pogostemon hortensis, omdat zij niet met
zekerheid tot eenige beschreven soort is te brengen, doch als zij
ooit bloeiend mocht worden aangetroffen, zal het kunnen blijken,
dat zij bij een reeds bestaande soort moet worden ingelijfd.

Voor de oliebereiding zal P hortensis nimmer van belang kunnen
worden, in de eerste plaats omdat de geur verschilt van dien van P.

Cablin en in de tweede plaats omdat het gehalte aanzienlijk geringer
is dan van de beide andere Tromp de Haas (l c.) verkreeg uit versch
materiaal van P. Cablin 0 4 % olie, tegen 0 3 % uit P Heyneanus
en 0 07% uit P. hortensis. Voor de olie wordt P. hortensis dan ook
niet gekweekt, behalve in Serang (res. Bantam). tenminste, Dr de
Jong deelde mij mondeling mede, dat hij in 1908 in Serang slechts
dilěm djawa in cultuur vond Na zijn bezoek zond hij plantmateriaal van P. Cablin derwaarts, doch vernam nimmer iets van het
resultaat en een door mij gedane poging, om van Serang materiaal
te verkrijgen ten einde de stamplant te kunnen vaststellen, had geen
resultaat. In elk geval is de productie gering De Jong haalt in Teysmannia 1908, bl. 579 uit een der Mindere Welvaartverslagen aan, dat
in Serang per jaar 80 wijnflesschen dilěm-olie worden gedistilleerd
Een deel van de productie, dus een te verwaarloozen hoeveelheid,
wordt te Batavia voor export verkocht Overigens zijn speciaal de
bladeren van P. hortensis gezocht voor haarwaschmiddel

Uit de bloeiende dilěm (P. Heyneanus) distilleerde Van Romburgh
(Verslag 1893 's Lands Plantentuin, bl. 55) een aangenaam riekende
olie, waaromtrent Schimmel & Co als volgt berichtten : De reuk herinnert aan patchouly, maar de intensiteit van den scherpen patchoulygeur
wordt aangenaam verzacht door de aanwezigheid van een anijsachtig
riekende stof Geplant wordt zij intusschen voor de oliebereiding
niet en eenig bijzonder gebruik van deze soort is mij niet bekend

Rumphius (V, bl. 292) beschrijft de hem als gekweekt en verwilderd bekende Melissa lotoria als een kruid, dat op Ambon nooit
bloeit, doch op Java en Bali wel bloemen, maar geen vruchten zou
voortbrengen Aangezien bovendien de afbeelding niet volkomen
overeenstemt met de beschrijving, is het waarschijnlijk, dat R twee,
mogelijk drie soorten heeft bijeengenomen Omtrent het gebruik vermeldt hij, dat de ambonneezen de bladeren bezigen bij het wasschen
van het lichaam en de kleeren, die daarvan een aangenamen geur krijgen De balische en javaansche vrouwen wrijven ze onder parěm en
gebruiken ze in geneeskrachtige dranken voor kinderen, tegen
buikpijn Een wassching met een aftreksel van de gedroogde bladeren in warm water verdrijft zweetlucht De bandaneezen koken
de bladeren bij geitenvleesch om de lucht, die dat vleesch eigen
is, te maskeeren (Rumph) Hij vermeldt niet het gewone gebruik,
dat er op Java en elders van wordt gemaakt en dat men terugvindt in Hasskarl's Nut (No. 216), n l dat de bladeren tusschen
de kleeren worden gelegd „niet slechts om den aangenamen geur,
doch ook om kakkerlakken en dergelijke gasten te weren"

In het Museum Diverse aeth oliën

254/7338. **Dysophylla auricularia,** *Benth.* (Pogostemon a., *Hassk.*)
Volksnamen. Mal. *Ekor koetjing, Kěkoetjing* (Atjeh), *Majana
boesoek* (Mol.) *M oetan* (Mol) — Soend *Boentoet oetjing* —
Jav : *Kětoempang*

Stinkend kruid, opgericht of aan den voet neerliggend en wortelslaand, 0 30 tot 0 80 M hoog, groeiend aan slokanranden en sawahdijkjes, vooral in West- en Midden-Java, beneden 1150 M zeehoogte (Backer) Rumphius beschrijft het (VI, bl. 41) onder den
naam van Majana foetida en zegt, dat de javanen de bla-

deren eten met *daoen kĕntoet* (Rubiacea) en *moengsi* tegen winderigheid en krampen in den buik In Oost-Java is het echter op slechts
enkele plaatsen gevonden en R geeft als javaanschen naam *slangking* op, zoodat zijn bericht niet volkomen betrouwbaar is Burman
vermeldt het in zijn Flora indica (bl 126) als Mentha foetida
met den naam tilam (= dilĕm ?) en zegt, dat de bladeren als
pleister op gezwellen werden geappliceerd Ridley (Mal Geneesmiddelen, bl 17) geeft als gebruik op, dat een zalf van ékor koetjing met kalk op den navel wordt gewreven tegen koliek

254/7342. **Hyptis brevipes,** *Poit.*
Volksnamen Soend *Gènggéjan, Kanèja* — Jav : *Godong poe-
sĕr* — Alf Minah : *Poepoeloet aloes, Toetoembalĕn*
Opgericht kruid, 0 30 tot 0 60 M hoog, inheemsch in tropisch Amerika, doch sedert langen tijd op Java verwilderd en thans in West- en
Midden-Java beneden 900 M zeehoogte algemeen op braakliggende
sawahs en aan randen van waterloopen (Backer). De bladeren worden
aangewend tegen aandoeningen van den navel bij pasgeboren kinderen : het is een signatuurmiddel (Vorderman, Geneesmiddelen II)
Ridley vermeldt (Mal Geneesmiddelen, bl. 21), dat zij worden gebruikt om den buik van kinderen te pappen tegen ingewandswormen.

254/7342 **Hyptis spicigera,** *Lamk.*
Volksnamen Mak : *Babaloe boegis*
Onder den naam van Stoechas pilosa beschrijft Rumphius
(VII, bl. 51) een opgericht kruid, dat op Celebes in het land der
boegineezen groeit op kale, luchtige heuvels onder laag gras In
bundeltjes gebonden wordt het door de boegineezen te koop aangeboden en bij de makassaren veel gebruikt om kinderen, die on-   Kruid
rustig zijn, in te geven of ze daarmede te wasschen. Tegen een
branderig gevoel in de maag laat men dit kruid eten

Het is volgens Backer inheemsch in tropisch Amerika en hier alleen
van Celebes oostwaarts gevonden Een afrikaansch monster zaad bleek   Vruchten
olie te bevatten met een joodgetal van 171, dus met buitengewoon
sterk drogend vermogen (L' Agr pratique d.p.c., Febr. 1912, bl 163)

254/7342 **Hyptis suaveolens,** *Poit*
Volksnamen. Mal : *Koenoe boesoek* (Tim), *Roekoe-roekoe
oetan* — Soend : *Djoekoet baoe, Karang baoe* — Jav : *Basinan,
Lampësan, Sangkètan, Slangking, Tobil* — Mad *Komandhin,
?Mangkamang* — Timor *Koenfa mate*
Opgericht, stinkend kruid, 0.40 tot 1 80 M hoog, inheemsch in
tropisch Amerika, doch sedert langen tijd hier verwilderd en thans
over geheel Java tot op 1300 M. zeehoogte verspreid; het groeit
op droge, zonnige terreinen (Backer) Over geheel Java wordt het
als geneeskrachtig beschouwd : op Madoera heeft de *mangkamang*
volgens Vorderman (Madoereesche planten No 233) den naam, als
djamoe toegediend, de melkafscheiding bij zoogenden te bevorderen
Volgens Hasskarl's Nut No 270 zou het in gebruik overeenkomen
met babadotan (Ageratum conyzoides, L).

De Jong verkreeg er 0 025% aeth olie uit, waaromtrent eenige   Aeth olie
gegevens zijn vermeld in het Jaarboek 1911 Dept v. L N & H., bl. 47

In het Museum Bladeren, aeth olie

254,7355   **Coleus amboinicus**, *Lour.* (C aromaticus, *Benth.*, C. carnosus, *Hassk*, C suborbiculata, *Zoll & Mor*, Plectranthus aromaticus, *Roxb*)

Volksnamen. Mal. *Bangoen-bangoen, Daoen djintĕn, D hatihati, Soekan* — Soend : *Adjĕran, Atjĕrang*—Jav. *Daoen koetjing* — Mad. ?*Daoen kambing,* ?*Madjha nèrĕng*—Bal. *Iwak.*

Overblijvend kruid met opstijgende, aan den voet vaak min of meer houtachtige stengels, van af de laagvlakte tot op 1100 M. zeehoogte in tuinen aangeplant (Backer). Door Rumphius (V, bl 294) wordt het beschreven onder den naam van Marrubium album amboinicum als een in de hoven geplant en ook wel verwilderd voorkomend kruid, dat zelden bloeit, doch zeer gemakkelijk wordt vermeerderd door stekken, die in mulle aarde snel bewortelen

De welriekende, vleezige, hartvormige bladeren gebruiken de vrouwen om er de haren en kleeren onder het wasschen mee te bestrijken en te wrijven. Voorts worden zij, evenals die van andere Labiaten, gekookt bij geitenvleesch Sommigen beschouwen dit kruid als wondheelend. Bij hooge koorts of een gevoel van verhit zijn voortspruitende uit andere oorzaak, wrijft men het lichaam met de gestampte bladeren en geeft het sap eruit in Anderen nemen voor dat doel het sap uit deze bladeren en die van *tjèkèr bèbèk* (Crassulaceae), zetten het een nacht in den dauw en geven het 's ochtends den koortslijder te drinken, daarbij het lichaam wasschende met hetzelfde vocht, echter aangelengd met water. Met een paar druppels sesamolie is het sap heilzaam als inwendig middel tegen aamborstigheid en kwaden hoest. Tegen hoest kookt men ook het sap met suiker tot een stroopje (Rumph.) De geurige adjĕran-bladeren worden volgens Boorsma (Pharmaceutisch Weekblad 1915, bl. 1666) vaak gebezigd voor het samenstellen van *obat sĕriawan* Vorderman vermeldt (Madoereesche planten No. 57), dat fijngewreven *daoen kambing* worden aangewend tegen kloven in de mondhoeken bij kinderen Mevr. Kloppenburg zegt, dat daoen djintĕn of koetjing gestampt op het hoofd worden gelegd tegen zware hoofdpijn, wat ook te Buitenzorg geschiedt Voorts worden de bladeren gekauwd (waarbij het sap wordt ingeslikt) tegen mondspruw en deze schrijfster recommandeert hetzelfde aan zoogende vrouwen, wier kinderen braken Een afkooksel beveelt zij aan als hoestdrank.

Chemie   Dr Boorsma (Jaarboek 1912 Dept v L. N. & H, bl 35) vond in daoen adjĕran aetherische olie ter hoeveelheid van 0 043°/$_0$ bij versch en 0 2°/$_0$ bij luchtdroog materiaal; het bezit voorts een hoog kaliumgehalte (6.46°/$_0$ van de droogrest aan K_2O).

254/7355   **Coleus atropurpureus**, *Benth.* en C scutellarioides, *Benth.* (C Blumei, *Bth*, C ingratus, *Bth*, C laciniatus, *Bth.*)

Volksnamen Mal *Adang-adang* (Palemb), *Majana* (Menad), *Mjana, Pilado* (S W. K) — Bat. *Si grèsing* — Soend · *Djawèr kotok* — Jav. · *Iler* — Mad · *Dhin-kamandhinan* — Boeg *Ati-ati, Pantji-pantji, Saroe-saroe* — Alf Minah *Rangon tali, Sĕrawoeng, Sĕrĕwoeng, Sĕroewoeng*

Zeer veranderlijke kruiden, 0 50 tot 1 50 M hoog, opgericht of aan den voet op den grond liggend en daar wortelslaand Op Java komen zij voor van af de laagvlakte tot op 1300 M zeehoogte, vaak in enkele exemplaren gekweekt in tuinen en op vele plaatsen min of meer verwilderd. Beide bovengenoemde soorten verschillen botanisch zeer weinig en zijn bovendien blijkbaar gekruist, zoodat tusschenvormen voorkomen. overigens is de veranderlijkheid zoo groot, dat C. scutellarioides onder tal van wetenschappelijke namen is beschreven en dat de leek een nog veel grooter, op het oog zeer verschillende soorten, meent te kunnen onderscheiden.

Rumphius (V, bl. 291) verdeelt zijn M a j a n a in een vorm a l b a en r u b r a, de eerste met hooggroene, de laatste met bruingroene bladeren, soms van de kleur van geronnen bloed. De wortel wordt Wortel volgens hem inwendig gebruikt tegen krampen en buikloop. Het sap uit de bladeren wordt ingedruppeld tegen doofheid, voortsprui- Bladeren tende uit zinkings. Dat uit de citroenachtig riekende bladeren van de witte majana, gemengd met een weinig azijn, wordt toegediend tegen ingewandswormen. Het sap, verkregen door de bladeren fijn te wrijven met een stuk *curcuma*, zuivert de blaas (Rumphius) Teysmann (Natuurk. Tijdschr. v. N. I 1857, bl. 297) zegt, dat in de Padangsche Bovenlanden de vrouwen het sap van daoen pilado innemen om niet met te veel kinderen gezegend te worden. Een soortgelijke toepassing vermeldt Persenaire in het Geneesk. Tijdschr. v. N. I. 1911, bl. 235 in een verhandeling over de op Java gebruikelijke abortiva: daar bezigt men een afkooksel van daoen mijana, dikwijls vermengd met fijngestampte galnoten. Mevr. Kloppenburg beveelt een afkooksel van daoen ilèr, alleen of met andere middelen vermengd, aan voor inwendig gebruik tegen haemorrhoïden, een aftreksel als stondendrijvend middel en de tusschen de vingers gekneusde bladeren als zuiverend middel op wonden en op den navelstreng van pasgeboren kinderen om dien vlug te doen opdrogen. De maleiers beschouwen een afkooksel als een goed waschmiddel tegen ontstoken oogen en dit gebruik vermeldt ook Jasper (Geneeskrachtige planten) Trouwens, de meeste dezer toepassingen worden uit verschillende streken bevestigd en het is geenszins onwaarschijnlijk, dat mijana, behalve een signatuurmiddel, ook een werkelijk geneesmiddel is.

251/7355.   **Coleus tuberosus**, *Benth* (C. p a r v i f l o r u s, *Benth*.).
Volksnamen. Mal : *Kĕmbili, Kĕntang djawa* (Batav.) — Soend : *Hoewi kĕntang—* Jav.: *Gĕmbili, Kĕntang klitji, Koembili djawa.*

Kruipend kruid, door Rumphius beschreven (V, bl. 372) onder den naam van G l a n s t e r r e s t r i s c o s t e n s i s als een knolgewas, dat veel werd geplant op Java en Bali. Volgens De Bie (Inl. Cultuur Landb I, bl. 107) wordt het voornamelijk geteeld in Bantam en Batavia op sawahs, elders komt het niet veel voor. Het gedijt het best op een lossen bodem, de grond wordt een of twee maal bewerkt en tot bedden opgehoogd. De vermeerdering geschiedt door stekken, die binnen een week uitloopen, met wieden wacht men echter tot de aanplant ongeveer een maand oud is. Op den leeftijd van ca twee maanden wordt er ten tweeden male gewied en waar de grond niet tot bedden was opgehoogd, wordt alsdan tevens aangeaard. Tegen het einde van de derde, of het begin der vierde maand zijn de knolletjes oogstbaar en worden zij uitgegraven. Men eet ze gekookt als versnape- Gebruik ring en in de sajoer. De grootte is nogal verschillend. men heeft er als

knikkers, maar ook zoo groot als kleine muisjesaardappelen, doch altijd bultig en knobbelig. De schil is zwart of vaalwit, het inwendige wit.

Bladeren   De bladeren worden volgens K onder ander moeskruid gekookt.
In het Museum Knolletjes.

254/7361   **Mesona palustris,** *Bl.*
               Volksnamen.   ?
Opstijgend kruid, 0.30 à 0.50 M. hoog, voorkomend tusschen
150 en 1800 M. zeehoogte, zeldzaam, doch soms in groote hoeveelheid (Backer). Van het gedroogde kruid wordt in Midden-Java
door langdurig koken een eenigszins wrange, doch overigens weinig
smaak of reuk bezittende, slijmige, verkoelende drank bereid,
djanggèlan geheeten, die langs den weg wordt verkocht als versnapering, maar ook als heilzaam wordt beschouwd bij bloeddiarrhee en heeschheid. In West-Java dient het voor de bereiding
van *tjintjaoe hitam*, dat zijn taaie, zwarte dobbelsteentjes, welke met
klappermelk en stroop vermengd worden verorberd. Deze worden verkregen door het donkergekleurde afkooksel van het gedroogde kruid,
waaraan wat asch is toegevoegd om een donkerder tint te bereiken,
met sago arèn aan te roeren en een oogenblik te laten doorkoken;
na bekoelen wordt de gestolde massa in dobbelsteentjes gesneden
(Boorsma in Teysmannia 1900, bl. 515 en Plantenstoffen II, bl. 84).
    Deze plant was ook aan Rumphius bekend: hij beschrijft haar
en de ervan bereide praeparaten uitvoerig in dl VI, bl. 91 onder
den naam van Tsjintschau javanense.

254/7364   **Moschosma polystachyum,** *Benth.*
               Volksnamen. Jav.: *Sangkèt, Sangkètan.*
Opgericht kruid met vierkanten, op de hoeken ruwen stengel,
0.30 à 1 M. hoog, voorkomend van af de laagvlakte tot op 600
M zeehoogte, vooral in streken met krachtigen oostmoesson. Het
groeit verspreid, doch plaatselijk vaak talrijk, op braakliggende
sawahs en drassig grasland, voorts aan waterkanten (Backer).
    In Midden-Java past men het gekneusde kruid uitwendig toe bij
verzwikking en pijnlijkheid van de ledematen. Ook wrijft men er
menschen mee in, die hevig geschrokken zijn. Volgens Mevr.
Kloppenburg bezit het inderdaad kalmeerende eigenschappen en
wordt het in- en extern, gestampt en in aftreksel, tegen zenuw-
toevallen, hartkloppingen, zenuwhoofdpijn, stuipen, e.d. aangewend. Voortgezet inwendig gebruik van het sap zou niet door
iedereen worden verdragen: zoodra men puistjes in den mond
krijgt, moet men zich bepalen tot wasschingen.

254/7366   **Ocimum Basilicum,** *L*
               Volksnamen. Mal.: *Sĕlaséh, Sĕlasi* — Jav.: *Sĕlasih, Tĕlasih*
               — Alf. Minah.: *Amping, Koekoeroe.*
Opgericht kruid, 0.30 à 1.10 M. hoog, groeiend aan weg- en akker-
randen, op droge rijstvelden en in djatibosschen, vaak gekweekt in
tuinen. Men vindt het op geheel Java van af de laagvlakte tot op 450
M. zeehoogte, aangeplant zelfs tot op 1100 M. (Backer). Het is een
veranderlijk gewas, over den geheelen archipel verbreid en ongetwijfeld is het de door Rumphius (V, bl. 263) beschreven Basilicum indicum hortense, waarvan de vormen echter

254/7366 niet zijn te identificeeren. R. vermeldt er drie, met ondervormen

a) met donkerbruine stengels, lichtbruine bladstelen en hoog-groene bladeren : deze is overal bekend. De smaak der bladeren is zoet en een weinig scherp of zalfachtig. Het is een kruid, dat zoowel door de europeanen als door de inlanders bij vleesch en visch wordt gekookt, doch vele europeanen zijn vies van den zalfachtigen reuk;

b) met lichtgroene stelen, die soms alleen van beneden een weinig bruin zijn: deze vorm is even algemeen als de vorige en daaraan in smaak en gebruik gelijk;

c) de zwarte sĕlasi is hooger van struik dan de beide andere; de stelen zijn bijna zwart, de bladeren gemengd donkergroen en bruin, zoet van reuk, doch zeer zalfachtig, niet geschikt om in den kost te gebruiken. Deze vorm is zeldzamer dan de beide andere, de inlanders planten hem op de graven. Hij wordt gebruikt in de medicijnen, meest in dranken tegen tering en aamborstigheid, insgelijks in dranken tegen buikpijn als windbrekend middel (Rumphius)

Het kruid van sĕlasi schijnt heden ten dage door de europeanen in het geheel niet en door de inlanders weinig te worden gebruikt. Wel geeft Van der Burg (Geneesheer III, bl. 376) een reeks van aan Filet en anderen ontleende toepassingen, doch Mevr. Kloppenburg vermeldt niet anders, dan dat de verkoolde bladeren, met olie tot een zalfje gewreven, worden aangewend tot het rijpmaken van abscessen. Dr Boorsma noemt in Geneesmiddelleer, bl. 26, daoen sĕlasih als bestanddeel van de versche plantendeelen, waaruit in de Vorstenlanden de djamoe bagolan wordt geperst [1]

Anders is het gesteld met de *kĕmangi* (Mal, Jav.) of *soerawoeng* (Soend), den door Backer als citratum aangeduiden Basilicumvorm met groenen stengel, bladstelen en kelk en witte kroon Rumphius (V, bl. 266) beschrijft die alom aangeplante kĕmangi onder den naam van O z i m u m c i t r a t u m als een kruid, dat op welbemeste bedden moet worden gekweekt, goed onderhouden en dikwijls overgeplant, omdat het anders verwildert en niets dan ineengerolde bladeren draagt. De smaak is scherper en heeter dan van de andere Ocimums, eenigszins bijtend, en duidelijk herinnerend aan citroenschillen. Het is, zegt hij, een gebruikelijk moeskruid, dat door de javanen en baliérs terecht geprefereerd wordt boven andere Ocimumsoorten. Volgens De Bie (Inl Landb. II, bl. 22) is op Java de cultuur in het geheel niet zorgvuldig en wordt de grond gewoonlijk zelfs niet opzettelijk bewerkt. Kĕmangi wordt gekweekt uit zaad (stekken slagen minder goed) en geplant langs terrasranden op tegalans, tusschen andere gewassen in, op de sawahdijkjes en ook op de erven. Twee of drie maanden na het planten trekt men het kruid uit, of breekt er eenige takjes af; dit laatste kan men vijf of meer malen om de 6 à 8 weken herhalen, voor de plant is uitgeput. Kĕmangi wordt zoowel rauw als gekookt gebruikt als kruiderij, in het bijzonder bij het toebereiden van gepofte visch- en vleeschgerechten · het is een gewone pasargroente.

[1] Te Batavia kreeg ik herhaaldelijk een „sĕlaséh poetih" in handen, die aangenaam naar venkel riekt en als lalab wordt gegeten· zij behoort tot de soort Basilicum, doch is niet te brengen tot een van de aan het slot vermelde vormen, Backer houdt haar voor een bastaard van den vorm violaceum. Wellicht is dat de sĕlaséh idjo van Van Romburgh, die ik te Buitenzorg niet heb kunnen terugvinden

254/7366 Ocimum canum, Sims, waarvoor insgelijks de naam kĕmangi wordt opgegeven, werd slechts wildgroeiend aangetroffen, in West-Java zeldzaam tot op 300 M. zeehoogte, doch plaatselijk soms zeer talrijk voorkomend; eenige toepassing ervan is mij niet bekend. Jong riekt het kruid bij kneuzen naar kamfer Volgens Backer is het waarschijnlijk slechts een kleinbloemige ondervarieteit van O. Basilicum forma citratum.

Aeth olie. In 1891 vestigden Schimmel & Co in hun October-bericht de aandacht op de Basilicum-olie, die bij lagere prijzen in de parfumerie-industrie meer ingang zou kunnen vinden. Van Romburgh (Aanteekeningen Cultuurtuin, bl. 73) heeft zich daarom verscheiden jaren achtereen met Ocimum's beziggehouden en in de Verslagen omtrent 's Lands Plantentuin daaromtrent gerapporteerd. In dat over 1892 vermeldt hij (bl. 53), dat het rendement aan olie (van sĕlaséh itam) hooger was dan elders werd verkregen en dat de kwaliteit door Schimmel & Co gesteld werd boven die van Réunion. De bladopbrengst was echter te gering om de cultuur loonend te doen zijn. In het verslag over 1898, bl. 29, leest men, dat de sĕlaséh idjo, met lichtgroen blad en roodgroene blad- en bloemstelen, 0.2 % naar venkel riekende olie gaf, voor het grootste deel bestaande uit methylchavicol: deze olie was totaal verschillend van de vroeger door hem uit de sĕlaséh itam gedistilleerde. In het verslag over 1901, bl. 50, geeft hij opbrengstcijfers: $^1/_{18}$ bouw sĕlaséh idjo leverde bij den eersten snit 330 Kg versch kruid, waaruit 900 ccM. aetherische olie werd verkregen en bij den tweeden snit 115 Kg., met 225 ccM. olie. Deze vorm zou naar zijne meening wel geschikt zijn geweest voor cultuur als tweede gewas op sawahs in streken, waar in den oostmoesson nu en dan regen valt. Daadwerkelijk is geen der Ocimum-oliën van belang geworden. De Jong nam nog proeven met uit Grasse ingevoerd zaad (Teysmannia 1912, bl. 654), doch in het bericht van Schimmel & Co van Oct. 1913 werd te kennen gegeven, dat de tijd van Basilicum-olie voorbij was. Naar het eens in de fijne parfumerie zoo geliefde product was geen vraag meer, zoodat de aanvoer zoo goed als gestaakt, en de cultuur klaarblijkelijk vrijwel opgegeven was.

Vruchten. De zaden (nootjes) van de sĕlasi zijn een genotmiddel: als men ze weekt in water, zwelt de vruchtwand op tot een geleiachtige massa en met suikerwater of stroop geven zij een verkoelenden drank. Waitz (Practische waarnemingen, bl. 43) liet lijders aan acute gonorrhee dagelijks eenige glazen daarvan drinken en De Bie (Inl. Landb. II, bl. 23) vermeldt, dat bidji sĕlasi, geweekt in gekookt doch weer afgekoeld water, als heilzaam worden beschouwd bij ingewandsaandoeningen of wanneer de stoelgang schuimend slijmig is Volgens Vorderman (Geneesmiddelen I) worden zij voor den inlandschen drogerijhandel aangevoerd van Siam.

De nootjes van de kĕmangi zijn volgens Mevr. Kloppenburg ook kalmeerend, zoodat door deze schrijfster tegen zenuwachtigheid wordt aanbevolen dagelijks twee theelepeltjes bidji kĕmangi in suikerwater of stroop te drinken.

Vormen Behalve den reeds vermelden vorm citratum, die vrij dicht behaard is en bij kneuzen tamelijk sterk naar lemongrass-olie riekt, geeft Backer voor Java een insgelijks als kĕmangi of soerawoeng aangeduiden vorm glabratum op, aan den vorigen gelijk, behoudens dat hij veel minder behaard is en niet zoo riekt. Voorts noemt hij den vorm violaceum, welke wordt aangeduid als zwarte sělasi, weinig behaard is en bij kneuzing sterk naar venkel riekt, soms echter een anderen, veel zwakkeren geur bezit. De verscheidenheid van geur bij verschillende individuen is opvallend Een aantal vormen, in den museumtuin gekweekt, bezat zeer karakteristieke geuren, welke bij van elders aangebracht materiaal soms niet of zeer verzwakt waren terug te vinden. Of de leeftijd van invloed is op het aromatische bestanddeel, of dat de verscheidenheid in geur grooter is dan die der botanisch te onderscheiden vormen, wordt nog nagegaan.

254/7366.
Ocimum gratissimum, L.
Volksnamen. Mal.: *Roekoe-roekoe rimbo, Sělaséh djambi* (Palemb.), *S. měkah, S. tjina* (Banka).

Opgerichte, meestal sterk vertakte heester, 1 à 2 50M. hoog, in West- en Midden-Java van af de laagvlakte tot op 300 M zeehoogte groeiend in ruigten en aan wegranden, soms treft men hem ook aangeplant in tuinen en pagers aan en op inlandsche kerkhoven (Backer).

Van Hasselt deelt mede (in Veth, Sumatra-expeditie, Volksbeschrij- *Bladeren* ving, bl 263), dat in Rawas en aangrenzende landstreken een aftreksel van de bladeren van *soelaséh djambi* als thee wordt gedronken.

Volgens Backer laten de javaansche exemplaren van Ocimum gratissimum zich tot twee, ook botanisch te onderscheiden, vormen brengen De bladeren van den vorm graveolens rieken sterk aromatisch als men ze wrijft, doch de geur is niet nader te omschrijven; die van den vorm caryophyllatum verspreiden bij kneuzen een duidelijken kruidnagelgeur Deze laatste, de sělaséh měkah, wordt door de inlanders gebruikt bij de ritueele lijkwassching. Van Romburgh maakte blijkens het Verslag omtrent 's Lands *Aeth. olie.* Plantentuin 1898, bl 27, een aanplant van de „naar kruidnagelen riekende grootbladige sělaséh měkah of *sělaséh běsar*", die zeer goed slaagde; opbrengstcijfers vindt men in de verslagen over 1899 (bl 40) en 1900 (bl. 59) Het oliegehalte van het kruid varieerde tusschen 0.18 en 0 23 % en in de olie werden tusschen 30 en 46 volumeprocenten eugenol gevonden. Na verwijderen van het eugenol hield hij een aangenaam riekende vloeistof over, rijk aan een koolwaterstof, waaraan hij den naam *ocimeen* gaf Dit ocimeen neemt gemakkelijk zuurstof op en gaat dan over in een verbinding, welke onoplosbaar is in alcohol, wat aan het gebruik in de parfumerie-industrie moeilijkheden in den weg legt. Van Romburgh geloofde dan ook niet, dat deze aetherische olie bijzondere technische waarde bezit.

Bij deze soort zwelt de buitenwand der nootjes in water niet *Vruchten* slijmerig op, zoodat berichten, volgens welke de zaden zouden worden gebruikt als sělasi, berusten op onjuiste determinatie.

254/7366.
Ocimum sanctum, L
Volksnamen Mal.: *Balakama* (Menad.), *Kěmangi oetan* (Mol.), *Roekoe-roekoe, Roeroekoe* — Soend *Klampěs, Lampěs* — Jav.: *Kěmangèn, Lampěs* — Mad *Kěmanghi, ? Koroko* — Bal.: *Oekoe-oekoe* — Tern.: *Loefé-loefé*.

Kruid of heester. opgericht, vaak zeer sterk vertakt, 0.30 à 1.50

M. hoog, verbreid over geheel Java van af de laagvlakte tot op
600 M zeehoogte, vooral in streken met krachtigen oostmoesson
Men vindt deze soort, plaatselijk vaak in groote hoeveelheid, op
zonnige, droge terreinen aan wegranden en in open struikwildernissen, soms ook aangeplant of verwilderd in tuinen of op kerkhoven (Backer). Rumphius beschrijft haar (V, bl. 265) onder den
naam van Basilicum agreste (het kleinbladige) als een opgericht heestertje, 3 à 3½ voet hoog, groeiend in verlaten tuinen

Bladeren De geur van de geheele plant, in het bijzonder van de bladeren,
herinnert aan kruidnagelen, doch is niet aangenaam: bij velen
bezwaart hij het hoofd en veroorzaakt duizeligheid De bladeren
worden niet gebruikt onder moeskruid, doch wel rauw gegeten
met bokasan en voorts hebben zij eenige medicinale toepassingen
Het sap eruit wordt ingedruppeld bij etterende en loopende ooren
en met andere middelen tegen spruw aangewend (Rumph.). Vorderman (Madoereesche planten No. 196) zegt, dat de bladeren van
koroko worden gemengd onder djamoe's, die de melkafscheiding
moeten bevorderen bij kraamvrouwen Mevr Kloppenburg beveelt
daoen lampěs aan voor wasschingen als kalmeerend middel bij
zenuwachtigheid. In de Vorstenlanden wordt, volgens een mededeeling van Dr Boorsma, daoen lampěs met azijn gewreven gebruikt
als smeersel tegen rheumatiek *Lampěs irěng* wordt in Midden-
Java ook aangewend bij opgezette beenen

Vruchten Als bij de javanen iemand zand of ander vuil in de oogen heeft gekregen, doen zij daarin eenige zaadkorrels van hun lampěs, die niet alleen het vreemde lichaam verwijderen, doch tevens het gezicht verhel-
deren (Rumph.) Deze zaden (nootjes) zwellen in water slijmerig op.

Vormen Ook deze soort is veranderlijk: men heeft volgens Backer een
vorm met paarsen kelk en paarse kroon, een met groenen kelk
en paarse kroon en een met groenen kelk en witte kroon; de
eerste is het meest algemeen Of verschil in geur bij deze vormen aanwezig is en of eventueel de geur constant samengaat met
verschil in voorkomen, kon nog niet worden nagegaan.

In het Museum Kruid. aeth olie

²⁵⁴ ⁷³⁶⁷ **Orthosiphon grandiflorum**, *Bold* (O stamineus, *Benth*)
Volksnamen Mal *Koemis koetjing*—Soend : *Koemis oetjing*
— Jav. *Rěmoek djoeng*—Mad : *Sě-salasèjan, Songot koljèng*
Opstijgend, vaak eenigszins houtig kruid, 0 40 tot 1 50 M. hoog,
op Java (beneden 700 M) en andere eilanden van den Maleischen
Archipel wildgroeiend langs beekjes en waterloopen en om de

Bladeren geneeskrachtige bladeren dikwijls op de erven gekweekt De bla-
deren zijn diuretisch zonder de nieren te prikkelen; bij blaascatarrh, zoomede bij concrementen in de urine en vooral bij phos-
phaturie, werkt een afkooksel van 3 gram versche bladeren op
1000 ccM water, tot 750 ccM verkookt, zeer gunstig Men drinkt
vier maal daags een half theekopje van het gefiltreerde afkooksel
(Vorderman in Tijdschr v Inl. Geneeskundigen 1900, bl. 54) Mevr.
Kloppenburg zegt, dat men *rěmoedjoeng*-bladeren liever niet alleen
moet gebruiken doch steeds tezamen met een (ander) middel om
de nieren tot verhoogde werkzaamheid aan te zetten, bijv *daoen
měniran* Tegen galsteen beveelt deze schrijfster een aftreksel aan

van rĕmoedjoeng met *koenir* en *woengoe*-bladeren (Graptophyllum pictum, Griff.) en een aftreksel van rĕmoedjoeng met bast van *papaja gantoeng* (Carica) is volgens haar een heilzaam inwendig middel tegen podagra. Als *Folia Orthosiphonis* zijn de bladeren als niet-verplicht geneesmiddel opgenomen in de Nederl. Pharmacopee

Uit de bladeren is een glucosied afgezonderd, waarvan de wer-   Chemie king nog niet is nagegaan; Boorsma vond in 100 gram versche stengeltoppen 631 mgr. kalium en in een even groote hoeveel-heid bladeren 738 mgr. Men zou geneigd zijn aan de kaliumver-binding de diuretische werking toe te schrijven, ware het niet, dat de hoeveelheid, waarin het kruid hier wordt toegediend, te gering is om aan een zoodanige werking te kunnen gelooven. In Europa echter, waar men gewoonlijk een afkooksel maakt van 15 gram droog blad, komt ongetwijfeld het kaliumgehalte bij de verklaring van de werking in aanmerking (Boorsma, Plantenstoffen IV, bl 25).

SOLANACEAE

256/7379   **Lycium chinense,** *Mill.*
Volksnamen. Jav *Daoen koki*
Gedoornde heester, van Java tot dusverre alleen bekend van het Diëngplateau, waar hij wordt aangeplant in pagers. Een af-treksel der met thee vermengde gedroogde bladeren wordt er gebruikt als spoeling tegen kiespijn

256/7401   **Physalis spec.**
Volksnamen. Soend *Tjètjèndèt, Tjitjindit, Tjitjipoekan —* Jav.: *Tjeploekan* — Mad.: *Jor-joran.*
Opgericht kruid, tot 1 M. hoog, verbreid over geheel Java. Rum-phius beschrijft het (VI, bl 60) onder den naam van H a l i c a-c a b u s i n d i c u s en zegt, dat het groeit op zandige plaatsen in verlaten tuinen en aan vlakke oevers van rivieren.

De wortel (van *tjèntjèrètan*) wordt volgens Filet (No. 8804) op   Wortel Java fijngewreven toegediend tegen ingewandswormen; volgens mededeeling van Dr Boorsma is een aftreksel van *tjèploekan*-wor-tel in gebruik tegen koorts en worden de bladen, met adas-poela-   Bladeren sari, zout en sirihbladeren in olie gewreven, geroemd als zalf bij breuk. Te Batavia appliceert men tjèploekan-bladeren op steen-puisten. De Clercq (No. 2693) vermeldt, dat een zalf van de fijngewreven bladeren met kalk op wonden en ook bij huidziekten wordt toegepast. Ridley bericht in Mal. Geneesmiddelen (bl. 35), dat de maleiers tot poeder gewreven tjiploekan-bladeren met *curcuma* gebruiken om zweren te pappen en (bl. 42) een afkooksel van dezelfde met *daoen oerat* (Plantago) tegen gonorrhee aanwenden. Volgens Rumphius worden de bladeren onder ander moeskruid gemengd. De Clercq zegt, dat van vee, 't welk dit kruid heeft gegeten, het vleesch naar muskus riekt

De bessen worden gaarne als snoeperij gegeten en zijn te Bui-   Vruchten tenzorg wel eens op de pasars verkrijgbaar

Rumphius vermeldt twee soorten van Halicacabus indicus, een   Soorten groote en een kleine, en twee worden er in de indische literatuur ook steeds vermeld, doch onder verschillende namen: deze, vermoedelijk zuiver botanische, kwestie eischt nader onderzoek.

In het Museum: Kruid, vruchten.

256/7404

Capsicum annuum, L.

Volksnamen. Mal : *Tjabé, Tjili* (Mol.)—Soend. *Sabrang*—Jav. *Lombok, Mèngkrèng.*

De *spaansche peper* is een tot 1 M. hoog, ietwat houtig kruid, afkomstig vermoedelijk uit Brazilië, doch thans gekweekt in alle heete, warme en gematigde luchtstreken. In den Maleischen Archipel komt het van af het strand tot hoog in het gebergte overal gecultiveerd voor, doch niet — zeker niet algemeen — verwilderd.

Cultuur.

Op Java wordt lombok volgens Sollewijn Gelpke (bl. 159) geplant als tweede gewas op sawahs, maar meer op tegals, die daarvoor tot vijf maal worden geploegd. Het zaad wordt uitgelegd op een zaadbed, waar de planten twee maanden op blijven tot zich bloemknoppen beginnen te vertoonen; men beweert, dat bij eerder overplanten de vruchten onrijp afvallen. De zaailingen worden afgesneden en op 2 × 3 voet uitgezet. Als zij beginnen door te groeien, wordt er gewied en dit wordt soms drie maal herhaald, zelfs als men reeds is begonnen met plukken; minstens geschiedt het twee keer. Sawahs worden volgens De Bie (Inl. Landbouw. I, bl. 117) niet zoo zorgvuldig behandeld als tegalgronden. Zijn zij slechts ijl bezet met onkruid, dan wordt dit een of twee weken nadat de padi van het veld is aanstonds ondergewerkt; is de begroeiing daarentegen dicht, dan wordt het onkruid met het padistroo neergeslagen en na drogen verbrand. De sawah wordt dan bewerkt, zelden meer dan eens. Heeft het veld last van water, dan wordt de grond tot bedden opgehoogd; anders aardt men aan gedurende het wieden. Op sawahs bedraagt de plantwijdte $1^1/_2$ tot 2 voet. Om de plantjes zoo min mogelijk aan de zonnewarmte bloot te stellen, geschiedt het uitplanten bij voorkeur in de middaguren. Gedurende de eerste week wordt dagelijks begoten, soms uit greppels, die men voor dat doel opzettelijk tusschen de bedden graaft om het water uit de leiding aan te voeren. Twee of drie weken na het overplanten wordt er gewied en wanneer de aanplant $1^1/_2$ à 2 maanden oud is, nogmaals. Tegen het einde van de derde maand zijn de eerste vruchten rijp en men kan drie of vier keer van

Oogst

hetzelfde veld oogsten. Tjabé wordt geplukt als zij een kersroode kleur heeft aangenomen, behalve natuurlijk die vormen, welke niet rood worden, zooals de groene, die ook bij volkomen rijpheid groen blijft. De eerste pluk levert gewoonlijk weinig op, het meeste de tweede of derde; tegen den vierden pluk is in den regel de tijd genaderd waarop de sawah moet worden bewerkt voor de padi en dan worden de planten eenvoudig uitgetrokken, op hoopen verzameld en verbrand. Het hoogst is de productie bij matigen regenval, bij te overvloedige regens vallen de vruchten ontijdig af, of zij verrotten aan de plant (De Bie). De opbrengst stelt Sollewijn Gelpke op ca. 16 picols per bouw. Financieel zijn de resultaten nogal wisselvallig, omdat de prijzen zeer afhankelijk zijn van de tijdsomstandigheden, doch in het algemeen is het een voordeelige cultuur. Volgens het Verslag 1914 van den Landbouwvoorlichtingsdienst, bl. 121, kan een bouw lombok in den goedkoopen tijd ƒ 100 opbrengen, terwijl tegen het einde der vastenmaand of in den,tijd dat de meeste huwelijken worden gesloten de waarde tot het dubbele kan stijgen In de Indische Mercuur van 25 Maart 1913 leest men, overgenomen uit de Locomotief, dat van Semarang jaarlijks ongeveer 6000 picols gedroogde tjabé naar Singapore, Siam en Penang worden uitgevoerd; de prijs was toen ƒ 17 p. p. doch loopt in tijden van schaarschte op tot wel ƒ 40 voor goede, gezonde kwaliteit. In den regel schommelt de marktwaarde om ƒ 20 Midden-Java is het voornaamste productie gebied van de 23.731 bouw lombok, op Java en Madoera in 1916 volgens het Verslag omtrent N & H geoogst, vallen er 9 260 op Semarang en 3 574 op Kedoe, tegen 3 138 op Rembang en 1 625 op Batavia

Spaansche peper is het condiment bij uitnemendheid van de *Gebruik.* inlandsche bevolking, dat bij geen maaltijd ontbreekt en is even onmisbaar voor de bereiding van toespijzen bij de rijsttafel. Hoewel de nieuwelingen gewoonlijk worden afgeschrikt door de soms tranen in de oogen jagende brandende hitte van deze specerij, gewennen zij zich in den regel mettertijd daaraan en beschouwen matig gebruik van tjabé als noodzakelijk voor een goede spijsvertering Men zie verder Greshoff's Schetsen, bl 217

Nog moet worden vermeld, dat volgens De Clercq (No. 648) de bla- *Bladeren.* deren uitwendig bij furunculi en onderbuiksziekten zouden worden gebezigd en dat het sap der rauwe bladeren zou worden ingegeven om barensweeën op te wekken Medicinaal aangewend worden zij door de javaansch sprekende bevolking aangeduid als *daoen sabrang*

Lombok komt voor in een groot aantal vormen, die onder ver- *Vormen.* schillende wetenschappelijke namen zijn beschreven. Indien er al aanvankelijk bepaalde soorten zijn geweest, dan zijn toch door de eeuwenlange cultuur de kenmerken daarvan vervaagd en de grenzen uitgewischt. Gemakshalve worden daarom door sommige botanici— wier standpunt ik mij om practische redenen gehaast heb tot het mijne te maken — al die vormen vereenigd tot twee groepen, waarvan die welke C. annuum wordt genoemd, de grootste verscheidenheid biedt Zooals bij alle gewassen die om de vruchten worden geteeld, treedt de vormenrijkdom het meest op den voorgrond bij de vruchten Deze zijn zeer veranderlijk, nu eens klein en kogelvormig, dan weer langwerpig of lijnvormig of sterk opgeblazen De scherpte loopt uiteen. Vorderman beschrijft in het Geneeskundig Tijdschr v N I. 1899, bl. 155, vier van de in West-Java op de pasars voorkomende hoofdvormen, die elk hun eigen toepassing voor culinair gebruik hebben

In het Museum Vruchten.

256/7404 **Capsicum frutescens**, *L.* (C fastigiatum, *Bl*, C minimum, *Roxb*).
Volksnamen Mal. *Tjabé rawit*—Soend *Tjabè tjèngèk*—Jav. *Lombok sétan, L. tjèmpiling*
Heesterachtig kruid, 3 à 6 voet hoog, waarschijnlijk inheemsch in de Oude Wereld, hier spontaan opschietend op ontgonnen bosch- *Voorkomen.* gronden Volgens De Bie (Inl Landb I, bl 120) wordt het zelden opzettelijk aangeplant; gewoonlijk vindt men langs de pagers en

elders hier en daar op de erven een voldoend aantal planten om in de behoefte te voorzien. De vruchten worden niet meer dan 15 mM. lang en 5 mM dik, in rijpen staat zijn zij helder rood, doch half rijp, zooals zij gewoonlijk worden gebruikt, is de kleur gras-

Handel

groen. Zij hebben een veel geringer waarde dan andere tjabé en zijn buitengewoon scherp prikkelend, zooals behalve de inlandsche, ook de fransche naam, *piment enragé*, aangeeft. Gedroogd zijn deze vruchten en andere kleine Capsicums in den westerschen handel verder bekend als *birdpepper* en *chillies*; gestampt leveren zij de *cayenne-peper* Zij dienen voor de toebereiding van sausen en pickles en voor medicinale praeparaten. Hier worden zij gebruikt als andere tjabé, doch wegens de groote scherpte minder veelvuldig, door europeanen het meest in atjars. De handel betrekt chillies voornamelijk van Afrika en van de Antillen en ook in Indie zijn pogingen in het werk gesteld om er als bijproduct voordeel van te trekken; het schijnt echter bij enkele zendingen te zijn gebleven. Wigman heeft zich daarvoor nogal moeite gegeven (Teysmannia 1899, bl. 1 & 435, en 1900, bl. 459). Een zeer bevredigend resultaat werd op Sumatra's Oostkust verkregen met uit het wild ingezamelde vruchten, geplukt op het oogenblik dat zij effen licht-rood waren; worden zij te rijp geoogst, dan krijgen zij na het drogen een te donkere tint en half rood en groen geplukt nemen zij een evenmin gewenschte bonte kleur aan. Bij het afpakken dient men er voor te zorgen, dat er geen steeltjes meegaan.

In het Museum: Vruchten.

256/7407.
Solanum aculeatissimum, *Jacq*
Volksnamen. Soend.: *Terong kori, T. tènang*

Kleine, sterk gestekelde heester, op Java veelvuldig in het wild groeiend, doch niet aangeplant. De ronde vruchten, die een door-snee hebben van ongeveer 2.5 cM, nemen rijp een oranjeroode kleur aan; onrijp worden zij aan een spietje gestoken geroosterd gegeten. Het verkoolde vruchtvleesch, met olie gewreven, zou dien-stig zijn om ringworm en schurft te genezen.

?Solanum album, *Lour*
256/7407
Volksnamen. Mad.: *Tërong përat* (?)

Het Trongum agreste album verum beschrijft Rumphius (V, bl. 241) als een heester, tot 4 voet hoog, doch meestal lager, met weinige, kromme takken; de geheele plant is bedekt met een kleverig vaal meel. Hij wast op braakliggende velden. De oneet-bare vruchten gelijken op die van Solanum Trongum, Poir.; zij zijn groen met witte plekken. In de asch gebraden en doorgesneden, worden zij gekauwd „om de wormen in de tanden te dooden".

Het is niet onmogelijk, dat R.'s plant niet anders is dan een witbloemige vorm van S. indicum, L, dien hij in hetzelfde hoofd-stuk behandelt. Welke inlandsche namen bij elk dezer soorten behooren, is niet uit te maken.

256/7407
Solanum Blumei, *Nees*
Volksnamen. Soend.: *Boeloeng.*

Lage heester, 1 à 2 M. hoog, in West-Java gevonden in het

gebergte tusschen 1400 en 2500 M. zeehoogte (Koorders, Exkursionsflora). Hasskarl's Nut No. 188 zegt, dat de bladeren rauw of gestoomd worden gegeten als die van leuntja (S. nigrum L) en dat de vruchten zoet en lekker zijn. Bladeren.
Vruchten

256/7407 ### Solanum ferox, *L*
Volksnamen. Mal. Palemb : ?*Tjoeng boeloe* — Soend.: *Karoendoeng*— Mad.· *Tĕrong pĕrat*
Opgerichte, breed vertakte, gestekelde, heesterachtige plant der bergstreken, tot 1 50 M. hoog, in Palembang op de ladangs gekweekt om de vruchten, die gekookt bij de rijst worden gegeten.

256/7407. ### Solanum indicum, *L.*
Volksnamen. Soend . *Tèrong peuheur* — Jav : ?*Tèrong ngor.*
Kleine, sterk gestekelde heester, over den geheelen archipel verspreid. Rumphius (V, bl. 241) beschrijft hem onder den naam van T r o n g u m a g r e s t e r u b r u m en zegt, dat hij wildgroeiend voorkomt op braakliggende velden en ook geplant wordt.
Den wortel gebruikt men volgens R. als dien van Solanum Wortel Trongum, Poir Horsfield (Medicinal plants, bl. 106), kwalificeert *akar tèrong ngor* als sterk opwekkend In West-Java doet men den wortel van *terong peuheur* wel in verzachtende diuretische dranken tegen vrouwenziekte.
De vrucht heeft de grootte van een duivenei; zij is groen- en Vruchten witgespikkeld, in het stadium van rijpheid geelrood Nog groen zijnde, wordt het kleverige of slijmerige vleesch, nadat de bittere zaden er zijn uitgedrukt, rauw gegeten bij bokasan (Rumph) Te Buitenzorg worden de onrijpe vruchten wel eens in de sajoer gekookt. Mevr. Kloppenburg beveelt tegen zomersproeten en vlekken in het gelaat aan, te wrijven met de in tweeen gesneden vrucht van *tèrong ngor* en het vocht daarop te laten drogen
De zaden zijn een middel tegen kiespijn: te Buitenzorg worden Zaden. zij geroosterd en fijngestampt op het tandvleesch of de pijnlijke kies gewreven en Horsfield vermeldt, dat de javanen ze branden en den rook inhaleeren
In het Museum Vruchten, zaden

256/7407 ### Solanum Kubiu . . .
Dezen naam geeft Van Helten in Teysmannia 1915, bl. 215, op voor een kortelings uit het Amazone-gebied ingevoerde Solanumsoort, die zoowel in de benedenlanden als in hoogere streken overvloedig vrucht draagt. De cultuur beschrijft hij als volgt. Het zaad wordt in bakken of potten uitgelegd en als de plantjes een paar bladeren hebben, worden ze verspeend in andere potten Eerst als zij een voet hoog zijn, kan men ze uitzetten op bedden, waarvan de grond goed vermengd moet zijn met verganen stalmest; de afstand bedraagt 2×3 voet. Ongeveer vijf maanden na het uitplanten treedt de bloei in en na een paar weken zitten de stengels vol met de behaarde, groene vruchten, die, als zij volwassen zijn, in vorm aan appelen herinneren Rijp zijnde is de kleur geel, overgaande in rood; drie à vier maanden na het bloeien kunnen zij geplukt worden en moeten dan voor het gebruik nog een paar

dagen narijpen. De plant leeft en draagt zeer lang. De rijpe vruchten worden geschild en in vieren gesneden gestoofd met veel suiker, gelijk tèrong blanda (Cyphomandra), de smaak is rinsch en niet zoo scherp als van deze en ook missen zij de harde pitten van laatst genoemde, doch zij zijn lekkerder als men de zaden verwijdert.

In het Museum Vruchten.

276.7407   **Solanum Lycopersicum**, *L* (Lycopersicum esculentum, *Mill*)

Volksnamen Mal. *Rangam* — Soend.: *Leuntja komir*.

Cultuur   Verschillende vormen van *tomaten* werden reeds in Rumphius' tijd vrij veel geteeld op wel bewerkte gronden, geleid langs lage latjes; hij beschrijft deze plant (V, bl 416) als Pomum amoris, „schoon in het oog, vuil in den neus, en eenigszins gebruikelijk in de keuken". Volgens Beknopte gegevens omtrent Cultuurgewassen No. 7 wordt het zaad uitgelegd op zaadbedden en als de plantjes een hoogte hebben bereikt van 15 cM. worden ze overbracht naar de plantbedden, waar ze in rijen worden uitgezet, 0.75 M. van elkaar. Men moet ze niet te diep planten en niet beschaduwen hoe meer zon ze krijgen, des te beter. Het best gedijen ze op een goed bemesten, drogen, zandigen bodem. Aanaarden is noodig, vooral in den drogen tijd. Ook moeten de planten worgeleid en men knijpt de toppen uit zoodra de vruchten gezet zijn. Tomaten groeien zoowel in de benedenlanden als in het gebergte, in koelere streken het best; veelvuldig worden zij echter aangetast door ziekten, die de cultuur daadwerkelijk beletten. In de Soendalanden komen zij in het gebergte verwilderd voor en die *leuntja leuweung* brengt soms overvloedig eetbare vruchten voort van den vorm van kleine kersen.

Bladeren   Rumphius zegt, dat niet alleen de vruchten, doch ook de jonge bladeren rauw door de ambonneezen worden gegeten bij bokasan. Hasskarl's Nut No. 199 vermeldt, dat de soendaneezen ze gestoomd nuttigen bij de rijst. Fijngewreven worden de bladeren volgens Rumphius als verkoelend middel op het gelaat gesmeerd, indien dat door de zon verbrand is.

In het Museum Vruchten.

255/7407   **Solanum Melongena**, *L.*

Volksnamen *Aubergine, Eierplant, Egg plant* — Mal.: *Tèrong.*

Cultuur   Terong wordt den geheelen archipel door geplant op precies dezelfde wijze als Capsicum annuum, L; het is een struik, ongeveer 3 voet hoog, waarvan het zaad wordt uitgelegd op zaadbedden en de plantjes worden uitgezet op den leeftijd van 1 à 1½ maand. Verplant *moet* het Trongum hortense worden, zegt Rumphius (V, bl 238), want als men het laat staan waar het is opgekomen, ontaardt het en brengt slechts kleine vruchten voort. Evenals bij lombok moeten de jonge plantjes na het overplanten dagelijks worden begoten tot zij zijn begonnen door te groeien en het onderhoud is ook verder volkomen zoo, als medegedeeld onder Capsicum annuum. Twee en een halve maand na het overplanten kan volgens Sollewijn Gelpke (bl 132) voor het eerst geoogst worden en men kan daarmede gedurende 1½ maand door-

gaan naar gelang de vruchten rijpen. Zij worden geplukt vóór zij Oogst
rijp zijn, volgens Rumphius nòch te jong, want dan zijn zij on-
smakelijk als koolstronken, nòch te oud, want dan is de schil te
hard De opbrengst stelt S G op 100 picol per bouw en de cultuur kan, evenals die van lombok, zeer voordeelig zijn

Deze vruchten ontbreken op geen enkele pasar: de inlanders Gebruik
eten ze meest gekookt, de europeanen (den langen, paarsen vorm)
gebakken bij de rijsttafel Rumphius zegt, dat zij rauw oneetbaar
zijn, doch overlangs gesneden en gestoofd met wijn en suiker,
of met suiker alleen, op de tafels der groote heeren werden toe-
gelaten, die tijd is echter voorbij

Evenals van Capsicum annuum bestaat er van Solanum Melonge- Vormen
na een groote verscheidenheid van vormen. Die met lange, kom-
kommerachtige vruchten heeten volgens De Bie (Inl. Landb I, bl
119) in de Soendalanden *tèrong pandjang* of *t gëdè* en in Midden-
en Oost-Java *t kopèk*; die met ronde vruchten dragen in het westelijk deel den naam *t. boeleud* of *t. pondok*, in het javaansche
deel dien van *t pondok* Voorts heeft men nog een vorm met broze,
ronde vruchten, in de Soendalanden *t. rangoe* geheeten, en elders
op Java *t gëtas* of *t glatik*. De kleur van de schil der vruchten, zooals
die ter pasar worden gebracht, is wit, ivoorgeel of paars, sommige
vormen zijn gemarmerd en naar het verschil in kleur, grootte, enz,
worden van deze hoofdvormen weer ondersoorten gemaakt

Sommige vormen, zooals de reeds genoemde *tèrong rangoe*,
naderen zeer dicht tot Solanum indicum, L, die waarschijnlijk als
de wilde stamvorm van S Melongena is te beschouwen.

In het Museum Vruchten.

256/7107. **Solanum nigrum,** *L.*
Volksnamen Mal : *Anti* (Mol.), *Ranti* — Soend.: *Leuntja* —
Jav. *Ranti*

Kruid, den geheelen archipel over gekweekt Volgens De Bie
(Inl. Landb I, bl 121) wordt leuntja weinig geplant op sawahs, Cultuur.
meer op tegalgronden, doch steeds in kleine hoeveelheid: zij
eischt niet veel moeite Tegen het eind van de tweede maand,
alswanneer hier en daar een vrucht is gezet, trekt men de planten
uit en bindt ze, na afsnijden van de wortels, in bosjes bijeen De
bladeren en jonge stengeldeelen worden, vooral in de Soenda- Kruid
landen, gaarne gegeten, zoowel rauw, als gekookt of gestoomd,
in het bijzonder bij visch Ook Rumphius (VI, bl 62) vermeldt
van zijn Halicacabus baccifer geen ander gebruik De Heer
Bakhuizen van den Brink berichtte echter, dat van *leuntja hajam* Vruchten
ook de rijpe vruchten worden gegeten — zij worden zelfs een lek-
kernij genoemd — en dat het sap daaruit in de Soendalanden wordt
gebezigd om kippen te genezen, die zeere oogen hebben

De Clercq No 3164 geeft voor leuntja en ranti op: Solanum
denticulatum, Bl

In het Museum Vruchten

256/7407 **Solanum torvum,** *Swartz* (S pseudosaponaceum, *Bl*)
Volksnamen Soend.: *Takokah* — Jav.: *Poka, Tèrongan, Tjě-
poka, Tjoeng bëloet.*

Gedoornde heester, tot 4 à 5 M. hoog, met witte aardappelbloemen, over geheel Java tusschen 50 en 1450 M zeehoogte voorkomend in jong bosch, in sommige streken algemeen. De

Vruchten vruchten zouden hier en daar voor medicijn dienen en worden soms ook door de inlanders gegeten (K. & V — IX, bl. 266). Te Buitenzorg en Batavia vindt men ze bij iederen groentenventer op de draagmanden; bij de inlanders zijn zij vooral onrijp zeer gezocht en worden zoowel rauw als gekookt gegeten

In het Museum Vruchten.

256/7407 **Solanum Trongum,** *Poir.*
Volksnamen. Bal.: *Tĕhoeng kanji.*

Het nog niet teruggevonden Trongum agreste spinosum beschrijft Rumphius (V, bl. 240) als een leelijk, niet aan te vatten, stekelig gewas, niet zoo hoog wordend als S. Melongena, L en dichter voorzien van kromme, houtachtige, takken. Het zou overal bekend zijn, doch nergens bepaald in het wild groeien; steeds vindt men het in verlaten tuinen.

Wortel De wortel zit zeer vast in den grond, zoodat de plant niet dan met moeite is uit te trekken. Als nu bij een moeilijke bevalling de vroedvrouw ten einde raad is, neemt zij eenige stukken van den wortel, wrijft die met water, perst het gewrevene door een doek en geeft het vocht de kraamvrouw in Het is een walgelijk drankje, doch het heeft dikwijls goed geholpen; men mag het echter niet gebruiken dan in den uitersten nood, omdat het sterk drijft Minder angstvallig behoeft men te zijn, als het gaat om het uitdrijven van de nageboorte; men vermengt dan het uitgeperste vocht met een weinig asch en zeeft het vervolgens door een doek Tegen tandpijn of gezwollen tandvleesch neemt men een paar stukjes van den wortel met half zooveel *masooi*, wrijft die met een jonge pinangnoot en een vrucht van siriboa op een steen tot een pap, en houdt die in den mond op de zeere tanden, niets echter daarvan inslikkend Dit zal na twee uren de zwelling doen slinken; indien dat niet het geval is, moet men de remedie herhalen.

Vruchten. De vruchten gelijken op ronde pruimen, staande op een doornachtig, stervormig voetje; zij zijn dooiergeel, effen en glad. Zij rieken en smaken onaangenaam, zijn wat bitter en jeuken in de keel De armen eten ze, zoolang ze nog groen zijn, rauw met bokasan, of gekookt als andere sajoer; in beide gevallen heeft men van jeuk geen last (R)

256/7407 **Solanum tuberosum,** *L.*
Volksnamen Mal : *Kĕntang* (vulg) — Soend . *Hoewi koemĕli*

Aardappelen worden volgens De Bie (Inl Landb II, bl 4) op

Cultuur Java geteeld op doorlatende gronden tusschen 400 en 2000 M zeehoogte, op sawahs als tweede gewas en op tegals; van de laatste maakt men doorgaans twee oogsten per jaar In West-Java gebruiken de inlanders ter beplanting van sawahvelden pootgoed afkomstig van tegalgronden, en omgekeerd. Op sawahs wordt, een of twee weken nadat de padi van het veld is, het achtergebleven stroo gesneden en op onderlingen afstand van $1^{1}/_{2}$ of 2 voet op rijen getrokken. Vervolgens wordt de tusschen de rijen ontbloote grond behakt, eerst in groote kluiten, welke later worden fijnge-

107 maakt Een dag of twee voor het planten worden op afstanden van ongeveer 1 voet pootgaten gestooten Als plantmateriaal bezigt men in West-Java normaal ontwikkelde, uitgeloopen knollen, iets grooter dan een middelmatige knikker Na den oogst worden die als plantmateriaal uitgezocht en op een luchtige plaats binnenshuis of onder een daaraan belendend afdak bewaard, gedurende de twee of drie maanden, die tusschen twee aanplantingen verloopen, worden zij van tijd tot tijd omgewerkt om broeien en verrotten te voorkomen Tot versnijden van het zaaigoed is men eerst in den laatsten tijd hier en daar overgegaan Na het uitpoten, op denzelfden dag of binnen twee dagen daarna, wordt het padistroo, dat tusschen de plantrijen lag, hierover losjes uitgespreid Op tegalgronden laat men dit na Als de aanplant een maand oud is, wordt voor het eerst gewied en $1^1/_2$ of 2 weken later wordt 'dit herhaald Het uitgetrokken onkruid laat men verwelken, schoffelt dan den grond tusschen de plantrijen los en hoogt die wat aan, waardoor zij het aanzien krijgen van bedden Als de knollen zijn uitgegroeid, begint het loof te verwelken en sterft in 7 à 10 dagen geheel af. Zoodra het een donkerbruin, min of meer verschroeid aanzien heeft aangenomen, gaat men over tot oogsten, men trekt de planten uit en op minder losse gronden bedient men zich voor het rooien van een soort van schoffel met gekromden steel In den grond achtergebleven knollen worden met de hand of een bamboelat uitgegraven (De Bie)

Op Sumatra worden volgens Teysmann (Natuurk Tijdschr v N I dl 14, bl 253) veel en goede aardappelen verbouwd op den Singgalang en den Merapi Op de Karo-hoogvlakte heeft de cultuur in enkele jaren tijds zoo'n vlucht genomen, dat vrij belangrijke hoeveelheden naar over zee kunnen worden uitgevoerd Op Celebes worden volgens Koorders aardappelen veel verbouwd in de Minahassa en ook in Goa (Zuid-Celebes) is dat het geval (Verhandelingen Bat. Gen. v K. & W dl 50, bl. 18) in Tompoboeloe, Balasoeka, Soeka en Pao, in eerst genoemde streek voor uitvoer, voornamelijk naar Bonthain, in de andere streken voor eigen consumptie Ook de tenggereezen verbruiken veel aardappelen zelf; volgens Indische Gids 1889, bl. 1832, eten zij ze met geraspte klapper in katjang-olie gebakken, of met kool gekookt Overigens worden aardappelen meer als handelsgewas verbouwd; in de Soendalanden behoudt men voor zich zelf alleen het door den opkooper niet gewilde kriel, dat ook in de warongs of aan den kant van den weg gekookt aan de voorbijgangers wordt verkocht Merkwaardig is het feit, waarvan melding wordt gemaakt in het Tijdschr. v.h Kon. Ned. Aardr Genootsch 1909, bl 847, n l dat op Nieuw-Guinea in het merengebied in het achterland van Monokoeari tusschen 6 en 8000 voet overal aardappelen worden geteeld, zeer groot en van goede kwaliteit Zij zijn afkomstig van die, welke de eerste zendelingen in 1855 aan de bevolking uitdeelden en zijn zoo goed in den smaak gevallen, dat zij thans nog met pisang het hoofdvoedsel van de bergbewoners uitmaken

De afkomst van de verbouwde soorten ligt volgens Mej Prof Vormen Westerdijk, die in Teysmannia 1916, bl 1, een studie over de ziekten der indische aardappelen publiceerde, in het duister Van de oorspronkelijk ingevoerde heeft zich alleen de z. g. *kĕntang djawa* weten staande te houden en deze is betrekkelijk vrij gebleven van ziekten; waarschijnlijk is het dezelfde als de van ouds door de bataks op de Karo-vlakte geteelde *kĕntang batak* Zij doet denken aan een slecht ontwikkelde geldersche kraal en is, van een hollandsch standpunt bezien, geen goede marktsoort; ook hier wordt zij bij de andere soorten achtergesteld. Zij heeft een kleine, spitse knol, met zeer diep liggende oogen, geel, niet-melig vleesch, alle eigenschappen die haar minder gezocht maken. Evenwel heeft zij, behalve haar grooter weerstandsvermogen tegen ziekte, tengevolge van haar vastere consistentie het voordeel, dat de knollen tijdens het vervoer naar de benedenlanden niet sterk onderhevig zijn aan rotten. Volgens *Pemimpin Pengoesaha Tanah* van Juli 1915 is de groeiduur ongeveer vier maanden en bedraagt de opbrengst pl m 45 picol per bouw

Eerstgenoemde schrijfster maakt verder melding van een *kĕntang bandoeng*, die van de Preanger uit over Java moet zijn verspreid; deze heeft ronde knollen, diepe oogen en eenigszins gelig vleesch Evenals de volgende is deze soort gevoelig voor ziekten.

Algemeen, doch later ingevoerd dan de kĕntang djawa, zijn de *preanger muizen, kĕntang garoet* (Soend) of *kĕntang priangan* (Jav), die den vorm hebben bewaard, doch in eigenschappen zijn afgeweken van de hollandsche muizen. Zij zijn wateriger geworden en behielden, in Holland voortgeteeld, hun „tropisch karakter", waardoor zij oneetbaar werden verklaard, hier echter heeft men een toontje lager te zingen. Deze soort bloeit op Java niet, is meer onderhevig aan ziekten dan de kĕntang djawa en geeft een kleiner opbrengst, de marktwaarde is echter aanmerkelijk hooger De knollen zijn groot, ovaal van vorm, met lichte schil, vlakke oogen en wit, melig vleesch Zij zijn 3 à 3$^{1}/_{2}$ maand na het planten oogstbaar

In het bergland van Malang bij Batoe plant men nog een vierde soort, daar aangeduid als *kĕntang inggris* Deze gelijkt in vele opzichten op de voorgaande, doch de kleur van de schil is meer roodachtig, zij heeft eveneens veel last van ziekten

Op de Karo-hoogvlakte verbouwen de bataks hoofdzakelijk *franschen*, practisch gesproken de eenige geschikte soort, die men daar onder voorlichting van een europeesch adviseur voor de cultuur heeft kunnen overhouden Door de weinige europeesche kweekers zijn verschillende andere nieuwe soorten met meer of minder succes ingevoerd, zooals *Leo* in den Tengger en *Generaal Cronjé* en *Kruger* in de Preanger, de meeste leggen het hier echter op den duur af wegens te groote vatbaarheid voor ziekten, vooral roestvlekkigheid, terwijl de opbrengst geleidelijk vermindert

256/7407 **Solanum verbascifolium,** *L.*

Volksnamen. Mal. Mol. (volgens Rumphius)· *Daoen salawar, Tĕmbako oetan* — Soend *Tĕtĕr* — Jav *Tĕtĕr*

Ongedoornde heester, tot 4 M hoog en 15 cM dik, op Java voorkomend beneden 1450 M zeehoogte in jong bosch, niet gezellig groeiend, maar in sommige streken zeer algemeen (K. & V — IX, bl 264).

Wortel Rumphius (VI, bl 58) bericht van zijn Adulterina, dat een afkooksel van den wortel met een klein stuk groote roode gember en een stukje ajuin, bloederig en etterig urineeren geneest Soms neemt men voor dat doel de bladeren, die een krachtig middel heeten om alle onzuiverheid door middel van de urine uit te drijven, in het bijzonder bij vrouwen die lijdende zijn aan witten vloed. Volgens Dr Boorsma zegt men, dat de bladeren abortus verwekken. Scheffer teekende daarentegen in Hasskarl's Nut bij No. 844 aan, dat de met zout fijngewreven bladeren aan kraamvrouwen worden gegeven. Verder zou men droezigen paarden een mengsel van bladeren van tětěr en pěparé (Momordica) met langkoewas měrah, roode uien, djintěn hitam en djěroek nipis in den neus stoppen en na die medicatie laten draven om warm te worden, waarna zij zouden moeten baden. De vruchten worden volgens Scheffer geroosterd gegeten. *Bladeren*

Vruchten.

256/7108 **Cyphomandra betacea,** *Sendtn.*
Volksnamen *Tree tomato* — Mal.: *Tèrong blanda* — Soend.: *Tèrong mènèn.*

Boomheester of kleine boom, tot 6.25 M. hoog, uit Amerika ingevoerd, in de bovenlanden gecultiveerd en daar volgens K. & V. (IX, bl. 262) in enkele streken verwilderd. Volgens het Tijdschr. v. Land- en Tuinbouw en Boschcultuur 1885/6, bl. 426 en 1887/8, bl. 333, gedijt hij op Java het best tusschen 1000 en 1500 M zeehoogte, doch levert in het oostelijk deel reeds op 450 M. zeer goede vruchten

De vermenigvuldiging geschiedt door stekken of door zaad, dat op voor de zon beschutte bedden moet worden gekweekt; uit zaad verkregen boomen zijn schooner en krachtiger, doch stekken geven eerder vrucht Volgens Pěmimpin Pěngoesaha Tanah van Sept./Oct. 1915 leveren (te Tjikadjang, Preanger Regentsch.) stekken van 3 cM. doorsnede en 1 M. lengte dikwijls reeds na 8 maanden vruchten en uit zaad gekweekte planten na een jaar Te Malang moet men volgens het Tijdschr. v. L. & T. bouw langer wachten, bij stekken 16 maanden en bij zaadplanten 20. Eenmaal in productie draagt de plant ongeveer het geheele jaar door, meestal tientallen van vruchten, doch bij oude exemplaren telt men ze soms bij honderden. Te Buitenzorg ziet men tèrong blanda het meest in de maanden Augustus en September. De vruchten worden boomrijp geplukt en rauw uit de hand, doch meer gestoofd, gegeten en men kan er ook een lekkere, frissche, roode gelei van maken. De schil en het pulp, dat de vele harde zaden bevat, worden gewoonlijk verwijderd. De inlanders eten ze volgens Pěmimpin onrijp gekookt met sambal als toespijs bij de rijst; rijp: rauw of met javaansche suiker gestoofd tot kolak. *Cultuur.*

Gebruik

In het Museum Vruchten

256/7415 **Datura fastuosa,** *L*
Volksnamen Mal *Kětjoeboeng* — Soend.: *Koetjoeboeng* — Jav *Katjoeboeng* — Mad . *Katjobhoeng, Tjobhoeng* — Boeg.: *Tampong-tampong* — Alf Minah.: *Kěrěntoengan, Korontoengan, Tahoetoengan*

Van Stramonia indica beschrijft Rumphius (V, bl 242) drie vormen (zie beneden), alle heesters, 6 à 7 voet hoog, met dikke, kromme, houtachtige, wijd uitgespreide takken, doorgaans wassend in eenzame hoeken bij muren en achter de huizen. De toepassingen

256/7415 zijn den geheelen archipel door vrij wel gelijk, doch men gebruikt de verschillende deelen van de plant door elkaar voor hetzelfde doel

Rumph us zegt, dat een stukje van den houtigen wortel het geweldig bort (de cholera) stuit, dat voor andere middelen niet wijken wil en dat een klein stukje, gewreven met kleine gember, aamborstigheid geneest. Volgens Ridley (Mal. Geneesmiddelen, bl. 30) wordt de gepoederde wortel op het tandvleesch gewreven ter verdooving van kiespijn.

Ook het gebruik der bladeren is in het algemeen als pijnstillend middel. Waitz (Practische waarnemingen, bl. 22) bevond ze zeer werkzaam als ingrediënt van verzachtende en pijnstillende cataplasmen. De maleiers bezigen volgens Ridley (l. c.) een pap van kĕtjoeboengbladeren, gewreven met uien en gember, bij pijn in den rug. Met kalk tot een zalf gewreven, wendt men ze aan aan tegen zwelling, rheumatiek en linoe, d. i. een stroef en knagend gevoel in het gebeente en de gewrichten, zooals bij jicht (Jasper, Geneeskrachtige planten). Op dezelfde wijze past men ze uitwendig toe op de wang tegen kiespijn. Rumphius zegt, dat zij, versch gebruikt, roos uittrekken. Voor al deze doeleinden bezigt men ook de straks te vermelden kĕtjoeboengolie

Dr Boorsma deelde mij mede, dat een afkooksel van jonge kĕtjoeboengbladeren wel wordt ingenomen om het slijm los te maken; als dat is uitgeworpen, dient men tamarindewater met suiker toe. De Clercq (No. 1042) vermeldt, dat op Saleyer de gekneusde en daarna uitgekookte bladeren (inwendig) als wormdrijvend middel worden gebezigd; hier gebruikt men ze voor hetzelfde doel uitwendig, doch te Buitenzorg ontving ik ook een recept tegen wormen, voorschrijvende bladeren van koetjoeboeng fijn te wrijven met die van Caesalpinia pulcherrima en adas-poelasari, dat papje met water te vermengen en dan aan de kinderen toe te dienen.

Kĕtjoeboengolie is een aftreksel van de zaden of van de bladeren. Mevr. Kloppenburg beveelt aan 7 of 8 bladeren zeer fijn te snijden en in de zon te drogen, dan neemt men vijf eetlepels zuivere klapperolie of glycerine, doet daarin het blad en plaatst de flesch gedurende een dag of veertien in de zon. Spoediger kan men zijn doel bereiken door haar een uur lang in kokend water te zetten. Voor het gebruik worden de uitgetrokken bladeren verwijderd. Ook de door Rumphius beschreven methode is bruikbaar R zegt, dat men de vrucht uitholt, waardoor de meeste zaden worden verwijderd, en daarna vult met klapperolie; de opening wordt vervolgens afgesloten met een stukje look en de vrucht gebraden in de heete asch. Die olie is een middel tegen zwerende ooren en Mevr. Kloppenburg zegt, dat bij geregeld indruppelen inderdaad genezing volgt.

Het rooken van kĕtjoeboeng tegen asthma wordt algemeen toegepast; meestal gebruikt men daarvoor de bladeren, doch ook zeer vaak de bloemen en wel eens de wortels of de zaden. Zij worden gedroogd gerookt gelijk tabak en volgens Harloff (Geneesk. Tijdschr. v. N. I. dl I, bl 385) zijn in den regel enkele teugen reeds voldoende om de benauwdheid te doen ophouden, of tenminste verlichting te geven. Ook Waitz (l c.) laat zich gunstig over de werking uit.

Volgens Harloff zou een aftreksel van de zaden nuttig zijn tegen catarrhalen hoest. Rumphius zegt, dat de ambonsche en ternataansche grooten somtijds een scrupel of minder van de zaden

6/7115 innemen als opwekkend middel en dat twee of drie stuks, met pinang gekauwd, den dorst verslaan, een gebruik dat de zeelieden in toepassing zouden brengen. Zij schijnen overigens slechts voor misdadige doeleinden te worden gebezigd. Volgens Schneider, Catechismus der gerechtelijke geneeskunde in Ned -Indië, bl 117, is Madoera de bakermat der vergiftigingen met doornappelzaad; het mengen van toewak daarmede zou op dat eiland dagelijksch werk zijn en dikwijls aanleiding geven tot moord en doodslag. Toediening met het doel een vijand uit den weg te ruimen zou echter niet voorkomen Ook de overige deelen versmaden misdadigers niet, want, behalve van de geroosterde en gestampte zaden, bedient men zich ook van een aftreksel van de bladeren of van de bloemen, een en ander wordt ongemerkt toegediend (Straits Bulletin 1903, bl. 224). Zeer zelden wordt — zegt men — de bedwelming teweeg gebracht door branden, om inbraak te vergemakkelijken De rook zou dan in gesloten slaapkamers worden geblazen, waarbij volgens Van der Burg (Geneesheer III, bl. 544) tegelijk zout op het raamkozijn wordt gestrooid. V. d. B acht het niet onwaarschijnlijk, dat berooking onvoldoende is om een diepen slaap teweeg te brengen, zoodat het mogelijk is, dat men zich van de feiten bewust kan zijn, doch onmachtig den diefstal te beletten

Men vindt van kĕtjoeboeng steeds minstens drie vormen opgegeven, een met witte bloemen, een met dubbele paarse (*kĕtjoeboeng mérah*, *k. irĕng*, *k. hitam* of *k oengoe*) en in de derde plaats een *katjoeboeng kasihan* met kleine bloemen en kleine vruchten. Ook Rumphius onderscheidt er drie, een witte, een roode (de middelste van de voorgaande) en een zwarte, die overeenkomt met de witte, behoudens dat de bladeren donkerder groen, en bestrooid zijn met een grijs meel [1]. Van die drie wordt de witte voor het krachtigst en het schadelijkst gehouden en voor medicinaal gebruik moet men hem vermijden Met de schadelijkheid schijnt het echter zoo'n vaart niet te loopen Rumphius deelt mede, dat men sagoëerdieven betrapte door de bamboekokers met kĕtjoeboengzaden, welke men vooraf een nacht in versche sagoeer had geweekt, te vergiftigen De euveldaders, die zich vergrepen aan zoodanig gekruid sap, verrieden zich door „het verdrijven van allerlei potsen". Bij een onderzoek in het Pharm. Laboratorium te Buitenzorg bleek het alcaloidgehalte van Datura fastuosa veel geringer te zijn, dan van een zoo gevreesde plant werd verwacht: het rijkst aan giftig beginsel waren nog de bloemen, doch ook daarin werd slechts 0.18% gevonden (Jaarboek 1910 Dept v Landb, bl. 53)

Ook de echte *doornappel*, de europeesche Datura Stramonium, L, komt hier voor, volgens mededeeling van den Heer Backer is hij bij Lembang en op het Pengalengan-plateau in groote hoeveelheid verwilderd op de akkers Deze is, tenminste in Europa, zeer giftig. Dit schijnt weer niet het geval te zijn met de uit Amerika afkomstige, in het gebergte zeer veel in pagers gekweekte, boomachtige Datura arborea, L en D suaveolens, Humb & Bonpl, kenbaar aan de hangende, zeer groote, witte, enkele of dubbele bloemen

---

[1] Deze laatste zou D Metel, L kunnen zijn, doch die is volgens Backer in den arch pel nog niet ingezameld

en de ongestekelde vruchten, welke laatste zij echter slechts uiterst zelden voortbrengen, zoodat zij altijd door stekken worden vermeerderd Datura suaveolens, L , welke volgens K. & V. (IX, bl. 262) vaak met de andere wordt verward, is voor zoover ik heb kunnen nagaan nog niet onderzocht, doch het alcaloid dat Greshoff (Plantenstoffen II, bl 152) uit Datura arborea afscheidde (0 813 % en 0 038 % in respectievelijk zeer jonge en oude bladeren en 0 2 % in de bloemen), was merkwaardig wegens zijn geringe giftigheid Twintig mgr. bij een kip en 5 mgr. bij een padde geïnjecteerd, had geenerlei uitwerking Ook van elders blijkt, dat sommige van de hier voorkomende Datura-soorten onschadelijk zijn Vorderman verhaalt in het Tijdschr v Inl Geneeskundigen 1893, bl 85, dat hij in de bergstreken van het Bandoengsche een geit de bladeren zag eten van een witten Datura en dat zijn inlandsch geleide hem verzekerde, dat geiten zulks steeds doen en daarvan nooit nadeelige gevolgen ondervinden

Ziektebeelden van kĕtjoeboengvergiftiging vindt men in het Geneesk Tijdschr v N 1 1860, bl 378 en 1908, bl XXV Een van de tegengiften is volgens Rumphius gember met water van jonge klapa idjo, doch ook een purgeermiddel schijnt zeer bevredigend resultaat te geven.

In het Museum Bloemen, zaden.

256/7434 **Nicotiana Tabacum, *L***

De cultuur van *tabak* wordt in Ned.-Indie zeer algemeen, doch onder verschillende voorwaarden gedreven. Op Sumatra's Oostkust en in de Vorstenlanden op Java is zij geschoeid op europeesche leest en dat plantagebedrijf valt geheel buiten het bestek van dit werk In Loemadjang en een deel van Banjoemas en van Kedoe wordt de voor de westersche markt bestemde tabak door de inlanders voor eigen risico geplant, de oogst daarvan wordt verkocht als krosok of als bladtabak aan europeesche ondernemers, die de bereiding of nabereiding bewerkstelligen. In Besoeki bestaan beide stelsels naast elkaar; in de afdeeling Djember werd voorheen de cultuur uitsluitend gedreven op ondernemingen als in de Vorstenlanden, doch daarnaast is in de laatste jaren een opkoopsysteem ontstaan als in Loemadjang In de afdeeling Bondowoso is de toestand tegenovergesteld vroeger was daar opkoop regel, doch thans wordt er in toenemende mate werk gemaakt van eigen aanplant; de meerderheid der ondernemingen daar heeft een gemengd bedrijf Vrijwel geheel buiten de bemoeienis van den europeaan staat de cultuur in Kediri, Malang, Rembang en de afdeeling Lamongan en Djombang van de residentie Soerabaja, waar de tabak verbouwd en gedroogd wordt door de inlanders en opgekocht van wege de handelshuizen in de kustplaatsen Deze bedienen zich daartoe van de hulp van chineesche, soms ook van europeesche of inlandsche, tusschenpersonen, die het product in aan henzelf of aan de exporthuizen toebehoorende etablissementen laten leveren en het, nadat het voor zoover noodig een nabewerking heeft ondergaan, voor den uitvoer verpakken Met den invloed van den europeaan op de productie neemt ook de kwaliteit van het voortbrengsel af. Tenslotte heeft men de over den geheelen archipel verbreide volkscultuur (waartoe

256/7131 wij ons in hoofdzaak zullen bepalen), welke produceert voor locaal gebruik of hoogstens voor de oostersche markt, die tabak wordt uitsluitend in gekorven staat verhandeld

Tabak wordt op Java [1]) verbouwd van af de laagvlakte tot op 4 à 5000 voet, soms nog hooger, bijv. op het Diengplateau, waar zelfs op 6 à 7000 voet nog tabak wordt aangetroffen. De streken waar zij voor de westersche markt wordt geteeld zijn reeds genoemd, voor gekorven tabak zijn vooral van belang: Banjoemas, Rembang (afdeeling Bodjonegoro en Zuid-Toeban), Kedoe (Wonosobo, Temanggoeng, Parakan en Zuid-Djatiroto), de bergstreken van Pekalongan, de hoogvlakte van Batoer (Banjoemas), in de Preanger Regentschappen o.a. de zuidoostelijke en zuidelijke helling van den Gede, de hoogvlakte van Pengalengan, de districten Tjipeudjeuh, Tjiparaj, Bandjaran, Tjisondari, Leles, Timbanganten e.a.

Men teelt haar meer op tegal- en boschgronden als hoofdgewas, dan op sawahs als palawidja De uitgestrektheid van de sawahaanplantingen hangt nauw samen met plaatselijke omstandigheden en de weersgesteldheid. Waar die bouwvelden een gering verhang hebben en de grond minder goed doorlatend is, worden zij bij veelvuldige regens spoedig drassig en daardoor voor tabak ongeschikt Veel, in het bijzonder in het Rembangsche, wordt tabak ook geplant op de erven

Als de meest geschikte gronden worden beschouwd die, welke bestaan uit een mengsel van klei en zand met een hoog humusgehalte; zij moeten waterhoudend zijn en toch voldoende poreus. Zeer gezocht zijn uiterwaarden, welke jaarlijks onderloopen, in het Rembangsche bekend onder den naam van těgal tělatah.

De bevolking pleegt bij voorkeur zaad van eigen aanplantingen te gebruiken en daarvoor is in dit geval veel te zeggen. van elders geimporteerd zaad geeft vaak geen goede resultaten of typen, die de bevolking niet wenscht Wie zorg besteedt aan de cultuur, laat de best geslaagde planten ongestoord groeien, zonder ze te toppen of er van te oogsten Als zij 7 à 8 maanden oud zijn en de zaaddoozen geelbruin zijn geworden, snijdt men de trossen af en droogt die enkele dagen in de zon; zij worden in dezen toestand bewaard nabij het haardvuur, of dadelijk stuk gewreven ter afscheiding van de zaden, welke dan door wannen gezuiverd, in een gesloten flesch of bamboekoker gedaan en op een droge plaats gezet worden. Veelal echter oogst men eerst wat voet- of middenblad en laat dan de zijloten doorgroeien Zeer vaak blijkt nog grooter zorgeloosheid, doordat de bibit wordt aangeschaft op de pasar, in bijna elke tabakstreek zijn desa's, waar het kweeken van bibit door enkelen als bedrijf wordt uitgeoefend en in sommige is het zelfs niet gebruikelijk, dat de tabaksverbouwer zijn plantgoed zelf kweekt Zoo wordt in Wonosobo de bibit betrokken van de Dienghoogvlakte, in de Preanger koopt men voor aanplantingen in Leles

Java

Gronden

Plantmateriaal

---

[1]) Als grondslag voor de beschrijving van de inlandsche cultuur op Java is gebruikt de door den auteur omgewerkte en uitgebreide verhandeling in Inl Landb dl II, bl. 23. Voor de liberaliteit, waarmede de schrijver van dit uitmuntende werk, de Heer H C H. de Bie, mij veroorloofde van zijn handschrift gebruik te maken, zij hem hier openlijk dank betuigd.

256/7434 de zaailingen uit Wanaradja of Wanakerta; bibit voor Tjipoetri
betrekt men uit Lembang, enz. Als reden van bestaan van dezen
bibithandel wordt opgegeven, dat men door aankoop van elders
beter en sterker planten verkrijgt, maar gemakzucht zal daaraan
in vele gevallen niet vreemd zijn, omdat het telen van bibit veel
zorg vereischt en vaak ook teleurstelling baart.

Tot wering van insecten worden de zaden wel eens in loog van
padistroo geweekt, doch meer worden zij met asch vermengd
Sommige inlandsche landbouwers bestrooien tevens het bed na het
bezaaien met wat asch, of bedekken dit tevoren met droge bladeren en stroo, welke materialen dan in brand worden gestoken.
In Oost-Java wordt vaak om het zaadbed wat geraspte klapper
gestrooid, gemengd met zemelen of arènsuiker Indien europeesche
ondernemers het zaad verstrekken, is dat vooraf op vochtige doeken tot een begin van kiemen gebracht; de mieren toonen er dan
geen belangstelling meer voor. Ten einde aaneenkleven van de
zaden te voorkomen en een gelijkmatige, ijle verdeeling te krijgen,
heeft vermengen plaats met fijn zand De kieming, die 3 à 7 dagen
duurt, is in den regel ongelijkmatig.

Zaadbedden   De zaadbedden legt men in de Preanger bij voorkeur aan op
een licht beschaduwd deel van het erf; in het Rembangsche kiest
men daarvoor de breedste stukken van hoog gelegen sawahdijkjes.
Terwijl de padi nog te velde staat, worden deze stukken met
tusschenpoozen van eenige dagen 6 of 7 keer bewerkt en goed
verkruimeld, waarna zij door branden van onkruid e d met asch
worden bedekt Vervolgens worden zij begoten en nog denzelfden
dag bezaaid Ook in de Preanger wordt de voor de zaadbedden
bestemde grond meerdere malen bewerkt en vervolgens tot bedden
van 3 à 4 voet breedte en 1 voet hoogte opgetrokken. Na het
bezaaien worden die bedden tegen pluimgedierte beveiligd door
een ijlen pager van dun gespleten bamboe. Tegen regen en zonne-
schijn worden zij beschut door een sterk hellend afdak van varen-
bladeren, die onder den invloed van weer en wind snel vergaan Geschiedt dit laatste niet spoedig genoeg, dan wordt drie weken na het
zaaien begonnen de bedekking uit te dunnen, zoodat de jonge plantjes op den leeftijd van ca 1 maand aan zon en regen gewend zijn.
In Bondowoso, Djember en andere streken legt men de zaadbedden aan op de sawahs zelf; in Rembang en Oost-Java bedekt
de bevolking haar eigen bedden na het bezaaien een week lang
met klapperbladeren, alang-alang of padistroo Gedurende die week
wordt de grond door geregeld begieten vochtig gehouden Nadat
de kieming heeft plaats gehad, wordt deze bedekking weggenomen
en vervangen door een laag afdak

Gewoonlijk wordt veel meer zaad gebruikt dan men noodig
heeft, zoodat de plantjes in de verdrukking komen en onregelmatig
groeien Het trekken van bibit heeft dan ook twee, soms drie keer
plaats De eerste maal worden de krachtigste exemplaren uitgezocht
en de achterlijke krijgen daardoor een kans om bij te komen; 5
à 10 dagen later worden, naar gelang van de behoefte, de beste
weer uitgezocht. De rest dient om in te boeten of voor verkoop
op de pasars. Voor uitplanten is de bibit geschikt op den leeftijd van
45 à 60 dagen, als zij 4 tot 7 blaadjes bezit De zaailingen worden

256/7434 voorzichtig uitgetrokken, nadat het bed overvloedig is besproeid

Indien het te beplanten terrein slechts met gras of onkruid is Plantveld begroeid, wordt het zonder voorafgaande zuivering beploegd of behakt. Komt er struikgewas op voor, zooals het geval is met tegalans die hebben braakgelegen, dan wordt dat eerst geveld en na drogen verbrand. De grond wordt zes, zeven keer bewerkt en bovendien worden bijna overal de kluiten stukgeslagen. Desniettemin is de toebereiding oppervlakkig, omdat daarvoor de broedjoel wordt gebezigd, die niet diep gaat en slechts bestemd is om den grond open te maken. Geëgd wordt het veld niet. Soms, lang niet algemeen, worden op afstanden van ongeveer 4 voet voren getrokken om bij het uitplanten en later bij het wieden langs te loopen en tevens om te dienen als greppels voor den afvoer van het regenwater. Waar men moeite heeft met den afvoer van water worden wel eens bedden van 3 à 4 voet breedte aangelegd In Kedoe is het gebruikelijk om, ook waar men geen last van water heeft, bedden aan te leggen van 6 à 10 voet lengte, zelden langer, men zegt, dat dit verband houdt met de over het algemeen geringe dikte van de bouwkruin.

Als de grond klaar is om te beplanten, worden op 2×3 of Planten. $2^{1}/_{2} \times 2^{1}/_{2}$ of 3×3 voet, meestal echter veel dichter opeen, plantgaten gemaakt. Op een bouw kunnen dus van 8000 tot meer dan 14000 planten komen te staan Zooveel tegelijk plant echter een gezin niet, men bepaalt zich in den regel tot 3 à 6000 boomen

In Rembang en in de laagvlakte van Pekalongan plant men uit in kuilen, die tijdens het groeien geleidelijk met aarde worden gevuld Dit geschiedt op grond van de overweging, dat het scheuren van den grond bij droogte op die wijze wordt getemperd en dat in elk geval het wortelstelsel van de tabak minder zal worden geschaad. Men begint in Rembang met vóór het planten den kuil flink te begieten Een nadeel van deze methode is, dat, als er wat veel regen valt, het in de kuilen achterblijvende, stilstaande water aanleiding geeft tot rotten van de wortels, ziekten en tenslotte afsterven van het gewas Op stijve, minder doorlatende gronden is deze cultuurwijze dan ook zeker te ontraden

Het uitplanten, gewoonlijk niet meer dan één zaailing in elk gat, geschiedt doorgaans in den middag tegen vier uur, om te voorkomen, dat de plantjes aan de felle zon worden blootgesteld. Onmiddellijk krijgt elke plant een beschutsel daartegen, waartoe veelal stukken pisangbladscheede worden gebruikt, die vooraf zijn ontdaan van de binnen- of buitenhuid om de buigzaamheid te bevorderen Die schutsels worden met bamboepinnen vastgezet of wel eenvoudig met aardkluiten bezwaard Voor zoover zij na veertien dagen nog niet vergaan of door den wind verstrooid zijn, worden zij weggenomen.

In streken met geringen regenval en droge atmosfeer moet Onderhoud dagelijks worden begoten, totdat de plantjes zich na ongeveer een week hebben hersteld Na dien tijd giet men naar behoefte om de twee of drie dagen tot het product oogstbaar is. Niet geslaagde exemplaren worden bij het eerste wieden vervangen, bij voorkeur door zaailingen van gelijken leeftijd, welke op speenbedden in voorraad worden gehouden.

Wanneer het gewas een frisch groene kleur heeft aangenomen

256/7434 en het onkruid zich begint te ontwikkelen, wordt voor het eerst
gewied Twee of drie weken later wordt dit herhaald; alsdan wordt
tevens de grond losgemaakt en worden de planten aangeaard, zoodat
ten slotte de rijen er uitzien, alsof men op bedden had geplant.
Het wieden gaat in den regel, soms alleen de eerste maal, soms
beide keeren, gepaard met het toedienen van mest, aan elke plant
een handvol. In de Preanger bezigt men daartoe bij voorkeur mest
van pluimvee, soms vermengd met gebrande zemelen, gebranden
mest van paarden en vee en veegsel van de erven.

De zich ontwikkelende zijloten worden geregeld weggenomen
en op den leeftijd van 2 à 2¹/₂ maand worden de toppen uitgeknepen. Tegen den tijd dat de bloemknoppen zich vormen, verwijdert men ook de 2 of 4 oudste bladeren, die tabak zouden leveren van flauwen smaak; aan een goed geslaagden boom laat
de inlander, dien het voor kerftabak om dikke, kleverige bladeren te doen is, er 12 of 14 en zelden meer dan 20. Indien het zand-

Oogst   blad verkoopbaar is als krosok, laat men het niet onbenut, doch
anders blijft het op het veld liggen.

Negentig tot honderd dagen na het uitplanten beginnen de onderste bladeren geel en slap te worden en neemt de oogst een aanvang Men plukt in de morgenuren, als de dauw is opgedroogd, blad
voor blad of enkele bladeren tegelijk, naarmate ze rijpen, eerst de
onderste en gewoonlijk niet meer dan drie, hoogstens zes. Deze worden *kèpèl* genoemd en zijn het minst in kwaliteit. Twee of drie weken later worden de middelste bladeren ingezameld, van elke plant
6 en in gunstige omstandigheden 7 of 8. Deze middenbladeren
heeten *tĕngahan*, in Kedoe ook wel *ampadan* Het laatst komen aan
de beurt de topbladeren, dat zijn die welke voorkomen aan het
bovenste derde deel van den stengel; hun aantal bedraagt 6 tot14.
In de Preanger Regentschappen heeten die topbladeren *kikitir*, in
Midden- en Oost-Java *oeratan*, in Kedoe ook wel *tjingkrikan*, in
het Tegalsche *dampasan* of *rampasan*. De drie verschillende oogsten worden uit elkaar gehouden · dien van de topbladeren beschouwt de inlander als de beste voor kerftabak omdat zij, het
langst aan de plant blijvende en gedurende den tijd van den min-
sten regenval rijpende, pittig en geurig product leveren.

Bereiding   Vóór de bladeren geschikt zijn om te worden gekorven laat
men ze een lichte broeiing ondergaan. Zij worden daartoe vlak
uitgestreken, bij de stelen tot kleine bossen bijeengebonden en
verzameld op een met pisangbladeren belegde bamboe bank;
daarop worden zij met pisangbladeren afgedekt. In de Soendalanden, waar de huizen uit den grond zijn gebouwd, worden de
bladeren op den vloer op hoopen of, als zij gebost zijn, in rijen
gelegd met de stelen omhoog Naar gelang van de weersgesteldheid en de mate van rijpheid duurt het afsterven drie dagen tot
een week. Gaandeweg wordt het product soepel; heeft het een
geelgroene kleur aangenomen, dan worden de hoopen uit elkaar
genomen en de bladeren stuk voor stuk voorzichtig uitgestreken.
De breedste, gave exemplaren die tevens een gelijkmatige kleur
hebben, worden afgezonderd om te worden gebruikt als buitenblad
voor de rollen bij het kerven Die rollen worden gemaakt van 10
tot 15 gestripte bladeren

256/7434 De kerfbank, zooals in de Soendalanden in gebruik, bestaat uit Kerven. een gewone zitbank, aan welker einde een opstaande plank is aangebracht met een vierkant gat en beslagen met dun plaatijzer of twee reepjes koper. De kerver neemt plaats op de bank, schuift de van te voren klaargemaakte rollen in een langzaam en gelijkmatig tempo met de linkerhand door de opening en haalt met de rechter een speciaal voor dat doel bestemd, vrij breed, scherp mes met korten steel in hetzelfde tempo op en neer langs de opstaande plank. Jasper schrijft in het Tijdschr. v h. B.B van Nov 1915, bl 342, dat het kerven in Toeban gewoonlijk geschiedt van middernacht tot 9 à 10 uur in den morgen, de toekang radjang kan in dat tijdsverloop $3^1/_2$ picol nat blad snijden. Het kerfsel droogt echter belangrijk in *tĕngahan* en topblad leveren aan voor het gebruik gereede tabak respectievelijk 10 en 12 % van het gewicht nat. Dadelijk na het kerven wordt het gesnedene gesorteerd door Nabehandeling. vrouwen, die de bosjes uitrafelen, de lange draden tusschen de vingers houden en de korte laten vallen, deze laatste worden afzonderlijk verwerkt en verpakt als inferieure kerf (*rĕmoekan*). Door andere vrouwen worden de bosjes gestrekt gevlijd op open gevlochten, langwerpig vierkante drooghorden van dun gespleten bamboe, verschillend van afmetingen, doch juist groot genoeg om zooveel kerfsel te bevatten als noodig is voor een lempeng, de kleinste eenheid van den groothandel in inlandsche tabak. Op die horden wordt de tabak drie of vier dagen lang, elken dag niet meer dan een paar uur, in de zon gedroogd, tot zij bruinachtig is geworden. Dan stelt men het kerfsel 2 tot 4 nachten, soms langer, bloot aan de inwerking van den dauw tot de kleur donkerder is geworden. Dit onderdeel van de bereiding wordt het zwaarste genoemd, omdat natworden door regen tot elken prijs moet worden vermeden. Zelfs in het holst van den nacht moet men bij de hand zijn om de horden binnen te halen, nat geregende tabak beschimmelt. In dit stadium van z.g. bedauwen ontwikkelt zich de bijzondere tabaksgeur. Is deze op zijn best — wat alleen na veel ervaring kan worden beoordeeld — dan worden de lempengs dichtgevouwen, gewikkeld in breede reepen pisangbladscheede waarvan de binnenlaag is weggesneden, en binnenshuis bewaard om een fermentatieproces te ondergaan. Voor den verkoop is zij geschikt na 40 à 50 dagen, doch soms moet zij een of twee jaar worden bewaard alvorens er de verlangde prijs voor kan worden gemaakt.

De aldus bereide tabak heet in West-Java *tĕmbako tampang*, in Handelssoorten Midden-Java *pepean*, d.i. in de zon gedroogd. Die welke kunstmatig is gedroogd, noemt men *t. garangan* wanneer zij een lichte, *t. mole* wanneer zij een donkere kleur heeft. De langs natuurlijken weg gedroogde is gemakkelijk te onderscheiden van de boven vuur gedroogde, doordat van deze laatste voor het kerven de zijnerven niet zijn verwijderd. De in de zon gedroogde wordt verkozen boven de beide andere.

In West-Java heeft de pekalongan-tabak een zekere vermaardheid. Voorts zijn gezocht de *tĕmbako sakĕrta* uit de afdeeling Koeningan, kenbaar aan de bijzonder kleine lempengs; de eenigszins grof gesneden *t parakan* en *t kĕdoe* uit het gewest van dezen naam, de *t. kawasan* en *t. paliken* uit het zuidoostelijk deel der Preanger

256/7434 Regentschappen, aldus genoemd naar de plaatsen (desa's of ge-
gehuchten) van herkomst. De uit het overige deel van laatstgenoemde residentie afkomstige tabak, bekend onder den naam van *t kabiri*,
wordt algemeen flauw van smaak gevonden en alleen geschikt geacht om te pruimen. Gesaust wordt inlandsche tabak niet, nòch
op Java, nòch elders, tenzij door de kleinverkoopers.

Voor rooktabak worden op geheel Java de midden- of de topbladeren, vaak een mengsel van beide, gebruikt; het voetblad dient
voor pruimtabak In Midden-Java en Rembang worden het laatst-
Krosok genoemde, de *kèpèlan*, bestemd voor uitvoer als *krosok*, d i. bladtabak in tegenstelling met gekorven tabak In Rembang nu worden
om krosok te maken de bladeren tot bosjes van 15 à 20 stuks bijeengebonden en aan lijnen langs de wanden der woningen, dus
meer in den wind dan in de zon, gedroogd. Daarna worden ze
gesorteerd en gebonden in bossen van 25 tot 30 stuks. Fraaie, gave
bladeren brengen 5 tot 10 cent per bos op, terwijl voor bescha-
digde krosok niet meer dan 2, hoogstens 5 cent de 10 bossen wordt
betaald Een der middelpunten van dien handel is de pasar Babat
op de grens van Rembang en Soerabaja; de verkoop geschiedt daar
bij het gewicht. De opkoopers of tusschenhandelaren belasten zich
met het nadrogen, sorteeren, fermenteeren en verpakken

In het Rembangsche houdt men wel eens een nasnit aan door den
stergel even boven den grond weg te snijden; de bladeren van de
nieuwe loot worden uitsluitend bestemd voor krosok of eigen gebruik.

Ten opzichte van de voor uitvoer geteelde tabak in bladeren moeten wij overigens kort zijn; gelijk reeds is opgemerkt, wordt de cultuur,
naarmate de europeaan er zich intensiever mede bemoeit, met meer
zorg gedreven en men kan zich licht voorstellen, dat er verschillende
stadia van overgang zijn tusschen de gewone inlandsche cultuur
en het vervolmaakte plantage-bedrijf, dat op zijn beurt in de verschillende streken weer niet op precies dezelfde wijze wordt gedreven Een speciaal voor den niet-vakman geschreven overzicht geeft
Dr O de Vries in het 8e stuk van „Onze koloniale landbouw"
Laat ons dus tot besluit nog een vluchtigen blik slaan op de wijze,
waarop de ondernemers in Oost-Java werken.

Ondernemings-
tabak De bevolking plant voor eigen risico, en meer in het bijzonder voor binnenlandsch verbruik, tabak als hoofdgewas op droge
gronden De planttijd van dezen „vooroogst" valt in April/Mei, die
van de ondernemingstabak, geteeld op ingehuurde sawahs, in Au-
gustus/September De voor het telen van bibit bestemde gronden
worden doorgaans in Januari/Februari schoongemaakt en in Maart/
April bewerkt; in Mei/Juni worden de aan- en afvoergoten aangelegd, zoodat eind Juni of begin Juli de bedden bezaaid kunnen worden. Op zijn laatst met Ult Juni moet men kunnen beschikken over
de voor het planten bestemde sawahs Begin Juli wordt een aanvang
gemaakt met de grondbewerking, welke uiterlijk in September afgeloopen moet zijn. De cultuur geschiedt naar de aanwijzingen van
den ondernemer en dus met meer zorg dan de inlander aan zijn
eigen aanplant besteedt De middenbladeren worden bestemd voor
z. g. *bladtabak* — d. z. de beste bladeren, die, vooral ten opzichte
van de lengte aan zekere, niet overal gelijke, eischen voldoen —
de voet- en topbladeren voor krosok De krosok wordt nader

^{256.7434} onderscheiden in hang- en kampongkrosok. De eerste is de betere tabak, nat door de bevolking geleverd en in de droogschuur der onderneming gedroogd, de laatste bestaat uit door de bevolking in de kampongs gedroogde tabak en is ten deele afkomstig van den vooroogst Het fermenteeren, sorteeren en verpakken geschiedt door den ondernemer

Tabak is een voordeelige cultuur, die in menige streek van Java _{Opbrengst} meer oplevert dan het hoofdgewas, de padi De Bie becijfert, dat in Bandjarnegara, waar verreweg de meeste sawahs van regen afhankelijk zijn en waar onder gunstige omstandigheden de opbrengst per bouw aan padi bij een marktprijs van ƒ 2 25 per picol op 60 à 80 gulden wordt geraamd, van tabak de volgende opbrengst wordt verkregen:

pl. m. 2$^1/_2$ picol tot krosok verwerkte kèpèlan à ƒ 2 50 = ƒ 6 25
pl m 1$^1/_2$ picol tĕngahan à ƒ 12 . = „ 18 —
pl m. 4$^1/_2$ picol oeratan à „ 20 tot ƒ 40 . . . . = „ 135 —

Totaal . . . ƒ 159 25

Zelfs vóór den oogst, dus tegen minimale prijzen verkocht, maakt men gemakkelijk voor ongeveer 3000 planten 2$^1/_2$ cent per stuk en voor de rest in doorsnee nog 1 cent, tezamen op zijn minst ƒ 100 per bouw Voorbeelden zijn hem bekend, dat de opbrengst per bouw 200 à 300 gulden bedroeg Het is derhalve verklaarbaar, dat de bevolking zoo tuk is op het telen van tabak op sawahs als tweede gewas en dat zij bij tegenspoed, voorts spruitend uit ongunstige weersgesteldheid, overgaat tot herplanten en zelfs tot drie maal planten, zoo noodig de velden even zooveel malen opnieuw bewerkend.

Uit den aard der zaak wordt op geen twee plaatsen op Java de _{Locale verschillen} cultuur door den inlander op precies dezelfde wijze gedreven Plaatselijke beschrijvingen van de tabakscultuur, behalve de reeds aangehaalde van Jasper betreffende Toeban, vindt men: in de Indische Gids 1902, bl 1060 betreffende dezelfde afdeeling en Bodjonegoro door Wahlbeem; in Pĕmimpin pĕngoesaha tanah van Sept./Oct 1915 door Stenvers en in Teysmannia 1906, bl 509 door Van Breda de Haan betreffende Kedoe, door Sollewijn Gelpke (bl 145) betreffende Oost-Java

Omtrent de volkscultuur buiten Java beschikken wij vooralsnog over slechts weinige in bijzonderheden afdalende gegevens. Van Sumatra is het best bekend de tabak van Pajakoemboeh In 1913 _{Sum W Kust} werd van daar bericht, dat in 13 larassen of districten van de onderafdeeling van dien naam, tabak wordt verbouwd, hier meer, daar minder. Het fijnste, geurigste en lichtst gekleurde product komt uit Padang Sindir (laras Goegoe), Pijobang (laras Soengei Baringin), Padang Bonai (laras Kotanan IV) en Doerian Gadang (laras Batoe Hampar) De grootste tabaksmarkt is de zondagsche pasar van Pajakoemboeh, waarheen ook veel tabak uit naburige afdeelingen wordt gezonden, om onder den naam van pajakoemboeh-tabak te kunnen worden uitgevoerd.

Voor de cultuur neemt men bij voorkeur stukken grond die vijf jaar hebben braakgelegen en bedekt zijn met lalang, lantana enz ; waar die ontbreken, plant men op open plekken in de kampongs of in klapper- en andere tuinen Het zaad wordt betrokken uit streken, die een gunstige reputatie hebben op het punt van kwaliteit der tabak De velden worden met ploeg of patjol goed bewerkt

256/7434 en in de plantgaten wordt een flinke hoeveelheid stalmest gedaan, vermengd met asch Na net uitzetten worden de jonge plantjes beschut en tegelijk plant men bij elk exemplaar een Capsicum, naar sommigen zeggen om meer profijt van den grond te trekken, volgens anderen omdat de lombok ook een gunstigen invloed uitoefent op de tabak Na drie maanden vangt de pluk aan, eerste soort tabak wordt uit de midden-, tweede soort uit de top-, en derde soort uit de voetbladeren bereid. Na het plukken worden de bladeren ontdaan van de hoofdnerf, de twee helften op elkaar geplaatst en zes paar helften op elkaar gelegd, opgerold, vastgebonden en op een bed van gesneden gras in een loods te broeien gelegd Na 3 of 4 dagen worden de rollen gekorven op dezelfde wijze als op Java, op roosters uitgespreid en 3 tot 5 dagen overdag in de open lucht gedroogd en 's nachts in den dauw gezet. Is de tabak droog, dan wordt zij 15 tot 40 dagen opgeschuurd; voor den verkoop worden de „boekoe" dichtgevouwen De uitvoer is gericht naar Padang, van waar de lichtere soorten naar Java, de donkere naar de sumatraansche kustplaatsen en naar Penang gaan

Blijkens het Verslag omtrent N, H & L over 1915 werd ter Westkust van Sumatra aan de bevolking betaald voor

Prima Pijobang	f 120 à f 150 p p.	
Goede Pajakoemboeh.	„ 70 à „ 90 „	
2e kwaliteit van id.	„ 30 à „ 50 „	
Gewone Fort de Kock en Agam . . „	15 à „ 40 „	
Goede Loento . . . . . . „	70 à „ 120 „	
Singkarak . . . . „	10 à „ 25 „	

Als prijs voor inlandsche Java-tabak in datzelfde jaar wordt opgegeven f 50 p p., wat het dubbele van den normalen prijs wordt genoemd in verband met geringe productie.

Ranau Beroemd is de pittige, uiterst fijn gekorven Ranautabak (apenhaar), die in de streken om het Ranaumeer (een moeilijk te vervangen pleonasme) op 1500 à 1600 voet zeehoogte wordt voortgebracht De beste kwaliteit komt blijkens een van eind 1905 dateerende nota van den toenmaligen controleur Van Gelder uit de marga Banding Agoeng, die uit het aangrenzende landschap Makakan, waar een andere variëteit wordt geteeld, is van veel minder kwaliteit. Bij voorkeur kiest men voor deze cultuur verschen boschgrond en waar die niet beschikbaar is, gronden die minstens drie jaar braak hebben gelegen Evenmin als ergens elders wordt eenzelfde veld ooit twee maal achtereen met tabak beplant; na de tabak teelt men rijst en laat dan den grond weer aan zichzelf over. Bemesting wordt niet toegepast. De tijd van aanplanten valt samen met dien van de rijst, d w z men maakt daarmede een begin in Januari, als de regenmoesson in den regel twee maanden doorstaat. De gronden worden door branden van het opstaande gewas gezuiverd en verder voor ladangs buitengewoon goed schoongemaakt; onverbrande takken en bladeren worden verwijderd, om een rupsenplaag te voorkomen. Gelijktijdig met het ontginnen van het veld wordt het zaadbed aangelegd; later worden geleidelijk nog meer bedden bezaaid teneinde zekerheid te bezitten, dat men goede bibit beschikbaar zal hebben op het tijdstip van het uitplanten, als het klaarmaken van het veld eventueel mocht tegen-

7434 vallen De zaailingen zijn bij het uitplanten 15 à 20 cM hoog;
het plantverband is ca 0.70 $\times$ 0.70 M op maagdelijke gronden
en pl m 1.20 $\times$ 1.20 M op běloekarterrein [1]) Het beschutten na
het uitplanten geschiedt met een blad, gelijk elders; gewied wordt
er 2 of 3 keer. De toppen worden voor het openspringen der bloemknoppen uitgeknepen, met uitzondering van de drie onderste blaadjes, welke men laat uitgroeien en waarvan men het beste product bereidt. Het oogsten geschiedt blad voor blad, naarmate deze rijpen;
het criterium van rijpheid is, dat zij gele vlekjes beginnen te vertoonen en bij ombuigen van de punt een knappend geluid geven
Het plukken heeft alleen plaats bij droog weer.

De bladeren worden in rijen met den voet omlaag op pisangbladeren opgesteld in de ruimten onder de huizen, of op andere
voor de zon beschutte plaatsen, en met pisangbladeren afgedekt
Na drie dagen worden de voldoend gebroeide uitgezocht, van de
hoofdnerf ontdaan, opgerold en gekorven; van de beste soort verwijdert men ook de kleinere nerven De overblijvende bladeren ziet
men twee dagen later na, en de dan nog overschietende elken morgen Het kerven en drogen in de zon geschiedt als elders; de beste
soorten droogt men twee dagen, mindere kwaliteit één dag Na
het drogen worden de met tabak gevulde roosters onder de huizen
gebracht met stukken hout er tusschen voor de luchtcirculatie; na
een of twee etmalen worden die latten verwijderd en dan plaatst
men geleidelijk meer roosters op elkaar, tot men stapels krijgt van 100
roosters. Bij de beste soorten heeft sorteeren plaats naar de kwaliteit alvorens de reepen in tweeën gevouwen en bij 180 stuks tegelijk in droge tabaksbladeren worden verpakt. De tabak moet tenslotte 2 à 3 maanden liggen alvorens zij geschikt is voor verbruik
In dien tijd is er een schimmel op verschenen en er weer van verdwenen en heeft zij haar donkerbruine kleur gekregen.

Ranautabak wordt ter markt gebracht te Moeara Doea; zij wordt
ter hoofdplaats Palembang en elders in het gewest van denzelfden
naam verbruikt Een deel vindt zijn weg naar Singapore: op Java ziet
men haar zelden of nooit. Het uitschot gaat via Kroë naar de Lampongsche Districten De prijzen varieeren te Moeara Doea tusschen
f 1 en f 7 50 per timpak, d i een pak van 180 reepjes, wegende $2^1/_2$
tot $3^1/_2$ kati, de allerbeste soort (kapala pilihan) gaat per gewicht
en brengt niet zelden f 5 per kati op.

In het Gouvernement van Celebes en Onderhoorigheden heeft de Celebes.
tabak uit de Noorder-Districten een goeden naam; zij wordt voornamelijk geteeld langs de rivier van Pangkadjene Aan de cultuur wordt
de noodige zorg besteed; de toebereiding omvat het laten besterven
der bladeren gedurende 7 dagen in manden, strippen, oprollen in
pakjes van 15 bladeren, kerven en daarna drogen

Op Lombok, van waar tabak wordt uitgevoerd naar Soerabaja, Ma- Lombok.
kassar, de Molukken en de Aroe-eilanden, wordt de cultuur gedreven
op droge gronden en als tweede gewas op doorlatende sawahs Gelijk
overal waar tabak van goede kwaliteit wordt geteeld, wordt er de cultuur vrij intensief gedreven; de beschikbare gegevens zijn echter niet
voldoende technisch om daaruit te putten voor een wat afwisseling
met het voorgaande biedende beschrijving De Heer De Bie deelde

[1]) Aldus zegt de nota; het zal echter wel juist andersom zijn.

256/7434 mij mede, dat Lombok meer en meer tabak gaat produceeren voor de buitenlandsche markt· in 1916 zouden via Soerabaja 12000 pakken van 100 Kg gewicht van daar zijn verzonden.

Timor   Op Timor, dat geen tabak uitvoert, is de voorraadschuur van dit product het landschap Amanoebang. Het planten geschiedt in den regentijd; het broeien heeft plaats door de bladeren samen te drukken in pakken, welke in huis bij het haardvuur worden opgehangen. De gekorven tabak wordt bewaard in kokers van bamboe betong

Handels-
beweging   Onderstaand overzicht geeft een denkbeeld van den omvang van den uitvoer van tabak van Java (die van ondernemingen natuurlijk inbegrepen), van gekorven tabak voor de oostersche markt en volledigheidshalve van dien van sigaren en sigaretten van inheemsch fabrikaat.

Ongekorven tabak (tons)

van/in	Panaroekan	Semarang	Soerabaja	Probolinggo	Banjoewangi	Tjilatjap	Pasoeroean	Batavia	Elders van Java
1910	11.125	10.326	8.433	5.324	1.240	1.251	224	89	—
1911	12.128	11.358	14.905	7.299	3.102	1.982	1.607	20	—
1912 { blad	5.909	13.383	3.116	2.979	2.423	71	52	n.v	19
{ krosok	10.080	3.550	11.160	3.532	1.399	2.318	878	—	—
1913 { blad	1.446	11.865	305	2.385	1.490	—	224	45	39
{ krosok	16.815	3.742	13.872	3.308	2.200	2.278	402	—	—
1914 { blad	1.808	11.926	112	1.201	1.187	93	290	122	—
{ krosok	14.034	2.783	10.362	1.882	1.338	1.567	186	—	—

	Gekorven tabak (tons)									Sigaren (Kg.)		Sigaretten (Kg.)			
van in	Cheribon	Semarang	Batavia	Elders van Java	Padang	Palembang	Bali	Belawan	Elders	Semarang	Elders	Batavia	Soerabaja	Semarang	Elders
1910	168	170	16	7	1.097	81	59	17	5	1.974	196	2.046	17.741	826	—
1911	152	123	45	9	1.059	105	57	16	6	1.434	595	2.212	7.578	2.374	—
1912	186	129	n.v	9	953	135	90	15	7	3.203	365	623	1.597	1.029	50
1913	187	170	n.v	24	928	47	38	7	5	2.860	275	2.270	1.215	n.v.	683
1914	240	187	74	5	721	35	31	17	4	3.835	573	4.139	2.970	1.616	—

Omtrent het verkeer binnen het tolgebied geeft de statistiek van het Encyclopaedisch Bureau de volgende cijfers voor het jaar 1914. Java verzond in totaal 1.487 ton gekorven tabak en ontving 839 ton van Sumatra's Westkust, 123 ton van de Zuider- & Oosterafdeeling van Borneo en 55 ton van Bali en Lombok Laatstgenoemd gewest voerde, behalve naar Java, nog 421 ton uit naar andere ned.-indische havens, vooral naar Makassar. Dat Java inlandsche tabak zoowel uit- als invoert is, zooals reeds ter anderer plaatse werd opgemerkt, het gevolg van de voorkeur, die den geheelen archipel door aan Java-tabak wordt gegeven voor gebruik bij de sirih. De van Sumatra's Westkust ingevoerde tabak wordt op Java voor een groot deel verrookt in den vorm van sigaretten

Sigaren   Sigaretten en goedkoope sigaren, vooral sigaartjes, worden in groote hoeveelheid op Java gemaakt en verbruikt. Behalve een klein aantal europeesche sigarettenfabrieken, welker product in verband

met den prijs niet voor de massa der inlanders is bestemd, bestaat
er in Midden- en Oost-Java een groot aantal chineesche fabrieken —
waaronder zelfs vrij groote—welke rookbare sigaretten van inlandsche tabak leveren tegen prijzen van soms nog geen ƒ 3 per mille,
franco huis. Sigaren van zeer goed fabrikaat worden gemaakt
van krosok als om- en dekblad en kerf als binnengoed. De lage
prijs brengt ze binnen het bereik van de menigte; volgens een
becijfering van Jasper verdient de maker er nog voldoende aan, als
hij zijn handwerk verkoopt aan den opkooper-distribuant tegen
ƒ 6 per duizend. Ondanks, of misschien juist wegens, haar goed-
koopte zijn deze sigaren bij de meer gegoeden niet in trek: zij
zijn in den regel niet minder goed rookbaar dan ordinaire manila-
sigaren, doch waar er, evenals bij deze, weinig variatie in bestaat,
vervelen zij op den duur.

Met de tabak zijn de inlanders natuurlijk in kennis gekomen door *Medicinaal*
den europeaan. Alvorens zij gerookt werd, was men volgens Rumph.
(V, bl. 226), die het vernam van oude javanen, die het weer hadden van
hun ouders, reeds bekend met de giftige eigenschappen: men gebruikte het sap van de bladeren om vervuilde wonden te reinigen, gelijk
men nog doet met zoodanige wonden, die verrot zijn en vol wormen
zitten, welke er bij toepassing van dit middel terstond uitvallen (R)

Sinds meer dan een halve eeuw is bekend, dat tabakszaad een *Zaad.*
drogende olie bevat, volgens Wijs' Vetcatalogus ter hoeveelheid
van 36 à 40 %, met een joodgetal van pl.m. 119, dus belangrijk
lager dan lijnolie. Voor de praktijk is die olie nog niet van beteekenis, doch zij schijnt in den laatsten tijd de aandacht te trekken
In Mededeeling No 14 van het Proefstation voor Vorstenlanden-
tabak, bl. 57, wordt de opbrengst per bouw van 16000 boomen
berekend op ruim 5 picol luchtdroog zaad met ca 37 % olie, welke
wordt gekwalificeerd als „fijn en sneldrogend, vermoedelijk beter
dan lijnolie bruikbaar voor de bereiding van vernis". Aangezien
het een zeer gewoon verschijnsel is, dat de onderzoekers van
weinig bekende drogende oliën die voorstellen als nog beter dan
de prima inter pares, de lijnolie, is een zekere terughoudendheid
ten opzichte van de hunnerzijds hoog opgedreven verwachtingen
niet ongemotiveerd, temeer waar deze niet steunen op de vast-
gestelde constanten

In het Museum· Tabak, zaad, olie .

SCROPHULARIACEAE.

257/7525.   **Mazus rugosus,** *Lour.* (M. laevifolius, *Bl.*).
Volksnamen. Soend : *Djoekoet mata keujeup* — Jav.: *Patik
kum* — Mak.: *Anroeda bonong*
Liggend of opstijgend kruid, tot 0,25 M. lang, op geheel Java
tot op 2200 M zeehoogte algemeen op zonnige plaatsen (Koorders'
Exkursionsflora), Het kruid wordt geappliceerd op slangebeten.

257/7532.   **Limnophila** spec
Volksnamen. Mal Amb : *Daoen kardĕmom*
Terebenthina *Rumph.* (VI, bl 150) is een kruid, een halven
voet hoog, op kleiachtige gronden groeiend langs de wegen en

aan boomlooze waterkanten Met het sap van de bladeren, die
bij wrijven eenigszins naar terpentijn rieken, reinigt men wonden, doch het is wat scherp (R)

257/7532.   **Limnophila** spec
Volksnamen. Mal. Mol : *Sĕlasĕh ajĕr*
Het Menthastrum amboinicum beschrijft Rumphius (VI,
bl. 151) als een opgericht kruid, ruim een voet hoog De anijsachtig
smakende, en bijna als *sĕlasĕh poetih* (Ocimum Basilicum, L) riekende bladeren worden wel bij het eten gebruikt ter vervanging van
deze De chineezen bezigen het kruid tegen jeukende oogen als
dampbad, terwijl zij verder de oogen wasschen met het afkooksel,
als het is afgekoeld. Anderen koken het met kruid van *sĕlasĕh* en
drinken dat tegen gonorrhee non virulenta of tegen impotentie (R.)

257·7562   **Lindernia crustacea**, *F v. Muell.* (Vandellia c., *Benth.*).
Volksnamen Mal. *Aboer* (Atjeh), *Bĕbalat* (Banka), *Daoen
sisik bĕtok* (Batav), *Kĕrak nasi* — Soend *Djoekoet mata
keujeup* — Jav.: *Brobos kĕbo*
Algemeen voorkomend onkruid, op Java beschouwd als geneeskrachtig De grootste der drie door Rumphius (V, bl 460) vermelde
korsten van den pot, de Crusta ollae major, wordt voor deze
soort gehouden [1]). Rumphius beschrijft haar als een kruid, dat overal
in de tuinen op ledige bedden en op verlaten bouwvelden wordt
aangetroffen De vierkante stengels zijn nog geen stroohalm dik,
liggen ten deele op den grond en richten zich daarna op; de liggende
stengeldeelen wortelen vast in de aarde, zoodat de plant aan den
grond bevestigd schijnt, gelijk de rijstkorst in den pot.
De verschillende soorten van *kĕrak nasi* worden gehouden, zegt
R , van een zuiverende en genezende kracht te zijn in alle loopende
gaten en ulceraties, die van den aard des herpes zijn Daar is
verder een zekere kwaadaardige uitslag, waarbij men aan de beenen
veel kleine puistjes krijgt, welke jeuken en zich in korten tijd zeer
uitbreiden Deze uitslag wordt veroorzaakt door bijna onzichtbare
dieren, welke men koetoe oetan, boschluizen, noemt en die zoo
diep in de huid dringen, inzonderheid waar die zacht is, dat men
ze er niet uit kan krijgen Daardoor ontstaan sterk jeukende bulten
en inlanders, die daarop geen acht slaan en verzuimen die plaatsen
uit te branden en er citroensap in te druppelen, doch gaan krabben,
krijgen zeer spoedig kwaadaardige verzweringen. Deze nu behandelt men met het sap van kĕrak nasi, alleen of vermengd met wat
klapperolie, en verbindt ze met het kruid zelf Ook gebruikt men
dat, gemengd met curcuma en onder toevoeging van een weinig
zout water warm gemaakt, tegen zwerende nagels Insgelijks doet
men het op bloedvinnen en gewonen ringworm, doch niet altijd
met succes, en voorts op droge schurft (witte kadel)
Boorsma (Plantenstoffen II, bl 83) vond in Lindernia crustacea,
F v. Muell nòch alcaloïd, nòch glucosied, maar twee amorphe
bitterstoffen, waarvan een in onbeduidende hoeveelheid en onoplosbaar in water; de andere is wel oplosbaar, doch ongiftig

---

[1]) Crusta ollae minor is wellicht insgelijks een Lindernia, bij Crusta
ollae angustifolia is afgeteekend Dentella repens, Forst, doch deze
plaat komt niet overeen met den tekst

257/7563 **Curanga amara,** *Juss.*
Volksnamen Mal *Ampadoetanah, Daoenkoekoerang* (Mol)—
Soend.: *Tamaha raheut* — Alf Minah. *Keroet, Parang rain-
dang, P. rintĕk* — Tern.: *Papaita* — Alf Amb : *Ai looen oejin*
Kruid, op Java niet algemeen. Rumphius (V, bl. 459) beschrijft
het onder den naam van S e r r u l a t a a m a r a als een gewas met
zeer taaie, kruipende, van onderen wat houtige stengels, groeiend
in velden en valleien, onder heggen en boomen en ook aan rivieroevers. Het is uitermate bitter, doch niet purgeerend, het sap of
een afkooksel ervan wordt gebruikt als wormdrijvend middel bij
kinderen, tegen buikkrampen en bij anderdaagsche koorts Een
papje van de bladeren geneest schuift en andere onzuiverheid van
de huid (R.). Volgens De Clercq (No 939) zouden in het oostelijk
deel van den archipel de bladeren worden aangewend tegen de
zwarte schubziekte, *cascado.* De soendasche naam *tamaha raheut*
wijst op gebruik tot het heelen van wonden. Dr Boorsma (Plantenstoffen II, bl 73) trof het in den inlandschen medicijnhandel aan onder den naam van *koen ta tjaoe*; een aftreksel ervan op arak nemen
de hier gevestigde chineezen in tegen groote vermoeidheid, doch vooral na bekomen kneuzingen en builen, ontstaan door slaan, stooten,
vallen e d De werkzaamheid zou berusten op de eigenschap den
bloedsomloop te versnellen Het bittere bestanddeel bleek een in
water bijna niet oplosbaar, stikstofvrij, weinig giftig glucosied te
zijn, *curangine* genoemd, dat volgens B verdient als geneesmiddel
te worden beproefd, daar de mogelijkheid niet is buitengesloten,
dat het op het hart een soortgelijke werking uitoefent als *digitaline.*
    In het Museum Kruid

257/7564 **Ilysanthes veronicifolia,** *Urban* (B o n n a y a v., *Spreng*.).
Volksnamen Mal . *Langir poeja* — Jav *Oerĕk-oerĕk polo.*
Liggend of opstijgend kruid, op Java algemeen. In Midden-Java wordt
het volgens Boorsma (Geneesmiddelleer, bl. 19) als geneeskrachtig
beschouwd men wendt het met adas-poelasari aan tegen duizeligheid.

257/7576 **Scoparia dulcis,** *L*
Volksnamen Soend . *Djakatoewa.*
Opgericht kruid, inheemsch in tropisch Amerika, op Java algemeen voorkomend als akkeronkruid (Koorders' Exkursionsflora).
Boorsma (Jaarboek 1913 Dept v L N & H , bl 30) ontving het
als *gindjé mĕnir* of *g djĕpoen* van verschillende plaatsen op Java
als opiumsurrogaat, doch het is een onschuldig gewas. In Plantenstoffen II, bl. 83, bericht hij, dat er sporen alcaloid en bitterstof
in werden gevonden Ridley (Mal Geneesmiddelen, bl. 26) zegt,
dat de maleiers een aftreksel ervan gebruiken tegen hoest.
    In het Museum Kruid

BIGNONIACEAE.

258/7700 **Oroxylum indicum,** *Vent* (C a l o s a n t h e s i n d i c a, *Bl*)
Volksnamen. Mal : *Boengli* (Batav), *Kajoe pĕdang* (Menad),
Kapoeng-kapoeng (Palemb.) — Soend · *Pong-porang* — Jav.:
Kadjĕng djalĕr, Kajoe lanang, Moengli, Woengli — Mad :
Dhang-pĕdhangan.
Meestal kromme boom, hoogstens 9 a 12 M. hoog en 15 tot 25

cM. dik, op Java verstrooid groeiend beneden 800 M. zeehoogte, vooral in de laagvlakte (K. & V. — I, bl 66)

Wortels De wortels worden volgens een aanteekening van Scheffer in Hasskarl's Nut met andere middelen gebruikt tegen impotentia virilis.

Hout Op Java wordt het hout, te klein en te weinig duurzaam zijnde, door de inlanders niet benut (K & V.); volgens Koorders vindt het te Manila toepassing in de lucifersindustrie (Tectona III, bl 121). Dezelfde deelt in zijn Minahassa mede, dat op Noord-Celebes „het zachte gedeelte tusschen den bast en het hout" dient als bloedstelpend middel.

Bast De bittere bast, die geregeld in den inlandschen medicijnhandel te Batavia verkrijgbaar is, wordt aangewend tegen maagaandoeningen Van der Burg (Geneesheer III, bl 281) zegt, dat hij gestampt en met water vermengd wordt ingenomen, vooral bij een gevoel van branding in de maagstreek, gepaard gaande met gebrek aan eetlust Dit is ontleend aan Hasskarl's Nut No. 758, waar verder wordt medegedeeld, dat de (jonge) bladeren en bloemen worden gegeten, evenals de onrijpe vruchten, als die 2 à 3 voet lang zijn: zij worden na verwijderen van de zaden gekookt.

Chemie Voor het chemisch onderzoek, zie Boorsma, Plantenstoffen II, bl. 42

In het Museum Hout, bast.

258/7741 **Dolichandrone longissima,** *Schum* (D. R h e e d i i, *Seem*) Volksnamen. Mal . *Kajoe koeda* (Mol.), *Kajoe pělompong* (Menad.) — Soend . *Ki djaran* — Jav · *Kadjěng kapal, Kajoe djaran, Kajoe pélok* — Mad *Kadjoe djharan binèk.*

Zeer kromme, lage boom, 6 à 10 M hoog en tot 40 cM. dik, verbreid over tropisch Azië, alleen groeiend òf vlak aan het strand, òf in het mangrovegebied, vooral in kreken en aan riviermondingen, in sommige streken nogal algemeen (K. & V — I, bl 69) Rumphius vermeldt hem (III, bl 73) onder den naam van L i g n u m e q u i n u m en zegt, dat de takken wel als levende heining worden geplant, omdat zij zeer licht wortelschieten

Hout Het hout beschrijft hij als vuilwit, omtrent het midden roodachtig, doch opdrogend wordt het gelijkmatig lichtgrauw. Het is week en gemakkelijk te bewerken, maar niet duurzaam; men gebruikt het voor allerhande doosjes, klein huisraad, speelgoed, houten trippen die de inlanders dragen in de plaats van schoenen, enz. De armdikke takken zaagt men tot korte stukken om te dienen tot drijfhouten voor netten; nog versch zijnde doorboort men die met een gloeiend ijzer, tengevolge waarvan zij snel opdrogen Voor dit doel zijn zij beter geschikt dan de ademwortels der mangroven of takken van den *poelai* (Alstonia), die het water opzuigen en langzaam drogen, waardoor de netten bederven (Rumphius). Koorders zegt in zijn Minahassa, dat men uit het hout scheeden en gevesten voor wapens snijdt en in het Natuurk. Tijdschr v N I dl 48, bl 86, dat op Karimon djawa de drijvers voor vischnetten algemeen van dit hout worden vervaardigd Op Madoera bezigt men het voor het snijden van maskers voor de topèng (Vorderman, Madoeroesche planten No. 117)

Bladeren. Daar wordt volgens denzelfden een koud aftreksel van de bladeren als spoeling gebruikt tegen mondspruw.

258/7742   **Spathodea** (Dolichandrone) **macroloba**, *Miq*.
Volksnamen Mal. *Soengkei* (Pad. Bovenl.)

Kolossale boom, veelvuldig voorkomend in de bosschen van het
landschap VII Kota in de Padangsche Bovenlanden, zeldzamer ook in
de lagere bergstreken van Loehoe Basoeng van de afdeeling Priaman
Het hout is zeer deugdelijk; het is bruinachtigwit van kleur, vast en   Hout.
dicht, fijn van vezel, uitmuntend geschikt zoowel voor stijlen en balken, die in zeer groote afmetingen zijn te krijgen, als voor planken
In de VII Kota is het ook voor den aanmaak van prauwen zeer
gezocht (Cordes, Tijdschr. d Ind Mij v. N & L. dl 14, bl. 193)

258/7746   **Radermachera gigantea**, *Miq*. (Spathodea g, *Bl*, Sp.
Lobbii, *T & B*, Stereospermum hypostictum, *Miq*.)
Volksnamen Mal. *Toewi, Toewi batoe*—Jav *Bĕdali, Dali, Gĕ-
dali, Kĕdali*—Soend *Kipadali*—Mad *Kajoe iaras, Karpotè*
— Alf Minah *Koetoe-koetoe, Maatoes, Mahatoes, Wowohan*

Groote boom, tot 38 M hoog en 80 cM dik, meestal tot 25 M
hoog en 40 a 60 cM dik, op Java voorkomend van af het zeestrand
tot op 1500 M zeehoogte, in sommige streken in Midden- en
Oost-Java zeer algemeen

Het hout is in balken van 6 tot 10 M lengte en 30 à 40 cM. dikte te   Hout
verkrijgen en wordt sterk en duurzaam genoemd, geschikt voor huizen
en bruggen; het gebruik is echter locaal (K & V —I, bl 72). Uit Palembang en Banka werd mij bericht, dat het niet zeer onderhevig
is aan scheuren, niet door boeboek wordt aangetast, doch niet vrij
blijft van witte mieren; voor gebruik onder dak, als planken, ribben,
deurstijlen en huisraad, is het geschikt, maar voor buitenwerk zou
het niet zijn aantebevelen Te Kediri is het bruikbaar bevonden
voor lucifersdoosjes en goed voor stokjes (Teysmannia 1896, bl 506).

In het Museum Hout

258/7746   **Radermachera glandulosa**, *Miq*. (Stereospermum
glandulosum, *Miq*.)
Volksnamen Mal : *Toewi gadang* (?) — Soend.: *Ki hapit* —
Jav : *Ambal, Bĕdali*—Mad : *Sĕkar potè*.

Meestal kromme, laag bij den grond vertakte boom, 10 tot 12 M
hoog en 25 à 30 cM dik, op Java tot op 700 M zeehoogte verstrooid groeiend, in West-Java zeldzaam. In Zuid-West Preanger
wordt hij soms voor klein bouwhout gebezigd (K & V —I, bl 74)

258/7759   **Crescentia Cujete**, *L*.
Volksnamen *Kalebasboom*—Mal.: *Taboe kajoe*—Soend :
Bĕrnoek.

Boomheester, 6 à 8 M hoog, inheemsch in tropisch Amerika, doch
sinds lang hier in de laaglanden gecultiveerd als sier- en pagerplant
In de Lampongs bezigt men een afkooksel van den bast voor   Bast
het reinigen van wonden en de gekneusde jonge bladeren als ver-   Bladerer
koelend middel bij hoofdpijn. Algemeen dienen de dikke, houtachtige
schalen der op pompelmoezen gelijkende vruchten voor waterkrui-   Vruchter
ken en scheppers, waartoe men de rijpe vruchten uitholt en met
water vult om het nog niet verwijderde deel van den zachten inhoud te doen verrotten; als men de schillen daarna in den rook
hangt, worden zij zeer hard en zijn dan door haar stevigte minder

breekbaar dan die van Lagenaria vulgaris; de inhoud is echter veel kleiner. De zaden bevatten volgens Wijs' Vetcatalogus een in West-Indie medicinale toepassing vindend vet.

In het Museum Schalen, zaden.

PEDALIACEAE.

259/7777.   **Sesamum indicum**, *L*

Volksnamen *Sesam, Gingelly, Teelseed*—Mal : *Bidjan, Lĕnga* —Soend *Widjèn* — Jav : *Widjèn*—Mad.: *Bidjhan* — Mak *Langa*.

Eenjarig kruid, onvast van gedaante, zooals Rumphius (V, bl. 204) zegt, 0,25 tot 1 80 M hoog, met een schier houtigen stengel, van boven in weinig zijtakken verdeeld Zijn vaderland is niet met zekerheid bekend· sesam werd reeds in de grijze oudheid geteeld als het oliezaad bij uitnemendheid en komt thans voor in alle warmere streken der aarde, in de tropen zoo goed als in het Middellandsche Zee-gebied, de zuidelijke staten van Noord-Amerika en in Mandsjoerije Het wordt zeer gemakkelijk uit zaad voortgeteeld, gezaaid en geoogst als koorn, zegt Rumphius, nooit te gelijk met andere gewassen maar op bijzondere stukken vetten grond, die wel ter zonne staan; het put den grond zeer uit.

Voor zoover uit meer recente berichten omtrent de cultuur blijkt, wordt in Ned.-Indie sesam als regel niet alleen geplant In de residentie Palembang, waar widjèn vooral wordt aangetroffen in de onderafd Ogan Ilir, wordt het door de bevolking hier en daar tusschen de katoen geteeld en ook op Java, volgens De Bie (Inl Landb II, bl 86 en 117), op droge gronden doorgaans tegelijk met rijst en vaak bovendien mais Deze laatste, de mais, is na 3 à 4 maanden oogstbaar, sesam na ca 5 maanden en padi gogo na 4 à 6 maanden, zoodat een zelfde stuk grond achtereenvolgens drie verschillende gewassen oplevert Voor het uitzaaien worden de korrels vermengd met asch, om aaneenkleven te voorkomen en tevens om insecten te weren.

Het zaad wordt tegelijk met de padi uitgepoot Vier of vijf dagen daarna schieten de jonge plantjes op en als zij ongeveer $2^1/_2$ maand oud zijn treedt de bloei in, op den leeftijd van $4^1/_2$ à 5 maanden zijn de vruchten rijp Alsdan worden de zaaddoozen donkergrijs tot zwart en springt er hier en daar een open. De planten worden nu gesneden, in bossen gebonden en op rekken te drogen gehangen Droog zijnde kan men de zaden uitschudden of worden de planten op platte manden of matten gedorscht (De Bie) Sollewijn Gelpke (bl. 259) beschrijft de cultuur op dezelfde wijze voor Toeloeng Agoeng volgens dezen loopt de opbrengst zeer uiteen, doch rekent men op gemiddeld 7 picols zaad per bouw Omtrent de cultuur in Gowa, dat de van Makasser uitgevoerde *langa* levert, is mij een nauwkeurige beschrijving niet bekend.

Ook in Eng.-Indie, dat minstens een half millioen ton sesamzaad per jaar voortbrengt (meest voor eigen gebruik), wordt gingelly zeer veel in gemengde aanplantingen geteeld Voor berichten omtrent de cultuur aldaar en in andere productiegebieden, zie Bull Imp Institute 1911, bl 259; voorts raadplege men Teysmannia 1903, bl 384

Buiten de zaden heeft deze plant slechts gering nut De gewreven
bladeren smeren de maleiers op het voorhoofd tegen hoofdpijn, die

259/7777 het gevolg is van hitte of vermoeidheid (Rumph) en volgens Greshoff's monographie (Schetsen, bl 21) wordt een aftreksel ervan
gebruikt als haargroei-middel, tegen diarrhee, gonorrhee, enz

Het zaad, zegt Rumphius, is een goed voedsel om hen, die door *Zaden*
ziekte zijn uitgeput, op krachten te brengen Men strooit het voorts
over gebak, zooals men elders doet met venkel en anijszaad, vermengd met rijstmeel en wat suiker bakt men er ook koeken van,
die echter zwaar op de maag liggen. In de geneeskunde gebruikt
men het zaad, gewreven met *kěntjoer*, als pleister op de borsten van
vrouwen, wier melk den zuigeling buikpijn veroorzaakt Voorts geeft
Rumphius een zeer uitgebreid overzicht van de velerhande toepassingen bij andere oude schrijvers vermeld, die hier worden voorbijgegaan Alleen zij nog opgemerkt, dat Vorderman (Geneesmiddelen I) widjèn noemt onder de „officineele" medicijnen der inlanders.
Volgens Greshoff wordt een afkooksel ervan gebruikt tegen hoest.

Ned -Indie exporteert slechts geringe hoeveelheden widjèn. De
kwaliteit is bevredigend; Wijs (in Van Gorkoms O I Cultures II,
bl 247) zegt, dat het uit den archipel aangevoerde zaad te Am-
sterdam altijd gemakkelijk koopers vindt De uitvoer heeft bedragen,
in tons, volgens de officieele uitvoerstatistiek

van/in	Soerabaja	Semarang	Pana-roekan	Elders van Java	Makassar	Palembang	Tandjong Poera	Elders
1910	234	n v	n.-v	5	292	375	n v	18
1911	434	—	—	—	194	192	6	9
1912	579	22	94	—	292	303	n v	11
1913	1.401	113	41	3	293	117	n v	18
1914	1.788	56	—	7	391	170	6	25

Sesamolie dient volgens Greshoff in Europa als slaolie (surro- *Olie.*
gaat voor en vervalschingsmiddel van olijfolie), bakolie, haarolie
(na enfleurage met geurige bloemen), lampolie, voor zeepberei-
ding, enz Het zaad wordt gewoonlijk één maal koud en twee
maal warm geperst of tweemaal koud en eenmaal warm De eerste
koude persing geeft een zeer fijne olie, de laatste warme een
kwaliteit, die alleen voor de zeepziederij bruikbaar is. Hier wordt
widjèn alleen warm geperst en het vet gebruikt als haarolie [1])
(Hasskarl's Nut No. 909), als spijsolie, *in de batiknijverheid* (voor
het toebereiden van katoen dat met měngkoedoe moet worden geverfd) en voor medicinale doeleinden, als op wonden enz In Madoereesche planten vermeldt Vorderman (No 35), dat de olie beroemd is als wrijfmiddel bij spierrheumatisme De perskoek dient *Residu*
hier voor de bereiding van *dagé* (zie onder Arachis hypogaea, L)
Volgens Vorderman (Geneeskundig Tijdschr v. N. I 1902, bl.
428) wordt zij fijngestampt, gestoomd, in een bakoel gedaan en
verder behandeld op de wijze als aangegeven voor Arachis In

1) In Eng -Indië wordt een hoogst eigenaardige methode toegepast om
uit sesamzaad geparfumeerde haarolie te verkrijgen Men wisselt lagen van
sesamzaden af met lagen bloemen, zooals rozen of jasmijnen, en vernieuwt
de bloemen dagelijks gedurende 16 etmalen Het dan geperste zaad levert
de welriekende olie voor het gebruik gereed

259/7777 Europa is de perskoek van meer algemeen belang als gezocht, gemakkelijk verteerbaar veevoeder; het residu van zwarte sesam wordt in Frankrijk veel als meststof verkocht, na door extractie geheel van olie te zijn beroofd

Voor verdere bijzonderheden aangaande olie en koek, zie o a. Greshoff (Schetsen) en Wijs (O I Cultures).

Variëteiten en soorten   Sesamsaad komt voor in alle kleuren van geelwit via bruin tot en met roetzwart In West-Java worden de lichtgekleurde vormen zelden zuiver voortgeteeld: gewoonlijk bestaat de oogst uit een mengsel. Elders in den archipel houdt men de verschillende kleuren beter gescheiden Volgens Sollewijn Gelpke (l c) onderscheidt men te Toelang Agoeng een vorm met gedeeltelijk ronden stengel, smalle bladeren en bruine zaden (*widjèn sapi*) en een met vierkanten stengel en zwarte zaden (*widjèn kĕbo*) Blank zaad brengt de hoogste prijzen op; gemengd zaad is — volgens Wijs — meestal $^1/_2$ gulden, donker zaad gewoonlijk 1 gulden per 100 Kg goedkooper dan blank.

Een vergelijkend overzicht van de samenstelling van eenige uitheemsche en inheemsche sesamsoorten van verschillende kleur vindt men in Teysmannia 1904, bl 37. Daaruit blijkt, dat de geanalyseerde inheemsche vormen door een aanmerkelijk geringer oliegehalte, in verband met een veel aanzienlijker gehalte aan ruwvezel, ongunstig afsteken tegen de zaden van andere herkomst Het verschil is te wijten aan de omstandigheid, dat de onderzochte inheemsche vormen afkomstig waren van de minderwaardige soort (mogelijk een variëteit van de andere) Sesamum radiatum, Schum & Thonn. (S. occidentale, Heer & Regel), welke is gekenmerkt door een zeer dikke zaadhuid, 18% uitmakende van het zaadgewicht Het oliegehalte der kernen loopt bij de verschillende vormen (of soorten) niet sterk uiteen, zoodat een overmaat aan zaadhuid van grooten invloed is op het rendement aan olie van het ongeschild geperst wordende zaad. Het oliegehalte van witte sesam van West-Java (S. radiatum) bedraagt ca 41 % en van zwarte ca 39$^1/_2$ % van het zaadgewicht West-Java voert echter geen sesamzaad uit. In het Jaarboek 1911 van het Dept van L N & H, bl. 210, wordt het gehalte opgegeven van een drietal andere vormen. Witte (of liever gele) widjèn uit den exporthandel van Soerabaja bevatte 46 6 % olie en bruine 49 1 %. Een monster geel zaad van Maoemere (Flores) bevatte 49 5 % olie (52.77 % berekend op watervrije stof), een monster gemengd zaad van Bima 51.2 % Een palembangsch monster, onderzocht bij het Bureau voor Handelsanalyses, bevatte ca 43 % olie (op droge stof pl m 46%) De goede hier geteelde vormen staan dus wel is waar in oliegehalte achter bij de levantijnsche en de meeste eng -indische soorten, doch niet zóó zeer, dat men ze als inferieur zou mogen doodverven Intusschen is het nemen van vergelijkende proeven met uitheemsche vormen, zooals reeds door Greshoff werd aanbevolen, wenschelijk, daar bij deze, ook al blijft de zaadopbrengst kwantitatief beneden die der inheemsche soorten, een hoogere waarde eventueele nadeelige opbrengstverschillen zal kunnen opheffen Het Verslag 1897 omtrent 's Lands Plantentuin, bl. 34, vermeldt overigens, dat zoowel witte als zwarte britsch-indische zaden een rijk beschot gaven in den cultuurtuin

In het Museum · Zaden, olie

ACANTHACEAE

266/7906 **Staurogyne elongata,** *Ktze* (Ebermayera elongata, *Nees,* E subpaniculata, *Hassk*).

Volksnamen Soend.: *Reundeu* — Jav. *Godong kĕdji*

Overblijvend kruid, met vleezigen, zwakken stengel, groeiend in schaduwrijke bosschen in het gebergte (Hasskarl, Retzia, bl 79) Door Vorderman is het aangewezen als een van de z g *glaskauwersplanten* (zie onder Clerodendron calamitosum, L.): in Soerakarta vond hij den wortel, in Bagelen de bladeren als diureticum in gebruik (Geneesmiddelen II) De jonge bladeren worden volgens Hasskarl rauw met sambal (en gember) bij de rijst gegeten

Glaskauwers plant

Culinair

266/7926 **Hygrophila** spec

De kleine, bruine zaden, die men als inlandsch geneesmiddel op de pasars te koop vindt aangeboden onder den naam van *tĕlor kodok*, zouden volgens Vorderman (Geneesmiddelen I) afkomstig zijn van Hygrophila obovata, Nees (inlandsche) of H salicifolia, Nees (ingevoerde, Chin *san tan tji*). Te Batavia worden zij volgens hem aangebracht van China en van Buitenzorg, doch ik vernam, dat zij uit het Krawangsche komen, waar tĕlor kodok overvloedig in het wild moet worden aangetroffen Indien die zaden met water in aanraking komen, omhullen zij zich met een slijmige laag en vormen klompen door het zich oprichten en aaneenhechten van in drogen staat aanliggende haren: alsdan doen zij levendig denken aan de conglomeraten van kikvorscheieren in de slooten. Van de eigenschap om in de gelatineuze omhulling een groote hoeveelheid vocht op te nemen, maakt men gebruik om de zaden uitwendig te bezigen als afkoelend middel op het hoofd, en in gevallen waarin men in Europa papt met lijnmeel, of mosterdpleisters en dergelijke dienstig acht, maakt men hier wel gebruik van tĕlor kodok Het onderzoek toonde de aanwezigheid aan van een soort van plantenslijm; andere organische stoffen waarvan een bijzondere werking is te verwachten, werden niet gevonden (Boorsma, Plantenstoffen II, bl. 44).

In het Museum. Zaden.

266/7926 **Hygrophila** spec

Volksnamen Mal Mol *Gandaroesa pĕrampoean, Poeli poetih* — Mak · *Boengo-boengo*.

Gendarussa femina beschrijft Rumphius (IV, bl 72) als een kleinen heester, 4 à 5 voet hoog, met vele takken zich uitbreidende, welke takken ten deele liggen en verder opgericht staan Hij groeit in de valleien langs de kanten der beken en aan den voet van de bergen; men plant hem ook op de erven, waar hij zich weelderig vermeerdert, doch zelden bloeit

De wortels met pinang gekauwd en het sap ingeslikt, sterken de maag en hergeven den eetlust aan hen, die van een langdurig ziekbed opstaan

Wortels

Een handvol van de bladeren, over het vuur warm gemaakt en op de beenen gesmeerd, geneest beri-beri, men gebruikt ze ook tegen lamheid, jicht en groote pijn in de leden, 't zij boven het

Bladeren

vuur warm gemaakt, 't zij in afkooksel voor het bevochtigen van omslagen. Het vocht verkregen door de bladeren in water te wrijven, helpt kinderen bij benauwdheid op de borst: het veroorzaakt braking, waardoor het slijm loskomt De makassaren druppelen het sap in de oogen om die te zuiveren, als ze beginnen donker en nevelig te worden (R).

266/7945 **Hemigraphis colorata**, *Hall. f* (R u e l l i a c., *Bl*)
Volksnamen. Mal *Binaloe api* — Soend *Reundeu beureum* — Jav : *Kĕdji bĕling*, *Sambang gĕtèh*, *Sarap*
Liggend kruid, wildgroeiend en in tuinen gekweekt in randen. Vorderman (Geneesmiddelen II) heeft het aangewezen als een der

Glaskauwers-*glaskauwersplanten* en evenals bij andere *kĕdji bĕling*-soorten (zie plant onder Clerodendron calamitosum, L.) vond Boorsma (Plantenstoffen IV, bl. 23) in de bladeren een hoog kaliumgehalte en slechts sporen natrium, wat de diuretische werking ervan kan verklaren.

Andere toe Volgens Mevr. Kloppenburg worden er bloedstelpende eigenschap-
passingen pen aan toegeschreven (signatuurmiddel?) en wordt het aangewend bij stortingen na de bevalling, dysenterie en haemorrhoiden Rumphius beschrijft het (VI, bl 30) onder den naam van P r u n e l l a m o l u c c a h o r t e n s i s en zegt, dat het sap bij hooge koorts wordt ingegeven en in de oogen gedruppeld, terwijl de gekneusde bladeren op de polsen worden gebonden, een en ander om te verkoelen Voorts worden de bladeren gebruikt bij het roodverven van katoen, ongeacht met welke andere kleurstof, om een bestendige, hoogroode kleur te verkrijgen

Behalve de tamme Prunella vermeldt hij nog een aantal P r u n e l l a m o l u c c a s i l v e s t r i s en zegt (VI, bl 31), dat bijna elk landschap zijn Prunella heeft van bijzondere gedaante Zij groeien altijd op schaduwrijke plaatsen, onder groote boomen, in valleien, enz. Men plant ze ook wel in de tuinen, waar ze veel hooger en weelderiger worden dan in het wild en forscher bladeren krijgen. In het algemeen schrijft men er een heelende kracht aan toe bij versche vleeschwonden; men kauwt daarom de bladeren, met of zonder gember, spuwt het sap op de wond en verbindt die met de rest. Ook verstuikte leden worden met het kauwsel verbonden Het sap der bladeren, met azijn ingenomen, verwekt de maandstonden (R).

266/7951. **Strobilanthes crispus**, *Bl*
Volksnamen. Mal : *Daoen pitja bĕling* (Batav) — Jav.: *Enjoh kĕlo*, *Kĕdji bĕling*
Struikachtig gewas, op vele plaatsen op Java in het wild voorkomend en sinds de bladeren een zekere therapeutische vermaard-

Glaskauwers-heid hebben gekregen tegen steenziekte, soms ook op europeesche plant erven gekweekt: het laat zich gemakkelijk stekken (Vorderman, Tijdschr v. Inl Geneesk 1900, bl 51) Behalve als diureticum heeft deze soort een goede reputatie als middel tegen suikerziekte (Boorsma, in Geneesk. Tijdschr v N I. 1908, bl 657). Deze onderzoeker vond (Plantenstoffen IV, bl. 22) wederom een hoog kaliumgehalte in de bladeren, n l 322 mgr. per 100 gram versch blad, en later (Jaarboek 1911 Dept v L. N & H, bl 35) kiezelzuur tot een hoeveelheid van 12.4% van de droogrest.

266/7965
Ruellia napifera, *Zoll & Mor*

Kruid, de *kĕdji bĕling No. III* [1]) van Mevr Kloppenburg, die mededeelt, dat het onvermengd wordt gebruikt tegen niersteen en dat de bladeren gedroogd kunnen worden zonder aan werkzaamheid in te boeten

Glaskauwers-plant

266/7966
Eranthemum viscidum, *Bl* (Daedalacanthus v, *And*).

Volksnamen. Soend.; *Djarong boeboekoean*

Heester; het sap uit de fijngewreven toppen en jonge bladeren wordt ingedruppeld tegen oogontsteking (Hasskarl's Nut No 239)

266/7971.
Lepidagathis spec.

Volksnamen. Mal Mol.. *Boengo-boengo laki-laki.*

Het Bungum mas van Rumphius (VI, bl 52) is een kruidachtig struikje, omtrent een el hoog, wassende in verlaten tuinen, aan vlakke oevers van rivieren en in droge sagobosschen De gewreven bladeren smeert men bij hoofdpijn op het voorhoofd en men geneest er ook lichte kwetsuren mee, door de gekauwde bladeren daarop te leggen en de wond dan met een heel blad te verbinaen (R.).

Het wijfje, dat een Pseuderanthemum schijnt te zijn, komt volgens R in gebruik met het mannetje overeen.

266/7973
Barleria prionitis, *L* (Prionitis Hystrix, *Miq.*)

Volksnamen. Mal : *Boenga landak* — Soend : *Djarong kĕmbang landĕp* — Jav : *Landĕp* — Mad.: *Landhĕp.*

Sterk gedoornde heester, tot 2 M. hoog, wildgroeiend en aangeplant voor heggen

Mevr Kloppenburg vermeldt, dat de fijngewreven wortels met citroensap worden aangewend tegen ringworm en dat een zalf van de gewreven bladeren met kalk rheumatische pijnen in de lendenen verzacht en geneest. In de Vorstenlanden kauwt men volgens een mededeeling van Dr Boorsma de bladeren tegen kiespijn Rumphius, die hem beschrijft (VII, bl. 22) onder den naam van Hystrix frutex, geeft iets dergelijks op als Mevr Kloppenburg de jonge spruiten, met verschillende andere ingrediënten fijngewreven, dienen als middel tegen buikpijn en steken in de zijde; het sap wordt ingenomen en het residu op de pijnlijke plek gesmeerd. Hasskarl's Nut No 240 zegt, dat de met kalk gewreven bladeren als verkoelend middel op het voorhoofd worden gesmeerd bij hoofdpijn e d.

Wortels

Bladeren

Boorsma (Plantenstoffen III, bl 58) vond alweder een hoog gehalte aan kalium in de stengeltoppen en jonge bladeren, n l 500 mgr. op 100 gram versche deelen

Chemie

266/7981
Acanthus ilicifolius, *L.*

Volksnamen. Mal : *Djĕroedjoe* — Jav : *Daroedjoe*

Heesterachtig opgericht kruid, tot 2 M. hoog, zeer algemeen op ziltige gronden aan de monden der rivieren Rumphius beschrijft het (VI, bl 163) onder den naam van Aquifolium indicum mas als een heester, 3 à 4 voet hoog, met zeer stekelige, dikke, stijve bladeren; hij staat op steltworteltjes als vele boomen in de vloedbosschen.

Volgens R gebruikten de baliers de ondergrondsche wortels uit-

Wortels

---

[1]) Determinatie naar een van Mevr. K ontvangen levende plant

wendig tegen pijlgift: zij werden gekauwd op de wond gelegd.
Gewreven met kleine gember bindt men ze op zuchtige beenen en
een gelijk papje wordt ingenomen tegen buikpijn en steken in de

Bladeren. zijde. Tegen buikpijn kauwt men ook de jonge bladeren met een
stukje *koelilawan* Geiten en runderen eten de jonge bladeren gaarne,
wat wel verwondering wekt in verband met de stekeligheid.

Ridley (Mal. Geneesmiddelen, bl. 19) zegt, dat de tot poeder ge-

Zaden. wreven zaden met water worden ingenomen als bloedzuiverend middel bij het uitbreken van zweren, hem zijn gevallen bekend, dat
ook europeanen daarbij baat hebben gevonden. Volgens Holmes
werken 2 of 3 zaden bij kinderen als wormdrijvend middel.

Met deze soort schijnt A ebracteatus, Vahl in gebruik overeen te
komen, mogelijk is dit de plant, door Rumphius aangeduid als het
wijfje van Aquifolium indicum.

266/7998   ### Andrographis paniculata, *Nees*
Volksnamen. Mal.: *Pěpailan* (Mol.) — Soend.: *Ki oraj, Takilo*
— Jav.: *Bidara, Sadilata, Sambilata, Takila.*

Opgericht, sterk vertakt kruid, 0 50 tot 0.80 M. hoog, van oudsher
door de javanen beschouwd als een doeltreffend middel tegen den
beet van giftige slangen: de gebetene neemt er wat van in den
mond, kauwt dit eenigen tijd, slikt het speeksel door en legt de
uitgekauwde massa op de wond (Boorsma, Plantenstoffen II, bl.
63 en III, bl 59) In het Geneesk Tijdschr. v. N. I 1908, bl
657 bericht dezelfde, dat *sadilata*, waarschijnlijk niet ten onrechte,
ook een zekere reputatie bezit als middel tegen suikerziekte en
aangeprezen wordt tegen nog een menigte andere kwalen Mevr
Kloppenburg vermeldt, behalve de aanwending tegen beten van
giftige en schadelijke insecten en in combinatie met *koemis koetjing* (Orthosiphon) tegen diabetes, dat compressen en wasschingen
met een aftreksel van de bladeren dienstig zijn als verkoelend
middel bij koorts en dat het gezeefde sap uit de gestampte bladeren wordt ingegeven bij typhus en bij koorts, doch dat men het
voorzichtig moet toedienen, daar het oorzaak kan zijn, dat de oogen
opzwellen Dr Boorsma deelde mij verder nog mede, dat de gekneusde bladeren gebleken zijn gunstig te werken in sommige gevallen van jeukenden huiduitslag, waar andere middelen faalden
en dat een infuus of pillen van de bladeren sterk worden aanbe-

Chemie volen tegen vrouwenziekte Het door hem verrichte chemisch onderzoek toonde de aanwezigheid aan van een vluchtige basische
verbinding, die evenwel geen belangrijke giftige werking schijnt
te bezitten, verder van een bittere stof, nader onderzocht door Gorter
(Recueil des Trav. Chim XXX, bl. 152), waarvan nog niet is nagegaan, of zij misschien als een werkzaam bestanddeel moet worden
beschouwd, terwijl wel gebleken is, dat zij niet zeer giftig is. Een rijkelijk kaliumgehalte is ook hier aanwezig: in 15.9 gram luchtdroog
kruid werd 417 mgr. kalium gevonden en slechts 26 mgr. natrium.
In het Museum. Kruid

266/8007   ### Asystasia intrusa, *Bl* (A. Blumei, *Nees*)
Volksnamen. Mal. Mol.: *Daoen moreto, Tjili oetan.*

De Moretiana is volgens de *beschrijving* van Rumphius (VI,

bl. 53), die niet overeenstemt met de afbeelding, een liggend kruid met stengels nauwelijks een stroohalm dik, groeiend bij voorkeur aan de monden van rivieren onder lage ruigte. Het geheele kruid, gewreven met ajuin en het sap van *lémon swanggi*, geeft een vocht, dat men toedient tegen een drogen hoest, gepaard gaand met kriebeling in de keel en groote benauwdheid op de borst Het sap uit de naar gootwater riekende bladeren wordt gedruppeld in rood beloopen oogen, die het verkoelt, zuivert en verheldert (R.)

266/8012 **Graptophyllum pictum,** *Griff.* (G. hortense, *Nees*).
Volksnamen. Mal. *Dangora* (Mol.), *Daoen poetri* (Amb), *Kabi-kabi* (Tern), *Poeding, P. pĕrada* — Soend : *Daoen tĕmĕn tĕmén, D. oengoe, Handeuleum* — Jav : *Dĕmoeng, Woengoe* — Bal.: *Tĕmĕn.*

Heester, tot 4 M. hoog, veelvuldig om de bonte bladeren aangeplant als sieraad en in levende heiningen, hij laat zich gemak- **Pagerplant** kelijk door stekken vermeerderen Rumphius (IV, bl 73) beschrijft eenige vormen onder den naam van Folium bracteatum en deelt omtrent het gebruik het volgende mee De schors en de bla- **Bast** deren zijn slijmerig van smaak en vuil van reuk; de eerste, gestooten op allerlei beginnende gezwellen gelegd, doet die verdwijnen De bladeren zijn verweekend en rijpmakend. Die van den **Bladeren** roodbonten vorm zijn bij de ternataansche vrouwen hoog geacht om zwerende borsten te genezen men smeert de bladeren in met klappermelk, maakt ze warm boven het vuur en plaatst ze op de zwerende plek De bladeren van den rooden vorm worden meer geschikt geacht om, tot een pap gewreven, heete gezwellen en bloedvinnen te doen rijpen (R) Ook op Java hebben de bladeren een groote reputatie als middel tegen zwellingen en puisten Organische **Chemie** stoffen, waarvan een speciale werking kan worden verwacht, werden bij het door Boorsma (Plantenstoffen II, bl. 47) ingestelde onderzoek echter niet gevonden.

266/8024 **Pseuderanthemum diversifolium,** *Miq.* (Eranthemum diversifolium *Miq.*).
Volksnamen. Jav : *Posor*

Opgericht kruid, 0,50 tot 0,80 M hoog Mevr Kloppenburg, die er den naam Graptophyllum hortense, Nees bij plaatste, deelt mede, dat posorbladeren, alleen of met *boenga lawang* (Cinnamomum) gewreven, als tapel op den onderbuik worden gelegd bij bezwaar in de urineloozing

In het Museum Kruid.

266/8026 **Peristrophe tinctoria,** *Nees.*
Volksnamen. Mal : *Anadjo, Anandjo, Anoesa* (Simaloer), *Daoen bĕnang* (Mol.), *Indoedjou, Moedjĕe* (Atjeh), *Moendjĕe* (Atjeh), *Nadjo, Nodja, Odjè* (Atjeh), *Oedjai* (Banka) — Jav.: *Nodja* — Mak : *Anroeda* — Alf · *Andoedoe* (Midden-Celebes), *Anoedoh* (Bwool), *Kololoeda* (Bol Mong.), *Lĕlénoe* (Minah.)

Heesterachtig kruid, over den geheelen archipel verspreid en overal gebruikt voor het roodkleuren van vlechtmaterialen. Rumphius beschrijft het (VI, bl 51) onder den naam van Folium tinctorium als een half liggend heestertje, wildgroeiend aan waterkanten en ook geplant in de tuinen, vooral bij de makassaren De kleur, die het aan katoen geeft, is duurzamer nog dan die verkregen met sapanhout Men gaat aldus te werk: de bladeren van het *verfblaa* met die van Prunella rubra (Hemigraphis spec ?), met half zooveel bladeren van den *aluinboom* (Symplocos) en klein gekapten bast van Morindawortels, worden fijngestooten en water erop gezet, het garen of doek wordt daarin twee of drie dagen geweekt en dan in de zon gedroogd. Vervolgens wordt het bad in de zon geplaatst, door een doek gezeefd en het garen of weefsel erin gekookt. Na het koken wordt het geverfde in den wind opgehangen, in brak water uitgespoeld en ten slotte gedroogd De maleiers koken volgens Ridley (Bulletin of the Malay Peninsula 1893, bl 50) de bladeren met die van Melastoma malabathricum, L en een weinig *tingi*-bast (Ceriops) gedurende twee uur in een koperen pan. Vlechtmaterialen, als pandan en mèndong, worden volgens Jasper & Pirngadie (Vlechtwerk, bl 68 e v) gekookt met de gestampte bladeren, soms onder bijvoeging van gambir, pinang of djĕroek-sap. Na het kleuren wordt het materiaal in de zon gedroogd

Voor hetzelfde doel worden ook Peristrophe montana, Nees en vermoedelijk nog andere Acanthaceae gebruikt: uit Midden-Java werd als *nodja* Hypoestis rosea, Dcsne ontvangen en De Clercq vermeldt onder dien naam ook Strobilanthus crispus, Bl Ook Rumphius onderscheidt een roode en een witte soort (of vorm), beide in gebruik om te verven.

In het Museum Gekleurd katoen

266/8031   **? Dicliptera chinensis,** *Nees*
Volksnamen Jav. *Pintèn.*
Kruid: het sap uit de fijngewreven bladeren wordt ingenomen ter genezing van dysenterie (Jasper, Geneeskrachtige planten).

266/8032   **Hypoestes ?polythyrsa,** *Miq.*
Volksnamen. Jav *Trĕmboekoe*
Kruid, in Midden-Java veelvuldig aangetroffen in de bosschen in een warm en middelmatig klimaat; het laat zich vermeerderen door zaden en door stekken Het kruid wordt aangewend tegen maden (Mevr. Kloppenburg, Wenken en raadgevingen betreffende het gebruik van Indische Planten, bl. 110).

266/8054   **Rhinacanthus nasutus,** *Lindau* (R communis, *Nees*)
Volksnamen Mal : *Daoen boeroeng* (Amb), *Tĕrĕba* (Batav.), *T djĕpan* (Batav.)
Heester, 1 à 2 M. hoog, veel gebezigd voor levende heiningen, algemeen bekend als middel tegen ringworm In het Geneesk
Wortels   Tijdschr v N I 1855, bl. 750 wordt aanbevolen den wortel te wrijven met azijn (of zout) tot de consistentie van een dunne pap en die drie maal daags gedurende 6 à 10 minuten op de aangedane plaats krachtig in te wrijven. Gewoonlijk is behandeling gedurende een week voldoende tot volkomen genezing van versche aandoeningen; bij verouderden herpes dient zij langer te worden doorgezet In hetzelfde tijdschrift jaargang 1862, bl 619, leest men, dat de doekoens in de Molukken tegen *cascado*

algemeen de bovenaardsche deelen van den *boenga boeroeng* aan-
wenden· de zieke huid wordt opengeschuurd en daarna gewreven
met een pap van de jonge loten, bladeren en bloemen, fijnge- Bladeren
kneusd met azijn en kalk en soms met bawang poetih, bij deze
behandeling behoort de toepassing van koude baden. Hasskarl's
Nut No. 899 vermeldt het aanwenden van de bladeren ook tegen
roodehond, schurftachtigen uitslag en andere huidziekten

Het krachtigst werkzaam zijn de wortels en die worden op Java Chemie
dan ook het meest, zoo niet uitsluitend, gebruikt In den bast
ervan is een harsachtige stof, *rhinacanthine*, gevonden ter hoeveelheid van 1 87 $\%$ van het gewicht der gedroogde wortels,
waaraan de geneeskracht is toe te schrijven; de bladeren bevatten, behalve rhinacanthine, een weinig niet-giftig alcaloid en veel
kalium (Boorsma, Plantenstoffen II, bl 61 en III, bl. 60).

In het Museum. Wortels.

266/8065   **Clinacanthus nutans,** *Lindau* (B e l o p e r o n e   f u l g i d a,
Hassk., C l i n a c a n t h u s   B u r m a n n i, *Nees*)
Volksnamen Soend *Ki tadjěm* — Jav *Gěndis*
Opgerichte of klimmende heester, 2 à 3 M hoog, in de vlakte gebe- Pagerplant
zigd voor levende heiningen (Koorders' Exkursionflora) De bladeren
komen in de Vorstenlanden in den inlandschen medicijnhandel voor Bladeren
als middel tegen slijmerigen afgang; behalve kalium werd er door
Boorsma (Plantenstoffen III, bl. 61) niets bijzonders in gevonden

266/8094   **Justicia Gendarussa,** *L.*
Volksnamen Mal.: *Běsi-běsi* (Atjeh), *Gandaroesa* — Soend..
Handaroesa — Jav.: *Gondaroesa, Tětèan* (?), *Troes*
Opgerichte heester, 1 à 1.50 M. hoog, niet zelden gebezigd voor Pagerplant
levende heiningen. De bladeren dienen in het algemeen als pijnstil- Bladeren
lend middel. Volgens Mevr. Kloppenburg worden zij, fijngestampt
met azijn en peper, aangewend tegen hoofdpijn tengevolge van gevatte koude en met sirihkalk en peper tegen rheumatiek. Volgens
Jasper (Geneeskrachtige planten) bezigt men een papje van de met
adas-poelasari en kalk gewreven bladeren als smeersel tegen een
gevoel van pijnlijkheid van het gebeente (pěgěl) Hasskarl's Nut
No. 333 vermeldt een dergelijk gebruik tegen lendenpijn (vooral voor
vrouwen die pas bevallen zijn). Ridley (Mal. Geneesmiddelen, bl 50)
zegt, dat de gandaroesa ook bij de maleiers vermaard is als middel
tegen rheumatiek en lendenpijn en (bl. 23) gestampt met witte peper
inwendig wordt toegediend bij het uitblijven van de maandstonden;
een afkooksel zou zweetdrijvend en koortswerend zijn De Clercq
(No. 1948) bericht, dat de zacht verwarmde bladeren bij kneuzing
of inwendige beleediging op het zieke deel worden gelegd en dat
zij in Zuid-Celebes als laxeermiddel worden aangewend Van der
Burg (Geneesheer III, bl 310) geeft nog vele andere toepassingen

Rumphius (IV, bl 70) beschrijft verschillende vormen (misschien ·
soorten) van G e n d a r u s s a en zegt, dat de wortel van *gandaroesa
itam,* met water gewreven, wordt ingegeven tegen het waterbort of
oepas poetih

Boorsma vond in de bladeren een niet-vluchtig, weinig giftig alca- Chemie
loid en een hoog kaliumgehalte (Plantenstoffen II, bl. 58 en III, bl 61)

In het Museum Bladeren.

PLANTAGINACEAE

269/8116   **Plantago major,** *L.*
Volksnamen *Weegbree* Mal *Daoen oerat, Daoen sèndok, Ekor angin, Koeping mĕndjangan* (vulg.) — Soend.: *Ki oerat,* — Jav.: *Mĕloh kiloh, Oerat, Sangka boewah, Sangkoebah, Sangkoewah.*
Kruid, wildgroeiend in de bergstreken en niet zelden aangeplant door inlanders en europeanen in verband met het zeer verbreid gebruik als geneesmiddel
De wortels en bladeren, zegt Ridley (Mal. Geneesmiddelen, bl. 26), hebben dezelfde vermaardheid tegen hoest en tering, die deze plant vroeger in Engeland bezat. Inwendig — aldus Vorderman in het Tijdschr. v. Inl Geneeskundigen 1900, bl. 52—dient het geheele plantje met wortel en al tegen blaassteen en als diureticum Voorbeelden zijn bekend, dat een voortgezette behandeling met een afkooksel van daoen oerat den blaassteen van lieverlede in gruis deed vallen, hetwelk met de urine werd uitgescheiden. Gewoonlijk wordt dit middel gecombineerd met *kĕdji bĕling,* n.l. 15 gram van het eerste en 3 gram van het laatste bestanddeel. Boorsma deelt in hetzelfde tijdschrift, jaargang 1906, bl. 147 mede, dat een aftreksel met adas-poelasari ook wel tegen wormen wordt gegeven en in Jaarboek 1907 Dept v. Landb, bl. 71, dat ki oerat ook bekend is als middel tegen suikerziekte; een enkele proef daarmede door hem in een zwaar geval van diabetes genomen, had echter geen resultaat Mevr. Kloppenburg vermeldt o.m., dat een aftreksel van daoen oerat en *daoen woengoe* (Graptophyllum) bij voortgezet gebruik haemorrhoïden geneest en dat een aftreksel van daoen oerat alléén kan worden aanbevolen als bloedzuiverend middel aan hen die sukkelen aan puistjes, wondjes of uitslag. Uitwendig toegepast op wonden, werken de bladeren volgens dezelfde zuiverend en heelend. Dit laatste vindt men van verschillende zijden bevestigd: Vorderman l c. zegt, dat zij, warm gemaakt, worden gebruikt tegen chronische zweren en Hasskarl (Het Nut No. 587), dat de bladeren worden gestampt, warm gemaakt boven het vuur en dan gelegd op wonden van paarden, ontstaan door het drukken van het zadel, terwijl de heele, in de hand eenigszins gekneusde bladeren ook op versche wonden en op zweren worden gelegd Van der Burg vermeldt (Geneesheer III, bl. 322), dat zij veel bij nagelbedontsteking worden toegepast.
Chemie   Boorsma (Plantenstoffen IV, bl. 24) vond in daoen oerat slechts een onbeduidende hoeveelheid alcaloïd en geen andere vermeldenswaardige organische stoffen, doch de bepaling van het kaliumgehalte gaf een hoog cijfer, n.l. 460 mgr. op 100 gram versch blad; de diuretische werking is vermoedelijk aan dat bestanddeel toe te schrijven.

RUBIACEAE.

270/8136   **Oldenlandia hirsuta,** *L.* (Anotis hirsuta, *Miq.*).
Volksnamen. Soend *Kahitoetan, Kasimoekan*
Bij kneuzen zeer onbehoorlijk riekend kruid der bergstreken, dat volgens mededeeling van Dr Boorsma wordt gebruikt o. m. tegen buikpijn (ook uitwendig in mengsels), in djamoe's, enz. Waarschijnlijk dient het voor dezelfde doeleinden als Paederia foetida, L.; als

toespijs bij de rijst is het bij de bevolking zeer gezocht. Gekookt
is de smaak niet slecht.

In het Museum · Kruid

270/8136   **Oldenlandia prostrata,** *Kds* (Hedyotis latifolia, *Reinw*).
Volksnamen. Soend.. *Wiwidjènan* — Jav.: *Widjèn alas.*
Liggend kruid zonder bekend nut, doch vermeld, omdat Greshoff
(Plantenstoffen II, bl. 98) bevond, dat de bladeren rijk zijn aan al-
caloid. De uit 1 gram blad geëxtraheerde hoeveelheid veroorzaakte
bij een kleine pad den dood.

270/8136   **Oldenlandia recurva,** *Miq.* (Hedyotis capitellata, *Wall.*).
Volksnamen. Mal : *Akar kĕmĕnjan hantoe, A. ?soetinboet* ·
Klimplant van Borneo en Malakka; volgens Ridley wenden de
maleiers een afkooksel van de wortels (inwendig?) aan tegen dy-   Wortels
senterie en uitwendig om te wrijven of omslagen te bevochtigen
bij rheumatiek. De fijngewreven bladeren zouden worden gelegd   Bladeren
op wondjes veroorzaakt door slangen en schadelijke insecten (Mal.
Geneesmiddelen, bl. 13, 29 en 41).

270/8136   **Hedyotis rigida,** *Miq.* (H. congesta, *R Br*)
Volksnamen. Mal.: *Lidah djin.*
Hoog kruid, groeiend in de bosschen; wordt gegeven bij koliek
(Ridley, Mal. Geneesmiddelen, bl. 18)

270/8159.   **Jackia ornata,** *Wall.*
Volksnamen. Mal : *Sĕloema, Sĕloemar, S. paja, Sintoelang.*
Rechte boom, 25 à 28 M. hoog en tot 0.50 M. dik, verbreid over
het westelijk deel van den archipel. Het roode hout is zeer hard,
fijn van draad, zwaar doch veerkrachtig en zeer duurzaam. Bij den
inlandschen huisbouw wordt het gebruikt voor onbewerkte stijlen
of ruw behouwen liggers, doch meer wordt het gebezigd voor roeispanen en rijststampers; insgelijks is het gezocht voor rijtuigboomen.
De voornaamste deugden van dit hout zijn groote sterkte en veerkracht. De op zee levende sekah's van Billiton vervaardigen volgens
het Tijdschr. v Ind T L. & V. kunde dl 24, bl. 205, hun roeiriemen van het lenige en buigzame sĕloemar-hout. Van Hasselt (No. 293) acht het ook voor meubelen zeer geschikt.

In het Museum · Hout.

270/8190   **Cinchona** spec. div.
Kina. Zie Bernelot Moens: de Kina-cultuur in Azie 1854/1882
en voor de verdere literatuur bl. 9 tot 15 van den in 1908 verschenen catalogus der boekenverzameling van het Koloniaal Museum en de aanvullingen daarop in dc Bulletins dier instelling, welke
er op boogt de rijkste verzameling op kina-gebied te bezitten.

In het Museum Basten, /outen, tabletten

270/8197   **Hymenodictyon timorensis,** *Span.*
Volksnamen. Op Timor · *Afil*
Volgens Filet (No. 15) een hooge boom van Timor en Savoe,
welke een zeer hard en goed bouwhout oplevert en een bitteren,   Hout

Bast   samentrekkenden bast bezit, die wel gehouden is voor het *kajoe*
        timor van den javaanschen geneesmiddelenschat, doch ten onrechte
        (Zie Sesbania grandiflora, Pers. en Grewia salutaris, Span) Gres-
        hoff (Plantenstoffen II, bl. 104) vond in den bast van Hymenodictyon
        timorensis, Span sporen alcaloïd.

270/8213   **Coptosapelta flavescens,** *Korth*
                Volksnamen Mal. *Akar metedong* (Banka), *Kërtoepai* (Lamp),
                Përoewal (Malakka)
        Klimmende heester, met zeer geurige, geelwitte bloemen In de
Wortel Lampongs wordt een koud aftreksel van den gekneusden wortel
        ingenomen tegen wormen. Op het Mal. Schiereiland zou de bast
        van den wortel worden gebezigd bij het toebereiden van pijlgift
        (Agr Bull. of the Malay Peninsula 1898, bl 213)

270/8213   **Coptosapelta Griffithii,** *Hook. f.*
                Volksnamen. Mal.. *Akar maloeng, A sampoe poetjoet.*
        Klimmende heester, waarvan de wortels en bladeren volgens Ridley
        (Mal. Geneesm bl 18) in afkooksel bij maagpijn worden gegeven

270/8226   **Adina fagifolia,** *Val* (Nauclea fagifolia, *T. & B.*)
                Volksnamen. Mal Mol *Kajoe lasi—Alf Boeroe Kilaki.*
        Het Ulassium beschrijft Rumphius (III, bl. 42) als een grooten
        woudboom, zoo dik, dat twee man noodig zijn om den stam te om-
        spannen, meestal eenigszins bochtig, voorkomende op Boeroe, Soe-
        la, Banggaai, Klein-Ceram, Kelang (?) en Benoa, zoowel in het
        gebergte als in de vlakte bij het strand, gemeenlijk groeiende op
        steenachtige plaatsen, ook al zijn die wat moerassig Het is een zeer
        groote boom; de houtvester Van Schouwenburg schreef in een niet
        gepubliceerd rapport nopens een in 1915 uitgevoerde boschver-
        kenning van Boeroe, dat hij exemplaren had aangetroffen, hooger
        dan 40 M en takrein tot op 30 M. boven den grond. Stammen met
        een doorsnee op borsthoogte van 1 tot 2 M ontmoette hij er vele.
        De grootste exemplaren schijnen aan den voet kernrot te worden.
        Van de waarde van deze boomsoort krijgt men eenigszins een be-
        grip door de mededeeling, dat de Heer v. S zeer vele stammen zag,
        die 40 tot 60 M^3 vierkant bekapt hout inhielden, waarvoor door
        den Waterstaat 30 à 40 gulden per M^3 wordt betaald.
        Het hout droogt volgens Rumphius langzaam; het moet wel een
        jaar blijven liggen, voor het mag worden verwerkt Het is licht-
        geel van kleur, zonder aderen, zeer fijn en dicht van vezel; slechts
        hier en daar heeft het wittere plekken of strepen. Nat is het moei-
        lijk te bekappen, droog laat het zich gemakkelijk zagen en schaven
        Het is zeer geschikt voor planken, die meest worden gebruikt voor
        kasten, tafels enz, omdat zij zeer glad zijn af te werken Hiertoe
        verkiest men de allergeelste stukken en omdat deze dikwijls breede
        witte plekken bezitten, pleegt men de gemaakte werken te oliën
        (het best met warme lijnolie) en zoolang te wrijven totdat de olie
        is ingetrokken Anders, als men een hoog-gele kleur wil hebben,
        besmeert men de glad geschaafde planken geheel en al met kalk,
        laat ze een nacht overstaan en wascht ze dan met zoutwater af,
        waarna men ze glad wrijft. Het laat zich ook goed zwartbeitsen en

komt dan in gladheid het ebbenhout nabij, terwijl het evenals ebbenhout gepolijst kan worden Indien het goed gedroogd en afkomstig is van oude boomen, geldt het ook als een van de beste houtsoorten voor het bouwen van prauwen. Voor huisbouw is het niet zoo geschikt, omdat het door hitte gemakkelijk splijt (Rumphius).

Lasi-hout is inderdaad een meubelhout van een prachtige kleur Bij een van Gorontalo ontvangen monster schreef de B O.W opzichter Burgemeester, dat het veel voorkomt in Gorontalo en Bolaang Mongondow (Noord-Celebes), doch in de Minahassa en Midden-Celebes door hem niet werd aangetroffen Hij zegt, dat de volwassen exemplaren haast zijn uitgeroeid en de ten verkoop aangeboden stammen nooit grooter breedte hebben dan 70 cM bekapt. Het is in loco het timmer- en meubelhout bij uitnemendheid, hard en van zeer fijne structuur, recht van vezel zonder knoesten en gemakkelijk te behandelen, behoudens dat het moeilijk met den dissel te bewerken is, omdat de samenhang van het hout niet groot is. Het is onderhevig aan windscheuren bij blootstelling aan weer en wind scheurt het zelfs zeer sterk. Vervuren of aantasten door witte mieren nam berichtgever nooit waar, wel verstikken van het hout, zelfs bij een zeer ouden stam

Rumphius onderscheidt drie vormen·   Vormen
1) het mannetje,
2) het wijfje, waarvan het hout lichter is van kleur, doch even fijn, terwijl het minder scheurt,
3) de *lasi batoe*, doorgaans licht van kleur, zeer fijn van draad en harder dan de beide voorgaande.

In het Museum. Hout.

270/8226   **Adina minutiflora**, *Val.*
Volksnamen Mal. *Gĕroenggoeng* (Pal), *Kajoe lobang* (Bill)
De *gĕroenggoeng* is een boom, 28 à 30 M hoog en tot 0 90 M dik, zonder wortellijsten en met hoog aangezette kroon; in Palembang werd hij verstrooid groeiend aangetroffen op pl m 250 M. zeehoogte De stam is recht, dikwijls hoekig en bij grootere exemplaren meestal hol In het laatste geval kan het hout slechts dienen voor klein timmerwerk, doch anders gebruikt men het bij den bouw van huizen en bruggen, voor planken wordt het wegens zijn hardheid niet gaarne gebezigd Het staat bekend als duurzaam en bestand tegen weer en wind Een van Billiton ontvangen monster *kajoe lobang* bestaat uit roodachtig spint en geel kernhout, het is vrij zwaar, dicht en hard, kort van vezel, niet gemakkelijk te bewerken en toont neiging tot kromtrekken

In het Museum. Hout

270/8226   **Adina polycephala**, *Benth.* var araliodes, *Miq* (Nauclea aralioides, *Miq*)
Volksnamen. Mal · *Kajoe koenjit, Nangi koening* (Lampongs) — Soend : *Anggrit*
Nogal hooge boom, bekend van Sumatra, Malakka en van West-Java beneden 500 M Het hout wordt soms voor huisbouw gebruikt (K & Hout V.—VIII, bl. 17) Uit de Lampongs werd mij bericht, dat *kajoe nangi koening* vrij hard, doch gemakkelijk te bewerken en duurzaam is, wegens de fraaie, gele kleur wordt het gaarne gebezigd voor planken

Bast   Aan een koud aftreksel van den bast wordt daar een opwekkende
invloed toegeschreven op ouden van dagen en bij het doorstaan
van groote vermoeienissen.

In het Museum · Hout, bast.

270 8226.   **Adina rubescens,** *Hemsley.*
Volksnamen. Mal.: *Bĕrombong.*
Boom, 60 voet hoog en 1¹/₂ a 2 voet dik, merkwaardig wijl zijn
stam tot op zekere diepte onregelmatig doorboord is Het hout is
hard en zwaar en uitstekend voor bouwwerken, doch de onregel-
matige kuilen in den stam maken het moeilijk er goede balken van
te verkrijgen. Men zegt, dat het 20 tot 30 jaren in den grond gaaf
blijft Het spint is hard en dadelijk na het bewerken paars, het
kernhout geel (Ridley, Mal. Timmerhoutsoorten, bl 72).

270/8227   **Mitragyna speciosa,** *Korth*
Volksnamen Mal Malakka: *Bijak, Keton*
Boom, volgens Journal of the F. M. S. Museums Dec. 1907, bl 53
(referaat in Straits Bulletin 1908, bl 40) verbreid over het geheele
Maleische Schiereiland en aangeplant nabij de dorpen om de bladeren, deze worden, na in de zon te zijn gedroogd, fijngewreven,
van grovere deelen gezuiverd en gebruikt als opiumsurrogaat, hetzij
in den vorm van een aftreksel in heet water, hetzij als ingedampt
extract, dat gerookt wordt. De uitwerking zou dezelfde zijn als die
van opium, doch nog schadelijker. Een alcaloid werd er echter
door Holmes niet in gevonden.

270/8228   **Uncaria ferrea,** *DC.*
Volksnamen. Soend *Kait beusi—*Jav · *Tjantĕl wĕsi*
Klimmende heester, bij Pelaboean Ratoe worden de jonge bladeren
en bloemen als inlandsche medicijn benut (K. & V — VIII, bl 44)

270/8226   **Uncaria Gambir,** *Roxb.*
Volksnamen. In vele talen: *Gambir.*
Klimmende heester, in Midden-Sumatra, Malakka, West-Borneo
en tusschenliggende eilanden (vooral den Riouw-Lingga archipel)
echter steeds zonder steun als struik van manshoogte gekweekt,
Verbreiding voornamelijk in de laagvlakte. Volgens de door Ridley samengestelde handleiding (Agricultural Bulletin of the Malay Peninsula
1892, waarvan een vertaling is opgenomen in het Tijdschr. d. Ind
Mij v. N. & L dl 45, bl 65) wordt gambir geplant beneden 500
voet, Bosscha zegt (Teysmannia 1902, bl 163), dat boven 4 à 500 M
de cultuur wegens verminderde bladproductie niet meer loonend is.
Hoewel de gambirplant niet zeer kieskeurig is, neemt men er bij
voorkeur doorlatenden, maagdelijken boschgrond voor op hellend
terrein; tegen stagneerend water is zij absoluut niet bestand Aan het
klimaat stelt zij zeer speciale eischen; veel zon en regelmatig over
het geheele jaar verdeelde neerslag (ca 3000 mM. per jaar wordt
in Asahan als het meest gunstig beschouwd) zijn noodzakelijk Op
Java wordt geen gambir geteeld, afgezien van de bijzondere eischen
van dit gewas, heeft men er thans slechts zelden meer de beschikking over een voldoenden voorraad brandstof. Enkele gevallen van

270/8228. welslagen op dat eiland zijn echter bekend in Teysmannia 1905, bl.
616 zegt Matthieu, dat hij met succes op Java gambir plantte en
hij acht die cultuur daar zeer goed mogelijk Eén zwaluw maakt
echter nog geen lente. Te Tjiogreg nabij Buitenzorg is volgens „De
Landbouwer" van 18/7 '87 tusschen de jaren 1857 en 1860 gambir geteeld ter voorziening in de behoeften van de plaatselijke markt.

Cultuur en bereiding van gambir zijn herhaaldelijk en zeer uit- Cultuur.
voerig beschreven De oudste en lang niet de slechtste beschrijving
verscheen in 1780 in dl II der Verhandelingen v.h Batav. Genootsch.
(bl 356). Men zie voorts de reeds vermelde verhandelingen van
Ridley en Bosscha en die van Baumgardt in het Tijdschr. v.N.I. 14e
jaarg dl II, bl 64, verder Teysmannia 1891, bl. 118; 1892, bl. 849;
1905, bl. 538 en 1907 bl. 16, en Zeylstra (in Van Gorkom's O.I.C
III, bl. 714). Door het Encyclopaedisch Bureau is een reeks van gegevens gepubliceerd in Korte Berichten van 1912 en 1913, later
afzonderlijk uitgegeven als Mededeeling No VII, waaraan een groot
deel van hetgeen hier volgt ontleend is.

De cultuur wordt uitsluitend gedreven door inlanders en chineezen; alleen op Sumatra (en in de Westerafdeeling van Borneo?)
bestaan enkele europeesche gambir-ondernemingen Eenige zeer Plantage-
beknopte berichten omtrent de Ond. Goenoeng Melajoe in Asahan cultuur
komen voor in Korte Berichten van Januari 1913. Daar wordt
gezegd, dat bij den aanleg moet worden gezorgd voor goede
drainage en goede wegen; het zaad wordt uitgestrooid op overdekte
kweekbedden en de zaailingen worden na 6 à 8 maanden uitgeplant op 6 × 8 voet. De jonge plantjes dienen tegen de middagzon
te worden beschermd. Het onderhoud heeft plaats als bij andere
overjarige cultures; speciaal moet aandacht worden gewijd aan
het geregeld en geduldig wegzoeken van insecten die, eenmaal
als plaag opgetreden, groote schade kunnen toebrengen 12 à 14
maanden na het uitplanten heeft de struik op genoemde onderneming een hoogte van 6 à 7 voet bereikt en wordt voor het eerst
geoogst Men ervoer, dat doelmatig snijden van grooten invloed
is op de volgende oogsten. Men kan in het algemeen om de 6
à 7 maanden bij dezelfde planten terugkomen, doch is afhankelijk
van de weersgesteldheid; zoowel aanhoudende droogte als te veel
regen vertragen den groei. Voor een struik in volle productie rekent
men per keer op 3 tot 5 Kg. bladeren en twijgen.

Heel wat meer uitvoerig zijn de berichten omtrent de volkscultuur. Volkscultuur.
De inlandsche en chineesche planters bezigen voor den aanleg
meest zaailingen, soms ook stekken. Indien stekken worden ge- Plant-
bruikt, snijdt men die ter lengte van ruim twee leden van oude materiaal
stengels en zet ze nog denzelfden dag uit in de plantgaten. Uitzaaien geschiedt steeds op overdekte kweekbedden en men past
daarbij somtijds vernuftige hulpmiddelen toe om het wegspoelen
of rooven door mieren van het uiterst fijne zaad te beletten. Een
daarvan is, dat men het zaad mengt met klei en er een deeg van
maakt, waarmede de bovenste helft van de steil oploopende wanden
van een ca 50 cM. diepen kuil worden bestreken, waarna die
kuil wordt afgedekt om de felle zon te weren. Na 3 à 4 weken
wordt de bedekking weggenomen om de zaailingen aan licht en
regen te wennen. De kuil wordt ter halver diepte onbehandeld gela-

2˚ o 8228 ten, omdat zich daarin bij regen het zakwater verzamelt, dat de jonge plantjes zou doen sterven. In Palembang strijkt men het deeg wel uit op sterk hellende bedden of op een vermolmden boomstam.

Uitplanten   Het uitplanten geschiedt in het begin van den regentijd. Hier gebruikt men daarvoor zaailingen van 2 maanden, die 5 cM. hoog zijn, elders richt men het zoo in, dat zij bij het uitplanten 6 maanden oud zijn. Van goed ontwikkelde zaailingen doet men er slechts één in elk plantgat, van minder goed geslaagde soms 2 of 3, doch ook daarvan wordt er slechts één aangehouden en de overige, zoo zij slagen, worden gebruikt om inteboeten. De plantgaten worden vrij diep gemaakt met een pootstok. In de Westerafdeeling van Borneo maakt men cylindervormige kuiltjes van 20 à 25 cM. diepte en een middellijn van 10 cM., op de Oostkust van Sumatra zijn de plantgaten kegelvormig en 10 cM. breed en diep. De uitgetrokken zaailing wordt niet in het midden gezet, doch tegen den kant aangedrukt, met het doel het jonge plantje tegen overmatige warmte te beschermen. Deze wijze van planten veroorlooft tevens er bijzonder op toe te zien, dat de penwortel recht omlaag gaat, wat een vereischte is voor goeden groei. Ter beschutting gebruikt men naar omstandigheden ook wel, zooals bij andere cultures, een blad. De plantkuiltjes worden natuurlijk niet dichtgemaakt, op den duur spoelen zij van zelf vol. De afstand varieert tusschen 1 en 2 M.

Onderhoud   De zorg aan het onderhoud besteed en dientengevolge ook de groeisnelheid, is natuurlijk verschillend. Op de Oostkust van Sumatra oogst men na 12 maanden en zelfs eerder; van Palembang heet het, dat men soms de eerste drie jaar naar het gewas niet omziet. Even van zelf sprekend is, dat de levensduur van een aanplant veranderlijk is. Ter Oostkust van Sumatra blijft een behoorlijk onderhouden tuin 15 à 20 jaar in productie, in Palembang wordt een tuin verlaten na 8 tot 15, gemiddeld na ongeveer 9 jaar. Op Banka blijven de uit stekken aangelegde aanplantingen 10 à 12 jaar productief bij goed onderhoud, anders slechts 5 à 6 jaar. In het verslag van den Landbouwadviseur ter Westkust van Sumatra over 1912 wordt gezegd, dat de op goede gronden aangelegde aanplantingen in de afd. Pajakoemboeh wel een leeftijd van 60 jaar bereiken.

In Palembang wordt door middel van een steen of een zwaar stuk hout de hoofdstengel omgebogen, om het ontstaan van krachtige jonge loten te bevorderen; men meent, dat de bladproductie daardoor aanmerkelijk toeneemt, terwijl het oogsten wordt vergemakkelijkt. In het Rokan-gebied buigt men den stengel na den tweeden oogst om en houdt een van de nieuwe loten als hoofdstam aan.

Oogst   Het oogsten, dat somtijds geschiedt om de drie, maar meestal om de 6 maanden, bestaat in het wegnemen van de 50 à 60 cM. lange twijgen, die tot op 2 dM., doch beter op 5 cM., van den hoofdstengel worden afgesneden; aan den voet van het stompje ontstaat dan spoedig en nieuwe loot. Langer dan 60 cM. behoeven, bij behoorlijke cultuur, die twijgen niet te zijn, omdat bij grootere lengte de oudste bladeren afvallen en dus verloren gaan. Gewoonlijk zorgt men niet meer dan ca $^3/_4$ van de bladmassa tegelijk te oogsten. Op Banka, en ook in de Padangsche Bovenlanden hier en daar, rist men de bladeren af.

Fabrikatie   Het verwerken van den oogst, dat moet gebeuren vóór het

270/8228 blad verwelkt is, geschiedt bij de inlanders en chineezen in een
primitieve werkplaats, gebouwd meestal aan den zoom van het
bosch (met het oog op het brandhout), liefst in de nabijheid van
een beek. De vloer is somtijds geheel van aangestampte aarde,
somtijds voor een deel van planken, dit in verband met de gevolgde
werkwijze. Op, en gedeeltelijk in den bodem, is een oven gebouwd van steenen of klei, waarop een groote koeali — een seg-
mentvormige pan — geplaatst is. Deze koeali is van gietijzer of
koper en wordt voorzien van een boord, door op den kant een
bodemloos vat of een cylinder van boomschors te plaatsen.

Hoe eenvoudig het afscheiden van het waardevolle bestanddeel
van het blad ook lijkt, toch bestaat er in de gevolgde werkwijzen
een groote verscheidenheid. Afgezien van meer of minder diep
gaande verschillen in de details kan men de gambir-bereiding
onderscheiden in een chineesche methode en een inlandsche.
Vooraf dient echter te worden opgemerkt, dat het bladextract in
hoofdzaak bevat twee aan elkaar verwante stoffen, catechine en
catechu-looizuur, het eerste is in koud water moeilijk, in heet
water daarentegen uiterst gemakkelijk oplosbaar, terwijl het looizuur ook in koud water zeer goed oplost. Voor sommige doeleinden, de techniek, zijn beide bestanddeelen evenzeer van belang,
voor andere, als de gambir dienst doet als genotmiddel, verwijdert men het looizuur meer of minder volledig. Onbewust maakt
men daarbij gebruik van het verschil in oplosbaarheid bij gewone
temperatuur. Welk deel van het looizuur in het eindproduct aanwezig is, hangt af van de gevolgde bereidingswijze, bij persen
verdwijnt natuurlijk meer vocht, dus looizuur, dan bij uitlekken.

Behandelen wij nu het eerst de chineesche methode. Aangezien in   Chineesche
de nieuwere beschrijvingen de bijzonderheden gewoonlijk zoozeer   methode
naar voren zijn geschoven, dat de hoofdlijnen niet meer te volgen
zijn, houd ik mij ook daarvoor aan de voortreffelijke studie van
Bosscha. De bladeren worden twee maal uitgekookt en dan rijkelijk
overgoten met schoon water dat, opgevangen zijnde en aangevuld
tot 180 à 200 L., het uitgangspunt is van de volgende extractie. Als
het aan de kook is gebracht, wordt daarin de reeds een keer uitgetrokken bladmassa gedurende eenigen tijd ten tweeden male gekookt, waarna die met een groote, houten drietandige vork uit den
ketel wordt gehaald en overgebracht in een breede, flauwhellende
goot, die naar verkiezing kan afvoeren op de kookpan of op het
waschwatervat. Vervolgens brengt men een hoeveelheid van 180 à
200 Kg van de twijgen afgeriste versche bladeren in het kokende
extract en werkt den inhoud goed dooreen met een houten stam-
per, met het doel de bladeren te kneuzen. Men kookt het versche
materiaal gedurende een half uur en werkt ondertusschen de voor
de tweede maal geextraheerde bladeren af, die in de goot liggen
uit te lekken. De werkgoot door middel van een los gootje in
verbinding gebracht zijnde met het waschwatervat, wordt de uit-
geputte bladmassa, zooals gezegd is, afgespoeld met schoon water. De twee maal gekookte bladeren zijn dan ook van de nog
aanklevende gĕtah beroofd en worden verwijderd. Alsdan wordt
de afvoer van de goot op de kookpan hersteld en de één keer gekookte bladmassa uit de pan in de goot overgebracht om uit te drui-

270/8228 pen geduiende het nu volgend indikken van het verkregen extract.

De hoeveelheid water die verdampt moet worden, is 100 à 120 Liter en het duurt 3 à 4 uur voor de noodige concentratie is bereikt. Is dit ten slotte het geval, dan wordt het vuur uitgehaald, het extract met een grooten lepel uitgeschept en door een fijne zeef in houten tonnetjes gegoten van ongeveer 20 L inhoud. Deze worden echter slechts voor de helft of twee derde gevuld. Als het extract uit de pan is, wordt de inhoud van het waschwatervat daarin overgebracht en het proces op geheel dezelfde wijze herhaald

Indien gambir voor de westersche markt het doel is, dan wordt de geconcentreerde oplossing na eenigszins afgekoeld en tot stremming gebracht te zijn, overgegoten in houten vormen, waarin zij in 10 à 12 uur door verdere afkoeling en kristallisatie verhardt tot een vrij vasten koek, die in stukken van de gewenschte afmetingen gesneden en daarna gedroogd wordt.

Is het product bestemd voor de oostersche markt, dan wordt vooraf in de tonnetjes een geringe hoeveelheid gerooste of versche fijne rijstzemelen gedaan, die bij het daaropvolgend tot stolling brengen van het na afkoeling oververzadigde extract door de vloeistof wordt heengeroerd [1] De bij de stolling ontstane brij wordt vervolgens overgebracht in bakken van bijzondere constructie: de opstaande wanden, die met uitneembare pennetjes tezamen worden gehouden, staan los op een tafeltje van iets grootere afmetingen, dat tot bodem dient, de lange zijden zijn door oppervlakkige zaagsneden, evenwijdig aan de opstaande kanten, verdeeld in vakken van 12 cM. breedte. Het tafeltje wordt nu bedekt met een stuk grof weefsel, bijv. jute, en nadat de opstaande zijden in elkaar zijn gezet heeft de vulling plaats. Een deel der in de brij aanwezige vloeistof filtreert langzaam door het doek, doch veel blijft er in de poreuze gambirmassa achter. Is de inhoud geheel vast geworden, dan neemt men de zijwanden van het kistje weg, verdeelt de koeken met een touwtje langs de door de zaagsneden nagelaten teekens in stukken en snijdt deze vervolgens in kuben

De versche gambir wordt gedroogd in de zon of op de koelste plekken van den zolder boven het kookhuis en zeer geleidelijk naar warmer plaatsen overgebracht. Ontijdig te warm wordend, zou de gambir vervloeien tot een stroopachtige massa Na een dag of veertien zijn de kuben voldoende droog. De opbrengst aan droge gambir is volgens Bosscha zeer standvastig $1/_6$ van het gewicht der gezuiverde bladeren.

Inlandsche methode Het kenmerkende van de inlandsche methode van gambir-bereiden is, dat het extract niet wordt ingedampt. In de Padangsche-Bovenlanden, in Rokan en Kampar Kiri, gaat men in hoofdzaak als volgt te werk. De bladeren worden in een grofmazig net, vervaardigd van bast van Artocarpus elastica, vast aangetrapt in den cylinder van boomschors De cylinder met zijn inhoud wordt nu in de koeali gezet en zoo lang gekookt en gestoomd, tot de damp door de blad-

---

[1] Het toevoegen van dĕdĕk in matige hoeveelheid is niet te beschouwen als een vervalsching; dĕdĕk doet de regelmaat van vormen van de gambir behouden en het product poreuzer worden Gelijk- en gelijkvormigheid is een besliste eisch van den oosterschen handel, omdat de gambir in het klein per stuk wordt verkocht Hoe kleiner s.g, des te grooter dus de waarde

270/8228 massa is heengetrokken en daarboven zichtbaar wordt, alsdan keert
men den cylinder om. Is ook de voormalige bovenhelft voldoende
gekookt, dan wordt het pak uit den cylinder getrokken en door
uittreden vervormd tot een platten koek, welke vervolgens zoo stijf
mogelijk opgerold en met een touw omwonden wordt, waarna men
het opnieuw gevormde pak afspoelt met het heete vocht uit de
koeali. Dit loopt langs den hellenden vloer in een bak onder de
pers. De pers bestaat uit een in de lengte middendoor gezaagden
stam van zeer hard hout, waarvan de beide helften door het in-
slaan van wiggen tot elkaar kunnen worden gebracht. Na twee maal
persen wordt het bladpakket opnieuw gekookt met versch water en
nogmaals aan persing onderworpen. Het bij deze tweede persing
verkregen vocht wordt te Pajakoemboeh aangewend om een voorraad nieuw blad te koken; in Boven-Kampar wordt het direct voor
de gambir-bereiding gebezigd. Het in den bak onder de pers ver-
zamelde wordt door een zeef gegoten in ondiepe koelbakken, waarin
zich na een half etmaal de gambir op den bodem afzet als een dikke,
gele, op zachte stopverf gelijkende brij; het daarboven staande vocht
laat men weglopen. De brij wordt, in een stevigen doek gewikkeld, op een zeef of een laag idjoek gelegd en ter bespoediging
van de drainage met steenen bezwaard of op andere wijze licht geperst. Als na wederom een half etmaal de gambirkoek vrij vast is
geworden, kan men overgaan tot het vormen der welbekende schijfjes.
Men gebruikt daarvoor stempels van bamboe, die in den koek worden
gedrukt en gelijkgestreken, waarna het schijfje wordt uitgestooten en
geplaatst op een raam, vervaardigd van bladnerven van den arènpalm,
het drogen geschiedt als bij de chineesche methode. De opbrengst
wordt opgegeven te bedragen ca $^1/_{13}$ van het gewicht van het blad (de
twijgen?). Deze gambir wordt niet zoo aan de consumptie overge-
geven, doch te Padang door de chineezen „bewerkt", dwz. overgekookt met weinig water, dan gemengd met 20 tot 60 % zeer fijne
rijstzemelen en verder op de gewone chineesche wijze behandeld.
Het toevoegen van dergelijke buitensporige hoeveelheden děděk
kan echter niet meer worden beschouwd als een noodzakelijk kwaad.

In Palembang, dat ook een vrij aanzienlijke hoeveelheid gambir
levert, volgt men verschillende bereidingswijzen, ook een, tendeele
overeenkomend met de inlandsche, tendeele met de chineesche methode. Eigenaardig is daar het uitspreiden van de gambirbrij in een
$1^1/_2$ cM. dikke laag op een plank, die bedekt is met grof onge-
bleekt katoen; daarop wordt een zware plank gelegd en de laag
na een nacht gesneden in gelijke vierkante tabletten. Ook worden
de tabletten, hetzij dadelijk van de gewenschte grootte danwel van
zoodanige afmetingen, dat zij later op maat kunnen worden gesneden, verkregen door de gambirbrij met een handpers te persen [1]).

De bereiding op de reeds eerder genoemde onderneming Goe-   Europeesche
noeng Melajoe geschiedt volgens Korte Berichten „machinaal met   methode
de meest moderne technische hulpmiddelen volgens het principe

---

[1]) Men heeft wel aangeraden om het looizuur, dat thans bij de gambir-
bereiding verloren gaat, te winnen. Het Koloniaal Museum (Bull No 33, bl
150) onderzocht een monster persvocht, afkomstig van Pajakoemboeh. Het
bevatte slechts 1.7 % gambir, 1.6 % looizuur en 1.4 % waardelooze stof. Her-
haling van het onderzoek is echter gewenscht.

270 8228 der diffusie". Ridley schreef in Straits Bulletin 1909, bl. 313, dat de administrateur der indragirische onderneming hem mededeelde, dat de bladeren worden gekookt met stoom en dat het extract in vacuo wordt ingedampt, weder met verhitting door stoom, tot zoodanige concentratie, dat men het kan laten afloopen in de kisten, waarin het na bekoelen wordt verscheept Op Goenoeng Melajoe wordt alleen blokgambir gemaakt, die in kisten van 1 picol naar Europa wordt verzonden, waar het product wegens zijn absolute reinheid en gelijkmatig watergehalte een hoogeren prijs opbrengt dan de door chineezen bereide blokgambir

Vormen   De vormen en kwaliteit der gambir voor de oostersche markt zijn zeer verschillend. De chineesche bereiding levert naast blokgambir alleen kuben met ribben van $2^1/_2$ tot 3 en zelfs 4 cM. De meest gebruikelijke vorm bij inlandsche bereiding is ronde schijfjes van verschillende dikten, die ten deele in dien staat in de consumptie komen, ten deele, gelijk medegedeeld, te Padang worden verwerkt tot kuben. In Palembang worden voor den uitvoer slechts tabletten vervaardigd. Men heeft er van $5 \times 5 \times 1$ cM, welke in pakken van 150 stuks = ca 2 5 Kg. gewicht worden verpakt; tabletten van $4 \times 4 \times 1$ cM., die in „djaras" van 100 elk uit 10 tabletten bestaande pakjes worden uitgevoerd; zoo'n djaras weegt ca 12 kati, enz, ook ongeperste gambir van Tebing Tinggi, gesneden in tabletten van $10 \times 2 5 \times 1$ cM Daarnaast kneedt of stempelt men de gambir in andere vormen, als balletjes (boewah gambir uit Benkoelen), visschen enz., doch deze zijn alleen van locaal belang.

Kwaliteiten   De twee uiterste kwaliteiten zijn de sterk geperste gambir van Palembang en blokgambir. De eerste bestaat uit broze, grijze, uitwendig bruinachtige koekjes, waar het looizuur zooveel mogelijk is uitgedreven, de laatste uit vormlooze, donkerbruine, kleverige klompen, het volledig extract van de gambir-bladeren, zonder toevoeging van andere stoffen [1]) ingedampt, gekristalliseerd en gedroogd. Deze soort heeft altijd een vrij hoog watergehalte en is zoowel uitwendig als op de breuk zeer donker van kleur Volgens een Mededeeling van het „Rijksproefstation en (den) Voorlichtingsdienst ten bate der Lederindustrie", gepubliceerd eind 1914, bevat blokgambir hoogstens 40% looistof, doch in Handelsberichten April 1915, bl. 90, wordt aangeteekend, dat de fabriekmatig bereide blokgambir uit Asahan veel zuiverder is en 50 8% looistof bleek te bevatten.

Toepassingen   Gambir in blokken wordt alleen gebruikt voor technische doeleinden, de looizuurarme alleen als genotmiddel, terwijl die vormen, waarvan het looizuur door uitlekken verminderd is, voor beide doeleinden kunnen dienen. Ook kuben worden daarom op de westersche markt aangetroffen, doch minder dan blokgambir, omdat de prijs aanmerkelijk hooger is Volgens het Rijksproefstation (zie boven) zouden echter kuben 50 tot 60% looistof bevatten, doordat hun watergehalte veel geringer is dan van blokgambir

Technisch   In de techniek wordt gambir gebruikt in de ververij (vooral voor zijde en militaire uitrustingsstukken), voor het tanen van

---

[1]) Er behoort ten minste niets te worden toegevoegd; in Teysmannia 1907, bl 244 deelt De Jong mede, dat voornamelijk door het vervalschen met gele klei, waaruit de „gambir" dikwijls voor 50% bestond, het gebruik in de techniek ernstig zou zijn geschaad.

270/8228 vischnetten en op groote schaal in de leerlooierij, waar gambir
een zeer nuttige rol speelt, doordat zij het looiproces zeer snel
inleidt en voorkomt, dat zich in de huiden een begin van bederf
voordoet, iets wat bij het gebruik van eikenschors alleen niet
altijd zou zijn te verhinderen. Gambir wordt in het bijzonder
gebezigd voor die zachte ledersoorten, welke getouwd worden
(d i. nabehandeld met vet) Ook in Indië gaf gambir goede resultaten Een in Korte Berichten van 15 Augustus 1915, bl 234,
gepubliceerde mededeeling omtrent de ervaring daarmede opgedaan in 's Lands Gevangenis te Djogjakarta, zegt, dat men kuben
gebruikte van Riouw en van de Westerafdeeling van Borneo Voor
de bereiding van tuigleer extra licht, middelsoort en zwaar werd
dit materiaal met succes bij de voorlooiing, de eigenlijke looiing
en de nalooiing gebezigd. Bij de beginlooiing looit het snel aan,
zonder gevaar voor te sterk aangrijpen van de huid. Bij de eigenlijke looiing bezigde men 1 deel gambir op twee deelen andere looistof (pilang, mangrove of wangkal). Door de nalooiing
met gambir bereikte men een goede, heldere, gelijkmatige kleur.
Het geheele procédé leverde een zacht en vol leder met open
losse vezel, wat een voordeel is voor overleders die getouwd
moeten worden. Voor zoolleer bleek gambir, ook bij vermenging
met andere gebruikelijke looimiddelen, ongeschikt, omdat zij het
leder te soepel maakte. Voorts dient gambir in de brouwerij voor
het klaren van bier en wordt dit product in kleine hoeveelheid
als samentrekkend middel gebruikt in de geneeskunde onder den
naam van *gele catechu* Gambir werkt zeer heilzaam, zegt Ridley, Medicinaal
bij chronischen buikloop en dysenterie, waartegen zij door de
maleiers wordt gebruikt, evenals bij bloedingen, in den vorm van
zalf bij zweren, en in andere gevallen waar samentrekkende middelen vereischt worden In het bijzonder is zij aan te bevelen tegen
heeschheid en aandoeningen van het strottenhoofd

Als genotmiddel, bestanddeel van de sirihpruim (Zie Areca Catechu Genotmidde
en Piper Betle), is gambir door het geheele Oosten in gebruik. Rumphius beschrijft [1]) in dl I, bl 34 de bij het sirihkauwen gebruikelijke
gěta gambir als koekjes als een hollandsche schelling, uit het sap van
eenige bladeren en wat meel gemaakt, in het eerst vrij bitter in den
mond, maar een aangename zoetigheid nalatende, gezond voor het
tandvleesch en de keel Daar waar de gambir groeit gebruikt men
echter bij het sirihkauwen nog wel — en bij voorkeur — het blad zelf.
Meerwaldt deelt daaromtrent in het sirihbulletin (No. 32) van het
Kol. Museum mede (bl. 101), dat de catechine op een bijzondere
manier uit het inwendige van het blad op de buitenzijde wordt
gebracht Bij de bataks in Angkola geschiedt dat op de volgende
wijze· de afgesneden twijgen worden even opgekookt, tusschen
twee matten gelegd en met de voeten getreden, dan worden zij
in de schaduw gedroogd, van de stengels ontdaan en in bundeltjes
ter markt gebracht Bij goede behandeling zijn de gedroogde bladeren lichtgeel, op wit af. Hetzelfde vindt men bij de maleiers

---

[1]) Rumphius was met de gambirplant bekend door materiaal, dat hem
van Malakka was toegezonden, maar nam haar niet op in het Kruidboek;
in deel V deelt hij mede, dat de naar bedoeld materiaal vervaardigde teekening door brand is vernietigd

van Midden-Sumatra en werd ook door Vorderman aangetroffen in Lebong (Teysmannia 1901, bl 6). Zonder speciale behandeling gedroogd, verdwijnt de gambir uit het blad.

Handel   De uitvoer van gambir (in tons) heeft bedragen volgens de officieele statistiek en die van het Encyclopaedisch Bureau (waar beide met elkaar in strijd zijn, heb ik de betrouwbaarder officieele statistiek gevolgd)

	met bestemming buitenland,					naar Java,					naar andere buitenbezittingen				
van/in	Kiouw en Onderh. (Vrijgebied)	Indragiri	Sumatra's O Kust	Sumatra's W Kust	Westeraf-deeling van Borneo	Kiouw en Onderh (Vrijgebied)	Westeraf-deeling van Borneo	Sumatra s W Kust	Palembang	Banka	Kiouw en Onderh (Vrijgebied)	Westeraf-deeling van Borneo	Sumatra s W Kust	Palembang	Banka
1910	4.081	1.179	1.931	137	—	1.572	?	?	?	?	?	?	?	?	?
1911	4.660	1.162	1.982	146	13	1.635	?	?	?	?	?	?	?	?	?
1912	5.252	1.909	2.561	124	804	1.406	?	?	?	?	?	?	?	?	?
1913	4.951	1.347	2.443	126	97	773	?	?	?	?	?	?	?	?	?
1914	5.115	721	2.121	161	67	1.814	1.484	817	149	91	336	194	20	12	3

In het Museum · Gambir en toebereide bladeren.

270/8228   **Uncaria pedicellata,** *Roxb* (U ferruginea, *Kurz*)
Volksnamen. Mal. Banka. *Akar kait, A kěkait běsar, A teklibang* — Sum W K *Akar kait-kait, Gambir toepai* — Moluk.· *Daoen gětah gambir boeloe-boeloe* — Soend. *Kait beusi* — Jav : *Ojod bopong.*

Klimmende heester, door Rumphius beschreven (V, bl 65) onder den naam van Funus uncatus lanosus als een struik met lange, niet slingerende takken, voorkomende in het kreupelbosch

De stengel is volgens Rumphius een arm, volgens K & V (VIII, bl. 43) 5 cM dik en bestaat uit een hard, zeer stijf hout, waaruit de inlanders dunne plankjes weten te maken, die zich in een cirkel rond laten buigen en voor hetzelfde doel dienen als de spanen randen voor zeven e.d. (Rumph) Van *areuj kait beusi* zegt Hasskarl's Nut (No. 32), dat de oude stengels worden gespleten om te dienen als invatting en voeten van inlandsch vlechtwerk en dat de jonge stengels gestampt bruikbaar zijn om zwart te verven.

Het water dat deze stammen somtijds bezitten, is volgens Rumphius drinkbaar

270/8228   **Uncaria pteropoda,** *Miq.*
Volksnamen Mal · *Daoen gětah gambir* (Mol), *Kait-kait darat* (volgens De Clercq)
Den Funus uncatus latifolius beschrijft Rumphius (V, bl 63) insgelijks als een klimmenden heester, meest groeiend op steenachtige, magere gronden in open velden De bladeren bezitten een bitteren smaak, welke volkomen overeenkomt met dien van gambir. Het sap der bladeren is goed tegen spiuw en met ijzerroest gemengd wordt het gebezigd als opdrogend middel bij de ambonsche pokken (framboesia) De bladeren zelf worden wel gebruikt in de plaats van pinang bij de sirihpruim (Rumphius) Volgens Ridley (Mal Geneesmiddelen, bl. 29) worden zij bij pijn in de zijde gebezigd om ermede te wrijven.

270/8228 ### Uncaria sclerophylla, *Roxb.*

Volksnamen Mal. *Akar kawil-kawil* — Soend. *Kait beusi*

Liaan, tot 30 M. lang en 10 cM. dik, op Java verstrooid groeiend gevonden o a op ca 1500 M zeehoogte (K & V. — VIII, bl. 42), in Palembang op pl m 150 M. Het hout van den stengel is licht en zeer veerkrachtig en wordt daarom gebruikt voor stelen van bijlen. **Hout**

De bast wordt in Palembang gebezigd bij het kleuren van garens **Bast**

In het Museum Stengelstuk, bast

270/8228 ### Uncaria setiloba, *Benth.*

De Funus uncatus angustifolius of smalbladige *daoen gĕtah gambir* van Rumphius (V, bl 63), komt voor in lichte bosschen en boschranden, het meest echter op het strand. Het eenige nut, dat R er van vermeldt, is dat hij voortreffelijk te pas komt als men, in het bosch zijnde, geen drinkwater kan krijgen, omdat de oudere stengels bij kappen een tamelijk groote hoeveelheid helder, drinkbaar water geven

270/8229 ### Nauclea celebica, *Hav.*

Volksnamen Alf. Minah.: *Maoemar, Maoemar rintĕk, Masela, Masoekat, Pĕpoipojĕn.*

Van den pĕpoipojĕn deelt Koorders in zijn Minahassa (bl. 498) mede, dat het een kleine boom is, zeer geacht om zijn deugdelijk, veerkrachtig hout, dat voor boomen van voertuigen wordt gebruikt.

270/8229 ### Nauclea excelsa, *Bl* (N. mollis, *Bl.*).

Volksnamen. Soend.: *Ki saàt, Tjangtjaratan* — Jav · *Klĕpoe kĕtĕk, Poetĕk, Tala, Toembaran*

Tot 30 M hooge en 60 cM dikke boom van Java, verstrooid groeiend beneden 1200 M. Het hout is in West-Preanger zeer gezocht voor huisbouw, huisraad enz, maar in Midden- en Oost-Java bij de inlanders weinig bekend (K. & V. — VIII, bl. 33)

In het Museum; Hout.

270/8229 ### Nauclea Grashoffii, *Val* msc. Herb Bog

Volksnamen. Mal : *Hangli* (Ranau-distr)

Meestal rechte, slanke boom, 12 à 15 M. hoog en hoogstens 0 50 M. dik, met rolronden stam zonder wortellijsten, verstrooid groeiend gevonden in de Ranau-districten op pl m 600 M. zeehoogte, hij valt op door de vele klierachtig verdikte blad- en bloemstelen, die door mieren bewoond zijn. Het hout wordt gezegd zeer duurzaam te zijn, niet te scheuren en vrij te blijven van insecten; het is evenwel slechts in geringe afmetingen te krijgen en wordt alleen gebruikt voor deurstijlen e.d klein werk Van de jonge stammetjes maakt de bevolking rijststampers.

In het Museum Hout.

270/8229 ### Nauclea lanceolata, *Bl*

Volksnamen. Soend : *Anggrit, Tjangtjaratan, Tjèngèh tjauh* — Jav *Klĕpoe pasir, Pitjis, Pitjisan, Poendoengan, Wĕsèn* — Mad. *Bilis, Wilis*

Tot 30 M. hooge en 75 cM dikke boom van Java, verstrooid

groeiend tusschen 200 en 1500 M. In de Preanger wordt het hout voor huisbouw nogal geroemd, maar in Midden-Java wordt het om de hardheid zelden gebezigd en in Oost-Java zijn de hout-eigenschappen onvoldoende aan de inlanders bekend (K & V — VIII, bl. 21). Hasskarl (Het Nut No. 11) noemt het een sterk bouw-hout, dat door de witte mieren niet wordt aangetast.

270/8229   **Nauclea macrophyla,** *Roxb.*
       Volksnamen. Alf. Minah : *Koror, Léow.*
     Boom, hout voor huisbouw, maar alleen onder dak bruikbaar (Koorders' Minahassa, bl. 499).

270/8229.   **Nauclea moluccana,** *Miq.*
       Volksnamen Mal. Mol. · *Laharong.*
     De L a h a r u s van Rumphius (III, bl. 44) is een boom met een stam zoo dik, dat een man hem kan omvatten. Hij komt op Ambon voor op steenachtige plaatsen in het gebergte.
     Het hout is een goed timmerhout, zoowel voor huis- als voor scheepsbouw, doch het moet nat worden verwerkt, omdat het anders (?) licht wormstekig wordt. Men gebruikt het voor stijlen en balken van huizen; in aanraking met den bodem vergaat het spoedig. In de ambonsche huizen wordt het op den duur zoo droog en hard, dat het klinkt, doch evenals dat van Adina fagifolia, Val. droogt het zeer langzaam. Op Kei en Ambon gebruikt men de planken voor prauwen en daarvoor is het redelijk duurzaam. Voor meubelhout is het minder geschikt, omdat het lang een muffen geur behoudt (Rumphius). Kajoe laharong werd het Museum toe-gezonden als een van de goede houtsoorten van Boeroe en Ceram.

Vormen.   Rumphius onderscheidt van dezen boom drie vormen :
     1) het mannetje of *laharong batoe;* dit levert het beste en hard-ste hout, dicht, zwaar en fijn van vezel, hooggeel in het hart en aan de kanten wit, hier en daar met eenige strepen.
     2) het wijfje, waarvan het hart wasgeel is en de rest witachtig; het hout daarvan is weeker en minder deugdelijk dan van den voorgaanden.
     3) een vorm met wit hout en roodachtig hart, fijn en hard, doch vaal gevlekt; alleen de oude boomen hebben hout van één kleur.
     In het Museum Hout

270/8229   **Nauclea obtusa,** *Bl.* (N. c o r d a t a, *Bl.*).
       Volksnamen Soend · *Tjangtjaratan*—Jav. *Klěpoe, Klěpoe kětèk.*
     Tot 28 M. hooge en 75 cM. dikke boom van Sumatra en Java, op laatstgenoemd eiland beneden 1800 M. verstrooid groeiend, doch in sommige streken talrijk. Het hout wordt in de Preanger voor huisbouw gebezigd, in Madioen echter niet (K. & V. — VIII, bl. 30)
     Bij de te Kediri genomen proef werd *djabon*-hout bruikbaar be-vonden voor lucifersdoosjes en goed voor stokjes (Teysmannia 1896, bl. 506) Djabon, waarvoor daar wordt opgegeven Nauclea cordata, Bl., is echter volgens K. & V. (VIII, bl. 8) een der zeer vaste javaansche namen voor Anthocephalus indicus Rich., waar-omtrent door hen wordt gezegd, dat het hout niet duurzaam is en daarom zelden wordt gebruikt.

270/8229 **Nauclea oxyphylla**, *Miq.*

Volksnamen Mal Gĕroenggoeng (Palemb).

Van een met twijfel tot deze soort gebracht houtmonster, onder den naam van *djilalang* uit de Westerafdeeling van Borneo ontvangen, werd medegedeeld, dat het zeer geschikt is voor binnenwerk bij den huisbouw.

270/8229 **Nauclea pallida**, *Reinw*

Volksnamen Soend : *Sèngèt tjaah Tèngèh tjaàh, T. tjaat, Tjangtjaratan tjaj*

Nogal lage boom van West-Java, verstrooid groeiend beneden 1200 M. zeehoogte. De eigenschappen van het hout zijn weinig   Hout
bekend; volgens sommige gidsen wordt het wel voor huisbouw gebruikt (K & V —VIII, bl 28).

Hasskarl (Het Nut No 4) zegt, dat van *tèngèh tjaah* de wortels en het hout worden gebruikt voor stelen van werktuigen, welke stelen niet licht scheuren of breken. De gewreven bladeren worden   Bladeren
op de lies ingewreven bij moeilijke urineloozing (graveel ?) en tegen dezelfde kwaal wordt, zoowel in- als uitwendig, een koud aftreksel
van de fijngewreven vruchten gebezigd   Vruchten

270/8229 **Nauclea purpurascens**, *Korth*

Volksnamen. Mal : *Saboet* — Soend : *Klĕpoe, Tjangtjaratan* — Jav. *Gĕmpol kĕtèk, Klĕpoe kĕtek*

Tot 20 M. hooge en 25 à 35 cM dikke boom, op Java verstrooid groeiend beneden 1200 M. De eigenschappen van het hout zijn   Hout
weinig bekend; het wordt soms, doch zelden, voor huisbouw gebezigd. Van de variëteit parviflora (volksnamen als het type en bovendien *tĕgaron*, Jav) werd aangeteekend, dat het hout voor lanssteelen geroemd wordt (K & V. — VIII, bl 24 en 26)

Cordes zegt, dat op Sumatra's Westkust de *saboet* een goede, vaste houtsoort levert, geelachtig van kleur, geschikt voor huisbouw (Tijdschr. d. Ind. Mij v N & L dl 14, bl. 190)

270/8229 **Nauclea spec**

Volksnamen Mal. Mol. *Nisat*

De N e s s a t u s van Rumphius (III, bl 45) is een ranke ambonsche boom met sterk gegroefden stam Het hout is zeer dicht, fijn van vezel,   Hout
hard, van buiten wit, naar binnen toe allengs roodachtig wordend met eenige plekken van licht purper hier en daar. Onder dak buiten aanraking met den grond en ook in het water is het zeer duurzaam; hout van jonge boomen echter wordt spoedig door den worm aangetast De ambonneezen gebruiken het bekapt voor stijlen van huizen; deze stijlen worden mettertijd in den rook zoo hard, dat ze klinken als metaal en er geen spijker kan worden ingeslagen Ook voor draaiwerk is het gezocht, doch gelijk de meeste harde houtsoorten scheurt het licht, als men het te versch gebruikt of te vroeg in de zon zet Voorts is het zeer geschikt voor stelen en timmermansgereedschap, omdat het hard en zwaar is en zich glad laat afwerken (Rumph)

Bij de toezending van een monster *kajoe nisat* van Piroe (met herbarium-materiaal van Homalium foetidum, Benth), werd gemeld, dat deze houtsoort voorkomt in het binnenland van Ceram, minder

194   RUBIACEAE.

langs de kust, en ook wordt aangetroffen op Ceram-laoet Het is
een harde, duurzame houtsoort, zeer geschikt voor waterwerken,
doch niet verkrijgbaar in zware afmetingen

In het Museum Hout.

270/8231

Sarcocephalus cordatus, *Miq.* (Nauclea grandifolia,
DC., N macrophylla, *Bl*)
Volksnamen. Mal : *Gĕmpol, Kajoe mas* (Minahassa) — Soend .
Gĕmpol — Jav. : *Gĕmpol, Klĕpoe pasir, Lampajan* — Alf
Minah *Séha.*

Hout

Tot 35 M hooge en 50 cM. dikke boom van Java en het oostelijk deel van den archipel, op Java beneden 1300 M. vaak zeer
veelvuldig voorkomend, vooral in de laagvlakte Het hout wordt
door de inlanders bijna nooit voor den huisbouw gebezigd, maar bij
voorkeur gebruikt voor het maken van de handvatten der padi-snij-
mesjes (K & V — VIII, bl 13, 266, 267) Hasskarl zegt (Het Nut No.
219), dat het spint zeer spoedig door de witte mieren en boeboek
wordt verteerd en dat het hardere kernhout wel eens dient voor
bouwhout, hoewel het door dezelfde vijanden wordt bedreigd.

De kleur van het hout is bruinachtig, aan de lucht spoedig over-
gaand in oranje Voor het onderzoek naar de zeer bittere, don-
kergele, stikstofhoudende, niet-glucosidische kleurstof zie men
Boorsma, Plantenstoffen IV, bl 81 Boorsma vermeldt insgelijks,
dat ook in den bast en de bladeren een bittere kleurstof en een
weinig alcaloid aanwezig zijn. Greshoff (Plantenstoffen II, bl 92)
noemt het extract uit den bast zeer adstringeerend en bitter.

Vruchten

Volgens K & V worden in West-Bantam in tijden van schaarschte de
grauwe vruchten wel gekookt gegeten; rauw zijn zij bitter van smaak.
In Midden-Java zouden zij als inlandsche medicijn worden gebezigd

In het Museum Hout

270/8231

Sarcocephalus mitragynus, *Miq.*
Volksnamen Mal Mol : *Bangkal laki-laki*

Hout

Boom, de Bancalus mas van Rumphius (III, bl 84) Het hout
is harder en minder slecht dan dat van den bangkal pĕrampoean
(Sarcocephalus undulatus, Miq), maar wordt insgelijks niet voor
timmerhout gebezigd. Dat van oude stammen is echter mooi geel,
dicht en fijn van draad en geschikt voor licht schrijnwerk.

Bladeren

De bladeren worden niet gegeten, doch als die van het wijfje
aangewend tegen koorts (Rumphius)

270/8231

Sarcocephalus undulatus, *Miq.* (= S. cordatus, *Miq.* ?)
Volksnamen Mal · *Kajoe mas* (Menado), *Bangkal pĕram-
poean* (Mol), *Kajoe koening* (Mol.) — Mak : *Bangkala* —
Alf. Amb : *Mamelen.*

Boom van Malakka, Sumatra, Borneo en de Molukken, de Bancalus femina van Rumphius (III, bl 82), door dezen beschreven
als een tamelijk dikke boom, gezellig groeiend in de laagvlakte
van alle westersche en oostersche eilanden en ook wel aangetroffen in de bergen Met het oog op de bladeren worden de takken
gebruikt als pagerstijlen, daar zij gemakkelijk wortel schieten

Hout

Het hout is week en ondeugdelijk, het laat zich niet glad afwerken en wordt licht door den worm aangetast (Rumph.) Dit laatste vindt men ook vermeld in Koorders' Minahassa (bl. 503), waar het echter toch een goed bouw- en timmerhout wordt genoemd

De zure, bitterachtig smakende bladeren worden rauw gegeten en gebruikt als wikkelblad voor een vischspijs (bĕbotok). Bij de baliers dienen zij, gewreven met water, als verkoelend middel bij koorts van kinderen *Bladeren*

De zure, wrange vruchten, die er zeer aanlokkelijk uitzien, worden niet dan in den uitersten nood gegeten (Rumph.) *Vruchten*

270/8232 **Anthocephalus macrophyllus,** *Havil.*
Volksnamen Amb . *Samana*

Snelgroeiende woudreus, een der hoogste aan Rumphius bekend geweest zijnde boomen, voorkomend zoowel in het gebergte als in de vlakte

Het hout is geelachtig, een weinig naar het roode trekkend, grof, week en weinig duurzaam Het wordt gebruikt voor planken bij den huisbouw en is nog vrij geschikt voor lichte schotten op droge plaatsen; blootgesteld aan vocht verteert het zeer spoedig. *Hout*

De bast wordt bij gebrek aan beter gebruikt als *obat sagoëer*, maar de drank wordt er wel samentrekkend, doch niet bitter van Een afkooksel van den bast, gemengd met dien van *bintangoer laoet* en van ijzerhout, wordt gegeven tegen fluor albus *Bast.*

De bladeren worden door de ambonneezen gebruikt als tafelborden en servetten en met het oog daarop worden deze boomen bij de huizen aangeplant (Rumphius III, bl. 36). *Bladeren*

270/8238 **Mussaenda glabra,** *Vahl.*
Volksnamen Mal : *Balik adap* — Soend *Kingkilaban*

Struik of boomheester, zeer variabel, op Java voorkomend van af de laagvlakte tot op 2000 M zeehoogte (Koorders' Exkursionsflora) Volgens Hasskarl's Nut No 75 wordt het sap van kingkilaban gebruikt als wassching bij oogontsteking Ridley (Mal Geneesmiddelen, bl. 19) vermeldt, dat een aftreksel van de bladeren wordt gedronken tegen hoest en ook tegen ingewandswormen

In het Museum Wortels, bladeren

270/8238 **Mussaenda variabilis,** *Hemsl.*
Volksnamen Mal *Balik adap boekit*

Klimmende heester, een afkooksel van de wortels wordt tegen hoest, en van de bladeren tegen koorts gebruikt (Ridley, Mal. Geneesmiddelen, bl. 26).

270/8238 **Mussaenda spec. div**
Volksnamen. Mal.: *Daoen poetri* (Mol.)

Onder den naam van F o l i u m principissae beschrijft Rumphius (IV, bl. 111) twee klimmende heesters, wassende aan de randen der bosschen, de oevers van rivieren en aan den zeekant, een smalbladigen (M Forsteniana, Miq) en een breedbladigen (M. Reinwardtiana, Miq of M dasyphylla, Miq.) De takken ervan, in de huizen gelegd, verspreiden een lieflijken geur naar poelasari, dien zij wel drie dagen lang behouden Het jonge blad geeft men gekookt aan kinderen die gebrek aan eetlust hebben *Bladeren*

Bloemen Een der kelkslippen van sommige der in tuilen bijeenzittende bloemen groeit uit tot een formeel blad, den anderen aan den struik in vorm gelijk, doch kleiner, zeer slap, wit en aangenaam van geur als een kruidachtige zalf Deze witte bladeren zijn bij de inlandsche vrouwen in gebruik om het lichaam en het haar te wasschen , mede ter wille van den geur legt men ze ook tusschen de kleeren en, gedroogd, in boeken Met *sělaséh ajĕr* (Limnophila spec), een weinig wortel van Alpinia Galanga en peper gewreven en opgesmeerd, geneest men kwade schurf, *potar* genaamd (Rumphius).

270/8255 **Urophyllum arborum**, *Korth* (U g l a b r u m, *Wall*).
Volksnamen Soend *Ki tjĕngkèh*
Tot 8 M. hoog en 10 à 15 cM dik boompje van het westen van den Archipel, op Java alleen bekend van het westelijk deel beneden 1300 M zeehoogte De jonge, naar kruidnagelen riekende bladeren worden in Z W Bantam gebruikt als specerij en in de inlandsche medicijnen Van Romburgh toonde er eugenol in aan, benevens een geringe hoeveelheid methylsalicylaat (K & V — VIII, bl 66 en 285).

270/8255a **Craterianthus fimbripetalus**, *Val*
Volksnamen Mal.· *Kajoe boeloe* (Koeboestr.).
Rechte, slanke boom, tot 25 M. hoog en 0.60 M. dik, van Sumatra en Borneo, in de Koeboestreken verstrooid groeiend aangetroffen op droog terrein. De stam is rolrond, voorzien van 1 M hooge, stevige wortellijsten Het hout is versch helder rood, hard en zwaar; het wordt gezegd onder dak duurzaam te zijn, mits niet in aanraking met den grond. Daar men het zelden in flinke afmetingen kan bekomen, wordt het meest gebruikt voor dakribben en kleine stijlen
In het Museum Hout

270/8278 **Tarenna ?buruensis**, *Miq.*
Volksnamen Mal : *Manggi-manggi oetan* (Mol.) — Tern. *Lolaro toma banga*
Onder den naam van M a n g i u m s i l v e s t r e beschrijft Rumphius (III, bl 57) een lagen, krommen boom, in de Molukken zeldzaam voorkomend op steile plaatsen in het gebergte Zijn honing-
Hout kleurig hout gelijkt wat op dat van Garcinia cornea, L., maar het is grover van draad en licht, het is insgelijks in de lengte gestreept en zeer hard Tot timmerhout wordt het weinig gebruikt, omdat de boom moeilijk te kappen is, als men rechte stammen vindt en die terdege laat uitdrogen, kan men ze bij den huisbouw gebruiken, doch niet in den grond.
Bladeren De bladeren, met curcuma tot een papje gewreven en als pleister op witte *kadel* gestreken, dooden de parasiet die bij de inlanders de huid zoo mismaakt (Rumph.)

270/8278 **Tarenna incerta**, *K & V* (R a n d i a W a l l i c h i i, *Hook* , S t y l o c o r y n e W e b e r a, *Miq*).
Volksnamen Soend *Ki keujeup, Ki tjangkoedoe* — Jav *Brasan, Koĕdon, Nangkaan, Woeroe koedon*
Boom, tot 18 M. hoog en 30 cM. dik, voorkomend op bijna

geheel Java tusschen 100 en 1350 M., in de Res. Semarang (in de bergdorpen bij Sepakoeng, Ambarawa) veel door de inlanders aangeplant ter wille van het hout, dat niettegenstaande de kleine Hout afmetingen daar zeer gezocht is voor stijlen van huizen

De inlandsche namen leiden tot de veronderstelling, dat deze boom een kleurstof zal blijken te bevatten; berichten daaromtrent ontbreken echter (K. & V. — VIII, bl. 82 en 268)

270/8283. **Randia anisophylla,** *Hook. f.* (G a r d e n i a a., *Jack*).
Volksnamen. Mal.: *Simpoh gadjah, Těngoeli toepai*
Zeer veel voorkomende, een hoogte van omstreeks 30 voet bereikende, boom met bruinachtig wit, licht hout, glad en fijn van Hout draad, bij den huisbouw gebezigd voor stijlen en daksparren (Ridley, Mal. Timmerhoutsoorten, bl. 74) Mij werd uit de Koeboestreken bericht, dat het hout van *těngoeli toepai* er niet wordt gebruikt, doch dat de rijpe vruchten, die zeer zoet moeten zijn, bij wijze van ver- Vruchten snapering worden gegeten.

270/8285 **Gardenia augusta,** *Merr* (G f l o r i d a, *L.,* G. j a s m i n o i-d e s, *Ellis*).
Volksnamen. Mal.: *Katja piring*
Sierheester, uit China en Japan op Java ingevoerd en gekweekt om de welriekende bloemen (K & V. — VIII, bl. 100). Van Java is hij ook naar Ambon overgebracht en door Rumphius (VII, bl 26) beschreven onder den naam van C a t s j o p i r i. Eenig nut anders dan als sierplant vermeldt R. daarvan niet. Leefmans (Bijdrage Helopeltisvraagstuk,bl. 68) signaleert hem als een gevaarlijken nabuur voor thee, daar hij dienst kan doen als voedsterplant voor Helopeltis.

De vruchten komen op Java in den drogerijhandel voor onder Vruchten den naam van *wiki* of *oei tsi*; zij worden aangevoerd uit Oost-Azië en gebruikt in de geelververij, om eetwaren geel te kleuren (ook met het doel die het voorkomen te geven van met eieren te zijn klaargemaakt) en voorts in de inlandsche geneeskunde, voor welk doel is mij echter niet bekend

Men treft twee soorten van wiki aan, n.l. kleine, die afkomstig zijn van G augusta, Merr en groote van Gardenia grandiflora, Lour., welke laatste plant ook op Java wordt gekweekt en volgens K. & V. (VIII, bl. 101) mogelijk van de andere niet soortelijk verschilt De op Java geteelde vorm met dubbele bloemen geeft geen vrucht.

In het Museum Vruchten

270/8285 **Gardenia tubifera,** *Wall* (G r e s i n i f e r a *Korth.*).
Volksnamen. Mal.: *Dělima hoetan, Tjěmpaka hoetan* (Palemb), *Kajoe toelak* (Lamp.) — Banka: *Mědang gliser.*
Tot 7 M. hooge, zeer fraaie sierboom, inheemsch in het westelijk deel van den archipel, op Java alleen gecultiveerd aangetroffen (K. & V. — VIII, bl. 99), door Ridley een boom genoemd van flinke afmetingen, met hard, wit (?), tamelijk duurzaam hout, Hout hetwelk wordt gebruikt bij den huisbouw, doch onderhevig is aan splijten (Mal. Timmerhoutsoorten, bl. 74) Ook mij werd de als Gardenia tubifera, Wall. gedetermineerde *randa tapa* uit de Koeboestreken beschreven als een soms tot 18 M. hooge en

0.50 M. dikke, zeer rechte, slanke, boom, met een lichtbruin, vrij hard en zwaar hout, hetwelk door de bevolking wordt gebruikt voor onbewerkte stijlen voor huizen en bruggen De vruchten van *randa tapa* worden gezegd giftig te zijn en bruikbaar voor het bedwelmen van visschen

In het Museum Hout.

Vruchten

270/8300

Petunga venulosa, *Hook. f.*
Volksnamen Mal . *Oempoong poetih.*
Heester of kleine boom; de wortels worden gekookt gebruikt bij rheumatiek om er warm mee te betten of te wrijven en ook bij zweren (Ridley, Mal. Geneesmiddelen, bl 29, 35).

270/8302

Scyphiphora hydrophyllacea, *Gaertn*
Volksnamen Mal. *Doedoek pĕrampoean* (Lamp), *Tjingam—*
Jav . *Doedoek rajap.*
Boomheester of zeer laag, krom, rijk vertakt boompje, tot 5 M hoog bij 8 à 10 cM. stammiddellijn, voorkomend in de vloed-bosschen (K & V — VIII, bl 125) Ridley (Mal Timmerhoutsoor-ten, bl. 77) beschrijft het hout als donkerbruin van kleur, vast en fijn van vezel, in Riouw gebruikt men het voor het vervaar-digen van rijstlepels en wordt een warm aftreksel van de blade-ren toegediend tegen buikziekte.

Hout

Bladeren

270/8308

Diplospora singularis, *Korth*
Volksnamen Mal. *Kajoe begas* (Palemb.), *K gading* (Banka), *K lepi* (?) (Lamp.), *Kawah poelau* (Palemb.), *Soengkai alas* (Koeboestr.).
Zeer slank, recht boompje, 10 a 12 M hoog en niet meer dan 0.25 M dik, verstrooid groeiend in de benedenlanden van Zuid-Sumatra Het helderbruine, buitengewoon harde en zware hout is bijzonder veerkrachtig en derhalve zeer gezocht voor stelen van bijlen, patjols e d., men kan er ook fraaie wandelstokken van maken Bij de koeboe-bevolking wordt een warm aftreksel van de geroosterde bladeren gedronken in de plaats van kopi daoen (van Coffea arabica); die drank heet *kopi koeboe.*

Hout

Bladeren

In het Museum Wandelstokken, bladeren

270/8308

Diplospora spec (aff D singulari, *Korth*).
Volksnamen Mal Palemb. *Kajoe tĕnoe.*
Zeer rechte boom, tot 32 M. hoog en 1 M dik, in Rawas ver-strooid groeiend aangetroffen op pl m 100 M zeehoogte op droog, heuvelachtig terrein. Het hout is fraai bruin, hard en zeer zwaar; het wordt daarom slechts gebruikt voor onbewerkte of ruw be-kapte houtwerken, als stijlen en vloerbalken. Onder dak heet het duurzaam te zijn, mits niet in aanraking met den grond. Een af-treksel van den bast of het uit den gewonden bast vloeiende, zeer samentrekkende, roode vocht wordt — het laatste met water ver-dund — gebezigd als mondspoeling bij ontstoken tandvleesch

Hout

Bast

In het Museum Hout, bast.

270/8352.   **Plectronia didyma,** *Benth. & Hook.* (Canthium didymum, *Gaertn.,* Vangueria dicocca, *Miq.,* V. latifolia, *Miq.,* V. lucidula, *Miq.,* V. spirostylis, *Miq.*).
Volksnamen. Mal.: *Boetoelang*—Soend.: *Ki katjang batoe, Ki kopi, Ki kopi lalaki, Ki kopijan*—Jav.: *Kěmědjing, Kěndal gamprit, Klis, Kopèn, Kopinan.*
Tot 30 M. hooge en 50 cM. dikke boom, verbreid over den geheelen archipel, op Java verstrooid groeiend beneden 1000 M. zeehoogte Houteigenschappen weinig bekend (K. & V. — VIII, bl. 134). Ridley meldt (Mal Timmerhoutsoorten, bl. 74), dat de boetoelang een tamelijk goed, hard, lichtbruin of dofgrijs hout levert, geschikt voor klein werk. Het zou o. a worden gebezigd voor den bouw van booten.

270 8352   **Plectronia glabra,** *Benth. & Hook.* (Canthium glabrum, *Bl.*).
Volksnamen. Soend.: *Ki kopi, Ki tjaroeloek* — Jav.: *Baloeng, Kopèn* — Alf. Minah.: *Longijoöe.*
Tot 20 M. hooge en 35 cM. dikke boom van Z. O Azië, op Java nogal algemeen beneden 1000 M. Nut is er niet van bekend; het hout wordt niet of zelden door de inlanders gebruikt (K. & V — III, bl. 137) Het gelijkt op dat van den koffieboom (Ridley, Mal Timmerhoutsoorten, bl. 74).
In het Museum Hout

270/8352   **Plectronia lucidula,** *Val.*
Volksnamen. Mal Palemb: *Kajoe litah, Kěpinis, Těměras rawang, Toelang daing* (Koeboestr.)
Rechte, slanke boom, tot 30 M. hoog en 0.70 M dik, met rolronden stam, in de Rawasstreken aangetroffen op ca 100 M. zeehoogte. Het tamelijk harde, roodbruine kernhout van den kěpinis wordt gezegd vrij duurzaam te zijn, mits niet in aanraking met den grond, het zou niet worden aangetast door boeboek, doch sterk splijten. Het is niet gemakkelijk te bewerken en wordt daarom meest gebruikt voor ruwe stijlen en vloerbalken; voor planken is het te hard. Men maakt er ook rijststampers van en, omdat het zeer veerkrachtig is, stelen voor bijlen.
In het Museum Hout

270/8352   **Plectronia ?sumatrana,** *Val*
Volksnamen. Mal.: *Nindjaoe* (Koeboestreken).
Rechte boom, 15 à 18 M. hoog en tot 0 50 M. dik, verstrooid groeiend aangetroffen in de Koeboestreken op moerassig terrein. Het fraai bruine, doch onregelmatig begrensde kernhout is gemakkelijk te bewerken en dient voor stijlen. Onder dak wordt het gezegd duurzaam te zijn, mits ontdaan van het spint; het is evenwel sterk onderhevig aan scheuren.
In het Museum. Hout.

270/8361   **Guettarda speciosa,** *Bl.*
Volksnamen Mal. *Djati pasir, Titi laoet* (Amb.).
Lage, kromme strandboom, hoogstens 10 à 12 M. hoog en 20 tot 30 cM dik, verbreid over het geheele gebied van den Indi-

schen Oceaan (K. & V. — VIII, bl. 129) Rumphius (III, bl. 39)
beschrijft hem onder den naam van Tittius litorea als een
krom boompje met een stam niet dikker dan een dij, waarvan

Hout   het hout wit, week en waardeloos is. Een stukje schors, een vinger
Bast   lang en breed, met ruim zooveel bast van den wortel van Soccus
saxatilis (Artocarpus spec) in water gekookt en gedronken, geneest verwaarloosde dysenterie (Rumph.).

270/8365   **Timonius macrophyllus**, *Val.* (Greenia macrophylla, *T. & B*, Timonius amboinicus, *Boerl*).
Volksnamen. Op Ambon: *Aleroen, Areroen* — Ternate: *Kamaijoea* — Halmaheira: *Kamajoe patjih.*
     Boom. De E.A Waterstaatsambtenaar te Ternate berichtte in
Februari 1909, dat *kamaijoea* of *kamajoe patjih* een zeer zware
houtsoort is, uitstekend geschikt voor paalwerk in zee. In de
Indische Gids 1883, I, bl. 142 wordt als mal. equivalent van het
Tern. kamaijoea opgegeven: *lasi*, zoodat beide berichten met de
noodige reserve dienen te worden aanvaard

270/8365   **Timonius sericeus**, *K. Schum.* (Polyphragmon seri-
ceum, *Desf*, T. Rumphii, *DC*)
Volksnamen. Boeg.: *Kenai* — Alf Amb.: *Timon* — Timor.
Ketimon
     Den Timonius beschrijft Rumphius (III, bl 216) als een kleinen
Wortels boom, op Ambon voorkomende op grazige vlakten. De wortels
worden medegevoerd op zeereizen om ze, wanneer men zich koortsig
voelt met steken in de beenen, te kauwen met nagelen, muskaat-
Hout   noot en gember en zich daarmede in te smeren. Het hout van
oude stammen is redelijk duurzaam en wordt wel voor dakwerk
gebruikt, doch alleen aan eenvoudige huisjes De lange, rechte
takken houden het in zeewater vrij lang uit en worden voor sero's
Bast   gebezigd. De bitterachtige bast wordt bij gebrek aan pinang in plaats
daarvan gebruikt (Rumph.). In dien bast vond Greshoff een zeer
bitter en giftig alcaloïd (Plantenstoffen II, bl 100; zie ook bl. 104).

270/8381   **Coffea arabica**, *L.* en **C. liberica**, *Bull*
     Voor de cultuur en bereiding van koffie wordt, als vallende buiten
het bestek van dit werk, verwezen naar de uitgebreide speciale
literatuur, terwijl hier alleen gesproken wordt van de bijproducten.
Hout   Het hout van C. arabica is klein van afmetingen, doch duurzaam en
een goed brandhout; rechte takken leveren fraaie wandelstokken.
Bladeren De bladeren van dezelfde soort zijn een genotmiddel, dat met
evenveel vuur (men zie bijv. het Natuurk. Tijdschr. v N I. dl VI,
bl 370) is aanbevolen als de maté (Ilex paraguayensis) en met gelijk
recht, daar beide hetzelfde stimuleerende alcaloïd bevatten De
kawah is de nationale drank der sumatraansche maleiers en om
deze reden is C. arabica bij hen veel meer in aanzien dan C.
liberica. Veth's Sumatra expeditie (Volksbeschrijving, bl. 262) noemt
hem een heerlijken drank, die opwekt en verkwikt, een weerga-
looze lafenis voor den vermoeiden reiziger De bereiding geschiedt
als volgt: de jonge groene takjes en de bladeren worden in de zon
gelegd tot zij geheel verwelkt zijn, dan tusschen gespleten bam-

boelatten vastgeknepen en boven het vuur geroost tot ze een lichtbruine kleur hebben aangenomen De broze bladeren worden nu met de hand fijngewreven en afgetrokken op kokend water in een ijzeren pan, die te vuur staat, waarna het vocht in de koffiekan wordt overgeschept In sommige streken vult men de kan voor de helft met de gerooste bladeren, giet er dan kokend water op en laat ze eenigen tijd aftrekken na de kan dichtgedekt te hebben Op Sumatra's Westkust zijn bamboestokjes met gedroogde koffiebladeren op alle pasars verkrijgbaar. In Europa heeft koffie-thee geen belangstelling mogen verwerven; zij heeft een groensmaak.

De bloemen van C liberica bezitten een heerlijken geur; Greshoff Bloemen (Teysmannia 1890, bl 205) distilleerde het welriekende beginsel af en meende het een goede toekomst te mogen voorspellen als parfum. Ook in den bloeitijd van de liberiacultuur op Java schijnt echter van dit product geen werk te zijn gemaakt.

Het vruchtvleesch van de bessen heeft als afvalproduct de ge- Vruchten moederen beziggehouden In Brazilië beweert men er met succes alcohol van te hebben gemaakt, doch goedkoope grondstoffen voor de alcoholfabrikatie zijn er genoeg, zoodat een nieuwe belangrijke voordeelen moet bieden boven de oude, wil men de moeite nemen om nieuwe procédés uit te denken Het bereiden van alcohol uit koffieschillen nu schijnt niet eenvoudig te zijn. Hier heeft men gepoogd ze te briketteeren als brandstof voor de koffiedrooghuizen (Publicatie's N I Landbouwsyndicaat 1914, bl. 489)

In het Museum Wandelstok van koffiehout, koffiemonsters

270/8381 **Coffea** spec div.
Van de vele, slecht gedefinieerde, nieuwe afrikaansche soorten, die zijn ingevoerd toen de plantagecultuur der van oudsher gekweekte java-koffie door ziekten en plagen dreigde ten onder te gaan en de liberia-koffie, die men had geïmporteerd in de meening, dat zij voor de koffiebladziekte onaantastbaar was, daaraan in gelijken graad onderhevig bleek te zijn, sluiten eenige zich min of meer aan bij C. arabica, andere bij C liberica. Van de eerste groep zijn de volgende de voornaamste

De *robusta*-koffie, welke overal waar zij wil gedijen de java-koffie vervangt — uitgezonderd op enkele ondernemingen, waar de omstandigheden voor de laatste bijzonder gunstig zijn — levert thans het massaproduct van Java. Zij bestaat (volgens Van Hall) uit een mengelmoes van verschillende typen of variëteiten en ongetwijfeld ook vele hybriden tusschen de verschillende typen Dit mengsel is door Linden in den handel gebracht onder den naam van Coffea robusta en deze naam duidt dus niet een behoorlijk beschreven botanische soort aan, doch was slechts een handelsnaam en is daarna een plantersnaam geworden. Van Hall acht het wel mogelijk, dat ook de van uit Laeken onder den naam van Coffea Laurentii verspreide soort een der typen is, waaruit de robusta-koffie bestaat en misschien ook de Coffea canephora var Sankuruensis van Laeken Deze beide laatste soorten zijn nog niet op ondernemingen aangeplant

Dit is wel het geval met de voor de toekomst veel belovende, tot dezelfde groep behoorende, als *quillou*-koffie bekende soort, welke echter voor droogte nog gevoeliger is dan robusta en met die, wel-

ke men *uganda*-koffie pleegt te noemen. De productie is echter
voorshands nog klein. Ook *canephora*-koffie (Coffea canephora,
Pierre) wordt hier en daar aangeplant, doch verschillend beoordeeld; waar zij wil gedijen, schijnt zij voor robusta niet onder te
doen, doch zij is meer vatbaar voor bladziekte

De waarnemingen tot en met 1912 omtrent deze soorten gedaan,
zijn door Van Hall bijeengebracht in Teysmannia 1912, bl 620 e.v

Tot de liberica-achtige soorten behooren C abeocuta, Cramer, C.
Dewevrei en C excelsa, Chevalier De laatste is insgelijks proefsgewijze op ondernemingen uitgeplant, doch schijnt door haar onregel-
matige vruchtdracht, die individueel sterk uiteenloopt — tenminste in
Oost-Java — niet aan de verwachtingen te zullen beantwoorden .

In het Museum Diverse monsters

270/8381 **Ixora coccinea,** *L* (P a v e t t a   B a n d h u c a, *Roxb*, P i n-
c a r n a t a, *Bl.*)
Volksnamen Mal. *Kĕmbang santĕn mérah, Soka mérah*
— Soend *Soka beureum.*

Wortel
Bloemen

Uit Voor-Indië ingevoerde, zeer algemeen als sierplant gekweekte,
veelstammige, tot 2 à 3 M. hooge heester Op autoriteit van Horsfield deelen K & V (VIII, bl 167) mede, dat de wortel blaartrek-
kende eigenschappen bezit en speekselvloed opwekt In Watt's
Dictionary vindt men daarvan geen melding gemaakt Volgens
Filet (No 1997) zouden de bloemen in sambal worden gegeten.

270/8384 **Ixora concinna,** *R.Br.*
Volksnamen Mal : *Djaroem-djaroem mérah, Mĕndjaroem mérah*
Boompje van het westelijk deel van den archipel; het hout
wordt voornamelijk gebruikt voor wandelstokken, doch zou ook
gebezigd kunnen worden voor verlerlei klein werk (Ridley, Mal.
Timmerhoutsoorten, bl 75).

270/8384 **Ixora ?fulgens,** *Roxb*
Volksnamen Mal.: *Djarong-djarong* (Mol)
De F l a m m a   s y l v a r u m beschrijft Rumphius (IV, bl 105) als
een boompje met een stammetje van omtrent twee vingers, hoogstens
een kinderarm, dikte, voorkomend in het dichte kreupelhout, op
de velden en in de valleien, doch niet op de hooge bergen

Wortels

Zijn wortels zijn gebruikelijk in de medicijnen, inzonderheid tegen
steken in de zijde, men wrijft ze met water op een steen en neemt
het papje in of wrijft ermede Men zegt, dat ze evenzeer dienstig
zijn als antidotum Dezelfde wortels, fijngestooten, worden insgelijks
tegen tandpijn gekauwd en men maakt er tandenstokers van om losstaande tanden vast te zetten Tegen tandpijn neemt men ook de
gekneusde, in water geweekte rijsjes in den mond De scherpste
wortels zijn afkomstig van planten, die op harden, steenachtigen
grond in de laagvlakte groeien (Rumphius)

270/8384 **Ixora longituba,** *Boerl* (P a v e t t a   l e u c o x y l o n, *Miq.,* P
l o n g i t u b a, *Miq*)
Volksnamen Soend *Soka nangta* (?) — Alf. Minah *Polo*
Heester of zeer klein boompje (K & V. — VIII, bl 153). Volgens
Jasper & Pirngadie wordt in de Minahassa het met water gemengde

vocht uit den geschraapten wortel van den *polo* gebruikt om vlechtmateriaal roodbruin te kleuren. Om rotan rood te verven legt men die
in een afkooksel van de gekneusde twijgen (Vlechtwerk, bl. 68 en 74).

270/8399.
Psychotria Jackii, *Hook. f.*
Volksnamen. Mal.: *Halan.*
De bladeren worden beschouwd als een middel tegen slangengif
en insectenbeten (Ridley, Mal. Geneesmiddelen, bl. 41).

270/8399.
Psychotria malayana, *Jack* (Grumilea aurantiaca, *Miq.*,
Psychotria aurantiaca, *Bl.*).
Volksnamen. Mal.: *Saloeng badak* (Lamp.) — Soend.: *Ki ko-
rès* — Jav.: *Sikatan, Toemĕndilan* — Alf. Minah.: *Paroepoek,
Tĕpoe wangko, Titimboön rintĕk.*
Heester (1 à 2 M.) of boompje (6 M.), in een aantal moeilijk scherp
te onderscheiden vormen of variëteiten voorkomend in den Ma-
leischen Archipel, op Java beneden 400 M. zeehoogte (K. & V.—
VIII, bl. 207). Deze auteurs vermelden van Java geen gebruik; in de
Minahassa wordt het hout volgens Koorders (bl. 502) gebezigd voor
handvatten van kapmessen.
Greshoff vond in de var. subplumbea een giftig alcaloïd (Plan-
tenstoffen II, bl. 102).

270/8399.
Psychotria viridiflora, *Reinw.* (Grumilea v., *Miq.*).
Volksnamen. Mal.: *Tĕnam bĕtoel* (Bill.) — Soend.: *Ki korès.*
Boompje of heester, in West-Java voorkomend beneden 1400 M.
zeehoogte (K. & V. — VIII, bl. 210). Volgens Hasskarl's Nut (No. 560)
worden de bast en bladeren fijngewreven aangewend tegen schurft;
heeft men de sappen uit den stam, dan kan men ook daarmede de
aangetaste plaatsen wasschen. Bij het Museum werden insgelijks
de bladeren verkregen als een middel tegen huidziekte.
In het Museum : Bladeren.

270/8399.
Psychotria spec.
Nog niet met zekerheid herkend boompje, voorkomend o. a. op
Leytimor, door Rumphius (VII, bl. 12) beschreven en afgebeeld onder
de namen Kajoe panoe, *Ai laoesean* en *Ai laoesien.* Het hout, zegt   Hout.
R., dient voor tijdelijke werken en met de jonge bladeren wrijft
men de huid in om panoe-vlekken te verdrijven.   Bladeren.

270/8405.
Chasalia curviflora, *Thw.* (Psychotria lurida, *Bl.*).
Volksnamen. Mal.: *Biring sigalak, Lado-lado, Pindoel ribatan,
Poeding hoetan, P. rimba* — Banka: *Tenam* — Soend.: *Ki korès
woengoe.*
Opgerichte 0.30 tot 1.00 M. hooge struik, verstrooid groeiend
op geheel Java beneden 2000 M. (Koorders' Exkursionsflora). Volgens Hasskarl's Nut No. 562 worden de fijngewreven bladeren van *ki
korès woengoe* toegepast op wonden van paarden, ontstaan door
het drukken van het zadel.

270/8411.
Cephaelis Ipecacuanha, *A, Rich.* (Psychotria I., *Muell.
Arg.,* Uragoga I., *Baill.*).
Kruidachtige, tot 20 cM. hooge plant, inheemsch in Brazilië en

270 8411 van daar naar verschillende landen, ook Java, overgebracht De gedroogde zijwortels zijn de officineele *Radix Ipecacuanhae* of *braakwortel*, gebruikt o.a. als middel tegen dysenterie

Cultuur   De cultuur is warm aanbevolen, omdat de natuurlijke groeiplaatsen op de grenzen van Brazilie en Bolivia zeer moeilijk te genaken zijn en de meer toegankelijke streken reeds zijn afgezocht Ipecacuanha verlangt een diepen, humusrijken bodem en veel schaduw. Blijkens Van Romburgh's Aanteekeningen, bl. 25, werd in den cultuurtuin te Tjikeumeuh een aanplantje aangelegd in de schaduw van onder Albizzia staande koffieboomen Het materiaal was verkregen door scheuren van oudere exemplaren en werd uitgezet op een onderlingen afstand van 90 cM. Succes bleef uit, wat Van Romburgh toeschreef aan de zware regens De Verslagen omtrent 's Lands Plantentuin, waarin in den aanvang geregeld werd gerapporteerd omtrent ipecac, vermelden insgelijks slechts mislukking onder dak zien de planten er gezond en krachtig uit, doch bij overplanten in den vollen grond gaan zij onveranderlijk kwijnen en sterven tenslotte. Dit was de bevinding van Scheffer Van Romburgh plantte in 1892 (Verslag, bl. 43) ipecac opnieuw uit op eenige zeer zwaar met bladaarde bemeste stukjes grond in den cultuurtuin en had het jaar daarop (Verslag 1893, bl 48) van 33 planten niet meer dan 18 gram wortels te oogsten. Over 1898 wordt gerapporteerd (bl. 24), dat ondanks alle zorgen de planten waren gestorven op 3 na, die in potten werden opgenomen. Het verslag over 1899, bl 37, vermeldt een nieuwen aanvoer van planten uit de Straits, die deels in potten in de kweekerij werden gehouden, deels buiten in lichte schaduw werden geplaatst, beide met ongunstig resultaat. De cultuur werd dan ook „zonder beding voorshands pertinent ontraden". Het verslag over 1901 zegt, dat langzaam alle planten afstierven Elders zijn de resultaten even weinig bemoedigend. In Eng.-Indie was men ook reeds in den tijd van Scheffer aan het experimenteeren zonder veel hoop op succes (Tropical Agriculturist 1911, bl 571) In het Straits-Bulletin 1908, bl 134, schreef Ridley, dat op het Mal. Schiereiland de cultuur van ipecacuanha nergens eenig succes had gehad, behalve op één onderneming in Selangor (dit is de Highlands and Lowlands Rubber Co Ltd) Hijzelf bevond, dat de plant uiterst gevoelig is voor snelle afwisselingen van het weer; door droge hitte lijdt zij even sterk als door zware regens. Het verkrijgen van plantmateriaal is zeer moeilijk Zaad brengt de ipecacuanha op het Mal Schiereiland niet voort en de hoeveelheid stengels, die bij inachtneming van bijzondere voorzorgen wel gestekt kunnen worden, is per plant niet groot, zoodat practisch de vermenigvuldiging alleen mogelijk is door stukken van den wortelstok, welke echter daarvoor zelfs bij een dikte van niet meer dan $^1/_{16}$ inch reeds bruikbaar zijn. De wortelstok wordt daartoe onder een stolp op vochtig schoon zand op een warme plaats gezet; na verloop van eenige weken vormen zich aan de snijvlakken knoppen, gevolgd door fijne worteltjes, waarop men den wortelstok in tweeen kan deelen en de beide stukken uitplanten Men ervoer, dat de eerste oogst op verschen grond vrij bevredigend kan zijn, doch onveranderlijk is een tweede oogst slecht, tot weelderigen groei konden de planten nimmer worden gebracht, welke meststoffen daarvoor ook werden aangewend. Ook wordt gezegd, doch dit wordt door anderen ontkend, dat bij voortgezette cultuur het alcaloid-gehalte afneemt, waartegen in hetzelfde Bulletin 1908, bl. 45 bemesting met gebrande aarde wordt aanbevolen De Director of Agriculture van Malaya berichtte in zijn rapport over 1913 (Bulletin No. 20 Dept of Agr. F. M S.), dat bij het proefstation te Kuala Lumpur de planten wel gedijen, doch veel zorg vereischen Blijkens Tropical Agriculturist Sept. 1914, bl. 253, waren van af 1902 van het Mal. Schiereil. in totaal ruim 1800 balen ipecacuanha afgescheept; de cultuur wordt strikt geheim gehouden en de afvoer zoodanig geregeld, dat de londensche markt nooit overvoerd geraakt. Ook daar wordt gewezen op de moeilijkheid van de cultuur en gezegd, dat de wortels eerst vier jaar na het planten oogstbaar zijn.

De vraag naar ipecacuanha schijnt toenemend te zijn, zoodat, in verband met de zeer hooge waarde van het product, de belangstelling daarvoor onverflauwd voortleeft

270/8411 **Cephaelis stipulacea**, *Bl.* (Uragoga stipulacea, *Schum*).
Volksnamen. Mal *Katjoe-katjoe*—Soend : *Hampĕroe bogo, Ki korès, Ki tjantoeng*
Opgerichte, tot 1 M hooge halfheester, verstrooid groeiend in het gebergte van West- en Midden-Java (Koorders' Exkursionsflora). Volgens Hasskarl's Nut (No 332) worden de fijngewreven bladeren uitwendig toegepast tegen een schurftachtige huidziekte (sakit belas)

270/8412 **Lasianthus spec**
Volksnamen Mal. *Lamkoeboe* (Koeboestr.)
Heester, tot 2 50 M hoog, in de Koeboestreken algemeen op moerassige gronden Een aftreksel van de wortels wordt door de mannen gedronken als aphrodisiacum; de zwarte vruchtjes ter grootte van erwten zijn eetbaar.
In het Museum Wortels

270/8418 **Saprosma arboreum**, *Bl*
Volksnamen Soend *Kahitoetan* — Jav *Sèmboekan.*
Boomheester van Java en Borneo, hoogstens 10 à 15 cM dik Bij snijden in de takken of den stam verspreidt hij een zoo doordringenden, aan faeces herinnerenden stank, dat men hem gemakkelijk kan herkennen en daaraan dankt hij de opgegeven inlandsche namen, die hij gemeen heeft met een paar andere stinkende Rubiaceae De gekneusde twijgen worden in Z W Bantam soms in inlandsche medicijnen gemengd (K. & V. — VIII, bl 216).
Volgens Van der Burg (Geneesheer III, bl 439) zou dit — volgens Filet (No 3154) Saprosma fruticosum, Bl — de stamplant zijn van het *kajoe tahi* van den inlandschen medicijnhandel, doch dat is afkomstig van een Celtis-soort.

270/8426 **Hydnophytum amboinense**, *Becc* en **Myrmecodia Rumphii**, *Becc*
Volksnamen Mal · *Roemah sĕmoet* — Jav · *Oerĕk-oerĕk polo*
Eerstgenoemde soort is de Nidus formicarum niger, of het

Zwarte mierennest van Rumphius (VI, bl 119) en laatstgenoemde de N i d u s f o r m i c a r u m r u b e r of het *Roode mierennest*, onderscheiden naar de kleur van de mierensoorten, die de gangen van de knollen dezer epiphyten bewonen Men vindt ze, zegt Rumphius, aan de stammen der boomen hangen

Het binnenste kruidachtige merg, gewreven en pleistersgewijs opgelegd, doet groote en harde gezwellen rijpen, doch maakt een kleine jeuking daarbij Volgens Van der Burg (Geneesheer III, bl. 427) wordt die pap op het voorhoofd aangewend tegen hoofdpijn (signatuurmiddel) Het nest, oud geworden en op den grond gevallen zijnde, verandert van binnen in dun garen gelijk spinrag en als men bij geval daarin trapt, blijft het aan de huid hangen en maakt snoode verzweringen (Rumph)

270,8430.   **Paederia foetida,** *L*
            Volksnamen. Mal *Daoen kĕntoet* — Soend. *Kahitoetan* —
            Jav *Kasĕmboekan* — Mad.· *Bintaos, Kasĕmbhoekan*
De C o n v o l v u l u s f o e t i d u s van Rumphius (V, bl. 436), door Miquel gehouden voor een afzonderlijke soort (P amboinensis, Miq), is een klimmende heester, die overal wast op zonnige plaatsen op vlakke velden, in heggen en aan rivieroevers Als men de bladeren tusschen de handen wrijft, geven zij, zegt Rumphius, zeer klaarlijk dien liefelijken reuk van zich, dien men een veest noemt en daaraan ontleent hij in de inlandsche talen zijn naam Dienzelfden reuk wordt men gewaar, wanneer men langs een plaats komt waar dit gewas staat, als de zon fel daarop schijnt, zoodat men genoodzaakt is den neus toe te houden totdat men voorbij is

Deze stinkende plant heeft in de medicijnen groote nuttigheden. Haar natuur is week te maken en winden te breken, zoo in- als uitwendig gebruikt. Zij geneest alle buikpijn en krampen door winderigheid of verstoptheid veroorzaakt Tot dat doel neemt men het sap van de bladeren, of men mengt de bladeren zelf onder moeskruiden, dan wel men eet ze rauw, want de smaak is lang niet zoo vies als de geur. Wanneer de buik is opgezet, laat men de bladeren over het vuur verflensen en bindt ze op den buik Gewreven en pleistersgewijs opgelegd, doen ze alle harde en winderige gezwellen zacht worden en verdwijnen Men mengt ze onder likkepotten tegen jicht en podagra Men kan ook de gedroogde bladeren gebruiken en eten Tegen verhitte en gezwollen oogen kookt men de bladeren met water en gaat boven den damp zitten; als ze lauw geworden zijn, doet men de bladeren in een doekje en legt die op de oogen, ze niet langer daarop latende dan tot zij koud zijn geworden, alswanneer men het compres vernieuwt Aldus Rumphius

Dr djawa Kardjo deelt in het Tijdschr v Inl. Geneeskundigen 1896, bl 78 mede, dat *daoen sĕmboekan* door de doekoens als infuus, decoct en in den hieronder beschreven vorm wordt aangewend tegen maag- en darmaandoeningen, speciaal tegen proctitis en tympanitis Men kneust eenige grammen van de versche bladeren tot moes, mengt dit met een theekopje water en filtreert door een schoonen doek In het filtraat lost men 1 à 2 theelepels keukenzout op en de verkregen dikvloeibare vloeistof wordt den patiënt gedurende eenige dagen op de nuchtere maag toegediend Deze behandelingsmethode wordt door de doekoens met veel succes toegepast; ikzelf, zegt de geneesheer, heb een proctitis gehad en bcn ermede genezen.

Vorderman schrijft in Veth's Feestbundel (bl 243), dat het gebruik van daoen kasèmboekan berust op de transmigratieleer Door vele doekoens is opgemerkt, dat de ontlastingen van dysenterielijders niet den normalen faecaalreuk verspreiden, maar een aasachtige lucht afgeven, die spoedig de bromvliegen tot zich lokt Als een verschijnsel van beterschap wordt o a het criterium gesteld, dat de reuk der faeces weer de normale eigenschappen aanneemt en dat dit ook het geval is met een door den lijder geloosden flatus. In den reuk dien de bladeren van Paederia foetida verspreiden ligt, daar hij aan den flatus of de faeces van een normaal mensch herinnert, de aanwijzing deze eigenschap te doen overgaan in het darmkanaal van den lijder, in de hoop, dat hij de herstelling als het ware den weg zal wijzen In vele recepten van dysenterie-middelen komt dan ook daoen kasèmboekan voor Het voorgaande leert, dat men niet gerechtigd is op grond van de transmigratie- of signaturenleer een inlandsch geneesmiddel voor waardeloos te houden

Volgens het Tijdschr v Inl Geneesk 1895, bl 78 wordt een papje van de bladeren met wat water en een weinig zout ook aanbevolen tegen herpes. Als voordeelen boven de gewone ringwormmiddelen worden genoemd pijnloosheid, snelle werking en ongevaarlijkheid voor de oogen bij aanwending op het aangezicht

In het gebruik gaan deze bladeren herhaaldelijk vergezeld van *daoen lampĕs* (Ocimum), zooals adas-poelasari bij elkaar schijnen te behooren, is dit ook het geval met *kasèmboekan-lampĕs*

Volgens Hasskarl's Nut (No. 29) worden de bladeren door de inlanders rauw bij de rijst gegeten Deze groente wordt te Batavia op de pasars verkocht De stank schijnt toe te schrijven aan een indolachtige stof (Boorsma, Plantenstoffen III, bl 5)

270/8445   **Nertera depressa,** *Banks & Sol*
Volksnamen Jav · *Krĕmah goenoeng* — Alf Minah *Karoet in taloen.*

Liggend kruid, soms tot 1 M hoog klimmend en dichte, sierlijke zoden vormend, op Java algemeen in het gebergte beneden 2400 M (Koorders, Exkursionsflora); het dient volgens De Clercq (No. 2453) wel tot paardenvoer.

270/8460   **Gynochthodes sublanceolata,** *Miq*
Volksnamen Mal.: *Soeloeng akar.*

Volgens Ridley's Mal. Geneesmiddelen, bl 18, een gewone heggeklimmer, waarvan de wortels en bladeren als afkooksel bij maagpijn worden gegeven.

270/8463   **Morinda bracteata,** *Roxb* (M citrifolia, *L* var bracteata, *Boerl & Hook f*)
Volksnamen Mal *Bĕngkóedoe* (*Mĕngkoedoe*) *laki-laki* (Mol), *Komé oetan* (Menado) — Alf Minah *Lénoe*

Den Bancudus angustifolia beschrijft Rumphius (III, bl 157) als een middelmatigen boom met een rechten, doch niet dikken stam, wassende in allerhande bosschen, maar liefst omtrent den zeekant Volgens mondelinge mededeeling van Dr Valeton behoort

270/8463 deze soort thuis in het oosten van den Archipel; op Java komt
zij niet wildgroeiend voor.

Wortels.   Het meeste gebruik van dezen boom bestaat in de wortels, die veel
worden gebezigd tot roodverven van linnen en garen, zoo alleen, als
met sapan-hout gemengd. De bewoners van de Molukken nemen
de schors van de dikste wortels, gekookt met een derde deel schors
en bladeren van den *leha* (Symplocos) of een weinig aluin, waarin
zij dan het linnen weeken. Dit geeft een bestorven rood, een weinig
naar menie trekkend, vast en bestendig, van welke kleuren de
ambonneezen meer houden dan van levendige. De maleiers en
javanen doen beter, daar zij deze wortels mengen met kajoe sapan
of ander roodvervend hout, want de běnkoedoe geeft aan alle roode
kleuren vastheid en een hoogen graad van roodheid. De kooplieden
voeren somtijds deze wortels met vele bossen van Ambon uit naar
Java, dewijl zij daar zoo goed en veel niet vallen (Rumph.)

In de Molukken is, volgens Jasper en Pirngadie (Vlechtwerk, bl. 71)
het sap uit den wortelbast van den lénoe, met kalk gemengd, tot
in de verste uithoeken het middel bij uitnemendheid voor het roodkleuren van vlechtmaterialen.

Deze wortelbast is de *moluksche měngkoedoe* van den handel op
Java. Op de in 1910 gehouden Brusselsche Tentoonstelling waren
van Boeton *běngkoedoe tanah poetih* en *běngkoedoe tanah mérah*
geëxposeerd, waarvan de catalogus (bl. 377) vermeldt, dat de eerste
een gele kleurstof levert en *f* 20 p.p. waard is, tegen de laatste,
die een roode kleurstof zou geven, *f* 16 p.p. Het van Boeton
ontvangen herbarium werd door Dr Valeton in beide gevallen gedetermineerd als Morinda bracteata, Roxb. De Houtvester Beck
te Boeton schreef bij toezending van het materiaal, dat hij bij de
keuze had moeten afgaan op de aanwijzingen van inlanders, omdat hij geen onderscheid kon bespeuren. Hij meende het verschil
te moeten toeschrijven aan de standplaats; op roodgekleurden bodem, waar het onverweerde gesteente aan de oppervlakte ligt, groeit,
naar hij meende te mogen besluiten, de běngkoedoe tanah mérah
en alle běngkoedoe-planten op zoodanig terrein voorkomende, zouden běngkoedoe tanah mérah opleveren. Op dieper verweerde gronden, welke niet roodgekleurd zijn, levert elke běngkoedoe-plant,
zegt hij, běngkoedoe tanah poetih. De inlanders beweren, dat de
wortelbast van den běngkoedoe tanah mérah iets donkerder geel
is dan die van b. t. p., welke laatste echter een dikker bast zou
hebben met een grooter gehalte aan kleurstof en zeker daarom
door den handel hooger wordt betaald.

De Heeren Gebr. Hijmans te Semarang bevestigden Rumphius'
gunstig oordeel over deze běngkoedoe. Zij schreven, dat een toegezonden monster (m. t. poetih) een grooter kleurvermogen bezat
dan de buitenzorgsche běngkoedoe (van Morinda citrifolia, L.) Deze
omstandigheid is echter mogelijk terug te voeren op groote zuiverheid van het gezonden monster, daar zij tegelijkertijd mededeel-
den, dat de van Makassar aangevoerde moluksche běngkoedoe door
hen indertijd werd geleverd, de witte voor *f* 11, de roode voor
f 9 p.p., wat aanmerkelijk lager is dan de voor javasche běngkoedoe bedongen prijzen. Het toegezonden monster běngkoedoe tanah poetih toch werd gelijk gesteld aan buitenzorgsche běngkoe-

doe, d. w. z.: om de bij Morinda citrifolia, L. aan te duiden redenen van oeconomischen aard zou bij levering van de kwaliteit van het aangeboden monster vermoedelijk geen hoogere prijs te bedingen zijn

De vruchten, zegt Rumphius, geven sommigen den kinderen te eten om de wormen des buiks af te jagen. *Vruchten*

In het Museum · Bĕngkoedoe tanah poetih

70/8463.   **Morinda citrifolia, *L.***
Volksnamen. Mal.: *Bĕngkoedoe* — Soend.: *Koedoe, Tjangkoedoe* — Jav.: *Koedoe, Mĕngkoedoe, Patjé.*

Lage, kromme boom, de B a n c u d u s l a t i f o l i a van Rumphius (III, bl. 158), aan het strand wildgroeiend en den geheelen archipel door gekweekt. Op Java wordt hij vooral in de lagere bergstreken door de inlanders aangeplant en daar ontbreekt hij in geen dorp. Zeer groote aanplantingen worden gevonden op de Karimon Djawa eilanden (K. & V. — VIII, bl. 194).

De cultuur wordt op verschillende wijzen gedreven en heeft in de *Cultuur.* eerste plaats het winnen van den bast der wortels ten doel. Volgens De Bie (Inl. Landb. II, bl. 43) wordt tjangkoedoe in geregelde aanplantingen gewoonlijk op tegal-gronden, zelden op sawahs verbouwd Hoewel hij ten aanzien van den grond niet kieskeurig is, gedijt hij het best in een lossen bodem. Nadat de grond twee of drie keer behakt is, worden op afstanden van 4 à 5 voet evenwijdige voren getrokken, waarin men ongeveer 4 voet van elkaar poot- of plantgaten maakt. Als plantmateriaal worden op kweekbedden gewonnen zaailingen gebezigd, welke men op den leeftijd van 1 of $1^1/_2$ maand bij twee tegelijk in den vollen grond uitzet. Na een maand, wanneer de plantjes zich hersteld hebben, wordt er gewied en ingeboet en weer een maand later wordt nog eens gewied en tegelijkertijd overgegaan tot het toppen van de plantjes, die dan 3 à 4 voet hoog zijn. Tegen het eind van de 4e of het begin der 5e maand kan men oogsten De dan omstreeks 5 voet hooge struiken worden uit den grond getrokken, waarop de wortels worden afgespoeld in stroomend water, van den stengel afgesneden en geschild. Den bast laat men een paar dagen in de zon drogen.

Holle schreef in het Tijdschr. der Ind., Mij v. N. & L. dl 12, 1866, bl 340: Als men na het 3e jaar slechts een gedeelte van de wortels wegneemt of pelt, kan men 15 à 20 jaar wil van de plant hebben. Ook Sollewijn Gelpke (bl 228) vermeldt, dat de javaan de wortels schilt als de boom 4 à 5 jaar oud is. De Bie echter zegt, dat als men enkele exemplaren op de erven overjarig laat worden, zulks minder om den verfbast, dan om de vruchten of bladeren geschiedt. Verschillende schrijvers, o.a. Holle, verkondigen evenwel de meening, dat juist de wortels van oude boomen den besten bast opleveren en de juistheid daarvan kan blijken uit een mededeeling, mij in April 1910 welwillend verstrekt door den Heer D Mulder, Landheer van Soedimara (Batavia), een bezitting, gelegen in een der centra van bĕngkoedoecultuur op Java Mĕngkoedoe wordt daar direct uitgezaaid op hooge droge gronden, die vooraf zoo diep mogelijk geploegd zijn. Bij gebrek aan geschikte gronden wordt hij ook wel aangeplant in klappertuinen, maar hij gedijt dan niet zoo goed. Ik heb, zeide de Heer M., veel mĕngkoedoe geplant

270.8463 in jonge rubbertuinen, met succes voor de měngkoedoe en zonder
nadeel voor de rubber. Voor het uitzaaien worden met den ploeg
voren getrokken van ongeveer 4 Rijnl. duimen diepte op een onderlingen afstand van ca 1 voet en na het zaaien wordt geëgd
De kieming volgt na 25 à 60 dagen, wat afhankelijk is van den
regen en de diepte waarop het zaad in den grond ligt. Gewoonlijk
wordt ongeveer zes weken na het uitzaaien nogmaals geëgd, om
de diepliggende zaden naar boven te werken. Daarna wordt de
grond door wieden steeds goed schoongehouden tot de aanplant
ongeveer een voet hoog is (na 6 maanden), wanneer het onkruid
door de zware schaduw geheel verdwijnt De plant is op tweejarigen leeftijd geschikt om te worden gerooid, doch de inlander
oogst gewoonlijk vroeger om eerder aan geld te komen.

Oogst   Het product bestaat uit den bast van de wortels en van het
onderste deel van den stam. De plant wordt uit den grond getrokken, waarbij men heeft te zorgen, dat de penwortel, die den
meesten bast geeft, niet afbreekt Na het rooien reinigt men het
onderste stuk met de wortels in stroomend water, waarna de bast
er afgeklopt en gedroogd wordt Men onderscheidt drie kwaliteiten:

De 1e soort moet donkergeel zijn, droog en volkomen vrij van
aarde; de grootte der stukken is niet van belang Zij wordt alleen
verkregen van aanplantingen van minstens tweejarigen leeftijd

De 2e soort is niet zoo schoon en eenigermate vermengd met
worteltjes.

De 3e soort bestaat uit 50% bast en 50% worteltjes.

De gemiddelde opbrengst van een bouw tweejarigen aanplant
kan worden gesteld op 6 picol 1e soort, 4 picol 2e soort en 3
picol 3e soort. Hoe ouder de aanplant, des te beter de soort en
grooter de productie, een vierjarige aanplant brengt soms 40%
meer op. De prijzen bedroegen (April 1910) te Pekalongan, het
voornaamste verbruikscentrum van běngkoedoe, respectievelijk 25,
20 en 15 gulden per picol en op deze basis kan in twee jaar
tijds een bouw een netto winst opleveren van ruim ƒ 200

Er is indertijd veel geschreven over de vraag, of měngkoedoe
in Europa zou kunnen concurreeren tegen meekrap. Nu de mee-
krapcultuur daar is doodgedrukt, denkt wel niemand meer aan
uitvoer van běngkoedoe naar Europa en zelfs in Indie ondervindt
deze verfbast zware concurrentie van de synthetische běngkoedoe

Gebruik   In de batikindustrie wordt měngkoedoe volgens Jasper & Pirngadie
(Batikkunst, bl 13 en 43) voornamelijk gebruikt voor het maken van
z g kain bangbangan, dat zijn doeken met één patroon in indisch
rood. Het katoen neemt echter deze kleurstof moeilijk aan en dient
daarom een speciale toebereiding te ondergaan, terwijl de kleurstof op
een bijzondere wijze moet worden toegepast. Het katoen wordt vooraf
goed uitgewasschen en dan gedurende 6 tot 12 etmalen 2 à 5 maal
per dag gekneed in loog van padistroo (volgens Greshoff's Schetsen,
bl 165, gebruikt men in Midden-Java meestal asch van hout van
Schleichera trijuga, Willd.) waaraan olie is toegevoegd Men bezigt
daarvoor meest *katjang-*, *djarak-*, *njamploeng-* of *widjěnolie*, ook wel
een mengsel van de beide eerste. Na elke indompeling moet het goed
drogen in de zon en na afloop van de geheele bewerking dient de niet
door de vezel gebonden hoeveelheid olie te worden verwijderd door

_{270,8463} wasschen of koken in loogwater, omdat anders het was niet hechten wil. Het verfbad wordt bereid uit twee deelen běngkoedoe en een deel *djirěk* (Symplocos) of *sasah* (Aporosa frutescens, Bl) als mordant; het te verven werkstuk wordt er echter niet ingedompeld, doch het afkooksel wordt over het batiksel uitgegoten en er met de vlakke hand ingewreven, zoowel aan de boven- als aan de onderzijde. Om een intens roode kleur te verkrijgen moet het goed 24 dagen achtereen worden behandeld en om de 6 dagen worden uitgespoeld en gewasschen

Volgens dezelfde schijvers (Vlechtwerk, bl 77) wordt in Djogja běngkoedoe ook gebruikt als kleurmiddel voor pandan- en měndong-vlechtmateriaal

Hiervoor werd reeds met een enkel woord melding gemaakt van de concurrentie, de běngkoedoe aangedaan door de ingevoerde synthetische kleurstof Het is echter waarschijnlijk, dat het natuurproduct zal blijven bestaan naast dat der chemische nijverheid, omdat elk daarvan in de batik-industrie een eigen plaats heeft verkregen (zie ook onder Indigofera spec div.) De Heeren Gebr Hymans te Semarang schreven mij in September 1912 het volgende· Dat de natuurlijke běngkoedoe, evenals de indigo, niet geheel is verdrongen, is niet — zooals dikwijls wordt beweerd — te danken aan een overdreven en ongemotiveerd conservatisme van den inlander, doch uitsluitend een gevolg van het onvermogen van het kunstproduct om diepe, rijpe kleuren te geven. Daar waar de heerschende smaak een donkere kleur verlangt, als in Solo, heeft het gebruik der natuurlijke kleurstoffen de overhand. Elders echter, als in Pekalongan, heeft men behagen in heldere, frissche kleuren en tot het verkrijgen van die nuances leent zich het europeesche fabrikaat uitstekend Het gebruik daarvan in Pekalongan is daarom toenemend, ten koste van het natuurproduct. In geval een diepe kleur wordt vereischt en de prijs van de batik het gebruik van plantaardige běngkoedoe niet toestaat, behelpt de pekalongansche batiker zich, door het met kunstmatige běngkoedoe geverfde doek even door een soga- of wel djingga- of indigo-bad te halen; de inwerking van deze verfstoffen geeft een donkere tint en het doel van den batiker is dus zoo goed als kosteloos bereikt, daar hij voor zijn werk toch steeds indigo- of sogakuipen bij de hand heeft Alleen voor het vervaardigen van zeer fijne kains maakt hij gebruik van uitsluitend plantaardige verfstoffen, want afgescheiden nog van de omstandigheid, dat hij daarmede elke gewenschte nuance kan verkrijgen, wordt beweerd, hetzij ten rechte of ten onrechte, dat de plantaardige kleuren beter bestand zijn tegen de inwerking van het licht. In Pekalongan worden in hoofdzaak drie (met het kunstproduct mede, vier) soorten běngkoedoe verhandeld

1) plaatselijk geteelde, die verkocht wordt tegen ƒ 8 p.p. natten bast, overeenkomend met pl m. ƒ 40 p p. drogen bast

2) buitenzorgsche běngkoedoe, die naar gelang van de kwaliteit (het meer of minder voorkomen van houtige bestanddeelen en dooden bast) plaatselijk wordt verkocht voor 30 à 40 gulden droog.

3) moluksche běngkoedoe (zie Morinda bracteata, Roxb).

4) europeesche běngkoedoe met 40 % běngkoedoegehalte, waarvoor thans (Sept. 1912) de prijs ƒ 115 per kist van 10 blikken à 200 tabletten bedraagt

270/8463 De buitenzorgsche bĕngkoedoe geniet een betere reputatie dan
het plaatselijk product; de batikers zijn de meening toegedaan, dat
de eerste intensiever kleurt dan de pekalongansche Bij gelijke
zuiverheid is echter het kleurend vermogen *niet* grooter dan dat
van de pekalongansche. Ondanks de meerdere appreciatie van de
buitenzorgsche bĕngkoedoe is de prijs van dit product lager dan
van de pekalongansche verfstof De oorzaak van dit verschijnsel
ligt op oeconomisch terrein en het zou mij te ver voeren de door
de Heeren Hymans aangevoerde redenen te vermelden, waarom
het in zich zelf waardevoller materiaal in de praktijk geen hooger
prijs in dit afzetgebied kan behalen.

Rumphius acht de wortels van den *wijfjes-bĕngkoedoe* voor het
verven ondienstig, doch van den wortelbast vermeldt hij, dat die
wordt gebruikt voor het roodkleuren van garens. De boom wordt
Bladeren echter omtrent de negorijen en zelfs in de hoven aangeplant wegens zijn algemeen gebruik in de medicijnen De grootste en
breedste bladeren worden met klapperolie ingesmeerd, verwarmd
en dan over den buik en de lendenen gebonden tegen winderigheid, koliekpijnen en naweeën van kraamvrouwen Ook bij persing
en dysenterie wordt dit middel twee maal per dag op rug en lendenen
toegepast om de pijn te verzachten. Blijkens een aanhaling van
Rumphius kende Bontius aan de bladeren een wondheelende
kracht toe Een afkooksel van bĕngkoedoebladeren en bladeren
van Dracontomelum mangiferum, Bl. (raoe) zou koliek genezen

De Bie vermeldt, dat de jonge bladeren als groente worden
gegeten en dat men ze bezigt als wikkelblad bij het poffen van
vleesch of visch.

Vruchten   Tegen moeilijke urineloozing beveelt Rumphius aan dagelijks
een roemertje vol te drinken van het door een doek gezeefde uit
de vruchten geperste sap, waaraan een weinig kalk is toegevoegd
Met azijn gewreven en gedronken geneest de vrucht een gezwollen
milt. Sommigen eten haar te dien einde uit de hand, wat de inlander met smaak doet, doch waartoe onze natie niet licht overgaat Bontius bevond de gepofte vruchten heilzaam tegen bloedspuwing en volgens dien gebruikten de javanen ze o m tegen de
zoo gevreesde steken in de zijde (Rumph) Boorsma bericht in
het Geneesk Tijdschr. v. N.I 1908, bl 657, dat de vruchten worden
gegeten ter bestrijding van suikerziekte en een soort van pĕtis,
er met goela djawa en sambal van bereid, wordt geroemd als een
uitstekend middel tegen beri-beri. Mevr Kloppenburg vermeldt het
gebruik van het sap uit de vruchten tegen leverlijden en met suiker tegen hoest. Een afkooksel van de vruchten, bast en wortels
zouden de javanen bezigen voor het reinigen van wonden.

Dat de bittere vruchten, die gemakkelijk tot rotten overgaan en
dan een afschuwelijken stank verspreiden, als ooft worden gegeten,
moet een verzinsel zijn, dat de een van den ander heeft nage-
schreven. De halfrijpe vruchten worden volgens De Bie als roedjak genuttigd en de rijpe vruchten, waarvan het vleesch zacht
is geworden, worden gebruikt als reinigend middel, bijv. van het
hoofdhaar en om roest te verwijderen van metaalwaren Van kapmessen, paardenbitten enz, die 2 à 3 dagen in met water aangelengde bĕngkoedoevruchten zijn gelegd, laat het roest zich ge-

makkelijk afpoetsen In Atjeh wordt volgens Veltman (Intern. Archiv fur Ethnographie 1911) op de zijde, die in loog van hout- asch is gekookt, een laatste reiniging toegepast door dompelen in het uit de vruchten geperste sap, dat tevens de zijde een glan- zend witte kleur mededeelt.

Om zaaizaad te verkrijgen laat men, volgens mededeéling van Zaden den Heer Mulder, de rijpe vruchten een maand lang rotten in kuilen, waarna de zaden worden gewasschen; zij behouden, op een droge plaats bewaard, hun kiemvermogen een half jaar

In het Museum Hout, wortelbast

270/8163 **Morinda speciosa,** *Wall.* (R e n n e l l i a s p e c i o s a, *Hook*) Volksnamen Mal Malak *Lempedoe tanah, Mĕngkoedoe rimba.*

Kleine struik met mooie violette bloemen, niet zeer algemeen Een afkooksel van de wortels wordt tegen waterzucht en rheu- matiek gebruikt (Ridley, Mal. Geneesmiddelen, bl 31)

270/8163 **Morinda tinctoria,** *Roxb.* (M T e y s m a n n i a n a, *Miq*, M Z o l l i n g e r i a n a, *Miq.*) Volksnamen. Mal *Mĕngkoedoe padang—*Jav.:? *Koedoe kras—* Boeg : *Ampoeladjĕng.*

Tot 14 M hooge en 30 à 35 cM dikke boom, die een zeer groote ver- breiding heeft door geheel Zuid-Azie en den Maleischen Archipel, doch op Java alleen in het midden en oosten gevonden is beneden 500 M Deze soort is nogal zeldzaam en niet in cultuur (tenminste op Java)

De schors van den wortel en die van den stam zouden volgens Bast een mededeeling, die Koorders ontving van inl gidsen uit de afd Panaraga, worden gebezigd tot het geelverven van kleeren (K. & V — VIII, bl 192), doch een in November 1912 op genoemde plaats ingesteld onderzoek bevestigde dit niet De regent schreef, dat een boom van den naam koedoe kras daar niet bekend was en als koedoe kras werd mij een tablet synthetische mĕngkoedoe toegezon- den, afkomstig van Duitschland.

Het hout is volgens K & V onbruikbaar In 1910 werd bij het Hout museum een stuk versteend hout van Celebes en Onderhoorig- heden ontvangen, vergezeld van eenige jonge planten, die in 'sLands Plantentuin in 1912 bloeiden en door Dr Valeton werden gede- termineerd als M tinctoria, Roxb Aan de bij het monster ge- voegde nota van den Controleur Winckel, wordt het volgende ontleend Voornamelijk in het district Nangka van de onderaf- deeling Bikeroe, afd. Oosterdistricten, komt vrij veelvuldig een boom voor, waarvan het hout in hooge mate de eigenschap bezit van te versteenen De bevolking trekt daarvan partij, doordat zij dit hout gebruikt voor neuten onder de huizen en reeds versteende stukken gespleten tot slijpsteen aanwendt. De versteening geschiedt het snelst bij stukken van oude boomen, die in den grond worden begraven, in dit geval is zij na pl. m 2 jaar volkomen. Deze boom, in het boegineesch bekend onder den naam van *ampoeladjĕng,* groeit op vochtige plaatsen [1]) in matige schaduw en bereikt een hoogte

---

[1]) Dit klopt niet met K & V, die terecht zeggen, dat M t uitsluitend voorkomt op periodiek zeer waterarmen en zeer onvruchtbaren grond

van omstreeks 5 à 6 M, terwijl de diameter zelden meer dan 40 cM bedraagt. Vergelijkt men het voorgaande met hetgeen omtrent versteend hout van Makassar is medegedeeld onder Garciniacelebica, L, dan zou men geneigd zijn te gelooven, dat het versteenen niet zoozeer een eigenschap is van een zekere houtsoort, als wel van bepaalde gronden

In het Museum Versteend hout van Ampoeladjeng

270/8464   **Richardsonia brasiliensis,** *Gomez*
Volksnamen. Soend *Djèmprak, Djoekoet babi, Djoekoet bagong, Golètrak, Tjeuli andjing*

Neerliggend, sterk vertakt kruid, inheemsch in tropisch Amerika, op Java in de westelijke helft tusschen 20 en 1700 M zeehoogte op vele plaatsen verwilderd, plaatselijk vaak in zeer groote hoe-

Grondbedekker veelheid (Backer, Schoolflora). Op de Gouvernements Kina-onderneming meende men blijkens het eerste kwartaalbericht over 1915, dat het in staat is schadelijke grassen te onderdrukken, doch Rant (Teysmannia 1916, bl 62) bevond, dat dit geenszins het geval is, hij noemt het integendeel een lastig kina-onkruid, gevaarlijk omdat het wordt aangetast door de grijze wortelschimmel van de kina, welke ziekte contagieus en infectueus is In het Jaarverslag 1915. der Onderneming wordt echter de gegrondheid van Rant's bezwaren tegen Richardsonia als grondbedekker tegengesproken, de ontwikkeling van schadelijke grassen zou zij wel degelijk sterk tegengaan en van een nadeeligen invloed op de kina zou niets zijn waar te nemen. De proeven werden vervolgd, omdat alleen de praktijk uitsluitsel kan geven omtrent de betrekkelijke waarde of schadelijkheid dezer plant

Voedergewas   Nuttig *kan* dit kruid wezen als voedergewas, daar het in de amerikaansche literatuur volgens een mededeeling van den Heer Backer bekend staat als een geschikt veevoeder De Heer R C Bakhuizen van den Brink berichtte echter, dat de wilde varkens zeer belust zijn op de gezwollen wortels, maar de bovenaardsche deelen onaangeroerd laten; in het Tjibëbërsche is het een onuitroeibaar onkruid.

270/8473   **Borreria hispida,** *Schum* (S p e r m a c o c e   h i s p i d a, *L*)
Volksnamen Soend · *Boeloe loetoeng* — Jav . *Gĕmpoer watoe*
Veranderlijk, neerliggend of opgericht kruid, op geheel Java voorkomend van af de laagvlakte tot op 500 M zeehoogte (Backer, Schoolflora)

De stengels en bladeren, gewreven met poelasari, worden bij buikloop op den buik gesmeerd (Hasskarl, Het Nut No 26) Mevr Kloppenburg zegt van *gĕmpoer watoe,* die mij gebleken is deze Borreria te zijn, dat een aftreksel van het kruid, met *posor* of *daoen mĕniran,* tegen galsteen wordt gedronken Ridley(Mal Geneesmiddelen, bl. 32) vermeldt, dat *roempoet soembro* uitwendig wordt gebruikt bij hoofdpijn

In het Museum : Kruid

270/8473   **Borreria ocimoides,** *DC* (S p e r m a c o c e o, *Burm*)
Volksnamen Mal.: *Sajoer babi* — Soend. *Katoempangan* — Jav *Baloengan*

Kruid, doorgaans opgericht, zelden neerliggend, verbreid over

geheel Java van af de laagvlakte tot op 650 M zeehoogte op
grazige plaatsen en aan randen van wegen (Backer, Schoolflora)
De bladeren, die bij drogen een sterken cumarinegeur verspreiden,
worden fijngewreven op wonden geappliceerd.

270/8489   **Rubia cordifolia,** *L*
Volksnamen Soend · *Lètah hajam, L mèjong, L oentjal,
Seuseukeutan* – Jav : *Klĕtak, Ojod tikĕl baloeng, Ranggitan,
Tikĕl baloeng*

Klimmend kruid, 1 tot 6 M lang, op Java voorkomend in de
bergstreken van het geheele eiland tusschen 500 en 2000 M zeehoogte, plaatselijk vaak talrijk (Backer, Schoolflora) Het is de,
aan de europeesche meekrap verwante, in Eng -Indie als *indian
madder* bekend staande plant, waarvan Filet (No. 2380) zegt, dat
de wortels en stengels worden gebezigd tot het roodverven van
katoen. Vermoedelijk ziet dit evenwel op het gebruik in Engelsch-
Indie, aangezien er geen nadere aanwijzingen bestaan omtrent
toepassing hier te lande In Voor-Indie heeft de indian madder
steeds meer veld moeten ruimen aan de kunstmatige kleurstoffen
en thans heeft zij ook daar haar beteekenis vrij wel geheel verloren (Watt, Commercial products, bl. 926).

CUCURBITACEAE

275/8562   **Melothria heterophylla,** *Cogn* (Bryonia sagittata, *Bl.,*
Zehneria connivens, *Miq*, Z hastata, *Miq*)
Volksnamen Soend *Kilong lajong* — Jav · *Tingkèsan* (?)

Klimmend kruid; volgens Hasskarl's Nut (No. 576) worden de
onrijpe vruchten gekookt als groente bij de rijst gegeten

275/8562   **Melothria ?indica,** *Lour.*
Volksnamen Mal. Mol : *Antimon tikoes*

De Cucumis murinus viride van Rumph (V, bl 463) is
een wild kruid, met slappe, vierkante stengels, een stroohalm dik,
op het strand en aan de oevers der rivieren de ruigte beklimmend

Het sap van de bladeren is zuiverend, men gebruikt het om mond   Bladeren
en tong te reinigen van kinderen, die aan spruw lijden Ook wordt
het gebezigd bij het cureeren van oogen, die bewolkt zijn, men
begint met de nevelachtigheid weg te bijten met het sap van de
zeer jonge, teere bladeren van *siriboa* en druppelt vervolgens ter
zuivering in, het sap uit de bladeren van deze muizenkomkommer,
gemengd met die van *roempoet kĕrbo* (Gramen vaccinum) De vruchten   Vruchten
zijn gladde, hoogroode komkommertjes met een krakende schil;
zij smaken als gewone komkommers, doch wat wilder, en worden
door de kinderen wel gegeten (Rumph.).

275/8562   **Melothria ?marginata,** *Cogn*
Volksnamen Mal Mol : *Antimon tikoes*

De Cucumis murinus rubra van Rumph (V, bl 463) is
een kruid als het vorige (C m viride), doch grooter, voorkomend
op dezelfde groeiplaatsen en veel ook in het sagobosch De bladeren worden gebruikt als die van de andere muizenkomkommer

275·8591   **Momordica Charantia**, _L_
Volksnamen Mal _Parı, Pĕparė_ — Soend. : _Parıja_ — Jav
Paré — Mad _Parıja_

Klimplant, overal tusschen de keerkringen gekweekt, hier veelvuldig ın het wild groeiend en volgens De Bie (Inl. Landb. II, bl. 1)
zoowel op sawahs als op tegalgronden als tweede gewas geteeld
op dezelfde wijze als komkommers, doch niet in zulke min of meer
aaneengesloten aanplantingen Rumphıus beschrijft haar (V, bl. 410)
onder den naam van A m a r a ı n d ı c a als een kruid, dat men
plant bij getakte stokken of bij struiken, die het spoedig met zijn
dicht loof bedekt, eens geplant vermenigvuldigt het zichzelf door
de uit de vruchten vallende zaden

Alle deelen van dit gewas zijn zuiver bitter en wekken daarom
geen walging op. In R.'s tijd werden de stengels en bladeren gedroogd bewaard voor het bereiden van een nu niet meer bekenden
drank, het suikerbier Thans worden volgens verschillende opgaven
Bladeren de bittere bladeren gestoomd genuttigd en als medicijn gebruikt
Rumphıus deelt mede, dat het sap van een of twee versche bladeren bij jonggeborenen op den eersten of tweeden dag ın den
mond wordt gegoten om borst en ingewanden te zuiveren. Ook
de kraamvrouwen laten de ınlandsche vroedvrouwen dit sap ın-
nemen en de toebereide vruchten eten om het bloed te zuiveren
en de melkafscheiding te bevorderen. Mevr. Kloppenburg zegt,
dat parébladeren, met water gestampt en doorgezegen, een drank
geven tegen maden en koorts tengevolge van leverziekte Jasper
(Geneeskrachtıge planten) bericht, dat de bladeren worden fijngewreven met _tĕmoe lawak_ en het sap wordt gedronken tegen
vrouwenziekte In het bijzonder de bladeren der wildgroeiende paré
schijnen voor geneeskrachtıg te worden gehouden Vorderman vermeldt ze als _daoen toendoeng_ (Jav.) ın Geneesmiddelen II en zegt
elders (Madoereesche planten No. 40), ın overeenstemmıng met
Rumphıus, dat het sap uit het gekneusde kruid wordt toegediend
aan kraamvrouwen als een de lochiae bevorderend middel

Greshoff (Plantenstoffen II, bl 88) vond ın de bladeren een
niet-glucosıdische bitterstof, doch geen alcaloıd.
Vruchten De vruchten hebben de gedaante van een halfwassen komkommer, ca 15 cM. lang (soms veel meer, doch even vaak veel minder) en 5 cM. dık, ın de lengte verdeeld door drie rondachtige
ruggen, de tusschenruimten zijn opgevuld met wonderlijke wratten of heuveltjes, sommige rond, andere langwerpig of bochtıg,
alle zeer glad en lichtgroen. De rijpe vruchten zijn hooggeel of
oranjerood en splijten open Van bınnen lıgt dan daarın een
koraalroode klomp vleesch, malsch en zoet In den kost worden
echter alleen de volwassen doch onrijpe vruchten gebruikt; men
snijdt die ın stukken, kookt ze af en stooft ze vervolgens; zij
worden voor zeer bloedzuiverend gehouden Smakelıjker worden
zij toebereid door ze overlangs open te snijden, het vruchtvleesch
er uit te nemen en te vervangen door gebakken visch, vleesch
of kruiden, en ze dan dicht te binden met een serehblad, waarna
zij worden gestoofd (Rumph.) Volgens De Bie worden de bittere
onrijpe vruchten gekookt of tot sajoer toebereid genuttigd; men
vindt ze steeds op de pasars

Van pĕparé bestaan verscheiden vormen, die vooral verschillen   Vormen
in de lengte der vruchten en dienovereenkomstig worden benaamd
P. kodok en *p. ajam* zijn te Batavia vormen met korte vruchten
De wilde, die meestal klein zijn en nooit het fraaie voorkomen bezitten van de gekweekte, welke worden ingewikkeld om een bijna
witte kleur te verkrijgen, gebruikt men als de gekweekte; zij worden
aangeduid met namen als *p. alas, p. leuweung, p. hoetan*.

In het Museum: Vruchten

275/8501.   **Momordica subangulata,** *Bl.*
              Volksnamen Mal : *Kambas*.
Klimplant met 3 à 4 M. lange stengels, welke over den grond kruipt
of tusschen kreupelhout opklimt en dat vaak geheel bedekt. In Zuid-
Sumatra werd zij herhaaldelijk in groote hoeveelheid aangetroffen
op de ladangs, doch nooit opzettelijk aangeplant De jonge spruiten
en onrijpe vruchten worden bij gebrek aan beter tot sajoer bereid

In het Museum: Vruchten

275/8594   **Luffa acutangula,** *Roxb.* (L. f o e t i d a, *Cav.*)
              Volksnamen Mal : *Djingi* (Mol), *Ojong* (Batav.), *Pĕtola bĕng-*
              gala (Mol), *Timpoet* (Palemb) — Soend : *Emès, Kimpoet* —
              Jav. *Katjoer*.
Klimplant, door Rumphius (V, bl. 408) beschreven onder den
naam van Petola b e n g a l e n s i s, omdat zij waarschijnlijk door
de bengaleezen op Java is ingevoerd en van daaruit over den
archipel is verspreid.
Volgens De Bie (Inl. Landb. II, bl. 1) worden op Java de Luffa- Cultuur
soorten geplant als tweede gewas, zoowel op tegalgrond als op
sawahs. Het door dezen schrijver omtrent de cultuur van Momordica Charantia, L. medegedeelde is ook toepasselijk op Luffa
spec. div. Rumphius zegt, dat deze soort niet op latten wordt geleid,
doch dat men haar langs de heggen en over de ruigte laat loopen.
De jonge bladeren gebruikt men volgens De Bie als toespijs, Bladeren
doch meer, met water fijngewreven, als smeersel voor koortslijders.
De vrucht, zegt Rumphius, is een hand lang (vaak veel langer), Vruchten
aan beide zijden toegespitst, bezet met 9 of 10 sterk uitspringende
ruggen. De schil is rimpelig en wordt spoedig hard en houtachtig;
alsdan is het vleesch veranderd in een dradige zelfstandigheid,
zoo taai, dat men haar kwalijk uit elkaar kan trekken De niet
meer dan halfrijpe worden, nadat de scherpe ruggen er wat
afgesneden zijn, gekookt gegeten (Rumph.) De halfvolwassen
vruchten komen zeer algemeen voor op de pasars. De Bie deelt
mede, dat zij twee maanden na het uitzaaien worden geplukt en
in sajoer, of gestoomd dan wel gekookt met een sambalsaus,
worden genuttigd; zij zijn verkoelend en werken afvoerend.

In het Museum Vruchten.

275/8594   **Luffa ?acutangula,** *Roxb* β **amara,** *Clarke* (L u f f a s y l-
              v e s t r i s, *Miq.*)
              Volksnamen, Mal. Mol *Pĕtola hoetan* — Mak : *Tambara*
De P e t o l a s y l v e s t r i s van Rumphius, nog niet met zekerheid herkend, wordt door hem beschreven (V, bl. 409) als een

wilde klimplant, groeiende aan de kanten der rivieren en in
droge sagobosschen

Deze plant, zegt hij, is een heilzaam medicament tegen aamborstigheid en ingenomen venijn, doch zij moet voorzichtig worden

Bladeren gebruikt. Tegen asthma neemt men de jonge bladeren met een
weinig ajuin en sap van *lémon swanggi* en geeft dit den patiënt in.
Bij aamborstigheid neemt men de jonge bladeren met die van *raoe
hoetan* (Dracontomelum spec), een weinig roode ajuin en het
sap van lémon swanggi, poft dat alles in een pisangblad en laat
den lijder het sap drinken. Stoelgang en heftig braken zullen daarop
volgen. Voor hetzelfde doel wordt ook het vezelskelet der rijpe

Vruchten vruchten gebruikt, deze zijn iets grooter dan een ei, aan den steel-
kant toegespitst als een peer, onrijp groen, met elf donkere strepen in de lengte, zeer sappig en walgelijk bitter Oud geworden
zijnde is de dunne schil broos en het vruchtvleesch veranderd
in een luffasponsje Om braking op te wekken acht R. nog het beste
een half skelet te nemen, dat een half uur in een kommetje water
te weeken, dan zachtjes uit te drukken en bij het vocht wat *halija
padi* te voegen. Dat wordt dan gedronken om een vuile maag
of beklemde borst door braken te zuiveren. Ook op die wijze toegepast, houdt het vomeeren echter aan en is heftig; soms eindigt
het in bloedbraken en hevige maagpijnen. De werking wordt ge-
stuit, door de vruchten van Soulamea amara, Lamk met een weinig
halija padi en sirihpinang te kauwen en het sap gedeeltelijk in te
slikken, gedeeltelijk op de maag te smeren

De gemeene man op Makasser, die, zooals herhaaldelijk bij
Rumphius blijkt, smaak heeft voor bittere dingen, zou niet alleen
de bladeren koken onder andere sajoer, doch ook de heel jonge
vruchten eten Dat het hem wel bekome.

275/8594   **Luffa cylindrica**, *Roem* (L aegyptica, *Mill.*, L Cattu-Pin-
cinna, *Ser*, L. pentandra, *Roxb*, L. Petola, *Ser*)
Volksnamen Mal   *Bloesdroe* (Batavia), *Hoeroeng djawa*
(Palemb), *Këtola* (Palemb), *Pëtola pandjang* (Mol.), *P. tjina*
(Mol), *Timpoet* (Palemb.) — Soend *Lopang, Ojong* — Jav
Bëtroe

Deze Luffa-soort wordt op Java gekweekt en gebruikt op dezelfde wijze als L. acutangula, Roxb., zij is er echter, tenminste
in het westelijk deel, veel minder algemeen Uitvoerige berichten
omtrent haar vindt men onder den naam van Petola bij Rumphius (V, bl 405), die mededeelt, dat zij waarschijnlijk afkomstig is
van China en op Ambon tamelijk algemeen werd geplant op de erven
of aan de kanten der tuinen Men zet ze op een heuveltje van mulle
aarde en leidt ze op latten, de jonge zijscheuten en bladeren moet
men hier en daar afbreken om veel vruchten te verkrijgen

Bladeren De jonge bladeren kunnen worden gegeten, doch alleen zijn zij
te waterig en te laf, zoodat zij met andere moeskruiden moeten
worden gemengd Zij zijn bijzonder geschikt voor het maken van
bëbotok Mevr. Kloppenburg deelt mede, dat de bladeren van *bloesdroe* [1]) met water worden gestampt en het gezeefde vocht wordt

---

[1]) De onder No 84 in haar Plantenatlas afgebeelde vrucht is niet L.
acutangula, Roxb., zooals het onderschrift luidt, doch moet L cylindrica zijn.

594. gedronken bij het wegblijven van de menstruatie buiten zwangerschap.

De vrucht, vervolgt Rumphius, is recht en heeft den vorm van een komkommer, volwassen is zij $1^1/_2$ à 2 voet lang, een arm dik, van onderen iets dikker. Zij is voorzien van eenige donkere groeven of voren en daarlangs witachtig geplekt, overigens grasgroen. De jonge, groene vruchten zijn een gewilde en dagelijksche kost voor den gemeenen man, zij worden met schil en al in dikke schijven gesneden en met vischsop of klappermelk gekookt, doch, gelijk het geval is met de bladeren, er moet iets hartigs bij, want op zichzelf zijn zij laf en waterig. Bij de oude vruchten is de schil houtachtig, dun en broos geworden als papier, en het vleesch veranderd in een harigen, drogen, verwarden klomp, waarin vele zwarte zaden liggen (Rumph.) Deze skeletten zijn de veelvuldig gebruikte *luffa*'s van den handel. Bedient men zich in de warme landen, waar luffa's evenals hier algemeen worden geteeld, van locaal product, voor de voorziening in de behoeften van de westersche markt heeft Japan een vrijwel onbestreden monopolie. Herhaaldelijk is getracht dat te breken en ook Java heeft pogingen daartoe gedaan, doch tevergeefs. Een beschrijving van de cultuur in Japan verscheen in Teysmannia 1890, bl. 507. In denzelfden jaargang, bl. 312, werden de proefnemingen van Wigman gepubliceerd betreffende den groei van verschillende soorten. Tengevolge van de verwarring op het gebied zoowel van de botanische als de inlandsche namen, is het echter niet recht duidelijk met welke soorten is geëxperimenteerd, doch het is wel zeker, dat de japansche soort (L cylindrica) te Buitenzorg en elders weinig en slechte luffa's gaf. Wigman zag de beste resultaten van de bloesdroe, die evenwel ongelukkigerwijze door hem Luffa foetida, Cav. (= L. acutangula, Roxb.) wordt genoemd. Aangezien echter de vorm van de vrucht van L. acutangula het niet zeer waarschijnlijk maakt, dat deze bruikbaar zou zijn voor het leveren van fraaie groote skeletten, welke, zooals Wigman zegt, het zouden kunnen winnen van de uit Japan ontvangen monsters, is het zeer waarschijnlijk L cylindrica, Roem geweest, dus toch de goede soort, alleen reeds een paar eeuwen vroeger geimporteerd en hier als cultuurplant volkomen ingeburgerd. Van een proef op eenigszins grooter schaal is sprake in Teysmannia 1892, bl. 120; ook die mislukte, omdat de opbrengst te gering was en de luffa's te klein en niet blank genoeg waren. Van Romburgh meende de ongunstige resultaten te moeten toeschrijven aan te groote vochtigheid van het buitenzorgsche klimaat. Het is daarom niet gezegd, dat onder gunstiger omstandigheden niet een behoorlijke opbrengst van goede kwaliteit is te verkrijgen.

Omtrent de behandeling verstrekte het Imp. Institute volgens Agr. News 1911, bl. 84, de volgende aanwijzingen, die in zooverre afwijken van de hierboven opgegeven handleiding, dat er geen melding in wordt gemaakt van het uitloogen van de skeletten in helder, stroomend water. De vruchten moeten aan de plant blijven totdat zij een geelachtige tint hebben aangenomen, doch nog niet bruin zijn geworden, daar dit een aanwijzing is, dat de schil achteruitgaande is, gepaard aan verkleuring van de vezel. Zij worden afgesneden met 5 cM steel en daaraan gedurende 2 of 3 dagen opgehangen op een luchtige plaats. De schil wordt dan

vrij zacht en soepel. Aanbeveling verdient het 't ondereind van de
vruchten weg te snijden, waardoor het vocht beter kan uitdruipen.
Het vezelnet wordt alsdan uit de vruchten genomen door een der
vingers tusschen het net en de schil te steken, waardoor de laatste
opensplijt. Het net wordt onmiddellijk geworpen in een kuip, inhou-
dende 60 gallons water waarin 5 lbs gebluschte kalk is gedaan. Gedurende een paar minuten worden de luffa's daarin geroerd, daarna
uitgeslagen en in een tochtige loods gedroogd. Geschiedt het drogen
te vlug, dan worden de sponsen broos; echter mogen zij ook weer
niet te langzaam drogen met het oog op het gevaar van aantasten door
schimmels. De kalk voorkomt evenwel het beschimmelen in vrij
groote mate en wordt om geen andere reden bij het waschwater
gevoegd. Zijn de luffa's droog, dan kunnen de zaden er gemakkelijk
worden uitgeschud. Voor de verzending worden zij netjes platgedrukt
en geperst, dus niet opengesneden. De lengte is van overwegenden
invloed op de waarde. In Pflanzer 1911, bl. 156, komt het volgende overzicht voor van de waarde franco Hamburg per 100 stuks:

van 20 tot 25 cM Mark 1.75
„ 25 „ 30 „   „   2.25
„ 30 „ 35 „   „   4.—
„ 35 „ 40 „   „   6.—
„ 40 „ 45 „   „   8.—
„ 50 „ 52 „   „   10.—

In het Museum: Luffa's.

<table>
<tr><td>275,8598.</td><td>

Citrullus vulgaris, *Schrad* (C. edulis, *Spach*, Cucur-
bita Citrullus, *L.*)

</td></tr>
</table>

Volksnamen: *Watermeloen* — In vele inl. talen: *Sĕmangka*.
De Anguria indica, aldus Rumphius (V, bl. 400), is een kruipend, door den geheelen orient bekend gewas, met lange stengels
langs den grond loopend als de komkommers, doch zich veel meer
uitbreidende. Op Java wordt de sĕmangka volgens De Bie (Inl.
Landb. I, bl. 123) slechts nu en dan op sawahs, doch gewoonlijk
op tegalgronden — in het algemeen echter niet veel en zeer locaal —
verbouwd. Het best gedijt zij op losse gronden met een hoog kalk-
gehalte; de bodem moet minstens twee maal worden behakt. Ook
Rumphius wijst er op, dat zij een goedbewerkten, vochtigen grond
verlangt en geen regen verdraagt; wel mag de grond worden begoten, de plant zelf echter niet. De Bie vermeldt voorts, dat zij zeer
dankbaar is voor mest, vooral afval van gevogelte.

Twee of drie weken na het uitzaaien — 2 of 3 zaden in een plantgat — zijn de jonge plantjes uitgeschoten. Voor de aanplant in bloei
staat, wat samenvalt met het einde der tweede maand, wordt hij
een of twee maal gewied en tevens een weinig aangeaard. Wordt de
plant niet geleid, dan bestaat er veel kans, vooral bij eenigszins veelvuldige regens, dat de vruchten verrotten, doch ofschoon de inlandsche boer dat natuurlijk weet, laat hij de plant toch meestal
kruipen (De Bie). Sollewijn Gelpke (bl. 134) beschrijft de cultuur
integendeel als een waarvoor men zich te Toeloeng Agoeng veel
moeite geeft; het is, zegt hij, de eenige polowidjo voor welke
de javaan het zaad niet maar neemt waar hij het krijgen kan.
Liefst bezigt hij zaad van kleigrond die veel kalk bevat, want

(Cultuur.)

275/8598 daarvan zou men vruchten verkrijgen met een bijzonderen geur
De grond wordt met zorg behandeld en voor het uitleggen wordt
het zaad twee dagen geweekt en met dèdès (zie onder Schleichera
trijga, Willd.) ingewreven. Van af het ontluiken der eerste blaadjes,
drie weken na het zaaien, tot op den leeftijd van twee maanden,
als de eerste bloemen zich openen, moet de grond zorgvuldig
worden schoongehouden, in den regel wiedt men twee keer (S.G).
In Rumphius' tijd besteedde men er, blijkens zijn uitvoerige mededeelingen omtrent de cultuur, insgelijks veel zorg aan; hij zegt,
dat als de vrucht groot wordt, de aarde daaronder wordt weggenomen en vervangen door rijs, ter voorkoming van verrotten. Tevens steekt men er dan wat doorns omheen, om de muizen ervan
af te houden. Twee en een halve maand na het planten heeft men
schoone watermeloenen, grooter dan een hoofd

Onder de schil ligt een laag hard, wit vleesch, dat niet eetbaar Vruchte
is en daarom door de baliërs wordt gebruikt om varkens te mesten
(Rumph). De Bie zegt, dat ook deze laag wordt genuttigd, gewoonlijk met wat arènsuiker of stroop en water Een enkele maal maken
chineesche vrouwen, naar mij te Batavia bleek, er ook wel confituur van Het overige vleesch, vervolgt Rumphius, is fraai rood
van kleur, zacht, zeer sappig, zoet en aangenaam van smaak

Over smaak valt niet te twisten, doch ik sluit mij aan bij het
Jaarboekje van de Vereeniging Ooftteelt 1903/4, bl 71, waar gezegd
wordt, dat hoewel sappigheid een deugd is in een vrucht, die
deugd toch ook haar grenzen heeft De sĕmangka nu overschrijdt
die grenzen: het vruchtvleesch bestaat uit bijna niets dan water
en smaakt dan ook vrij nauwkeurig naar niets Het is den schrijver
onverklaarbaar, hoe chineezen voor een zoo waterig product veel
geld kunnen overhebben, gelijk het geval is; er wordt soms een
rijksdaalder voor een vrucht besteed. Zij is inderdaad, zooals
Rumphius zegt, een voortreffelijke verkoeling op heete dagen; het
eten van sĕmangka is een aangename wijze van drinken, doch
volgens verschillende schrijvers wordt die drank door menschen
met zwakke ingewanden niet verdragen. Bij het heerschen van
cholera en buikziekten wordt dan ook de sĕmangka door velen
als een gevaarlijke vrucht gesignaleerd

Behalve het vruchtvleesch worden ook de talrijke zaden gegeten Zaden
Daartoe worden zij volgens De Bie in de zon gedroogd en in een open
pan geroosterd. Na bekoelen weekt men ze een etmaal of langer in
zout water en droogt ze wederom in de zon. Op geheel Java zijn die
zaden bekend onder den chineeschen naam *kwa tji*; zij worden
ook van China aangevoerd. De kernen worden als snoeperij gebruikt,
vooral door de chineezen. De samenstelling vindt men opgegeven ter
aangehaalder plaatse in het Jaarboekje Vereeniging Ooftteelt

De Bie vermeldt twee variëteiten, een met langwerpige vruchten Vormen
met donkergroene schil en rood vruchtvleesch en een met zuiver
ronde vruchten van kleiner afmetingen, met lichtgrijs gestreepte
schil en lichter gekleurd vruchtvleesch. De soendanees onderscheidt
ze als *sĕmangka beureum* en *s bodas*, de javaan als *s gringsing* en
s. papasan. Zeer waarschijnlijk worden dezelfde variëteiten ook
bedoeld door Rumphius, die spreekt van ronde en langwerpige
vruchten, welke laatste soms zoo groot zouden zijn, dat een man

er zijn vracht aan heeft. Op Madoera, waar de sĕmangka zeer veel ·
wordt geplant, doch aan de cultuur niet veel zorg wordt besteed, kent
men (te Soemenap) nog een bijzonder kleine verscheidenheid, *kloentjo*
geheeten, welke de grootte heeft van een manggistan (Tijdschr. v.
Land- en Tuinbouw en Boschcultuur 4e jaargang, bl. 398).

In het Museum. Vrucht.

275 8599   Cucumis Melo, L.

Van den *meloen* zijn een groot aantal verscheidenheden bekend
en enkele daarvan worden op Java geteeld. Ons hollanders het
best bekend is de z. g. *suikermeloen*, Jav · *Sĕmongka londa* —
Mad. *Bhaloengka* of *Samangka balandha*, een kleine canteloup-
soort, die in den oosthoek en op Madoera algemeen als tweede
gewas op sawahs wordt geplant. Bij de bevolking is deze soort
niet zeer gewild; zij verkiest den watermeloen (Citrullus vulgaris).
De canteloup wordt op dezelfde wijze geteeld; volgens Teysmannia 1892, bl. 16, wordt de grond een weinig omgewerkt en
ziet men er na het uitleggen van de zaden nauwelijks meer naar
om. De cultuur duurt ca $3^1/_2$ maand.

Een meloenvorm welke over geheel Java wordt geteeld, is de
bontèng soeri der soendaneezen, de *krai* der javanen en de *kraing*
der madoereezen. Krai wordt volgens Sollewijn Gelpke (bl. 131)
geplant op dezelfde wijze als komkommers; men wiedt voor het
uitschieten van de loten en kan twee maanden na het uitzaaien
beginnen te oogsten. Hiervan worden wederom verschillende varie-
teiten onderscheiden. Men heeft er die rijp oranjerood zijn en
ook die groen blijven met lichte strepen. De vorm is gewoonlijk
als van een zeer groote, goed gevulde komkommer en somtijds
wordt hij ook voor een komkommersoort versleten; meloenen-
geur bezitten zij alleen als zij zeer rijp zijn, doch smaak, tenminste meloenensmaak, is er bijna niet aan. Te Batavia wordt
bontèng soeri met ijs en stroop genuttigd evenals erbis (Passiflora).

Daar in vochtige streken de cultuur van goede meloenen zoo
zelden gelukt, werd in het Tijdschr. v. Land- en Tuinbouw en
Boschcultuur 3e jaargang, bl. 302, aanbevolen om den inlandschen meloen (bontèng soeri) te bevruchten met stuifmeel van
fijne europeesche variëteiten. De resultaten van voortgezette kunstmatige bevruchting worden verrassend genoemd. Bij goede teelt-
keus heeft men in het derde of vierde geslacht vruchten die,
kunnen zij al niet met de europeesche op één lijn worden gesteld, die in smaak en geur toch zeer nabijkomen.

In het Museum · Vruchten.

275/8599.   Cucumis sativus, L.

Volksnamen *Augurk, Komkommer*—Mal.: *Kĕtimoen*—Soend.:
Bontèng —Jav : *Kĕtimoen*.

Cultuur

Komkommers worden volgens De Bie (Inl. Landb. I, bl. 121)
zoowel op sawahs als op tegals verbouwd, in den regel in den
oostmoesson, op tegalgronden ook wel in den regentijd; gewoonlijk
zijn de aanplantingen klein. De grond heeft geen zorgvuldige bewerking noodig. Tegals worden eens of hoogstens twee keer behakt,
waarna men voren trekt. Op sawahs verbouwd, wordt het padistroo

275/8599 niet eens altijd verwijderd; op zijn best wordt het op rijen bijeengetrokken en werkt men den grond tusschen de rijen stroo één maal om Waar de bodem los is, wordt soms het veld aanstonds bepoot. In elk pootgat, in een plantverband van 3 × 3 voet, doet men 2 tot 4 zaden en voegt er onmiddellijk wat mest bij, liefst van pluimvee Vier of vijf dagen later schieten de plantjes op; na ongeveer drie weken wordt er gewied en reeds in de tweede maand zijn de eerste vruchten voor het gebruik geschikt. Men plukt ze onrijp en oogst van denzelfden aanplant soms drie of vier keeren. Wanneer de tijd daar is om het veld te bewerken ter beplanting met padi of een ander gewas, wordt de kětimoen verwijderd De vruchten, die dan nog niet tot volkomen ontwikkeling zijn gekomen of dat niet konden wegens te overvloedigen regen, worden als augurken verkocht. Augurken zelf worden zeer zelden geteeld. Voor de zaadwinning kiest men de best ontwikkelde vruchten uit, die men volkomen rijp aan de plant laat worden. Na uit de vrucht genomen te zijn, worden de pitten schoongewasschen om ze van de slijmerigheid te ontdoen en vervolgens een of twee dagen in den wind — slechts enkele uren in de zon — gedroogd. Wanneer zij volkomen droog zijn, worden zij in flesschen of bamboekokers met een goedsluitende prop, gewoonlijk van versneden klapperbast, bewaard, liefst boven den haard (De Bie)

Van de komkommer worden niet alleen de vruchten, doch volgens Hasskarl's Nut (No. 507) door de inlanders ook de bladeren, rauw Bladeren. of gestoomd, bij de rijst gegeten, te Buitenzorg komen zij wel op de pasar De vruchten worden, gelijk elders, rauw als komkommersla Vruchten door den europeaan en in roedjak door europeaan en inlander gegeten; gekookt worden zij als toespijs bij de rijst genuttigd en de jonge worden ingelegd tot atjar als augurken Voorts mag niet onvermeld blijven, dat overvloedig gebruik van komkommers zeer heilzaam wordt geacht tegen indische spruw In het Tijdschr v Inl. Geneeskundigen 1895, bl 20 zegt Vorderman, dat hij spruwlijders, die tot herstel tevergeefs een reis naar Europa hadden gemaakt en in een toestand van vergevorderde anaemie terug waren gekeerd, volkomen heeft zien genezen door het verorberen, maanden en maanden achtereen, van 9 komkommers per dag, gepaard aan een sterk roboreerend dieet van melk, eieren, goeden portwijn, enz

Het aantal variëteiten, dat wordt geplant, schijnt aanzienlijk te Variëteiten zijn; De Clercq (No 934) noemt een respectabel aantal namen De Bie vermeldt de volgende:

a) Bontèng timoen, soms kortweg *kětimoen* genoemd; dit is de meest algemeen voorkomende met groene schil, even beneden den steel bezet met tal van wratten, vooral wanneer de vrucht nog jong is

b) Bontèng tjatang of *b dajak* (Soend.) = *kětimoen watang* (Jav) Deze variëteit behoort te worden geleid en daar zij niet voor de tweede maand bloeit en de vruchten eerst tegen het eind van de derde maand en tot op een leeftijd van vijf maanden geoogst worden, plant men haar alleen op tegalgronden aan Zij levert de grootste vruchten, die vaak een lengte bereiken van 20 cM en een omvang van 30 cM of meer Het vruchtvleesch is zeer dik, de schil min of meer leerachtig, groen bij de jonge vruchten, doch gaandeweg overgaande in ivoorkleurig geel

c) Bonténg of *timoen toeioes.* Deze moet insgelijks geleid worden en draagt reeds tegen het einde van de tweede of het begin van de derde maand; de vruchten zijn belangrijk kleiner dan van de vorige en de schil is zacht

In het Museum. Vruchten.

275 8600   **Bryonopsis laciniosa,** *Naud.* (B r y o n i a l a c i n i o s a, *L*)
Volksnamen. Soend. *Koièk gotok* — Jav. *Tjakar ajam* —
Mad : *Kak samangkaan* — Alf. Minah. *Walaan in tjawok.*
Klimplant, 15 M. lang, in de Minahassa groeiend op 700 voet
Bladeren   zeehoogte. Een pap van de bladeren wordt met succes op steenpuisten aangewend (Koorders' Minahassa, bl 479) De jonge vruchten, niet
Vruchten   grooter dan kruisbessen, worden gekookt in de sajoer gegeten

In het Museum: Vruchten.

275 8601   **Benincasa hispida,** *Cogn* (B. c e r i f e r a, *Savi,* C u c u r b i t a
f a r i n o s a, *Bl,* C' l i t t o r a l i s, *Hassk ,* C. v i l l o s a, *Bl*)
Volksnamen. *Was-kalebas, White gourd* — Mal : *Běligoe,*
Kamalènga (Mol.), *Koendoei* — Mak. en Boeg : *Koenioeloe.*
In andere inl talen dezelfde namen, soms min of meer gewijzigd.
De C a m o l e n g a, zegt Rumphius (V, bl. 395), is een klimplant,
Cultuur   die op sterke latten moet worden geleid, daar de vruchten zeer
zwaar zijn Door de chineezen en andere vreemdelingen worden
zij meer geplant dan door de inlanders, die ze gewoonlijk groote
boomen laten oploopen of laten slingeren over de huizen, waarvan de daken dan spoedig geheel bedekt zijn De Bie (Inl Landb
II, bl. 2) zegt insgelijks, dat bligo of koendoer op Java niet op
sawahs en zelden op tegalans, doch meestal hier en daar op de
erven wordt geteeld en geleid wordt langs heggen en boomen,
langs veekralen en rijstschuren, nu en dan zelfs langs den wand
en het dak van het woonhuis Zij produceert niet voor de derde of
vierde maand en minder overvloedig dan andere Cucurbitaceae,
doch daartegenover staat, dat men van dezelfde plant tot op een
leeftijd van 3 of 4 jaren, soms zelfs ouder, kan oogsten (De Bie)
Stengels   Volgens Hasskarl (Het Nut No 155) wordt het sap (der stengels)
gebruikt voor het wasschen van wonden en schurft van honden,
de fijngestooten stengels (en ook de afgeschraapte waslaag van
de vrucht) worden op versche wonden geappliceerd Rumphius
Bladeren   deelt mede, dat de bladeren onder ander moeskruid worden gemengd
Vruchten   De vruchten beschrijft dezelfde als cylindervormig met afgeronde
einden, $\frac{1}{2}$ à 2 voet lang en $\frac{1}{2}$ voet dik, bedekt met een witte
waslaag (zie onder stengels), die gemakkelijk kan worden afgeschraapt Het vleesch is wit, het tegen de schil aanliggende deel vrij
hard, het binnenste week en waterig. Langen tijd blijven zij groen,
doch krijgen tenslotte een vale, harde, houtachtige schil en zijn
dan voor niets meer te gebruiken dan om zaad te winnen. Het
harde vleesch van de halfrijpe vruchten, dik geschild en in stukken
gesneden, kan gekookt worden gegeten, doch meest worden de vruchten verkocht aan de chineezen, om er *tang kwé* van te maken Daarvoor neemt men vruchten waarvan de schil reeds hard is geworden, snijdt het vleesch in reepjes van een vinger lengte, weekt
die twee etmalen in water en kookt ze daarna droog in witte

suiker. Deze confituur is lafzoet van smaak, doch bij de chineezen
zeer gezocht, niet alleen om als versnapering te dienen, doch ook
in allerlei ziekten, omdat zij matig verkoelt In het bijzonder is
tang kwé goed om te eten bij drogen hoest

Aan het uit de versche vrucht geperste sap schrijft men de
kracht toe om vergif onschadelijk te maken, men geeft het den
vergiftigde te drinken en wascht hem daarmede het lichaam (Rumph).

In het Museum · Confituur

275/8607 **Gymnopetalum leucostictum,** *Miq*
Volksnamen. Op Java: *Kĕmarogan*
Liggend of klimmend kruid, op Java algemeen in de laagvlakte
op zonnige plaatsen Mevr Kloppenburg vermeldt van de in haar
plantenatlas onder No 25 afgebeelde kĕmarogan, die een Gymnopetalum moet zijn, dat een aftreksel van de takjes, welke vooraf   *Kruid*
dienen te worden ontdaan van de vezels, wordt ingenomen om
den eetlust op te wekken, vooral na zware ziekte. De bladeren worden tusschen de handpalmen gekneusd en met kalk tot een zalf
gemengd, die als smeersel dient bij rheumatiek (Jasper, Geneeskrachtige planten) De onrijpe, bittere vruchten worden, van de   *Vruchten*
zaden ontdaan, geconfijt
In het Museum Bladeren, confituur

275/8607 **Gymnopetalum quinquelobatum,** *Miq.*
Volksnamen Mal . *Timpoet poelau* (Palemb.)
Klimplant met 2 à 3 M lange stengels, kruipend, of opklimmend
tegen het struikgewas, in Palembang somtijds in groote complexen
voorkomend op afgeladangde velden Men eet daar de nog niet rijpe
vruchten als toespijs bij de rijst en bereidt er ook sajoer van.

275/8607 **Gymnopetalum** spec.
Volksnamen Mal Mol : *Popia*
Poppya rotunda, *Rumph* (V, bl. 414), groeit in het wild
in open valleien onder het lage geboomte, doch men kan haar
ook in den hof planten De wortel schuimt in water als zeep,   *Wortels*
men kan er het lijfgoed mede wasschen De een weinig bitter
smakende bladeren worden door de baliérs en sommige ambon-   *Bladeren.*
neezen als moeskruid gegeten (Rumph.)

275/8610 **Lagenaria vulgaris,** *Ser* (L idolatrica, *Ser*).
Volksnamen Mal *Laboe ajĕr, L frangi* (Mol.), *L pandjang*
(Mol.), *L poetih, Sambiki* (Menado), *Taboe* (Z Sum) —
Soend : *Koekoek,* — Jav *Laboe ajĕr, Waloeh kĕnti* — Mad :
Laboe lĕnte .
Van de hier genoemde vrucht bestaan verschillende vormen,
waaronder een die algemeen wordt verbouwd en waarvan de
vruchten — soms in reusachtige afmetingen — in den drogen tijd
in menigte op de pasars te vinden zijn Die vorm wordt door
Rumphius (V, bl 398) beschreven onder den naam van Cucurbita vulgaris indica. R zegt, dat hij door de portugeezen
in de Molukken is ingevoerd en daar overal wordt geplant in   *Cultuur.*
mullen, zwarten, goed bewerkten grond en omdat de vruchten

275/8610 het liefst willen hangen, leidt men hem op groote, breede planken.
Als zij nu en dan eens worden gezuiverd van de droge bladeren,
blijven de planten eenige jaren achtereen productief Hier, waar
zij als tweede gewas worden geplant op dezelfde wijze als komkommers, laat men ze natuurlijk niet overjarig worden.

Bladeren   De jonge bladeren dienen volgens Rumphius tot moeskruid;
ik trof het loof te Batavia wel op de pasars aan

Vruchten   De vruchten zijn van tweeerlei vorm; de eerste is 3 à 4 voet
lang, van onderen met een kleinen buik, allengs spits toeloopend;
de tweede is korter, dikker en ronder Beide zijn van buiten witachtig en bezet met haartjes, die mettertijd afvallen en dan
krijgen zij een houtachtige schaal. Zoolang de vruchten jong zijn,
kunnen zij gekookt worden gegeten, doch het is een laffe,
waterige kost De chineezen weten het vleesch te confijten, als
dat van Benincasa hispida, Cogn. (Rumph). Dat deze uiterst
waterige vrucht geconfijt zou worden, heb ik niet bevestigd gekregen. De jonge vruchten, meestal veel kleiner dan R. opgeeft,
worden in sajoer en gekookt bij de rijst gegeten Mevr. Kloppenburg
zegt, dat men typhuslijders het uit de jonge *waloeh kěnti* geperste
sap laat drinken als zij dorst hebben Het geraspte vruchtvleesch
wordt ook gebruikt om typhuslijders het hoofd te verkoelen.

De houtachtige schaal van de oude vruchten van dezen gecultiveer-
den vorm wordt gebruikt als waterkruik, waarover hieronder meer.
De opgave dat de zaden worden gebezigd om lintwormen te verdrijven,
berust, naar het mij voorkomt, op de verwarring, die bestaat in
de botanische equivalenten der inlandsche namen Ik heb herhaaldelijk geïnformeerd naar het gebruik van de zaden tegen lintworm,
doch op mijn vraag nooit een bevestigend antwoord gekregen.

Een oneetbare variëteit — als het niet eenvoudig een vorm is —
beschrijft Rumphius (V, bl. 397) onder den naam Cucurbita
lagenaria als de eigenlijke *fleschkalebas;* als inlandsche namen
geeft hij op: Mal *Kalabasa* (Mol.) en *Laboe*—Balin · *Waloeh* Deze,
zegt hij, acht men de moeite van het leiden niet waard en men laat
haar daarom door de ruigte kruipen of tegen wilde boomen oploopen Alle deelen zijn walgelijk bitter en oneetbaar en men plant
ze alleen om de groote vruchten, die men oud en houtachtig laat
worden, waarna men het vruchtvleesch eruit boort of snel doet
vergaan door wat asch in de schil te brengen Zij zijn van verschillend fatsoen de meest algemeene vorm is die van een blaas
met wijden buik en langen, smallen hals; bij den tweeden vorm
gaat de buik geleidelijk over in een korten hals en dan heeft men
nog een derden vorm, waarvan de hals wederom bolvormig is
uitgezet De schaal van alle drie is houtachtig, tamelijk hard, glad
en donkergeel Na het afsnijden moet men de vruchten met touwen
neerlaten, omdat zij breken, als men ze uit den boom laat vallen.
De ledige flesschen droogt men in den rook en daarna zijn zij zeer
geschikt voor het bewaren van vloeistoffen; zij zijn zeer licht en
kunnen tegen een stootje, behouden echter den smaak van de
vloeistof waarmede zij gevuld zijn geweest en kunnen daarom niet
meer voor andere vloeistoffen worden gebruikt De grootte loopt
uiteen, de gewone houden 3 tot 4 L. in, doch op Bali heeft men
er, waar wel 16 kan in gaat (Rumph.).

Hierbij moet worden opgemerkt, dat op Java de verschillende vormen kunstmatig worden verkregen door het leggen van banden om de onvolwassen vrucht. Insnoeringen kunnen aldus naar willekeur worden te voorschijn geroepen. De ledige flesch heet in het soendaasch *lèdjèt*, de eetbare vrucht *koekoek*.

Voorts is er, zegt Rumphius (V, bl. 398), nog een wilde vorm, die gewoonlijk op het strand groeit en in alle deelen kleiner is, de vruchten zijn hoogstens een span lang, hebben een kleinen buik en een langen, krommen hals, als een retort. Men noemt die *kalabasa oetan*; eertijds waren zij veel te vinden in de bocht van Kajeli (Boeroe). De inlanders gebruiken ze voor het bewaren van sirihkalk, kruid of medicijnen. Ook deze is zeer bitter.

Lagenaria vulgaris, Ser. is een cosmopolitisch gewas en toen na den Boerenoorlog in Engeland de gebogen halzen van een vorm van fleschkalebas uit Zuid-Afrika werden geïntroduceerd en zeer veel opgang maakten als tabakspijpen, trok deze plant algemeen de aandacht. Het Bureau of Plant industry U. S. publiceerde in Circular No. 41 een uitvoerige handleiding voor het cultiveeren van kalebassen in den gewenschten vorm. In Queensland Agr. Journal Nov. 1908, bl. 244 verscheen er een afbeelding van met de mededeeling, dat daar in het kustgebied de vruchten te groot worden. De afgesneden, schoongemaakte en gedroogde, voor pijpen bruikbare halzen brachten een hoogen prijs op (15 cent per stuk), doch het is mij niet bekend, of het gebruik daarvan blijvend is geweest dan wel slechts een voorbijgaande modegril was. In den laatsten tijd is van die pijpen n l. niets meer gehoord. Met het oog op Rumphius' mededeelingen omtrent de kalabasa oetan, wordt echter op het voorgaande de aandacht gevestigd, daar deze voor tabakspijpen zeer geschikt zouden kunnen blijken te zijn. Van de door R. bedoelde kleine kalebassen, die ik van Boeroe verkreeg onder den naam van *taboel*, zijn er echter vele met rechten hals.

In het Museum: Vrucht, schalen

Trichosanthes Anguina, L.
Volksnamen. Mal. *Lindoeng, Parija bĕloet, Pĕtola oelar* (Mol.)
— Jav. *Paré wĕloet*

Klimplant, inheemsch in Eng.-Indië en thans over de tropen der Oude Wereld verspreid, hier wel op de erven geplant, doch, voor zoover mij bekend, niet veelvuldig. Rumphius beschrijft haar (V, bl. 407) onder den naam Petola anguina als op Ambon vrij zeldzaam voorkomend. Men laat haar langs boomen of door de ruigte loopen, waardoor zij beter gedijt dan indien men haar op latten leidt, veel zorg vereischt zij niet, doch zij geeft ook niet veel vruchten. Deze zijn 3 à 3½ voet lang, twee vinger dik, rond, nooit recht, maar met wonderlijke bochten door elkaar geslingerd. De kleur is groen met enkele witachtige plekken, doch zij lijken wit door een meelachtige stof, die er gemakkelijk kan worden afgestreken; rijp wordt de schil donkerrood en als men dan de dunne, broze, papieren schil verwijdert, vindt men een skelet als bij de luffa. De jonge vruchten zijn inwendig groenwit en sappig.

Het geheele gewas, en in het bijzonder de vrucht, heeft een zware, onaangename lucht, die ook aan de handen blijft hangen, en een bitterachtigen smaak. Die onaangename eigenschappen verdwijnen echter bij de bereiding. Zij geven een smakelijk moes als men de jonge vruchten, niet meer dan een voet of een el lang, van het grijze meel ontdaan, in stukken gesneden te voren afkookt (Rumph.).

Als men hier Trichosanthes Anguina plant, hangt men wel eens een steentje aan de vruchten, om ze te dwingen recht te groeien. Deze praktijk wordt ook elders gevolgd, zooals blijkt uit Agr pratique d p c 1907, bl. 244.

In het Museum: Vrucht

275/8615

Trichosanthes bracteata, *Voigt* (T p u b e r a, *Bl*, T t r i- c u s p i s, *Miq.*)

Volksnamen. Soend : *Areuj ?gontang, Kalajar* — Jav *Ti- moen baloe*

Klimplant; het sap uit de in stukken gesneden stengels druppelt men in bij doofheid (Hasskarl, Het Nut No. 36).

275/8615

Trichosanthes celebica, *Cogn.*

Volksnamen. Alf. Minah.: *Amoet tamboeroek, Tawoeroek.*

Klimplant, 15 M. lang, de bladeren werden vroeger als surro- gaat voor zeep gebruikt (Koorders' Minahassa, bl 482); volgens De Clercq (No 3361) worden zij ook wel afgekookt als groente ge- geten Koorders vermeldt een gelijk gebruik met gedeeltelijk gelijk- luidende inlandsche namen van Momordica cochinchinensis, Spreng.

275/8615

Trichosanthes ovigera, *Bl*

Volksnamen. Soend. *Areuj tiwoek.*

Klimplant; de vruchten worden afgekookt en dan gebruikt men het vleesch der pitten als een lekkere toespijs bij de rijst (Hasskarl, Het Nut No. 120).

275/8615

Trichosanthes tricuspidata, *Lour.*

Volksnamen. Soend : *Kalajar* — Jav : *Boloe tĕkè.*

Kruipend kruid van den Maleischen Archipel. De versche bla- deren trof Boorsma aan in den inlandschen medicijnhandel te Djogja; zij zijn een bestanddeel van het complex van versche plantendee- len, waaruit in de Vorstenlanden het sap wordt ingenomen onder den naam *djamoe bogolan* (Geneesmiddelleer, bl 26) De Heer Boorsma deelde mij verder mondeling mede, dat het sap uit de met adas-poelasari gestampte bladeren aan kinderen wordt ingege- ven bij dunne ontlasting

275/8615.

Trichosanthes villosa, *Bl.*

Volksnamen Soend : *Areuj badoejoet, Waloeh leuweung.*

Klimplant. De sappen worden gedronken bij buikloop, indien de ontlasting wit is (Hasskarl, Het Nut No 19). Volgens mon-

Bladeren

delinge mededeeling van Dr Boorsma worden de gestampte bla- deren op het lichaam gesmeerd bij koorts en ook aangewend op

Vruchten

gezwollen beenen van kraamvrouwen De jonge vruchten werden mij te Buitenzorg gebracht als eetbaar, doch of die eetbaarheid wel heel groot is, moet worden betwijfeld, daar Greshoff (Plantenstoffen II, bl 87) het vleesch van de rijpe vruchten intens bitter bevond.

275/8615.
?Trichosanthes spec.
Volksnamen. Soend.: *Balèjor.*

De bladeren worden, gewreven, op door tijgers geslagen wonden gelegd om de tijgerharen te doen uitstooten; de vrucht wordt geschild, fijngesneden en tot groente gekookt. De zaden worden aangewend als de bladeren en voor nog werkzamer gehouden dan deze (Hasskarl, Het Nut No. 154).

275/8616.
Hodgsonia macrocarpa, *Cogn.* (H. heteroclita, *H. f. & Th.*, Trichosanthes Kadam, *Miq.* T. macrocarpa, *Bl.*).
Volksnamen. Mal.: *Akar kĕpajang, Biloengking* (Pad. Bovenl.), *Kadam, Sangkérèngan* (W. Born.) — Soend.: *Areuj pitjoeng tjèlèng.*

Liaan van aanzienlijke lengte van het westelijk deel van den archipel, in de Padangsche Bovenlanden groeiend op een hoogte van 4 à 5000 voet, vooral aan de westelijke helling van den Singgalang; blijkens een uit de Westerafd. v. Borneo ontvangen bericht komt zij ook veel voor in de bosschen van Sintang.

Deze plant draagt rijkelijk vrucht—volgens eene opgave van inlandsche zijde—van af het 5e of 6e levensjaar en zou 60 à 70 jaar in productie blijven; de opbrengst per plant wordt opgegeven 50 tot 100 vruchten per jaar te bedragen. Die vruchten hebben den vorm en de grootte van een kalebas en zijn rijp fraai geel; zij bevatten 7 of 8 groote, harde pitten, waaruit de bevolking een zeer bruikbare, boterachtige spijsolie perst. De zaden van 12—volgens een andere opgave van 20—vruchten geven een flesch olie, die men, om rans worden te voorkomen, na het persen verhit. Een onderzoek naar de olie is gepubliceerd in Bull. No. 30 (1904) van het Kol. Museum, bl. 163 en in Straits Bulletin October 1913, bl. 67. Zij is reuk- en smaakloos, smelt bij 21° C. en bestaat voor $^4/_5$ deel uit tripalmitine (Tijdschr. d. Ind. Mij v. N. & L. dl 9, bl. 366 en Van Hasselt in Veth's Sumatra-expeditie, Volksbeschrijving, bl. 316).

In het Museum: Zaden, olie.

275/8622.
Cucurbita moschata, *Duch.*
Volksnamen. Mal.: *Laboe ambon* (Mol.), *L. kastéla* (Mol.), *L. mérah, L. parang* — Soend.: *Waloeh* — Jav.: *Waloeh.*

Een algemeene vrucht door het geheele Oosten, op Ambon zoo verbreid, dat men haar voor inheemsch houdt, is de Pepo indicus. Zij wil liever langs den grond kruipen dan aan latten hangen, zoodat men haar plant in een mullen grond, waar men allerlei afval neersmijt (Rumphius V, bl. 399). De Bie (Inl. Landb. II, bl. 2) zegt van de waloeh, dat zij wordt geplant op geheel dezelfde wijze als Benincasa hispida, Cogn. *Cultuur.*

De bladeren zag ik op de pasar te Batavia te koop aanbieden voor lalab en sajoer; voor dat doel zijn zij zeer gezocht. *Bladeren.*

De vruchten worden volgens De Bie geplukt voor zij volkomen rijp zijn; hij beschrijft ze als rond, aan den benedenkant sterker afgeplat dan van boven, zoodat zij den vorm hebben van een zoetemelksche kaas met ondiepe groeven (als een meloen). Meer omvattend is de beschrijving van Rumphius, die terecht zegt, dat *Vruchten.*

sommige rond zijn als een afgeplatte bol, andere door diepe kepen zijn afgedeeld Ik ontmoette er ook wel in den vorm van Benincasa-vruchten, doch veel kleiner en men verklaarde, dat de vruchten dien gerekten vorm krijgen wanneer zij geen steunpunt hebben kunnen vinden; aan een en dezelfde plant vindt men dan ook somtijds vruchten van verschillenden vorm De kleur is volgens Rumphius vaalgeel; sommige jonge vruchten zijn grasgroen met witte plekken Het vruchtvleesch is drie vinger dik, geel, hard en lafzoet. Zij zijn smakelijker dan haar verwanten, van nature smerig en vet en laten zich bij allerlei sop en visschen voegen De inlanders eten ze gaarne, want met een klappermelkje of een visch-sopje gekookt zijn zij lekkerder dan eenige andere soort met een vet sop (Rumph). De Bie deelt mede, dat men van het oranje-gele vleesch nu en dan sajoer maakt, doch dat het gewoonlijk in verdunde klappermelk met arènsuiker en wat zout wordt ge-kookt tot het goed zacht is geworden en deels tot moes is over-gegaan Een dergelijke halfbrijvormige, melige spijs, gemaakt van pisang, Colocasia antiquorum, Manihot utilissima, Ipomoea Batatas enz, noemt men in Midden- en Oost-Java *kolak*, in het soendaasch *kaloewa* en deze wordt als versnapering genuttigd, ook door euro-peanen Mevr Kloppenburg acht veelvuldig gebruik van deze vrucht, door haar beschreven en afgebeeld onder den onjuisten naam van Lagenaria vulgaris, Ser, nuttig bij gestoorden stoelgang en zegt, dat de „gĕtah" uit de vrucht wordt aanbevolen tegen de beten van giftige dieren. Ook vermeldt zij natuurlijk het aan iederen

Zaden inlander bekende gebruik van de zaden Deze zijn een gerenom-meerd middel tegen lintworm, door oud-indischgasten zijn zij ook naar Europa overgebracht, doch daar is de werking onzeker, aan-gezien de zaden dikwijls te oud zijn (Bull. No 50, Kol Museum, bl. 183) Ook is het volstrekt niet onmogelijk, dat wat als laboe-mérahzaad in Holland wordt gebruikt, niet altijd afkomstig is van C. moschata, Duch Het werkzame bestanddeel der zaden is nog niet bekend; zij bevatten een groote hoeveelheid olie, waarvan de constanten, volgens een door De Jong in het Agr Chem. Lab te Buitenzorg ingesteld onderzoek, bedragen. s g 0.915, zuurgetal 3 3; verzeepingsgetal 196; R M getal 1 1 en Joodgetal 100.

In het Museum Vruchten, zaden, olie

275/8628 Coccinia cordifolia, *Cogn.* (C. grandis, *Roem*, C indica, W. & A., Momordica bicolor, *Bl.*)
Volksnamen In vele talen: *Papasan*, voorts ook Jav : *Boloe tĕkè, Kĕmarogan, Tjĕkli*
Vitis alba indica, zegt Rumphius (V, bl. 448), is een klim-plant, die zich met zeer lange, ronde, dunne stengels om de naas-te boomen en ruigte slingert De oude stengels worden een arm, zelfs een been dik, zij zijn hoekig en gestreept, alsof er vele te-zamen waren gegroeid. Zij kan den steunboom zoodanig bedekken, dat van het loof daarvan niets meer te zien is Omdat zij tot vele doeleinden gebruikt wordt, plant men haar (op Ambon) vaak In de tuinen op para-para's of langs de pagers, hoewel zij ook uit zich zelf groeit in verlaten tuinen.
Aan alle deelen van deze plant wordt geneeskracht toegeschreven.

Den tot kool gebranden wortel geeft men, tot poeder gewreven, *Wortels*
in bij zwarte kinderpokken tot het uitdrijven daarvan en de versche wortel, gewreven en op den rug gesmeerd, verdrijft de
pijn in den rug bij koorts (Rumph) Vorderman vermeldt den
wortel (Geneesmiddelen II) als voorkomend in den inlandschen
medicijnhandel te Soerabaja Te Batavia trof ik niet dezen, doch de
stengels aan Rumphius zegt, dat die in stukken gesneden in den rook *Stengels*
worden gedroogd, zoodat men ze lang kan bewaren in water
gewreven met Acorus calamus, L en ingenomen, verdrijven zij
duizeligheid; in het bijzonder bij hooge koorts

Zooals de wortel dienstig is bij de gevaarlijke zwarte pokken,
zoo gebruikt men bij alle andere kinderpokken de bladeren Deze *Bladeren*
worden met water gewreven en door een doek gezeefd, het vocht
wordt den patient ingegeven Datzelfde vocht laat men drinken
bij heete koorts, terwijl tegelijkertijd het lichaam van den lijder
met de gewreven bladeren wordt ingesmeerd (Rumph) De bladeren vermeldt Vorderman in Geneesmiddelen II onder No 193
Medicinaal gebruikt heeten zij volgens hem in Kedoe *daoen sarap
alas* Mevr Kloppenburg zegt, dat zij tegen buikziekte dienen
De bladeren geven ook een zoet moes, dat men echter niet te
lang mag laten koken, omdat het dan slijmerig wordt. De kleine,
komkommervormige vruchten worden insgelijks gekookt gegeten, *Vruchten*
alleen of met toeribladeren (Rumph) Op Java worden volgens
Hasskarl's Nut (No. 100) de bladeren gestoomd, en de vruchten
gekookt bij de rijst gegeten De jonge vruchten worden ook geconfijt.

In Bagelen zag Vorderman (l. c.) de fijngestampte zaadkernen, *Zaden*
met klapperolie gemengd, aanwenden tegen schurft

In het Museum Stengel, geconfijte vruchten

5/8630   **Sechium edule,** *Sw*
Volksnamen Mal : *Laboe siam* — Soend : *Gambas*
Klimplant, inheemsch in de Antillen en Midden-Amerika, in
alle tropische landen gecultiveerd ; op Java is zij — naar Wigman in
Teysmannia 1902, bl 431 mededeelt — omstreeks 1880 ingevoerd

Volgens De Bie (Inl. Landb. II, bl 2) wordt zij gekweekt op *Cultuur*
dezelfde wijze als Momordica Charantia; te Buitenzorg plant men
ze alleen op de erven en laat ze in de boomen klimmen Volgens
de monographie van Desruisseaux in l'Agr pratique d p c 1907,
bl 5 wordt Sechium edule ongeveer 20 jaar oud en levert zij op
4 à 6-jarigen leeftijd 300 tot 500 vruchten, het eenige voortbrengsel van deze plant, dat men hier gebruikt Elders worden alle
overige deelen insgelijks benut

Genoemde franschman zegt, dat na het tweede jaar talrijke wortel- *Wortels*
knollen ontstaan, die men jaarlijks kan oogsten na het afvallen van
de bladeren in den drogen tijd; zij zijn 2 ons tot 1 Kg. zwaar, doch
als men ze laat staan, bereiken zij een gewicht van wel 8 à 10
Kg De jonge zijn smakelijk en worden gegeten; de oudere dienen
voor varkensvoer. Volgens Agr News 1912, bl 303, worden in
Mexico de eenjarige wortels, gekookt en geconfijt, als een gewone
snoeperij langs de straten verkocht en de tweejarige in schijfjes
gesneden gebakken voor tafelgebruik.

Uit de nog volkomen groene deelen van de stengels wordt op *Stengels*

Réunion de z g *paille de chouchou* verkregen, een grondstof voor het vervaardigen van dameshoeden De toppen en de reeds een begin van verhouting vertoonende stengelgedeelten zijn voor dit doel ongeschikt, zoodat elke stengel slechts ca drie bruikbare geledingen geeft, die bij de knoopen afgesneden en van het loof ontdaan worden. Zoo noodig kan reeds zes maanden na het planten begonnen worden met het wegnemen van eenige stengels en verder kan men elke drie maanden snijden. Alleen volkomen gezonde en forsche stengels zijn voor het vervaardigen van het strooi te gebruiken; gevlekte en gebarsten worden zorgvuldig uitgeschoten. De geledingen worden overlangs in tweeën gespleten met een niet al te scherp mes, 12 tot 24 uur geweekt en daarna geschraapt De alsdan nog niet geheel gereinigde, groengekleurde, overblijvende vezelbanden worden 6 à 8 uur geweekt in zeepwater en daarop ten tweeden male geschraapt, uitgewasschen in stroomend water en in de schaduw gedroogd, waardoor zij glanzend zilverblank worden Voor 1 Kg strooi is 50 à 60 Kg. grondstof noodig; een werkster kan per dag 150 à 350 gram strooi bereiden.

Uit de door Desruisseaux opgegeven uitvoeren met correspondeerende prijzen blijkt, dat paille de chouchou een phantasieartikel is, hetwelk zijn aantrekkingskracht en daarmede zijn waarde verliest bij te groote aanvoeren Een modeartikel in den engen zin des woords is het echter niet, daar het welhaast een halve eeuw lang aan de markt komt Omstreeks 1895 werd een productie van 3000 Kg. verkocht tegen 50 à 55 francs per Kg Drie jaar later was de prijs reeds meer dan 50 % gedaald In 1900 bedroeg de productie 11 ton en de prijs 8 à 11 francs, in 1905 76 ton en de prijs 4 à 4½ fr. In 1910 werd 83 ton verkocht tegen gemiddeld francs 3.75, terwijl in 1912 slechts 44 ton werd geëxporteerd; desniettegenstaande bedroeg de middenprijs volgens een eng consulair verslag niet meer dan francs 2.90 per Kg In 1913 kwam men met een gemiddelde opbrengst van francs 2.50 Kg voor 39 ton beneden den prijs van loonende productie en in 1914 werd gemiddeld niet meer gemaakt dan 2 fr. 25, bij een export van 3 ton De verschillende kwaliteiten brengen uiteenloopende prijzen op; het artikel heeft echter te weinig toekomst om afdaling in verdere bijzonderheden te wettigen

Op Réunion worden de toppen der stengels gegeten als asperges of als spinazie; het loof dient er tot veevoeder

uchten De eenzadige vruchten zijn zoo groot als een vuist; zij smaken als gekookte komkommers, zoodat er heel wat verbeeldingskracht voor noodig zal zijn, om er appeltaart en andere heerlijkheden uit te kunnen proeven, welk fortuintje volgens Wigman (zie boven) voor de bewoners van Jamaica schijnt weggelegd te zijn Hier worden zij afgekookt gegeten bij de rijst als andere vruchten van de Cucurbitaceae; vooral te Buitenzorg komen zij nog al eens op de pasars voor

In het Museum Vruchten

CAMPANULACEAE

275/8680 **Sphenoclea zeylanica,** *Gaertn* (S Pongatium, *DC*) Volksnamen Soend.. *Goenda.*
Opgericht moeraskruid, tot 1.20 M. hoog, verbreid over alle tro-

pische landen, op Java algemeen in de vlakte (Koorders' Exkursionsflora). Volgens Hasskarl's Nut No 324 wordt het gestoomd bij de rijst gegeten en is het smakelijk, de bladeren worden te Buitenzorg op de pasars verkocht onder den naam van *goenda padi*

276/8698 **Pratia nummularia,** *Kurz* (L o b e l i a H o r s f i e l d i a - n a, *Miq*, P i d d i n g t o n i a n u m m u l a r i a, *DC*, P r a - t i a b e g o n i f o l i a, *Kurz*)

Kruipend, zodevormend kruid van den Maleischen Archipel, op Java zeer algemeen in het gebergte tusschen 600 en 2600 M zeehoogte (Koorders' Exkursionsflora) De Clercq (No 2849) geeft het weinig zeggende en niet toepasselijke *bawangan* als javaanschen naam op en deelt mede, dat de fijngewreven bladeren een middel zijn tegen spruw

276/8704 **Isotoma longiflorum,** *Presl.*
Volksnamen. *Melksterretje*

Zeer giftig, melksaphoudend kruid, op Java uit West-Indië ingevoerd en hier verwilderd Blijkens Boorsma's Plantenstoffen II, bl 107, bevat het een alcaloïd, dat verlammend werkt op de hersenen, het verlengde merg en het hart Volgens mondelinge mededeeling van denzelfden wordt te Buitenzorg het fijngestampte blad bij kiespijn in holle kiezen gestopt

GOODENIACEAE

277/8716 **Scaevola frutescens,** *Krause* (S c K o e n i g i i, *Vahl*)
Volksnamen Mal : *Gaboesan* (vulg), *Papatjéda* (Mol), *Pĕ-lampong*, — Bat : *Soebang-soebang* — Soend *Babakoan, B lalaki, Gagaboesan* — Jav *Doedoelan, Woedoelan* — Mad *Djhatè pasèr* — Bal . *Pĕlĕnda laoet* — Alf Minah *Bawoentoe-lan, Kokolè* — Alf Z Ceram *Mokal, Moral* — Banda *Toetoekĕt*

Opgerichte, 1 tot 3 M hooge heester van zandige of rotsachtige stranden, door Rumphius beschreven (IV, bl 116) onder den naam B u g l o s s u m l i t o r e u m als een heester met een korten, krommen stam, gewoonlijk een been dik, groeiend uitsluitend op vlakke stranden waar de bodem voornamelijk uit kleine steentjes bestaat en rivieren uitmonden, dikwerf zoo weelderig en aan elkaar gerijd, dat het een doorgaande haag gelijkt

De wortel is een tegengif tegen allerlei schadelijken kost, als Wortels vergiftige krabben, visschen enz

Het hout is wasgeel, lang van draad en hard, dat van heel Hout oude planten is bruin of zwartachtig In den grond is het niet duurzaam, maar wel in zeewater De inlanders, in het bijzonder de papoea's, maken daarom de voor den bouw van hun vaartuigen benoodigde nagels van het harde hout van het ondereinde der dikke stammen en die pinnen zijn nog gaaf als de prauwen reeds lang buiten dienst zijn gesteld

In de vette, weeke takken, die niet meer dan een duim dik zijn, Merg vindt men onder het dunne hout een spierwit, droog, sponsachtig hart, volmaakt overeenkomend met vlierpit. Hoe ouder de takken worden, des te dikker wordt het hout en dunner het merg in den

stam kan men het nauwelijks terugvinden, in het onderste deel in
het geheel niet Dit merg laat zich gemakkelijk tot allerlei figuren
snijden en neemt kleurstoffen licht aan; het is daarom (in de Molukken) in dagelijksch gebruik om kunstige bloemen, vogeltjes, lof-
werk e d te snijden, die men dan in allerlei kleuren verft. Na-
bootsingen van vruchten, vervaardigd van het merg van *papatjéda*,
behooren nog heden tot de merkwaardige kunstuitingen van het
eiland Ambon Het merg wordt volgens Rumphius ook, na op kolen
een weinig geroosterd te zijn, bij de sirih gekauwd met den wortel
van Drynaria sparsisora, Moore en den bast van den zaadloozen
Artocarpus incisa, om den witten buikloop te stoppen.

Bast Vorderman deelt mede (Madoereesche planten No 73), dat de
fijngestampte bast, met curcuma vermengd, op Madoera op patèk
(framboesia) wordt gesmeerd na voorafgaande behandeling met kopersulfaat Rumphius bericht, dat op Ambon een afkooksel van bast
en bladeren met *katjang idjo*, dagelijks gedronken, gehouden wordt
voor een middel tegen beri-beri, doch men moet tevens de groene
Bladeren bladeren op de opgezette beenen binden Proeven daarmede genomen hebben blijkens het Geneeskundig Tijdschr v N l. dl 34,
bl 745 en 756 niet veel resultaat opgeleverd Boorsma (Plantenstoffen I, bl 33) vond in bast en bladeren, behalve een niet zeer giftige
bitterstof, geen bijzondere bestanddeelen In den Riouw-archipel
gebruikt men de gekookte bladeren om er kraamvrouwen na de
bevalling het lichaam mee te bedekken Het met een weinig water
verdunde sap uit de bladeren in de oogen gedruppeld, geneest
volgens Rumphius de beginnende donkerheid derzelve, met dit
middel heeft een moorsche paap van Boëroe eenigen half blinden
menschen het gezicht hergeven, maar langen tijd door mij (R)
gebruikt, heb ik daarbij geen baat gevonden Nochtans wil ik de
krachten van dit boompje niet betwist hebben, want het is in Ambon bekend, dat verschillende personen daarmede zijn gecureerd
Vruchten Ook de rijpe bessen, boven de oogen uitgedrukt zoodat het sap
erin spat, zuiveren die en maken ze helder (Rumph)

COMPOSITAE

280 8751   **Vernonia anthelmintica,** *Willd*
Forsche, eenjarige struik, op Ceylon en in Voor-Indie algemeen
tot hoog in het gebergte In Eng-Indie worden de vruchten voornamelijk gebruikt, zoowel in- als uitwendig en naar men zegt met
goed resultaat, tegen huidziekten, o.a lepra, minder als wormdrijvend middel (Watt's Dictionary) Op Java worden zij in kleine
hoeveelheid van Bombay geïmporteerd voor den inlandschen medicijnhandel, waarin zij bekend staan als *koersani* of *moersani* Men
gebruikt ze volgens Dr Boorsma voor het samenstellen van verschillende djamoe's, meestal gecombineerd met *madja-moedjoe*
(Cuscuta chinensis) Vorderman (Tijdschr v Inl. Geneeskundigen
1898, bl 96) vermeldt, dat zij wel eens als abortivum worden gebezigd ; hij nam een geval waar bij een indo-europeesche vrouw,
die vroeger vruchteloos andere abortiva had toegepast, doch het
beoogde doel bereikte met een sterk aftreksel van koersani
In het Museum Vruchten

280/8751 **Vernonia arborea,** *Buch Ham.* (V. javanica, DC)
Volksnamen. Mal · *Mëlilin* (Banka), *Mërambong, Retepoengan*
(Banka) — Soend · *Hambiroeng* — Jav : *Dëdëk, Sëmboeng,
S. dëdëk, S gëdé, S gilang, S. koewoek* — Mad · *Sëmboeng*

Boom, tot 30 M hoog en 80 à 100 cM. dik, verbreid over geheel
Zuid-Oost Azie, op Java van af de laagvlakte tot op 2500 M zeehoogte in vele streken zeer algemeen, soms min of meer gezellig
groeiend, doch meestal verstrooid in talrijke individuen.

Het vuilwitte, nogal grove, lichte, niet sterke hout is weinig Hout
duurzaam en hoewel het in groote afmetingen en hoeveelheden
verkrijgbaar is, wordt het zelden door de inlanders gebruikt, in de
lagere bergstreken nooit, het heeft geen kernhout (K & V. — V, bl
50). Te Kediri is het bruikbaar bevonden voor de lucifers-industrie,
zoowel voor stokjes als voor doosjes (Teysmannia 1896, bl 505)

In de Lampongsche Districten wordt de bast gekauwd tegen Bast
spruwachtige aandoeningen

In het Museum · Hout

280/8751 **Vernonia chinensis,** *Less*
Volksnamen. Mal volgens Ridley: *Roekoe-roekoe gadjah,
Soempoe angin* — Jav : *Jawoen* — Mad. *Sarap.*

Kruid, volgens Koorders' Exkursionsflora op Java zoowel in de
vlakte als in het gebergte algemeen Ridley (Mal Geneesmiddelen,
bl. 23) vermeldt, dat de wortels worden gebruikt tegen koorts en Wortels
De Clercq (No. 3447), dat de bladeren een middel zouden zijn Bladeren
tegen stuipen bij kinderen

280/8751 **Vernonia cinerea,** *Less.* (V. leptophylla, DC.).
Volksnamen. Mal : *Boejoeng-boejoeng, Daoen moeka manis*
(Mol) — Soend *Leuleuntjaan, Sësawi langit* — Tern *So-
fo moetijara*

Senecio amboinicus is een onkruid, volgens Rumphius (VI,
bl 36) soms een voet, soms een el hoog, dat opschiet in de tuinen
Door het gemeene volk wordt het geplukt om het te mengen onder
ander moeskruid. De wortel wordt gebruikt tegen zwaren hoest Wortels
en het sap uit het kruid is vermaard bij de vroedvrouwen, die het Kruid
met dat van Hibiscus Rosa-sinensis ingeven om de weeën op te
wekken en na het baren om de placenta uit te drijven (Rumph)

Ridley vermeldt het als *roempoet sabagi* en *lambak boekit* en
zegt, dat een afkooksel van de geheele plant wordt aangewend
tegen diarrhee Op Java is dit kruid in de inlandsche geneeskunde
bekend als *boejoeng-boejoeng*

In het Museum · Kruid.

280/8775 **Elephantopus scaber,** *L*
Volksnamen. Mal : *Toetoep boemi* — Soend *Balagadoek* —
Jav : *Tapak liman* — Mad. *Talpak tana.*

Algemeen voorkomend onkruid, dat den roep heeft van zeer
geneeskrachtig te zijn. Volgens Jasper (Geneeskundige planten)
houdt men de wortels voor een goed middel tegen malaria en Wortels
dienen de javanen het vocht, dat ontstaat als de planten in haar
geheel met wat zout en zoethout worden fijngewreven, toe aan

Kruid

kinderen die aan koorts sukkelen. Mevr. Kloppenburg deelt mede, dat het door een doek geperste sap van de gestampte plant of een afkooksel ervan wordt ingenomen tegen witten vloed en dat de bladeren als tapel op den buik worden aangewend bij hooge koorts.

Behalve deze worden nog vele andere toepassingen van Elephantopus scaber vermeld, zooals als wormdrijvend middel, aphrodisiacum, lactifugum, tegen hoest (veterinair), spruw, slepende diarrhee,

Chemie

enz Greshoff (Plantenstoffen II, bl 106) vond in de bladeren een niet nader onderzocht bitter beginsel.

In het Museum Wortels.

280.8785

Adenostemma viscosum, *Forst* (A. fastigiatum, *DC*, A. ovatum, *Miq*)

Volksnamen. Mal Daoen moeka sakit (Mol.), *Daoen tèmpèl daging* (Batav.), *Pĕmpoeloet babi, Sajoer babi* (Mol.) — Soend Bĕbabian, Djoekoet djarijan, Djotang leuweung, Kagirangan, Kakèdjoan, Kèdjo bèjar — Jav Lĕgĕtan warak, Seprah, Tespong — Mak Djaboen-djaboen tanah — Boeg Langa-langa — Banda Lidah andjing.

Algemeen voorkomend onkruid, door Rumphius (VI, bl 34) beschreven onder den naam Olus scrofinum als een struikje van een el hoogte, groeiend op schaduwrijke, vochtige plaatsen

Wortels

De wortel wordt met pinang en een stukje kleine gember gekauwd tegen zwaren hoest. De wortel als voren gekauwd en het kruid daarbij gegeten, stopt buikloop. Tegen koliek geeft men

Kruid

het sap van deze bladeren tezamen met Centella asiatica en Phyllanthus Niruri en Urinaria. De gewreven bladeren bezigt men ook om de door de zon verbrande huid te verkoelen Boven het vuur verflenst dienen zij om zweren en bloedvinnen tot rijpheid te brengen. Tegen uitvallend haar moet men het hoofd met deze bladeren wasschen, want zij werken verkoelend en doen nieuwe haren groeien, maar „de oude bevestigen zij geenszins"

Dit kruid wordt gaarne gegeten door de varkens en op Bali zijn de malsche toppen, geplukt voor de bloemknoppen zijn opengegaan, een zeer gebruikelijk moeskruid Alleen gekookt is het echter bitter en vies van smaak, zoodat het altijd gemengd wordt onder andere sajoer (Rumph.).

Rumphius' berichten heb ik ten deele bevestigd gekregen. Te Buitenzorg gebruikt men het sap uit het gestampte kruid tegen slijmafgang en Mevr Kloppenburg, die mij een levend exemplaar van haar *lĕgĕtan warak* ter herkenning toezond, beveelt het aan om in te nemen tegen indische spruw Volgens mededeeling van Dr Boorsma worden de bladeren met zout gegeten tegen keelpijn Greshoff (Plantenstoffen

Chemie

II, bl. 106) trof er geen alcaloid in aan, maar een in water moeilijk oplosbare bitterstof van wellicht glucosidischen aard.

In het Museum Kruid

280.8795

Ageratum conyzoides, *L.*

Volksnamen. Soend · Babadotan, Djoekoet baoe — Jav : Wĕdoesan — Mad : Doeswĕdoesan

Algemeen voorkomend onkruid met sterken, onaangenamen geur. Volgens Hasskarl's Nut (No 147) zou een aftreksel van de wor-

tels als thee worden gedronken en het lichaam met de fijnge- *Wortels*
stooten wortels worden ingewreven bij verhoogde temperatuur
De Clercq (No 77) vermeldt, dat de fijngestampte bladeren in *Kruid*
water worden gedaan en dit infuus tegen borstaandoeningen te
drinken wordt gegeven Dr Boorsma deelde mij mede, dat babadotan voorkomt in samengestelde middelen tegen buikkwalen
en te Buitenzorg vernam ik, dat een zalfje van de gewreven bladeren met kalk op versche wonden wordt gesmeerd De Heer
Bakhuizen van den Brink berichtte, dat een aftreksel van de bladeren door de soendaneezen wordt ingedruppeld bij een branderig
gevoel van de oogen
Van Romburgh vond in dit kruid een geringe hoeveelheid aethe- *Chemie*
rische olie van zeer intensieven reuk (Verslag 1896 omtrent 's Lands
Plantentuin, bl 48) Ook Greshoff (Plantenstoffen II, bl 106) vermeldt een en ander omtrent de bestanddeelen, waaronder cumarine.

In het Museum Kruid

280/8816 **Eupatorium pallescens,** *DC*
Volksnamen Soend. *Babandjaran, Darismin, Ki dajang,
Ki oengkloek, Ki papatong, Ki rinjoeh, Papatètan*
Struik of heester, inheemsch in Zuid-Amerika, doch zich hier
thuis gevoelend als in zijn vaderland en in West-Java tusschen
1000 en 4000 voet zeehoogte zelfs Lantana Camara, L verdringend
Door den aanzienlijken bladafval is hij een uitnemende humus-
vormer en veel verkieslijker dan zijn concurrenten Lantana en
alang-alang. Vaak wordt hij gebezigd om afspoeling tegen te gaan
een enkele rij, uit stekken geplant, vangt als een zeef de door
het water medegevoerde vaste stoffen op (Teysmannia 1911, bl
390 en Tropische Natuur 1915, bl 168)
Volgens mededeeling van den Heer Bakhuizen van den Brink
dient het hout als brandstof en gebruiken de soendaneezen het
pluis wel voor het opvullen van kussens.

280/8816 **Eupatorium triplinerve,** *Vahl* (E. Ayapana, *Vent*)
Volksnamen Mal : *Atjĕrang, Daoen panahan, D prasman* —
Soend *Djoekoet prasman* — Jav. *Djapana, Godong prasman.*
Struik, ongeveer 1 M hoog wordend, inheemsch in Amerika, hier
gecultiveerd om zijn geneeskrachtige eigenschappen men vindt de
bladeren over geheel Java bij de medicijnverkoopsters Waitz (Practische waarnemingen, bl. 11) zegt, dat de werking min of meer overeenkomt met die van vlierbloemen en dat de bladeren daarom kunnen
worden aangewend tegen zinkingskoortsen en verkoudheden Mevr
Kloppenburg beveelt een aftreksel aan als zweetdrijvend middel bij
binnenkoorts en koude koorts, terwijl Jasper zegt (Geneeskr. planten), dat zij met arènsuiker en water worden gekookt en het decoct
aan koortslijders bij tusschenpoozen wordt toegediend
Een geheel andere toepassing blijkt uit Bleeker's bericht in het
Natuur- en Geneeskundig Archief 1844, bl 179, n l. dat een afkooksel van de aromatisch bittere bladeren door de inlanders tegen
chronische diarrhee wordt aangeprezen De juistheid daarvan volgt
uit het Summier ziekenrapport van Tjiandjoer in het Geneesk Tijdschr v N I dl 9, bl 690, waar men leest, dat bij catarrhale

diarrheeën en andere lichte buikziekten herhaaldelijk met goed
gevolg gebruik werd gemaakt van een aftreksel van ayapana

Behalve de toepassing als zweetdrijvend middel vermeldt Hasskarl's Nut (No. 146) nog, dat de fijngewreven bladeren bij hoofdpijn op het voorhootd worden gedaan en dat zij insgelijks dienen
om vuile wonden van maden te zuiveren Als middel tegen hoofdpijn worden zij inderdaad wel aangewend, doch het laatst opgegeven gebruik heb ik nog niet bevestigd gekregen

Chemie — Deze plant is herhaaldelijk onderzocht, volgens Wehmer's Pflan-
zenstoffe is er 1 14 % aetherische olie, een nog niet gedefinieerde
koolwaterstof en cumarine in gevonden

280/8818. **Mikania scandens,** *Willd* (M. v o l u b i l i s, *Willd*)
Volksnamen. Soend. *Tjapeu toeheui* — Jav.: *Sĕmboeng
rambat*

Kruid, pl m 5 M hoog klimmend (Koorders' Exkursionsflora)
Medicinaal De bladeren zijn wondheelend; in de handen fijngewreven, worden zij na de besnijdenis op het verwonde praeputium gelegd
(Hasskarl, Het Nut No. 125) Ook bij andere verwondingen worden zij wel toegepast.
Veevoeder Op Ceylon is gebleken, dat deze plant met graagte door het vee
wordt gegeten (Trop. Agriculturist Apr 1911, bl 336)

280/8866 **Dichrocephala latifolia,** *DC*
Volksnamen. Jav.: *Gletang, Tjontoman* — Mad · *Koestikoesan*
In den plantenatlas van Mevr. Kloppenburg wordt als No 57
een plant afgebeeld als *indische wilde kamille* (de hollandsche
naam wordt gegeven, omdat de javaansche onstandvastig zijn),
die volgens mededeeling van C. A. Backer waarschijnlijk moet
worden geidentificeerd met Dichrocephala latifolia Op 2000 voet
zeehoogte zou zij overvloedig voorkomen Een afkooksel van de
versche of gedroogde bloemknoppen met *sawi lĕmah* beveelt Mevr
Kloppenburg aan als goed zweet- en urinedrijvend middel

280 8001 **Erigeron linifolius,** *Willd* (C o n y z a a n g u s t i f o l i a, *Roxb*)
Volksnamen. Soend *Djalantir, Djĕntrèng, Monjènjèn* — Jav
Mandoeng-mandoeng, Sĕmboeng langoe, S lantjoer — Mad
Kamandhin kĕrbhoej
Wortels Kruid Te Buitenzorg werd mij medegedeeld, dat de wortel van
monjènjèn, fijngewreven met adas poelasari, op de lendenen wordt
gesmeerd tegen een bepaalde soort van lendenpijn. Vorderman
(Madoereesche planten No. 148) vermeldt, dat een papje van de
Bladeren versche bladeren op het voorhoofd wordt aangewend tegen hoofdpijn, welke mededeeling De Clercq (No 467) overbrengt naar Blumea lacera, DC Deze bladeren zijn algemeen op Java verkrijgbaar
in den inlandschen medicijnhandel. Dr Boorsma deelde mij mede,
dat een afreksel van monjènjèn of *tjong hin tjao*, alleen of tezamen
met wortels van Cajanus Cajan, Millsp. en akar *nanangkaun*, dan
wel met gebrand opium, wordt ingenomen door schuivers om zich
het gebruik van opium te ontwennen

In het Museum Kruid.

280/8939 **Blumea balsamifera,** *DC* (Conyza balsamifera, *L*.).
Volksnamen. Mal. (en vele andere talen). *Sěmboeng, Tjapa* —
Jav *Sěmboeng goela, S koewoek, S légi* — Mad *Kaman-
dhın* — Tern. *Madıkapoe*

De vormenrijke Blumea balsamifera vindt men bij Rumphius (VI, bl
55) beschreven onder den naam Conyza odorata als een heester,
5 à 6 voet hoog, met een ronden, dikken, bijna houtachtigen stengel,
die zich in vele rechte zijtakken verdeelt Hij is bekend van alle oostersche eilanden, waar hij groeit op open, dorre, zandige velden aan
de vlakke oevers der rivieren en in de boschzoomen Die opschieten
in tuinen en op bouwvelden worden heesters met een formeelen stam
van een arm dikte en een zeer uitgebreid wortelstelsel

Een afkooksel van de jonge wortels van planten die nog niet in _{Wortels.}
bloei zijn geschoten — de oude wortels zijn houtig en bijna smake-
loos — wordt gedronken om eetlust op te wekken en als maag-
sterkend middel Anderen prefereeren daarvoor een afkooksel van _{Bladeren}
de versche of gedroogde bladeren Deze, specerijachtig van reuk en
eenigszins bitter van smaak, zijn alom in gebruik om, met andere
bladeren als van Vitex trifolia, Psidium Guajava en den citroenboom,
zweetbaden te maken voor beri-berilijders en tegen matheid van
het lichaam als gevolg van ziekte, vermoeidheid, e d Men gebruikt
die als eigenlijk bad en als stoombad, in beide gevallen volgt een
flinke transpiratie. Men doet de bladeren onder ander moeskruid
of stooft ze alleen tegen krampen in den buik, voortkomende uit
flatulentie of gevatte koude Het sap of een afkooksel van de
bladeren wordt ingenomen tegen te overvloedige menstruatie De
baliers mengen het sap van de bladeren met dat van *daoen kěntoet*
en het melksap van Alstonia scholaris R.Br. en geven dat in tegen
een bedorven maag, buikpijn en wormen. Voor inwendig gebruik
neemt men bij voorkeur bladeren van planten welke op bebouwden
grond zijn opgeschoten; deze zijn minder wollig en bitter (Rumph.).

De mededeelingen van Rumphius vinden ten deele bevestiging
in de nieuwere literatuur, die daarop trouwens zonder twijfel gedeeltelijk berust Horsfield (Medicinal plants, bl 105) zegt Deze
plant is opwekkend en tegelijkertijd verzachtend, een warm aftreksel ervan is een krachtig zweetdrijvend middel, dat zoowel door
javanen als door chineezen zeer algemeen wordt aangewend tegen borstkwalen. Verscheiden geneesheeren te Semarang hebben
mij verzekerd, dat zij het steeds gebruiken bij borstziekte, gevatte
koude, enz. Waitz (Practische waarnemingen, bl 11) beveelt sěmboeng aan door te zeggen dat zacht prikkelende, balsemachtige
en slijmachtige bestanddeelen deze plant maken tot een zweetdrijvend en slijmoplossend middel, zij toont zich nuttig in zinkingskoortsen, vooral bij catarrh op de borst, catarrhalen hoest en
heeschheid Vorderman (Madoereesche planten No 147) meldt,
dat een infuus van de bladeren als zweetdrijvend middel wordt
toegediend bij koorts In den Catalogus Brusselsche Tentoonstelling 1910 wordt sěmboengwortel en blad een beproefd middel genoemd tegen malaria en andere sleepende koortsen. Mevr. Kloppenburg beveelt een thee of een stoombad van sěmboengbladeren
aan tegen malaria en een afkooksel met pepermuntolie tegen wind-
koliek en ook tegen cholera Een afkooksel van sěmboengblade-

ren en gestampte geroosterde *kĕdawoeng*-zaden (Parkia biglobo-
sa), zou heilzaam zijn tegen krampen tijdens de menstruatie. Op
het Mal. Schiereiland wordt volgens Ridley (Mal. Geneesmiddelen, bl. 17) sĕmboeng aangewend tegen maagpijn en blaast men
de tot stof gewreven droge bladeren bij paarden in den neus
tegen verkoudheid. Op Sumatra zijn de bladeren volgens De Clercq
(No. 464) een middel tegen neusbloeding, zooals mij inderdaad
uit Palembang werd bericht, en wordt het uit de bladeren geperste sap ingenomen tegen galziekte; ook zou het na de besnijdenis worden aangewend als bloedstelpend middel. In Z. O. Borneo
worden de bladeren gemengd onder tabak, doch volgens Boorsma
oefenen zij bij het rooken geen narcotische werking uit (Jaarboek
1915 Dept v. L. N. & H., bl. 25).

Chemie.   Boorsma trof in Blumea balsamifera slechts sporen aan van
een kamferachtige stof (Jaarboek 1907 Dept v. L., bl. 72), doch
Van Romburgh was gelukkiger geweest; uit het Verslag 1895
omtrent 's Lands Plantentuin (bl. 38) blijkt, dat hij uit de bovenaardsche deelen een geringe hoeveelheid aetherische olie verkreeg, waaruit zich kristallen van kamfer afzetten en meer kamfer kon worden gewonnen door de olie te distilleeren; de wortels bevatten die olie niet. Blumea balsamifera wordt dan ook
gezegd een van de soorten te zijn, waarvan in Achter-Indië en
Zuid-China de *ngaïkamfer* wordt bereid; daar worden de jonge
bladeren ingezameld van de in groote hoeveelheid in het wild
groeiende planten en op primitieve wijze gedistilleerd. Het verkregen product wordt na raffineeren in China gebruikt als geneesmiddel en voor het vervaardigen van de fijnere kwaliteiten
oostindischen inkt. Het is een phantasieartikel, zooals de Dry-
obalanops-kamfer, doch aanmerkelijk lager in prijs, hoewel nog
veel duurder dan japansche kamfer. Als bron van commercieele
kamfer is dit kruid practisch van geen beteekenis; ngaïkamfer
is buiten China nauwelijks bekend en wordt daar, van een chi-
neesch standpunt beschouwd, niet naar waarde geschat. Na een
in Eng-Indië ingesteld onderzoek, dat drie jaar duurde, werd
een groot laboratoriummonster naar Duitschland gezonden ter
taxatie, doch de waardebepaling was zoo laag, dat voor Burma de exploitatie niet loonend zou kunnen zijn (Annual Report
of the Board of Scientific Advice for India 1909/10, gerefereerd
in Indian Trade Journal Mei 1911, bl. 202). Een studie over
dit onderwerp vindt men in Indian Forest Records Vol. I part
III, bl. 265.

In het Museum: Wortel, kruid, aeth. olie.

280/8939.   **Blum**ea chinensis, *DC.* (B. riparia, *DC.*, Conyza r., *Bl.*).
Volksnamen. Mal.: *Tombak-tombak* — Soend.: *Djongè areuj,*
Lalangkapan.
Opstijgend kruid, tot 7 M. hoog klimmend (Koorders' Exkursionsflora). Ridley (Mal. Geneesmiddelen, bl. 18) vermeldt omtrent tombak-tombak, dat een afkooksel van de bladeren wordt gedronken
tegen koliek; te Buitenzorg deelde men mij mede, dat de bladeren van djongè areuj, met arènsuiker fijngewreven, met water worden ingenomen tegen vrouwenziekte.

280/8939 **Blumea lacera,** *DC*

Volksnamen Soend *Batoe lintjar, Lalangkapan, Sĕmboeng koewoek* (?)

Kruid, ongeveer 1 M hoog, zeer algemeen (Koorders, Exkursionsflora), dat als groente gekookt wordt gegeten, in het bijzonder
de jonge toppen (Hasskarl, Het Nut No 162)

280/8939 **Blumea spec**

Volksnamen Mal Amb *Tabako oetan*

Conyza indica minor is een zeldzaam kruid, $3^1/_2$ à 4 voet
hoog, opschietend in verlaten tuinen omtrent de negorijen Het naar
tabak riekende sap uit de bladeren wordt ingenomen als zuiverend middel bij gonorrhee en ter verzachting van pijnlijk urineeren in die ziekte (Rumph. VI, bl 56)

280/8041 **Pluchea indica,** *Less.*

Volksnamen op Java. *Bĕloentas* — Jav. ook: *Loentas*.

Heester, tot 1.50 M. hoog, zeer algemeen in de vlakte, vooral
achter het strand, vaak tot heggen gebezigd De bladeren worden Pagers
(gestoomd) als toespijs genuttigd (Vorderman, Mad planten No. 16)

Omtrent het medicinaal gebruik het volgende Hasskarl's Nut
No 181 zegt. De bladeren hebben een aangenamen, aromatischen
geur en worden als thee gebruikt, vooral om te zweeten Mevr
Kloppenburg beveelt aan de bladeren gestoomd of rauw gestampt
te eten tegen een bedorven adem en een vieze transpiratielucht.
Horsfield (Medicinal plants, bl 105) bericht, dat bĕloentas met
goed gevolg wordt gebruikt in baden als aromatisch en opwekkend middel en Waitz (Practische waarnemingen, bl 13) zegt, ze
meermalen met succes te hebben aangewend in zenuwsterkende
fomentatiën; sterk beveelt hij ze aan als „een heerlijk zenuwsterkend
ingredient van badspecies". Jasper vermeldt in Geneeskrachtige
planten, dat daoen loentas met *daoen lagoendi* (Vitex) gemengd en
met verzuurden palmwijn tot een papje gewreven, een goed smeersel
is tegen slapheid en krachteloosheid tengevolge van diarrhee Dr
Boorsma deelde mij mede, dat het sap uit de met andere gebruikelijke
ingredienten (adas-poelasari, bawang mérah, koenjit, tĕmoe lawak
en benzoe) gestampte bladeren een heilzaam middel wordt geheeten
tegen bloeddiarrhee zelf; voorts zouden de bladeren met kalk op
wonden worden aangewend Waitz bericht verder nog, dat de versche bladeren veelal een ingredient vormen van verdeelende smeer-
sels en pappen en Filet schrijft in het Geneeskundig Tijdschr. v N I
dl 8, bl 462, dat hij ze in aftreksel of gemengd in pappen gebruikte bij atonische of gangreneuze zweren ter vervanging van kamille.

In het Museum Bladeren

280,9055 **Sphaeranthus africanus,** *L.* (S. microcephalus, *Willd*)

Volksnamen Soend *Sĕmboeng gantoeng* — Mad *Kamandhin*

Opgericht kruid, 0.50 M hoog, vooral voorkomend op braakliggende sawahs (Koorders' Exkursionsflora) Vorderman (Madoereesche planten No 146) bericht, dat een afkooksel ervan wordt gedronken na afloop eener koortsaanval De Clercq (No. 3203) voegt
daaraan toe, dat het ook dient als veevoeder. Veevoeder

280/9166 **Eclipta alba,** *Hassk.*

Volksnamen. Mal : *Daoen sipat* (Mol), *Kĕrĕmak djantan* — Jav *Goman, Oerang aring* — Mad *Telantean* — Banda: *Daoen tinta*

Kruid, door Rumphius (VI, bl. 43) onder den naam E c l i p t a beschreven als een onkruid, een voet of een el hoog, in de tuinen groeiend op mullen, zwarten grond In water gewreven dient het om het hoofd te verkoelen en het haar te wasschen ten einde den groei te bevorderen en hetzelve zwart te verven, „een konstje van oude vrouwen die graag jong willen blijven". Men smeert het sap ook pasgeboren kinderen op het hoofd om ze spoedig nieuw en zwart haar te doen krijgen Voorts wordt het sap gedronken en op de borst gesmeerd tegen aamborstigheid De bladeren, met een weinig zout gewreven op het hoofd gesmeerd, stillen hoofdpijn. Op Bali mengt men ze onder ander moeskruid (Rumph.)

Als hoofdwassching zijn de bladeren ook thans nog in gebruik en Ridley (Mal Geneesmiddelen, bl 18) zegt, dat ze, onder klapperolie geroerd, worden gebezigd als haargroeibevorderend middel en voorts gelijk Spilanthes tegen tandpijn Dr Boorsma deelde mij mede, dat ook in Midden-Java een aftreksel van oerang aring in klapperolie wordt gebruikt als haarolie, die het haar lang en zwart zou maken. Het kruid wordt voorts op ringworm gewreven en te Batavia zou een decoct worden ingenomen tegen benauwdheid De bladeren worden ook gaarne gekookt gegeten.

In het Museum, Kruid

280/9192 **Wedelia** spec div.

Onder den naam S e r u n e u m a q u a t i l e vat Rumphius (V, bl 423) een aantal Wedeliasoorten samen, waaronder W biflora, DC hem wel het meest voor oogen moet hebben gestaan Van de door hem opgegeven volksnamen vindt men bij De Clercq *saroeni* (Soend , Jav.) en *tjinga-tjinga* (Ternate) terug onder W. biflora, DC , verder *daoen songga* (Mal Amb), *kĕsaksak* (Bali), *oemalani* (Alf Z Ceram) en *oetané maoelani* (Alf Hila) onder W moluccana, Boerl Ongetwijfeld zitten er meer soorten in verscholen, doch in eigenschappen schijnen zij vrij wel overeen te komen

R beschrijft zijn materiaal als een kruid met zeer lange, niet windende stengels, waarvan de knoopen wortelschieten als zij den grond raken en dat dientengevolge een groote plaats beslaat. Met zijn stengels op de lage ruigte rustend, wast het overal in het wild, op het strand en in de velden, het schoonste op het strand en aan de kanten van rivieren in de volle zon (dit is ongetwijfeld W biflora) De geheele plant geeft een zwaren reuk af, als anijs, olie en pek gemengd, vooral in den middag als de zon er fel op schijnt, of als men de bladeren wrijft; de smaak is scherp en de werking sterk afvoerend

Wortels Een aftreksel van den wortel, geneest witten vloed en werkt zuiverend bij gonorrhee; ook wordt hij gemengd onder dranken tegen graveel. Met pinang gekauwd verdrijft hij benauwdheid en duizeligheid tengevolge van het eten van giftige visschen en krabben

Stengels. De stengels zijn bij den wortel omtrent een vinger dik, hard en rond, maar verderop vierkant. Zij zijn bekleed met een kruidach-

280/9192 tigen, doch vezeligen bast, waaronder een houtachtige laag ligt, welke een droog, wit merg omsluit Dit merg, op de venijnige steken van ikan swanggi, pijlstaart e d gelegd, stilt de pijn en als de oogen verhit zijn en steken, wat veel voorkomt bij zeevarenden tengevolge van groote hitte en zonnebrand, dan perst men het sap uit het hart van de dikke stengels en druppelt dat, met water verdund, in. Voorts nemen de inlanders de van de stengels geschraapte schors, ontdaan van het buitenste ruige velletje, kneuzen die een weinig, en koken haar in versche klapperolie, waarna zij warm wordt gelegd op allerhande wonden, die daardoor voorspoedig genezen Ook gebruikt men de groene toppen der stengels of een tweetal bladeren, kneust die een weinig en poft **Bladeren** ze in de heete asch, na ze in een heel blad te hebben gewikkeld; het alsdan daaruit geperste sap dient voor het genezen van kleine vleeschwonden en zweren De stengels met de bladeren, in water gekookt en gedronken, verslaan den brand bij koorts

De bladeren worden zoowel rauw als gekookt als moeskruid genuttigd, doch kunnen wegens hun wreeden smaak en sterke diuretische eigenschappen niet te vaak worden opgedischt. De visschers eten de jonge gele bladeren rauw bij visch en bokasan, doch meer worden zij, met visch of schilpadvleesch toebereid, gekookt genuttigd. Dan zijn zij volgens R een gezonde kost, die sterk en gemakkelijk doet urineeren. De chineezen en javanen eten de bladeren weinig, doch wasschen zich met een afkooksel ervan tegen jeuk. Men moet zich wachten om de bloemen onder het moeskruid te koken, want die veroorzaken een geweldige roering (Rumph)

In de nieuwere literatuur, voor zoover niet berustend op Rumphius, vindt men weinig omtrent toepassingen van Wedeliasoorten Ridley vermeldt in Mal Geneesmiddelen op bl. 34 van W biflora, de *saroeni laoet*, dat het kruid uitwendig wordt gebruikt tegen zweren en op bl. 45, dat de fijngewreven bladeren met koemelk gedurende 40 dagen worden aangewend (hoe?) om vrouwen na de bevalling op krachten te doen komen. De Clercq (No 3501) zegt, dat de jonge bladeren van W biflora dienen tot het kruiden van spijzen en Backer (Teysmannia 1914, bl. 747, dat deze plant in Cheribon een goed veevoeder wordt genoemd Het is daarom niet zeer waarschijnlijk, dat zij op Alor giftig zou zijn, gelijk af te leiden valt uit Indische Vergiftrapporten No 98 Daar wordt medegedeeld van de *lohawang*, geïdentificeerd als Wollastonia glabrata, DC = Wedelia biflora, dat het overal aan het strand groeiend kruid is, dat bij geiten, die ervan eten, krampen en voortdurend braken veroorzaakt, en de dieren binnen het etmaal doet sterven.

Van Wedelia moluccana, Boerl vermeldt De Clercq de ook door R genoemde toepassingen als groente en als wondheelend middel.

280/9200 · **Helianthus annuus,** *L*
Volksnamen Mal *Kĕmbang mata hari* — Soend *Srĕngĕngĕ.*
De *zonnebloem,* oorspronkelijk thuisbehoorend in Mexico doch thans een ware cosmopoliet, wordt hier overal als siergewas aan- **Voorkomen** getroffen Als onafscheidelijk gezel van de hoemapadi, pleegt voorts de soendasche landbouwer wat zonnebloemen te planten langs den rand van zijn veld, desnoods hier en daar of dwars over het

280/9200 midden, hoofdzakelijk ter wering van ziekten en plagen (De Bie, Inl. Landbouw I, bl. 87). Eenig ander nut heeft hij er voor zoover mij bekend niet van - wie zou ook—den fiscus buiten beschouwing latende—van den geneesheer materieele voordeelen voor de gemeenschap eischen! Toch is de zonnebloem sinds onheuglijken tijd een dankbaar onderwerp voor bespiegelingen van stoffelijken

Assaineering aard In de eerste plaats heeft zij, evenals het geslacht Eucalyptus, langen tijd de reputatie genoten het vermogen te bezitten om schadelijke uitwasemingen van den bodem te keeren. De eerste verslagen omtrent 's Lands Plantentuin maken melding van tal van pogingen om door zonnebloemcultuur den gezondheidstoestand te verbeteren in kuststreken, die in 'een kwaad gerucht staan, doch het wilde met de cultuur niet vlotten. Later is men aan die speciale eigenschap gaan twijfelen en heeft men de verklaring van den gunstigen invloed van de zonnebloemen gezocht in de drainage, welke op vochtige terreinen noodzakelijk aan de cultuur moet voorafgaan.

Oliegewas Verder is de aandacht op dit gewas gevestigd gebleven, omdat het zich in Zuid-Rusland sinds de eerste helft van de 19e eeuw heeft ontwikkeld tot een oeconomisch gewas van belangrijke beteekenis. Daar worden twee groepen van cultuurvormen geteeld, een met groote zaden, welke vooral tijdens de vele vastendagen als versnapering uit de hand worden gegeten, en één met kleine zaden, dienstig voor het bereiden van een uitmuntende spijsolie, die na raffineeren zeer na overeenkomt met olijfolie en dan ook ter vervanging en vervalsching daarvan wordt gebruikt; bovendien is die olie een van de beste voor de bereiding van zachte zeep. Die beteekenis is evenwel locaal, behalve in Rusland wordt nergens zonnebloem-zaad op olie verwerkt. In de V. S. van Noord-Amerika wordt Helianthus annuus ook om het zaad geteeld en bovendien een niet zeer belangrijke hoeveelheid zaad uit Rusland geïmporteerd, doch uitsluitend voor het mesten van gevogelte. Nieuwe producenten vinden dus een zeer beperkte markt. Agricultural Ledger 1907 No 1 vermeldt het geval van een planter uit Mozambique, die voor zijn eersten oogst in Engeland een behoorlijken prijs maakte, doch toen hij later een grooter hoeveelheid aanbood, was er geen gegadigde voor te vinden. Bij een andere gelegenheid gaf een groote oliefirma te kennen, dat zij, na in Londen 100 ton te hebben gekocht, voor een nieuwe proefneming bedankte.

Intusschen blijft de cultuur van zonnebloemen maar steeds aan de orde. Pflanzer 1914, bl. 262, geeft een kleine monographie en raadt het nemen van proeven aan in de afrikaansche koloniën. Queensland Agric. Journal Apr. 1915, bl. 137 en Juli 1915, bl. 32 gaat verder door de cultuur aan te bevelen van bepaalde vormen, n.l. Tall Mammoth Russian en Giant Russian, waarschijnlijk vormen die slechts één bloem geven. Van gelijke strekking is een monographie in Bulletin Imp. Institute 1916, bl 89 Hier is nog in 1912 een kleine proef genomen, de landbouwadviseur voor Atjeh (Verslag 1912 Landbouwvoorlichtingsdienst) verkreeg van een oppervlakte van 30 M² van ongetopte planten, gezaaid in een verband van 50 × 50 cM., 8.5 Kg zaad. Aannemende dat daarvoor in Amerika 200 à 300 gulden per ton te bedingen zou zijn, berekende hij, dat dit gewas in drie maanden tijds gemakkelijk ƒ 500 per bouw

kan opbrengen Van Romburgh vermeldt in Aanteekeningen Cultuurtuin, bl 55, dat men in 1877 van een nog kleiner aanplantje het
equivalent van 25 picol zaad per bouw maakte en in 1878 11
picol De cultuur, die vrij wel overeenkomt met die van maïs, is
volgens Van R zeer gemakkelijk; de zaden worden op 1 20 M. van
elkaar uitgelegd op een van tevoren goed bewerkt en bemest terrein
en na vier maanden kan men oogsten Elk jaar kiest men te Tjikeumeuh voor deze cultuur een ander stukje grond

Van een proefaanplant in Kediri, groot $^1/_4$ bouw, werd in 1907
88.5 Kg zaad geoogst, welke hoeveelheid kwam te staan op ruim
f 225 per ton, doch de proefnemer meende, dat als de aanplant
regelmatiger was geweest, de zelfkosten een bedrag van f 150 niet
zouden hebben overschreden. Ook dan echter zou de proef verlies
hebben gelaten, indien de normale prijs in Amerika, gelijk in de
aangehaalde australische publicatie's geschiedt, wordt gesteld op 10
à 12 £ per ton Ook de Leider der Selectie- en Zaadtuinen bevond
(Jaarboek 1915 Dept v. L.,N &.H , bl. 125), dat zonnebloemencultuur
hier in den regel niet als loonend zal kunnen worden beschouwd

Het naar aanleiding van die proef ingestelde onderzoek naar   Oliegehalte.
de samenstelling der te Buitenzorg geteelde zaden gaf blijkens
hetzelfde jaarboek (bl. 73) als uitkomst, dat zij 29 4 % olie bevatten.
Greshoff constateerde (Teysmannia 1890, bl. 191) in (kernen van)
hier geteeld zaad 48.5 % olie; volgens Wijs' Vetcatalogus varieert
het gehalte tusschen 35 en 50 %

Zoolang de zekerheid ontbreekt van afzet als oliezaad, hetzij plaatselijk, hetzij in overzeesche landen, zijn proefnemingen op behoorlijke schaal, zonder welke het niet mogelijk is inzicht te krijgen in de
twijfelachtige rentabiliteit van deze cultuur, m.i. niet aantebevelen

In het Museum. Zaden, olie

280/9200   **Helianthus tuberosus, *L.***
             Volksnamen. *Jeruzalem-artisjokken.*

In Koorders' Exkursionsflora wordt H tuberosus, L opgegeven
als zeldzaam op Java gecultiveerd; het is mij echter niet bekend, dat
deze zonnebloem met eetbare wortels hier als groente wordt geteeld.
Op het Maleische Schiereiland wordt zij wel in het klein gekweekt
en daar is de cultuur herhaaldelijk aanbevolen (o a Agr Bull. of
the Malay Peninsula 1898, bl 194, Straits Bulletin 1912, bl. 9 en 11
en Juli 1914, bl. 326). De cultuur wordt gezegd geen moeilijkheid op
te leveren; de grond moet diep worden omgewerkt en 14 dagen voor
het beplanten worden bemest met verganen koemest. De wortels worden 2 voet van elkaar in rijen uitgelegd en in den eersten tijd na het
uitloopen onder schaduw gehouden Als de plant na 3 à 4 maanden
vier voet hoog is, beginnen de bladeren te verwelken en kunnen
de wortels worden gerooid Aangezien zij niet lang bewaard kunnen worden en ook niet in den grond mogen blijven, omdat zij
spoedig opnieuw uitloopen, wordt aanbevolen succesievelijk te
planten en niet meer opeens dan men kan kwijt raken.

Bij het conservatisme der hollanders op het gebied van onbekende
groenten, zal het niet gemakkelijk vallen deze cultuur hier ingang te
doen vinden, temeer, omdat de kwaliteit niet geroemd wordt.

280/9207 **Spilanthes Acmella,** *L.*

Volksnamen Mal.: *Daoen lada* (Mol.), *Gĕtang, Goelang* — Soend. *Djotang* — Jav. *Lĕgĕtan, Saroenèn*

A b c d a r i a beschrijft Rumphius (VI, bl. 145) als een onkruid, drie voet hoog, groeiend aan kale, steenachtige rivieroevers

De smaak is bijtend en scherp, in het bijzonder die van de gele bloemhoofdjes, en als men die kauwt, wordt de tong zeer gevoelig De moorsche schoolmeesters gaven ze daarom in R's tijd den leerlingen te kauwen om hun de lispelend uittespreken arabische sisklanken te leeren.

Deze plant is over de geheele wereld bekend als volksgenees-middel tegen kiespijn Hasskarl's Nut No. 400 geeft op, dat de fijngewreven bladeren en bloemen in den mond worden genomen; Ridley (Mal Geneesmiddelen, bl. 37) zegt, dat men de planten vooraf kookt De Clercq (No. 3209) vermeldt de var. oleracea, Jacq. [1]) als de eigenlijke *paracress,* waarvan in de apotheek een kiespijntinctuur (paraguay-roux) wordt getrokken.

De bloemhoofdjes heeten in den inlandschen medicijnhandel *kĕmbang sĕriawan;* de scherpe smaak en het opwekken van een sterken speekselvloed bij het kauwen zullen het gebruik tegen mondspruw verklaren (Boorsma, Geneesmiddelleer)

Een variëteit (of zelfstandige soort) treft men te Batavia op de pasars aan als groente, zij wordt rauw of gestoomd door de inlanders gegeten

In het Museum Kruid.

280/9224 **Synedrella nodiflora,** *Gaertn.* •

Volksnamen. Soend.: *Djarong leutik, Djoekoet gĕndjrèng* — Jav.: *Toewoek bawoek* — Mad. *Moesé.*

Uit tropisch Amerika ingevoerd, thans op Java algemeen ver-breid, 40 tot 125 cM. hoog onkruid, groeiend op akkers en bescha-duwd terrein Volgens mededeeling van den Heer Bakhuizen van den Brink wordt in de Soendalanden een papje der bladeren, vermengd met die van Lantana Camara, L en Ageratum conyzoides, L , en wat sirihkalk, als verwarmend middel opgesmeerd bij buikpijn

280/9232 **Chrysanthellum indicum,** *DC.* (N e u r a c t i s L e s c h e-n a u l t i i, *Cass*)

Volksnamen Jav.: *Kĕmandèn sèwoe.*

Liggend kruid, op Java zeldzaam (Koordeis' Exkursionsflora), door Vorderman vermeld in Geneesmiddelen II onder No 241 als voorkomend in den inlandschen medicijnhandel te Soerabaja

280 9237 **Bidens pilosa,** *L* (B l e u c a n t h a, *Willd.*)

Volksnamen. Mal. *Daoen djarong* (Mol), *Djarongan bĕsar* (Batav.) — Soend : *Adjĕran, Atjĕrang, Hareuga* — Jav · *Kĕtoel, Tjaringin* — Mad. *Tjinglantjangan* — Tern. *Raoe tjaga gofo, Waroema koesoe.*

Opgericht kruid, door Rumphius (VI, bl 39) onder den naam A g r i m o n i a m o l u c c a beschreven als een onkruid, gewoonlijk

[1]) De systematiek van het geslacht Spilanthes is nog onzeker, de soort Acmella, L wordt door sommige botanisten opgelost in verschillende soorten

3 voet hoog, doch in de tuinen op de bedden wel 6 voet bereikend. Men vindt het in de tuinen en op braakliggende velden. Op Hitoe worden de jonge planten onder andere sajoer gemengd.

De wortel wordt gekauwd tegen tandpijn; tegen hoest doet men er Wortels. wortels van *sajoer babi* (Adenostemma viscosum) en sirih-pinang bij.

De gewreven bladeren dienen ter genezing van de brandwonden, Bladeren ontstaan door het spatten van de damartoortsen en men bindt ze ook pasgeboren kinderen op den navel om dien spoedig te doen afvallen. Met wat *curcuma* gewreven en warm gemaakt, geneest men er versche vleeschwonden mede. Het sap uit de bladeren, soms vermengd met dat van *lémon mas* (Citrus) en, indien te scherp, verdund met water, wordt gebruikt om leepoogen te reinigen. Men neemt het sap ook in ter genezing van pijnlijk urineeren als gevolg van gevatte koude, door het kruid bij de sirih te kauwen en het speeksel, met uitzondering van het eerste kalksop, in te slikken. Sommigen doen daarbij den wortel van Costus speciosus, Smith en Centella asiatica, Urban (Rumph.).

Te Buitenzorg wordt een koud aftreksel van den wortel gebruikt als oogwater bij zwakte van het gezicht. Hasskarl's Nut No 352 zegt van *hareuga*, dat de jonge plant en ook de jonge bladeren bij kiespijn worden gekauwd en dat de toppen, boven het vuur verflenst, op bloedzweren worden gelegd als rijpmakend middel. Het gebruik tegen tandpijn is insgelijks bij de maleiers bekend (Ridley, Mal. Geneesmiddelen, bl. 37). De toppen worden door de inlanders ook als lalab gegeten.

Door omwisseling met Coleus amboinicus, Lour, die insgelijks in de Soendalanden *adjěran* of *atjěrang* heet, hebben de bladeren abusievelijk een plaats gekregen in de Nederlandsche Pharmacopee als bestanddeel van *species antiaphthosae* of obat sěriawan (Boorsma, Pharmaceutisch Weekblad 1915, bl. 1666).

In het Museum. Kruid.

280/9238 **Cosmos caudatus,** *H. B. K.*

Volksnamen. Mal. *Oelam radja* (volgens De Clercq) — Jav. *Kěniklr*

Opgericht kruid, tot 1 M. hoog, vaak als sierplant geteeld en soms verwilderd (Koorders' Exkursionsflora). In Publicatie's van het Ned. Ind. Landbouwsyndicaat 1910 No 2, bl 4 wordt het aanbevolen Grondbedek voor het onderdrukken van alang-alang en tot het koel- en loshouden van den bodem. De Clercq (No 889) zegt, dat de bladeren wel als groente worden gegeten; bij het Agr. Chem Laboratorium te Buitenzorg werd er een aetherische olie uit gedistilleerd.

In het Museum. Aeth. olie.

280/9240 **Galinsoga parviflora,** *Cav*

Volksamen. Soend: *Bala katjijoet, Djlětos, Djoekoet baoe, Djoekoet saminggoe* — Jav. *Mondrěng, Sělěgrěng, Soetanoeli.*

Opgericht kruid, 0.50 M hoog, inheemsch in Amerika, op Java volkomen ingeburgerd, vooral in het gebergte (Koorders' Exkursionsflora).

De bladeren zijn in Midden-Java in gebruik genomen in de inlandsche geneeskunde, Dr Boorsma deelde mij mede, dat men er de huid mee wrijft, waar die in aanraking is geweest met *kĕ-madoeh*, de brandnetelachtige gewassen uit de familie der Urticaceae Ook leveren de bladeren een gezochte lalab

280/9339. **Matricaria Chamomilla, L.**

Kamille wordt in de omstreken van Tjigedoeg (Preanger Regentschappen) door de bevolking aangeplant als *tèh kĕmbang* en gebruikt om er de gewone (door de bevolking bereide) thee mede te vermengen Dit praeparaat wordt door de inlanders in die bergstreken genoten op dezelfde wijze als gewone thee, met de nevenbedoeling een als aangenaam aangemerkte transpiratie op te wekken.

In het Museum · Bloemen

280/9341 **Chrysanthemum indicum,** *L.* (Pyrethrum indicum, *Cass*).

Volksnamen *Chrysanth —* Mal. : *Saroeni*

Sierplant, veelvuldig in tuinen gekweekt, volgens Rumphius (V, bl 259), die haar beschrijft als Matricaria sinensis, door de chineezen ingevoerd Medicinale toepassingen ervan waren hem niet bekend, ook niet van de chineezen, doch op hun aanraden, zegt Rumphius, heb ik de bloemen in water gekookt gebruikt, zoowel versch als gedroogd, om de oogen te berooken in de pijnlijke ophtalmia (ontsteking der ooghoeken) en evenzeer in een doek lauw daarop gelegd en bevonden, dat ze de pijn en het steken in de oogen aanmerkelijk verlichten, zoodat ik haar de krachten van de kamille zou durven toeschrijven in het verzachten van pijnen

280/9358 **Artemisia Cina,** *Berg*

De *moengsi arab* van den inlandschen drogerijhandel is het *wormkruid*, de *flores cinae*, van de europeesche pharmacopeeen, m a w de ongeopende bloemhoofdjes van Artemisia Cina, die in reusachtige hoeveelheid groeit in het steppengebied van Turkestan De afgestroopte hoofdjes komen voornamelijk over Rusland in den europeeschen handel ; de inlandsche verkoopers voorzien zich, hetzij direct hetzij via den chineeschen drogist, uit de europeesche apotheken. De bloemen bevatten als werkzaam bestanddeel de kristalliseerbare bitterstof *santonine*. In Europa, waar het gebruik van wormkruid op den achtergrond is geraakt, diende men het kinderen veelal eenvoudig toe in een lepel stroop, doch hier te lande, waar men van gecompliceerde geneesmiddelen houdt, wordt van moengsi arab in den regel met andere ingrediënten als tĕmoe lawak, kĕlĕmbak, zoethout, kardemom en notemuskaat, een aftreksel bereid en dat als wormdrijvend middel ingegeven (Tijdschr. v. Inl. Geneeskundigen 1906, bl. 137).

In het Museum Bloemen

280/9358 **Artemisia vulgaris,** *L.* (A. lactiflora, *Wall*, A. lavandulaefolia, *DC.*).

Volksnamen. Mal : *Baroe tjina* (vulgair), *Pohon hia* (Batav.) — Soend.: *Beunghar koetjitjing, Djoekoet lokot mala* — Jav : *Soekĕt gandjahan*

Opgericht kruid, tot 1 50 M. hoogte opschietend, door Rumphius (V, bl. 261) beschreven onder den naam Artemisia latifolia.

In zijn tijd werd het op Ambon van Java ingevoerd, zoodat van het gebruik op Ambon nagenoeg niets bekend was; men begon het te eten in kruidstruif. Door de warmoezeniers van Batavia Culinair wordt het aangeplant en als *daoen manis* of *tjam tjao* ter pasar gebracht, de bladeren worden gestoomd gegeten met sambal en azijn.

In den inlandschen medicijnhandel heeten volgens Vorderman Medicinaal (Geneesmiddelen II) de bladeren in de Vorstenlanden *soedamala* en te Soerabaja *brobos këbo* Horsfield (Medicinal plants, bl 127) zegt, dat het kruid in eigenschappen gelijkt op de verwante absinth en diuretisch werkt. Volgens hem wordt het met succes uitwendig gebruikt in baden en pappen ter vervanging van kamille. Te Batavia wendt men de bladeren verwarmd aan op aambeien. Volgens De Clercq (No 335) wordt een aftreksel als thee aan kraamvrouwen toegediend. Hasskarl's Nut No. 90 vermeldt van djoekoet lokot mala, dat de gekookte, doch weer afgekoelde bladeren op hoofd-zeer en soortgelijken uitslag worden gesmeerd en Ridley (Mal Geneesmiddelen, bl. 18), dat een afkooksel van de bladeren dient als wassching bij verouderde zweren.

Boorsma ontving Artemisia vulgaris als opiumsurrogaat van Fort Stimulans de Kock en Solok, het rooken van deze plant bleek hem echter niet aan bedenking onderhevig (Jaarboek 1915 Dept v. L. N & H, bl. 25) en De Clercq vermeldt nog, dat, naar men beweert, de bladeren met succes als aphrodisiacum worden gebruikt.

280/9389 **Erechthites hieraciifolia,** *Raf.*

Volksnamen Soend : *Bagini, Djambrong, Sajaga, Sintrong, Tèspong* — Jav : *Mandroeng-mandroeng, Pajoeng, Taplek.*

Opgericht kruid, 0.50 à 1.00 M. hoog, inheemsch in het warme en gematigde deel van Amerika, hier verwilderd op vochtige plaatsen, op bouwland in de bergstreken vaak zeer algemeen. De toppen worden door de inlanders als lalab gegeten.

Dit is ook het geval met de insgelijks *sintrong* (Jav Lingko) geheeten Erechthites valerianifolia, DC

280/9405 **Gynura Pseudo-china,** *DC*

Volksnamen Jav. volgens Filet: *Tigel kio (Tëgil kijoeh?).*

Ingevoerd kruid, tot 0 75 M. hoog, met knolvormigen wortel, volgens een mededeeling van den Heer Backer in de buurt van Batavia onder den naam *tan sit (sam sit ?)* hier en daar door de chineezen gekweekt om de bladeren, die gestampt tegen puisten zouden worden aangewend. Volgens Dr Boorsma wordt het blad van sam sit, in brëm gestampt, ingenomen tegen gebrekkige menstruatie.

280/9405 **Gynura sarmentosa,** *DC*

Volksnamen Soend : *Kalingsir* — Tern : *Wangé molako tali.*

Sonchus volubilis van Rumphius (V, bl 299) is een 3 M. hoog klimmend kruid, met vele lange stengels door de ruigte kruipend, groeiend in steenachtige valleien en aan de kanten van de rivieren; ook plant men het wel in tuinen, waar het zich weel-derig uitbreidt en op latten moet worden geleid of in de gele-genheid gesteld te klimmen.

De sappige, naar mosterd smakende bladeren benutten de am-

bonneezen als kooksajoer, doch steeds gemengd met andere kruiden
Ook worden zij gebruikt in baden tegen beri-beri (Rumph) Dr
Boorsma deelde mij mede, dat de met olie gewreven gestampte
gedroogde bladeren op uitslag worden gesmeerd.

280/9411   **Senecio indicus,** *Backer* (msc in H B) (N o t o n i a g r a n d i-
f l o r a, *DC*)
Hoog kruid met bleekgroene, vleezige bladeren en groengele
bloemhoofdjes, inheemsch in Eng -Indie, te Batavia door chineezen
gekweekt onder den naam *bo tan* Volgens mededeeling van den Heer
F. Weehuizen worden de bladeren gekneusd op puisten aangewend

280/9411   **Senecio sonchifolius,** *Moench* (E m i l i a s o n c h i f o l i a, *DC*)
Volksnamen. Mal *Patah kĕmoedi, Sajoer moeka manis*(Mol)
—Soend ·*Djongè*—Jav *Kĕmondèlan, Tĕmpoeh wijoeng*—Bal
Tĕgil kijoeh — Mak.: *Linrapa*
Opgericht kruid, 0 30 tot 0 80 M hoog, door Rumphius (V, bl 297)
beschreven als S o n c h u s a m b o i n i c u s, volgens dezen behalve
wildgroeiend ook gekweekt in tuinen.
Wortels   De wortels, met die van Corypha Gebanga, Bl gewreven en
ingenomen, stoppen buik- en bloedloop
Bladeren   De bladeren smaken kruidachtig met een kleine bitterheid; zij
worden onder ander moeskruid gekookt, d.w z de bladeren van
de gekweekte, die van de wilde worden meer gebruikt in de
medicijnen Tot een pap gewreven en met een weinig bruine
suiker gemengd, worden zij bij koorts op de polsen gebonden om
den brand uit te trekken. De makassaren wrijven dit kruid met koelilawan en bestrijken daarmede kropgezwellen, om die te verdrijven
Het sap der bladeren in de oogen gedruppeld, verheldert die als zij
door zonnebrand schemerig en verhit zijn. Sommige maleiers nemen
het, met arak·gemengd, in tegen pijn in rug en lendenen (Rumph)
Mevr Kloppenburg beveelt tĕmpoeh wijoeng aan als verkoelende
groente voor lijders aan indische spruw, waartegen ook een aftreksel
van de bladeren heilzaam zou zijn Te Buitenzorg deelde men mij me
de, dat een koud aftreksel van *djongè* wordt aangewend tegen loopende ooren, welk ongemak in het soendasch *tjongè* heet (en te genezen zou zijn met een kruid van ongeveer gelijkluidenden naam?)

280/9457   **Saussurea Lappa,** *Clarke*
De *poetjoek* van den inlandschen drogerijhandel is de in stukken
gesneden wortel van een hoog opschietend kruid, thuis behoorend
in noordelijk Voor-Indië tusschen 8000 en 13000 voet zeehoogte
Via Calcutta en Bombay wordt deze drogerij uitgevoerd naar China,
van waaruit in de behoefte van Ned -Indie wordt voorzien
Poetjoek heeft een scherpen, bitteren, aromatischen smaak en
aangenamen geur; in de inlandsche receptuur wordt hij steeds gebruikt in combinatie met *ganti* (Ligusticum acutilobum, S & Z),
zooals adas steeds vergezeld gaat van poelasari. Waarschijnlijk
dient die combinatie als smaakcorrigens Of aan poetjoek eigen
werkzaamheid wordt toegeschreven, is mij niet bekend; hij wordt
gezegd krachtige stimuleerende eigenschappen te bezitten In den

Catalogus Brusselsche Tentoonstelling 1910 wordt poetjoek opgegeven een middel te zijn tegen hoest.

In het Museum Wortels

280/9463   **Cynara Scolymus,** *L.*

Artisjokken worden op Java in hoog gelegen streken, o a op het
plateau van Pangalengan in de Preanger Regentschappen, gekweekt;
ook op den Tengger slagen zij zeer goed Het eerst schijnen zij te zijn
geplant in 1900 op een proefveld te Ngadisari op den Tengger
Blijkens het Verslag 1901 omtrent 's Lands Plantentuin (bl 163)
begonnen daar na ruim een jaar de meeste planten te bloeien en
ook in het verslag over 1903 leest men, dat zij welig bloeiden, doch
geen zaad gaven; dit werd echter van ondergeschikt belang geacht,
omdat de planten, door scheuren worden vermenigvuldigd Op het
proefveld te Lembang had men daarentegen geen succes: daar stier-
ven de meeste af zonder te hebben willen bloeien.

Beteekenis zal deze groente vermoedelijk niet erlangen: artisjokken moeten een hoogen prijs bedingen, wil de teelt loonend zijn
en bij de meeste hollanders zijn zij onbekend, dus onbemind De
op Ngadisari geteelde waren aanvankelijk onverkoopbaar, omdat
er onder de vaste groenteafnemers te Probolinggo niemand was,
die het geheim der toebereiding kende

280/9477   **Carthamus tinctorius,** *L*

Volksnamen: *Saffloer* — In vele inlandsche talen: *Kasoemba*
Voorts Jav : *Kěmbang poeloe* — Boeg : *Ralé*

Cnicus indicus beschrijft Rumphius (V, bl 215) als een
kruid, opschietend met een enkelen, rechten, stijven, schier houtachtigen stengel, 3 à 5 voet hoog Het werd den geheelen archipel
door geplant, de beste soort op Bali en Java ter hoogte van Soerabaja   Stengels
en de stengels werden daar zoo stijf, dat men er handstokken van
maken kon Het wordt gezaaid in de regenmaanden, nooit twee
maal achtereen op denzelfden akker Als dit kruid nog jong is
en pas begint stelen te krijgen, pleegt men het te toppen en hier
en daar bladeren af te breken, niet alleen om die tot moeskruid   Bladeren
te gebruiken, doch ook om de planten te dwingen meer stengels,
en daardoor ook meer bloemen, voort te brengen

De samengestelde bloemen bestaan uit een menigte ingesneden   Bloemen
blaadjes, eerst geel als saffraan, later bloedrood. Alleen de roode
worden ingezameld; de middelste gele laat men staan tot ook die
de gewenschte kleur hebben aangenomen Aldus komt men met het
oogsten bij elke bloem drie of vier maal terug Het inzamelen kan
alleen geschieden in den morgenstond met het oog op de stijve,
stekelige bladeren, die het betreden van het veld beletten als de
zon hoog aan den hemel staat De afgeplukte bloembladen worden
gewasschen, zachtjes gestampt of gedrukt en vervolgens in de
volle zon gedroogd, doch om ze goed te houden, zoodat zij niet
te veel uitdrogen en verkleuren, doet men er gestooten kěmiri-
noten onder, welker vettigheid de bloemen bewaart.

Het kleuren met „de beroemde verve kasoemba" beschrijft R
als een comedie, volgens de klassieke regels in vijf bedrijven,
doch daarbij kwam zooveel nonsens tepas, dat hij het eer een klucht

280/9477 dan een bedrijf noemt. De kasoemba werd eerst met water uitgetrokken en met het afloopende gele water het doek op een omslachtige manier geleidelijk geel geverfd en dan te drogen gehangen. Vervolgens werd dezelfde kasoemba vermengd met een mengsel van asch van schillen van doerijan of Sterculia foetida, L en tal van andere plantendeelen Na dooreen te zijn gekneed, werd dit mixtum compositum uitgetrokken met zuiver water en het uitloopende vocht roodgekleurd door middel van citroensap Daarmede werd dan het eerst geelgekleurde doek geverfd in alle nuances van rood tot hoog purper toe. Blauw gekleurd goed verfde men hiermede bruin of licht violet; oranje kleuren verkreeg men door wat gewreven curcuma bij het bad te voegen Ondanks al dien omslag waren de kleuren niet sterk; zorgvuldig moest men het daarmede geverfde goed behoeden voor natworden en voor aanraking met zweet Als men dergelijke kleeren had gedragen, moest men ze steeds den volgenden dag wasschen met citroensap en klapperwater; waarin kĕdongdongbladeren gewreven waren. De javanen en baliërs beroemden er zich op een veel vaster kleur te kunnen verkrijgen dan de amboneezen, wat zij toeschreven aan het gebruik van tamarindewater in plaats van citroensap, terwijl de javanen de schillen bezigden van een zure vrucht, *bandong* (Garcinia spec. ?).

Behalve om te verven hadden de bloemen nog eenig medicinaal gebruik Boven werd gezegd, dat in het tweede stadium van het verven een door middel van een zuur bloedrood gekleurde vloeistof wordt gebruikt, die wordt ook ingenomen als stondenbevorderd middel (signatuurmiddel?)

Van alle eens belangrijke plantaardige kleurstoffen is Carthamus tinctorius hier wel het meest in de verdrukking gekomen in den loop der tijden Van Bima vermeldde Zollinger (Verhandelingen van het Batav Gen. v K & W No. 23, bl. 74), dat er in 1847 veel saffloer werd geplant en ook uitgevoerd. Vorderman schreef in het Geneeskundig Tijdschr. v N I 1894, bl 644 en 650, dat deze kleurstof nog veel wordt aangetroffen op Soembawa Uit Boni op Celebes werd mij bericht, dat *ralé* in het heuvelland op droge velden wordt geplant na afloop van den rijstoogst Op Java wordt Carthamus tinctorius nog slechts in Soerakarta en aangrenzende streken geteeld en alleen daar treft men versch materiaal aan op de pasars De elders in den inlandschen drogerijhandel verkrijgbare kĕmbang kasoemba wordt volgens Vorderman's Geneesmiddelen aangevoerd van Pekalongan, Bima en China Op een proefveld te Ponorogo slaagde kĕmbang poeloe in 1901 (Verslag omtrent 's Lands Plantentuin, bl 155) zeer goed en ook de beide volgende jaren verkreeg men een oogst, die zeer bevredigend werd genoemd, n.l ongeveer 40 kati van 300 vierkante roeden. De bloemen kosten echter te Solo volgens Jasper & Pirngadie (Batikkunst) slechts ƒ 0 30 per kati, terwijl in de verslagen bovengenoemd de waarde op ƒ 3 wordt gesteld, zoodat deze cultuur het tegendeel van lucratief moet zijn. Kĕmbang poeloe wordt bij het batiken gebruikt voor het verkrijgen van de sogakleur (zie onder Peltophorum ferrugineum, Benth) In Boni geschiedt het verven van weefsels en garens op de door Rumphius beschreven wijze met een aftreksel, waarin citroensap en asch van gedroogde vrucht-

schillen van Sterculia foetida, L zijn gedaan. Voorts zou volgens
Jasper & Pirngadie (Vlechtwerk, bl 64) kasoemba hier en daar op
Java en Madoera ook dienen voor het roodkleuren van bamboe vlechtmateriaal, doch hiermede betreden wij een zeer glibberig terrein,
omdat men ook de verfstof van Bixa Orellana kan bedoelen en bovendien de kunstmatige kleurstoffen, die zeer algemeen voor het kleuren
van vlechtwerk worden aangewend, insgelijks worden aangeduid
als kasoemba, djingga en gintjoe. Begripsverwarring kan gemakkelijk ontstaan, doordat de inlander meent, dat de chemische kleurstoffen worden gemaakt van de hem bekende plantaardige grondstoffen

In Eng -Indië worden eenige vormen nog thans op groote schaal   Zaden
gecultiveerd om de bloemen of de oliehoudende vruchten, of om
beide Men zie Agric Ledger 1904 No 11, Tropenpflanzer 1904,
bl. 511 en Bulletin Imp Institute 1916, bl 98 Rumphius zegt,
dat de witte, hoekige, blinkende vruchten, ongeveer van de grootte
van gerstkorrels en gevuld met een zoet, vet merg, door de baliers
in halfrijpen toestand rauw en met klappermelk gemengd als
versnapering werden gegeten

In het Museum Bloemen, vruchten

280/9553   **Cichorium Endivia,** *L*
Andijvie is een gewone marktgroente, die ook wordt verbouwd
in de laagvlakte, o a. bij Batavia Als goede en veel geplante
vormen worden in Beknopte Gegevens No 7 omtrent Cultuurgewassen genoemd Groene en Gele Escarieel en Van Natuur Gele krul

280/9581   **Scorzonera hispanica,** *L*
Schorseneren worden volgens Koorders' Exkursionsflora wel eens
op Java geplant, doch dat moet dan zeldzaam zijn Gedijen doen
zij hier zonder twijfel te Ngadisari op den Tengger groeiden zij
blijkens het verslag 1903 omtrent 's Lands Plantentuin (bl. 222)
zeer goed. De inlanders wisten er echter geen weg mede; zij hadden de bladeren gegeten, maar die vielen niet in hun smaak

280/9595   **Sonchus arvensis,** *L.*
Volksnamen Soend *Djombang, Galiboeg, Lĕmpoeng, Rajana*
Forsch overblijvend kruid, 1 tot 1 50 M hoog, in West-Java
tusschen 50 en 1500 M zeehoogte op vele plaatsen vrij algemeen op zonnig, vochtig terrein, als sawahdijkjes en slokanranden en in theetuinen (Backer, Schoolflora) Dr Boorsma deelde
mij mondeling mede, dat *rajana*-bladeren worden geappliceerd op
gezwellen De jonge bladeren en loten zijn een gezochte, doch
wat bitter smakende lalab (Bakhuizen v. d Brink).

280/9595   **Sonchus asper,** *Vill*
Volksnamen Soend · *Gedabos, Gerowong, Patrakeli, Tja-*
mawak
Opgericht kruid, 0 10 tot 0 70 M hoog, niet inheemsch, maar
in West- en Midden-Java tusschen 700 en 3000 M zeehoogte op
vele plaatsen te vinden op open, zonnig terrein, doch vooral in
thee- en kinatuinen (Backer) Volgens een bericht van den Heer
Bakhuizen v d Brink is ook deze soort een gezochte lalab

280/9595 **Sonchus javanicus,** *Jungh* (S. m a l a y a n u s, *Miq*, S. e r e o p h i l u s, *Miq*.).

Volksnamen Jav : *Kĕtoel, Lantjoeran, Tĕmpoeh wijoeng.*

Vaak sterk vertakt kruid, met opgegerichte of opstijgende takken, 0.75 tot 2 M. hoog, op Java voorkomend van af den Malabar oostwaarts in de bergstreken tusschen 1200 en 3000 M. zeehoogte op zonnige terreinen, alangvelden, wegranden en in struikwildernissen en tjĕmarabosschen (Backer, Schoolflora). Volgens een aanteekening van Koorders in het Herb Bog zou deze soort op den Tengger onder den naam van *mendjari* als groente worden gekweekt, doch mogelijk berust die op verwarring met Lactuca indica, L, welke er, zoolang de plant niet bloeit, op gelijkt

280/9595 **Sonchus oleraceus,** *L.* (S s u n d a i c u s, *Bl*)

Volksnamen Soend : *Tjamawak* — Jav : *Dalgioe, Kĕnikĕr, ? Kĕtoebar, Tĕmpoeh wijoeng* — Mad.: *Koemanten, Sarap.*

Opgericht kruid, 0 30 tot 1 25 M hoog, verbreid over geheel Java boven 200 M. zeehoogte, doch voornamelijk groeiend in de bergstreken tusschen 800 en 1700 M zeehoogte, vooral in thee- en kinatuinen doch ook op akkers, aan wegranden en in opengekapt bosch, plaatselijk vaak in groote hoeveelheid (Backer, Schoolflora) Volgens Koorders (Natuurk Tijdschr v N I 1901, bl 253) wordt de *kĕtoebar* in den Tengger als groente gekweekt In West-Java zijn de wildgroeiende exemplaren als lalab gezocht

280/9596 **Lactuca indica,** *L.*

Volksnamen. Soend : *Lampĕnas* — Jav.: *Koeban kajoe rana, Sawi rana, Tĕmpoeh wijoeng*

Forsch opgericht kruid, 0.75 tot 1 75 M hoog, verbreid over geheel Java van af de laagvlakte tot op 2200 M zeehoogte, hier en daar als groente verbouwd (Backer, Schoolflora). Op de pasars te Batavia worden de afgeplukte bladeren geregeld verkocht onder den naam *daoen manis* of *oemĕk*, zij worden door de inlanders gestoomd gegeten.

280/9596 **Lactuca sativa,** *L*

Volksnamen Mal.: *Sĕlada.*

Salade, die men laat doorgaan voor kropsla en die daarvan ontegenzeggelijk meer weg heeft dan bijv. andijvie, is een gewone pasargroente, alom aangeplant; betere kwaliteit komt uit de bovenlanden. Volgens Beknopte Gegevens No 7 omtrent Cultuurgewassen kan het geheele jaar door worden uitgezaaid, in den drogen tijd echter dienen de bedden beschaduwd te worden Het overplanten geschiedt bij het verschijnen van het 6e of 7e blad op 1 voet in het vierkant. In den westmoesson moet de aanplant tegen te overvloedige regens worden beschermd.

aad Deze plant schiet spoedig in bloei en levert veel zaad, hetgeen een kweeker op Madoera op het denkbeeld bracht, dat er misschien meer voordeel mee te behalen zou zijn als leverancier van een fijne spijsolie dan als groente. De mededeeling echter, dat slaolie oorspronkelijk afkomstig was van olijven en thans ook wordt geperst uit Arachis en andere, doch niet uit slazaden, deed hem van zijn nooit te voren opgeworpen denkbeeld afzien

In het Museum Olie uit de zaden

———————

LITERATUUR OPGAVE

OVERZICHT EN REGISTERS.

LITERATUUR-OPGAVE

VERMELDENDE DE MEEST GECITEERDE WERKEN

EN PERIODIEKEN

Backer, C. A. Schoolflora (1911)

Beccari, Odoardo. The species of Calamus, Annals of the Royal Botanic Garden, Calcutta, Vol. XI (1908). Geciteerd als Beccari.

Berkhout, A. H. Boschbouwkundige beschrijving van het eiland Banka. Tijdschrift der Indische Maatschappij voor Nijverheid en Landbouw dl. 50 (1895) Geciteerd als Berkhout.

Bie, H. C. H. de. De Landoouw der inlandsche bevolking op Java. Mededeelingen uit 's Lands Plantentuin No. 45 (1901) en No. 58 (1902). Geciteerd als De Bie, Inl. Landbouw.

Bisschop Grevelink, A. H. Planten van Nederlandsch-Indië, bruikbaar voor Handel, Nijverheid en Geneeskunde (1883). Geciteerd als Bisschop Grevelink.

Burg, C. L. van der. De Geneesheer in Nederlandsch-Indië (1885) Geciteerd als Van der Burg, Geneesheer.

„ De Voeding in N I. (1904) Geciteerd als Van der Burg, Voeding.

Boorsma, W. G. Aanteekeningen over Oostersche Geneesmiddelleer op Java (1913). Geciteerd als Boorsma, Geneesmiddelleer.

„ Onderzoek naar de Plantenstoffen van Nederlandsch-Indie. Mededeelingen uit 's Lands Plantentuin No XIII (1894), XVIII (1897), XXXI (1899) en LII (1902). Geciteerd als Boorsma, Plantenstoffen I/IV.

„ Verklaring van eenige namen van op Java gebruikte geneesmiddelen. Jaarboek van het Departement van Landbouw, 1906 Geciteerd als: Boorsma, Jaarboek 1906.

Burn Murdoch, A. M. Trees and Timbers of the Malay Peninsula (1911). Geciteerd als Burn Murdoch.

Clercq, F. S. A. de. Nieuw Plantkundig Woordenboek voor Nederlandsch-Indië, met korte aanwijzingen van het nuttig gebruik der planten en hare beteekenis in het volksleven (1909). Geciteerd als De Clercq.

Duyfjes, J. J. Houtsoorten van Nederlandsch Oost-Indie. Beschrijvende catalogus van het Koloniaal Museum te Haarlem (1906). Geciteerd als Duyfjes, Houtcatalogus.

Engler, A. und K. Prantl. Die natürlichen Pflanzenfamilien. Geciteerd als Engler & Prantl.

Engler, A. Das Pflanzenreich Geciteerd als Pflanzenreich.

Filet, G. J. Plantkundig Woordenboek voor Nederlandsch-Indie, 2de druk (1888) Geciteerd als: Filet.

Gorkom, K. W. van. Oost-Indische Cultures, opnieuw uitgegeven onder redactie van H. C. Prinsen Geerligs (1913).

Greshoff, M. Beschrijving der giftige en bedwelmende planten bij de vischvangst in gebruik. Mededeelingen uit 's Lands Plantentuin No X (1893) en XXIX (1900) en Mededeelingen uitgaande van het Departement van Landbouw No. XVII (1913) Geciteerd als: Greshoff, Vischvergiften I/III.

„ Indische Vergiftrapporten, derde uitgave (1914).

„ Nuttige Indische Planten 1894 Geciteerd als Greshoff, Schetsen.

„ Onderzoek naar de Plantenstoffen van Nederlandsch-Indië Mededeelingen uit 's Lands Plantentuin No VII (1890) en XXV (1898) Geciteerd als Greshoff, Plantenstoffen I/II.

Hasselt, A. L. van. in Veth's Midden-Sumatra. Natuurlijke historie, dertiende afdeeling B Geciteerd als Van Hasselt.

Hasskarl, J. K. Aanteekeningen over het nut, door de bewoners van Java aan eenige planten van dat eiland toegeschreven (uit berichten der inlanders samengesteld) (1845) Geciteerd als: Hasskarl, Het Nut.

Hasskarl, J K. Neuer Schlüssel zu Rumph's Herbarium amboinense (1866). Geciteerd als Hasskarl, Neuer Schlüssel.

Horsfield, Thos. Short account of the medicinal plants of Java, in Verhandelingen van het Bataviasch Genootschap van Kunsten en Wetenschappen No. VIII (1826), bl 95 Geciteerd als: Horsfield, Medicinal plants.

Jasper, J. E. Indische Planten met geneeskrachtige eigenschappen. Tijdschrift der Indische Maatschappij voor Nijverheid en Landbouw dl 68 (1904), bl 177 e.v. Geciteerd als Jasper, Geneeskrachtige planten

Jasper, J E. & Mas Pirngadie. De inlandsche kunstnijverheid in Nederlandsch-Indie. Deel I (1912) Vlechtwerk, Deel II (1912) Weefkunst, Deel III (1916) Batikkunst Geciteerd als Jasper & Pirngadie, Vlechtwerk/Weefkunst/Batikkunst

Kloppenburg-Versteegh, Mevr. J Indische planten en haar geneeskracht 3e druk (1909) Geciteerd als: Mevr Kloppenburg.

Koorders, S H. Exkursionsflora von Java (1912) Geciteerd als Koorders, Exkursionsflora

„ Verslag eener botanische dienstreis door de Minahassa, tevens eerste overzicht der flora van N O Celebes, uit een wetenschappelijk en practisch oogpunt Mededeelingen uit 's Lands Plantentuin No. XIX (1898). Geciteerd als Koorders, Minahassa

Koorders, S H. & Th Valeton Bijdragen tot de kennis der Boomsoorten op Java, dl I — XIII (1894 — 1914). Geciteerd als K & V

Miquel, T. A W. Flora van Nederlandsch-Indië (1855). Geciteerd als Miquel

Ridley, H. N. De inlandsche geneesmiddelen der Maleiers (Malay drugs, Straits Bulletin 1906, bl 193, overgedrukt uit de Indische Mercuur 1907). Geciteerd als Ridley, Mal Geneesmiddelen.

„ Spices (1912).

„ De Maleische Timmerhoutsoorten (vertaald uit Agricultural Bulletin of the Straits and Federated Malay States, dl I, 1901/2) Bulletin No 27 van het Koloniaal Museum te Haarlem (1903) Geciteerd als Ridley, Mal Timmerhoutsoorten.

Romburgh, P. van Aanteekeningen over de in den Cultuurtuin te Tjikeumeuh gekweekte gewassen (1892) Geciteerd als: Van Romburgh, Aanteekeningen Cultuurtuin.

„ Les plantes à caoutchouc et à gutta percha (1903)

Rumphius, Georgius Everhardus Het Amboinsch Kruid-boek, dat is beschrijving van de meest bekende boomen, heesters, kruiden, land- en waterplanten, die men in Amboina en de omleggende eilanden vind, na haare gedaante, verscheide benamingen, aankweking en gebruik, enz. (geschreven 1660 — 1701 en uitgegeven 1741 — 1755). Geciteerd als: Rumph.

Sollewijn Gelpke, J H. F. Naar aanleiding van Staatsblad 1878 No 110 (1901).

Stakman, M C. L. De afdeeling Toelang Bawang, Residentie Lampongsche districten, met betrekking tot landbouw en handel, met een opgaaf der meest voorkomende houtsoorten, boschproducten en cultuurgewassen. Indische Gids 1885, bl. 620 e.v. Geciteerd als Stakman, Toelang Bawang.

Sturler, W. L. de Beschrijving der houtsoorten, voorkomende in Nederlandsch Oost-Indië. Overgedrukt uit het Tijdschrift der Hollandsche Maatschappij v. Nijverheid dl VII (1866) Geciteerd als: De Sturler, Houtsoorten.

Veth, P. J Midden-Sumatra Reizen en Onderzoekingen der Sumatra-expeditie 1877 — 1879 Beschreven door de leden der expeditie, onder toezicht van Prof P J Veth Geciteerd als Veth, Sumatra-expeditie

Vorderman, A G. Inlandsche namen van eenige Madoereesche planten en simplicia. Natuurkundig Tijdschrift voor Ned.-Indië dl 59 (1899), bl 140. Geciteerd als: Vorderman, Madoereesche planten

„ Javaansche Geneesmiddelen Geneeskundig Tijdschrift voor Ned.-Indië dl 34 (1894), bl. 269 e.v. Geciteerd als Vorderman, Geneesmiddelen I

Vorderman, A G Javaansche Geneesmiddelen Geneeskundig Tijdschrift voor Ned -Indie dl. 40 (1900), bl. 149 e. v. Geciteerd als: **Vorderman, Geneesmiddelen II** •

„ Kritische beschouwingen over Dr C L. van der Burg's „Materia medica", tevens een bijdrage tot de kennis van eenige inlandsche geneesmiddelen (1886) Geciteerd als. **Vorderman, Kritische beschouwingen**

Waitz, F. A. C Practische waarnemingen over eenige Javaansche geneesmiddelen (1829) Geciteerd als: **Waitz, Practische waarnemingen**

Watt, Sir George The commercial products of India (1908)

Watt, G Dictionary of the economic products of India (1889 — 1896).

Wiesner, J Die Rohstoffe des Pflanzenreichs. 2e druk (1900 — 1903) Geciteerd als: **Wiesner, Rohstoffe**.

Wijs, J. J. A Vetten, Oliën en Wassen Beschrijvende catalogus van het Koloniaal Museum te Haarlem (1906) Geciteerd als **Wijs, Vet-catalogus**.

Beknopte gegevens over cultuurgewassen, hunne behandeling en ziekten Uitgegeven door het Departement van Landbouw

Catalogus der Ned Afdeeling van de Algemeene en Internationale Tentoonstelling van Brussel 1910 Geciteerd als: **Catalogus Brusselsche Tentoonstelling**.

Beknopte handleiding voor warenkennis ten behoeve van den dienst der In- en Uitvoerrechten en Accijnzen in Ned -Indie (1913). Geciteerd als **Handleiding Warenkennis**

Verhandelingen over de Natuurlijke Geschiedenis der Nederlandsche overzeesche bezittingen door de Leden der Natuurkundige Commissie in Indië. (P. W. Korthals Botanie, Salomon Müller Land- en Volkenkunde) (1839 — 1844.)

Bijdragen tot de Natuurkundige Wetenschappen (1826—1831).

Bijdragen van het Koninklijk Instituut voor Indische Taal-, Land- en Volkenkunde

Bulletin van het Koloniaal Museum te Haarlem 1,52

Geneeskundig Tijdschrift voor Ned -Indië

Handelsberichten

Indisch Archief (1849—1850).

Korte Berichten voor Landbouw, Nijverheid en Handel

De Landbouwer (1887—1890).

Mededeelingen van het Koloniaal Instituut, afdeeling Handelsmuseum (De geciteerde nummers zijn die van de serie Handelsmuseum)

Natuur- en Geneeskundig Archief (1844—1847)

Natuurkundig Tijdschrift voor Ned -Indie

Publicaties van het Nederlandsch-Indisch Landbouw Syndicaat

Tectona Uitgave der Vereeniging voor Ambtenaren bij het Boschwezen in Ned -Oost-Indië

Teysmannia

Tijdschrift van het Koninklijk Nederlandsch Aardrijkskundig Genootschap

Tijdschrift van het Indisch Landbouwgenootschap (1871—1878)

Tijdschrift voor Indische Taal-, Land- en Volkenkunde, uitgegeven door het Bataviasch Genootschap van Kunsten en Wetenschappen.

Tijdschrift voor Inlandsche Geneeskundigen.

Tijdschrift voor Land- en Tuinbouw en Bosch-cultuur in Ned. Oost-Indie (1885—1890).

Tijdschrift voor Natuurlijke Geschiedenis en Physiologie (1834—1845)

Tijdschrift voor Nederlandsch-Indië

Tijdschrift der Maatschappij van Nijverheid Geciteerd als. **Tijdschr. d. Holl Mij v. N**

Tijdschrift voor Nijverheid en Landbouw in Ned.-Indie. Geciteerd als: **Tijdschr d Ind Mij v. N & L**

Veeartsenijkundige Bladen voor Ned -Indie

Verhandelingen van het Bataviasch Genootschap van Kunsten en Wetenschappen.

Agricultural Bulletin of the Straits and Federated Malay States (gestaakt Mei 1912) Geciteerd als **Straits Bulletin**.

Agricultural Bulletin of the Federated Malay States (aangevangen Aug.
1912) Geciteerd als: S t r a i t s B u l l e t i n.
Agricultural Journal of India.
Agricultural News, a fortnightly Review of the Imperial Department of
Agriculture for the West Indies.
Bulletin of the Imperial Institute.
Colonial Reports
Diplomatic & Consular Reports
The Gardens' Bulletin, Straits Settlements. Geciteerd als S t r a i t s
G a r d e n s' B u l l e t i n.
Kew bulletin of miscellaneous information
Philippine agricultural Review.
The Philippine Journal of Science
Tropical Agriculturist

Notizblatt des Königl. botanischen Gartens und Museums zu Berlin-
Dahlem Geciteerd als: N o t i z b l a t t b o t. G a r t e n B e r l i n
Der Pflanzer
Der Tropenpflanzer en Beihefte zum Tropenpflanzer.

l' Agriculture pratique des pays chauds
Bulletin économique de l'Indochine.
Journal d'Agriculture tropicale.

OVERZICHT VAN DEEL IV.
EMBRYOPHYTA SIPHONOGAMA.
2. Dicotyledoneae.
b. Metachlamydeae.

249/Convolvulaceae (vervolg)	Ipomoea 7003 (vervolg)	*bl* 100, Pes tigridis 101, reptans 101, Rumphii 101.
	Calonyction/7004	bona Nox 102.
	Quamoclit/7005	pinnata 102.
	Argyreia/7009	mollis 102
252/BORRAGINACEAE	Cordia/7038	Myxa 103, subcordata 104.
	Ehretia/7043	acuminata 105, microphylla 105.
	Tournefortia/7051	argentea 105.
253/VERBENACEAE	Lantana/7144	Camara 105.
	Stachytarpheta/7151	indica 106, mutabilis 106
	Geunsia/7176	farinosa 106.
	Callicarpa/7177	arborea 107, cana 107, longifolia 107, spec. 108.
	Tectona/7181	grandis 108.
	Premna/7185	cordifolia 110, foetida 110, lucidula 110, tomentosa 111.
	Vitex/7186	celebica 111, Cofassus 112, glabrata 113, heterophylla 113, littoralis 113, minahassae 114, Negundo 114, pubescens 114, trifolia 116, vestita 117.
	Gmelina/7188	moluccana 118, villosa 118
	Clerodendron/7191	Blumeanum 119, calamitosum 119, inerme 120, macrophyllum 121, Minahassae 121, Rumphianum 121, serratum 121, Siphonanthus 122
	Peronema/7199	canescens 122.
	Petraeovitex/7200	Riedelii 123.
	Avicennia/7205	officinalis 123.
	Verbenacea.	124.
254 LABIATAE	Gomphostemma/7231	phlomoides 125.
	Leucas/7268	lavandulifolia 125.
	Leonurus/7273	sibiricus 126.
	Anisomeles/7284	indica 126.
	Salvia/7290	hispanica 126
	Mentha/7328	arvensis 126, spec. 127.
	Pogostemon/7337	Cablin 128, Heyneanus 129, hortensis 129
	Dysophylla/7338	auricularia 130.
	Hyptis/7342	brevipes 131, spicigera 131, suaveolens 131.
	Coleus/7355	amboinicus 132, atropurpureus 132, scutellarioides 132, tuberosus 133.
	Mesona/7361	palustris 134.
	Moschosma/7364	polystachyum 134
	Ocimum/7366	Basilicum 134, gratissimum 137, sanctum 137.
	Orthosiphon/7367	grandiflorum 138.
256/SOLANACEAE	Lycium/7379	chinense 139
	Physalis/7401	spec. 139
	Capsicum 7404	annuum 140, frutescens 141.
	Solanum/7407	aculeatissimum 142, album 142, Blumei 142, ferox 143, indicum 143, Kubiu 143, Lycopersicum 144, Melongena 144, nigrum 145, torvum 145, Trongum 146, tuberosum 146, verbascifolium 148.
	Cyphomandra/7408	betacea 149.
	Datura/7415	fastuosa 149.
	Nicotiana/7434	Tabacum 152
257/SCROPHULARIACEAE	Mazus/7525	rugosus 163.
	Limnophila/7532	spec. 163, spec. 164
	Lindernia/7562	crustacea 164

Register der wetenschappelijke namen.

De als geldend aangenomen namen zijn vet, de synoniemen gespatieerd gedrukt. De vet gedrukte getallen verwijzen naar de bladzijde waar de plant is behandeld, de *cursief* gedrukte naar de bladzijde waar zij in het voorbijgaan wordt genoemd. De namen der familie's worden gevolgd door het nummer tusschen ( ) overeenkomstig Genera Siphonogamarum van De Dalla Torre en Harms, de namen der geslachten door het nummer der familie en dat van het geslacht overeenkomstig hetzelfde werk (met terzijdestelling van het supplement).

Register der volksnamen.

De vet gedrukte getallen verwijzen naar de bladzijde waar de plant of zaak is behandeld, de *cursief* gedrukte naar die waar zij in het voorbijgaan wordt genoemd

XXX

BIBLIOLIFE

Old Books Deserve a New Life
www.bibliolife.com

Did you know that you can get most of our titles in our trademark **EasyScript**™ print format? **EasyScript**™ provides readers with a larger than average typeface, for a reading experience that's easier on the eyes.

Did you know that we have an ever-growing collection of books in many languages?

Order online:
www.bibliolife.com/store

Or to exclusively browse our **EasyScript**™ collection:
www.bibliogrande.com

At BiblioLife, we aim to make knowledge more accessible by making thousands of titles available to you – quickly and affordably.

Contact us:
BiblioLife
PO Box 21206
Charleston, SC 29413

CPSIA information can be obtained at www.ICGtesting.com
Printed in the USA
BVOW051419240212

283771BV00006B/61/P

9 781140 068846